Les plus belles légendes du monde entier

Les plus belles légendes du monde entier

HACHETTE
Jeunesse

© Hachette Livre, 2001.

Sommaire

Les ours   11

Les animaux fantastiques   59

Les loups   111

Les dragons   161

La mer   213

Les félins   263

*La collection Mythes et légendes
est dirigée chez Hachette Jeunesse par Gilles Ragache*

Les ours

Texte de Bernard Briais
Illustrations de François Davot

La naissance de l'ours — Finlande

Là-haut, tout là-haut, bien au-dessus de la Terre, la Belle Dame des Cieux se promenait. Son pied léger s'enfonçait à peine dans les nuages moelleux. Elle chantonnait, un panier de laine au bras, une quenouille à la main... Pour franchir un coin de ciel bleu, étroite déchirure au milieu des nuages, elle prit son élan. Quand elle sauta, un flocon de laine s'échappa de son panier. Il tomba lentement, lentement vers la Terre, remontant souvent, au moindre souffle de vent.

Le lendemain, le flocon arriva enfin sur la mer. La laine ballottée par la houle approcha d'une terre sur laquelle, à perte de vue, s'étendaient landes et forêts. Sur la côte, debout au sommet d'une falaise, une femme vêtue comme une princesse observait la mer et ne perdait pas des yeux le petit flocon de laine qui s'avançait. Avec délicatesse, elle le ramassa sur la plage et l'emporta bien serré sur son sein. Elle marcha sur les bruyères et sous les futaies avant d'atteindre une clairière entourée d'arbres séculaires. C'était là qu'elle demeurait. C'était là qu'habitait Mielikki, la Maîtresse de la Forêt !

Elle enveloppa la petite boule de laine dans des langes comme on emmaillotte un nouveau-né, la déposa dans un berceau d'érable suspendu par des chaînes d'or aux branches d'un vieux sapin. Puis, entonnant une lente mélopée, elle poussa doucement le berceau.

Quelques jours plus tard, la petite boule commença à s'agiter, faiblement d'abord, puis avec de plus en plus de vigueur. On vit peu à peu une tête et des pattes émerger de la laine informe... Un étrange animal apparut : deux yeux ronds minuscules au regard étonné, un nez large, des oreilles courtes... le plus bel animal du monde pour Mielikki qui le contemplait avec l'amour d'une mère.

L'ourson — car c'en était un ! — sauta bientôt du berceau pour la plus grande joie de la Maîtresse de la Forêt.

"Otso*! Je t'appellerai Otso", dit-elle à l'animal encore maladroit sur ses pattes trapues.

Chaque jour, elle allait chercher pour lui les nourritures les plus douces : baies sucrées, miel parfumé, tendres pousses de noisetiers... Les semaines passaient, les lunes succédaient aux lunes, l'ours grandissait.

Mielikki pensa que, bientôt, elle devrait laisser partir Otso afin qu'il vive sa vie d'ours. Cependant, elle le trouvait bien démuni, lui si faible, si insouciant. Pour qu'il devienne un véritable animal capable de se défendre, il lui manquait des griffes et des dents.

Mielikki parcourut la forêt, cherchant parmi les arbres ceux qui auraient les branches les plus solides, les racines les plus dures. Elle ne trouvait rien d'assez résistant... Elle perdait courage quand elle découvrit deux étranges sapins : l'un avait des aiguilles d'argent, l'autre des aiguilles d'or. Vite, elle s'approcha des deux arbres et, après en avoir coupé quelques branches, elle regagna son logis où Otso l'attendait en jouant.

"Otso, lui dit-elle, écoute-moi bien. Tu es assez grand maintenant pour parcourir le monde et pour chercher toi-même ta nourriture. Mais fais attention ! Tu rencontreras des animaux méchants, dangereux. Aussi, je veux, avant de te laisser seul, fixer à tes mâchoires des dents pointues et, au bout de tes pattes, des griffes acérées. Auparavant, Otso, il faut que tu jures solennellement devant le Tout-Puissant, maître des Cieux, de la Terre et des animaux, de ne jamais utiliser tes griffes et tes dents pour faire le mal. Jure, Otso, jure !"

Otso jura sans se faire prier... Le lendemain, avec fierté, il essaya ses griffes toutes neuves sur le tronc d'un bouleau qu'il lacéra profondément. Puis, il étrenna ses dents sur la branche d'un frêne qu'il brisa en menus morceaux.

"Otso, il est temps que tu partes. Va par les bois, les plaines et les montagnes, va tant que le soleil éclairera ta route... Quand l'hiver viendra, que le froid et la nuit envahiront la terre, blottis-toi dans le creux d'un rocher, entre les racines d'un arbre ou au cœur d'un fourré de genévriers. Endors-toi et attends... Laisse passer l'hiver, la neige et la nuit ; ton épaisse fourrure te protégera. Attends le retour de la lumière et de la chaleur... Et, surtout, rappelle-toi, Otso, que tu as juré de ne jamais utiliser tes griffes et tes dents pour faire le mal mais seulement pour te défendre."

Otso répéta sa promesse et partit sans attendre, impatient de pouvoir courir en toute liberté, laissant Mielikki les yeux embués de larmes.

* Voir lexique page 57

Livré à lui-même, l'ours trouva sa nouvelle vie fort agréable. Il oublia vite Mielikki et les promesses qu'il lui avait faites. Avec ses dents pointues, avec ses griffes acérées, il attaqua d'abord des petits animaux, par jeu. Prenant peu à peu conscience de sa force, il se mesura aux plus gros. Toujours, il triomphait. Alors, sûr de sa puissance, il s'approcha d'un village, à l'orée de la forêt, et s'attaqua aux hommes. Ceux-ci, qui n'avaient jamais vu d'ours, s'enfuirent, effrayés, mais leurs enfants aux jambes trop courtes ne purent échapper aux dents et aux griffes d'Otso.

Otso ne savait pas que les hommes sont des êtres intelligents. Ne pouvant lutter contre lui avec leurs seuls bras, ils utilisèrent des armes, des flèches... Otso se rappela alors les promesses faites à Mielikki. Il comprit — hélas trop tard — que dorénavant, il ne vivrait plus jamais en paix sur la Terre et devrait toujours se méfier des hommes, moins forts mais plus rusés que lui !

Le maître de la lumière Canada

AU COMMENCEMENT DU MONDE, l'ours régnait sur le Ciel où il gardait jalousement toute la lumière et la chaleur de l'univers pour lui, passant le plus clair de ses journées à paresser, allongé paisiblement.

Pendant ce temps, sur Terre, s'étendait une nuit perpétuelle. La neige s'amoncelait jusqu'à la cime des plus hauts arbres, un vent glacé balayait plaines et monts; beaucoup d'animaux mouraient de froid et de faim. Il fallait agir avant qu'il ne soit trop tard.

Inquiets, les animaux s'assemblèrent pour décider de ce qu'il convenait de faire... Après un long conciliabule, ils partirent à la recherche du plus grand arbre des environs. Ils le trouvèrent sur une montagne : c'était un immense sapin, plusieurs fois centenaire, dont la cime se perdait dans les nuages.

L'écureuil, désigné comme le plus leste des animaux, grimpa aussitôt de branche en branche avec agilité. Il monta si haut qu'il disparut bientôt aux yeux de ses compagnons qui attendaient au pied de l'arbre. Il poursuivait son escalade en plein brouillard et, au fur et à mesure qu'il s'élevait, il agitait sa queue empanachée afin de percer une sorte de trou dans les nuages. Il montait sans cesse et se demandait si le sapin avait une cime. Peu à peu, cependant, la voûte nuageuse s'éclaircit au-dessus de sa tête; une lueur apparut enfin et bientôt l'écureuil fut aveuglé par une lumière intense tandis qu'une forte chaleur roussissait sa fourrure. Il venait de percer la voûte céleste et de déboucher dans le "Monde d'En-Haut". Aussitôt, la lumière, s'engouffrant dans le trou, vint éclairer la Terre où, pour la première fois, le jour remplaça la nuit. Les animaux, émerveillés, applaudirent bruyamment.

Les yeux de l'écureuil s'habituèrent progressivement à l'éclat de la lumière. Il put alors apercevoir le maître des terres d'En-Haut, un ours énorme à l'air terrifiant, installé sur une île à l'ombre d'un arbre étrange d'une espèce inconnue, un arbre à chaleur. L'animal semblait plongé dans un profond sommeil. Au-dessus de sa tête, des outres pansues pendaient aux branches.

"Si seulement je pouvais rapporter une seule de ces outres, nos malheurs sur Terre finiraient, pensa l'écureuil. Mais comment les attraper sans réveiller leur gardien ?"

L'écureuil agile redescendit sous les nuages pour faire signe à ses compagnons de le rejoindre. Certains animaux grimpèrent sans trop de peine, mais d'autres eurent beaucoup de mal à se hisser au faîte du sapin. Après bien des efforts, ils arrivèrent à l'entrée du Ciel. Là, ils tinrent à nouveau conseil.

"Qui, parmi nous, sera capable d'aller décrocher une outre de chaleur ? demanda l'écureuil. Qui, parmi nous, sera assez bon nageur pour atteindre l'île ? Qui, parmi nous, sera assez fort pour rapporter l'outre pesante et pour affronter l'ours redoutable ? Qui, parmi nous, sera assez rapide pour échapper à ses griffes et à sa mâchoire ?"

Les animaux discutèrent longuement. Le lièvre courait rapidement mais ne savait pas nager. Le castor était un excellent nageur mais n'avait pas la force de se mesurer à l'ours...

L'écureuil aperçut le renne qui restait timidement à l'écart du groupe. Il pensa que lui seul pouvait s'acquitter de cette délicate mission. Rapide à la nage comme à la course, il possédait sur le front de redoutables bois. Tous les animaux furent de son avis.

Le renne partit donc à la nage vers l'île où se tenait l'ours terrifiant. Il essaya de faire le moins de bruit possible pour ne pas éveiller son attention. A mi-chemin, il entendit une voix fluette près de son oreille. C'était la souris qui, sans rien dire à personne, avait décidé de l'accompagner. Grimpée clandestinement sur son dos, elle se cramponnait à ses ramures. Le renne se fâcha, mais il était trop tard pour faire demi-tour.

Arrivé sur l'île, sans perdre un instant, il se précipita vers l'arbre où pendaient les outres remplies de chaleur. Avant que l'ours, réveillé en sursaut par le bruit de son galop, ait pu comprendre ce qui se passait, le renne chargeait une outre sur son dos et repartait. L'ours, furieux, gagna la rive et grimpa dans son canot. Il pagaya rageusement, de toutes ses forces. Le renne, gêné par son fardeau, avançait difficilement. Il appela la souris, mais celle-ci ne répondit pas.

"Pauvre souris, se dit-il, j'ai couru trop vite ; elle doit être tombée sur l'île !"

Epuisé, le renne, en se retournant, voyait le canot de l'ours qui s'approchait inexorablement. Là-bas, au bord du Ciel, les animaux suivaient la scène avec anxiété. D'un instant à l'autre, l'ours allait rattraper le renne et reprendre l'outre de chaleur. Or, brusquement, alors que tout espoir semblait perdu, la pagaie de l'ours se brisa entre ses pattes... Discrètement, la souris était montée dans le canot sans que l'ours, trop préoccupé par le renne, s'en aperçoive. Elle en avait profité pour ronger la pagaie avec ses dents pointues.

Des clameurs de joie s'élevèrent parmi les animaux. Ils accueillirent le renne comme un héros. Quant à la souris, elle se servit du morceau de pagaie qui flottait comme d'un radeau pour rejoindre, triomphante, ses amis...

Libérée de l'outre, la chaleur fit fondre la neige et la glace qui recouvraient la Terre, et le trou de lumière percé dans le Ciel par l'écureuil devint le Soleil. S'il ne brille pas toujours, c'est parce que l'ours vient parfois le couvrir de sa sombre fourrure, mais le maître du Ciel finit toujours par retourner sur son île. Ainsi, depuis cette époque, le jour et la nuit n'ont-ils cessé d'alterner et l'été et l'hiver n'ont-ils cessé de se succéder !

L'ours, fils du Ciel Finlande

UNE NOUVELLE FOIS, l'ours demanda à son père, le dieu des Cieux, la permission de descendre sur la Terre. Depuis sa naissance, il ne cessait de regarder à travers les nuages ce monde d'en-bas qu'il devinait à peine. Comme il aurait voulu aller voir de près ces paysages dont la couleur changeait au gré des saisons et qui lui apparaissaient tantôt peints de teintes verdoyantes, tantôt parés de couleurs ocres ou dorées, ou bien encore couverts d'un blanc manteau...

Certes, le séjour au Ciel était fort agréable. Aucun souci ne venait jamais tracasser sa vie d'ours, mais ce bonheur trop tranquille lui paraissait fade et monotone. Il s'ennuyait et rêvait de partir à la découverte de nouveaux horizons.

Plus son père essayait de l'en dissuader et de le mettre en garde contre les dangers du monde d'en-bas, plus l'impatience de l'ours grandissait. A la longue, il devint maussade. Son air triste et sa mine languissante firent craindre pour sa santé.

"Tu sais bien que si tu vas sur Terre, tu ne pourras jamais remonter au Ciel", lui répétait son père.

L'ours n'avait que faire de ces conseils de prudence. Il ne les entendait même pas. Alors, un jour, lassé des supplications de son fils, le dieu des Cieux finit par céder. Il déroula jusqu'à la Terre une interminable chaîne en fer. Fou de joie, l'ours se laissa glisser à travers le firmament. Les yeux écarquillés, il regardait le sol s'approcher. Il pouvait maintenant distinguer des collines, des forêts, des lacs, des vallées, tout un monde d'une infinie variété...

Il posa les pattes au milieu d'une prairie. Là, des êtres étranges, au visage sans fourrure, le regardaient avec surprise et gentillesse. L'ours apprit qu'il s'agissait des enfants des hommes.

C'était la belle saison. L'ours s'émerveillait. Il trouvait facilement des baies, du miel ou des fruits... Mais l'été passa. Les arbres changèrent de couleur. Bientôt, ils perdirent leurs feuilles. L'hiver arriva avec ses jours sans chaleur, son vent glacé, sa neige... Malgré sa fourrure, l'ours se mit à souffrir du froid.

Avec le mauvais temps, la nourriture devint si rare que, pour la première fois, il connut la faim. Il voyait bien, autour de lui, passer quelque gibier, mais il ne savait comment l'attraper. Personne au Ciel ne lui avait appris à chasser. Le malheureux errait le ventre creux et le nez gelé, regrettant d'avoir quitté son père qu'il n'osait appeler à son secours. Il dut s'y résigner pourtant, afin de ne pas mourir de faim.

Le dieu des Cieux ne le sermonna pas, estimant que la pauvre bête était déjà assez punie. Il lui offrit un arc et des flèches et lui montra la façon de s'en servir. Il lui enseigna aussi l'art de faire du feu pour qu'il puisse se réchauffer.

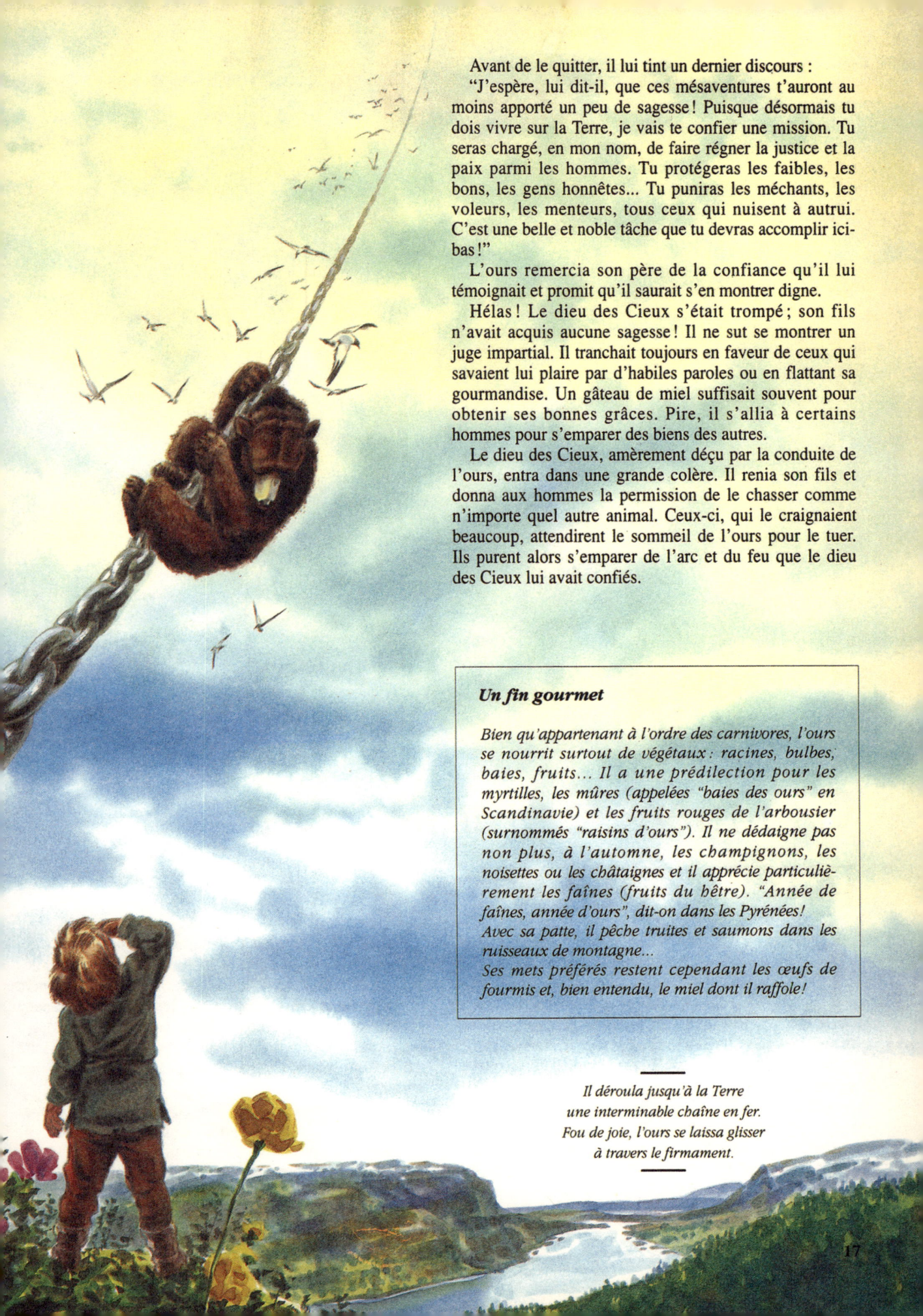

Avant de le quitter, il lui tint un dernier discours :
"J'espère, lui dit-il, que ces mésaventures t'auront au moins apporté un peu de sagesse ! Puisque désormais tu dois vivre sur la Terre, je vais te confier une mission. Tu seras chargé, en mon nom, de faire régner la justice et la paix parmi les hommes. Tu protégeras les faibles, les bons, les gens honnêtes... Tu puniras les méchants, les voleurs, les menteurs, tous ceux qui nuisent à autrui. C'est une belle et noble tâche que tu devras accomplir ici-bas !"

L'ours remercia son père de la confiance qu'il lui témoignait et promit qu'il saurait s'en montrer digne.

Hélas ! Le dieu des Cieux s'était trompé ; son fils n'avait acquis aucune sagesse ! Il ne sut se montrer un juge impartial. Il tranchait toujours en faveur de ceux qui savaient lui plaire par d'habiles paroles ou en flattant sa gourmandise. Un gâteau de miel suffisait souvent pour obtenir ses bonnes grâces. Pire, il s'allia à certains hommes pour s'emparer des biens des autres.

Le dieu des Cieux, amèrement déçu par la conduite de l'ours, entra dans une grande colère. Il renia son fils et donna aux hommes la permission de le chasser comme n'importe quel autre animal. Ceux-ci, qui le craignaient beaucoup, attendirent le sommeil de l'ours pour le tuer. Ils purent alors s'emparer de l'arc et du feu que le dieu des Cieux lui avait confiés.

Un fin gourmet

Bien qu'appartenant à l'ordre des carnivores, l'ours se nourrit surtout de végétaux : racines, bulbes, baies, fruits... Il a une prédilection pour les myrtilles, les mûres (appelées "baies des ours" en Scandinavie) et les fruits rouges de l'arbousier (surnommés "raisins d'ours"). Il ne dédaigne pas non plus, à l'automne, les champignons, les noisettes ou les châtaignes et il apprécie particulièrement les faînes (fruits du hêtre). "Année de faînes, année d'ours", dit-on dans les Pyrénées !

Avec sa patte, il pêche truites et saumons dans les ruisseaux de montagne...

Ses mets préférés restent cependant les œufs de fourmis et, bien entendu, le miel dont il raffole !

---

*Il déroula jusqu'à la Terre
une interminable chaîne en fer.
Fou de joie, l'ours se laissa glisser
à travers le firmament.*

Comment le premier ours perdit sa queue Laponie

L' AIR SATISFAIT, le renard dégustait tranquillement une truite arc-en-ciel volée une heure plus tôt dans la réserve d'un Lapon. Voilà bien longtemps qu'il n'avait fait un tel repas, et il prenait son temps, goûtant chaque bouchée afin de mieux apprécier ce mets délicat.

Un ours, qui passait dans les environs, sentit l'odeur du poisson et se détourna de son chemin. Il s'était fait surprendre par l'hiver et errait le ventre vide et la queue basse, car l'ours, en ce temps-là, portait une longue queue touffue, un panache harmonieusement proportionné à sa lourde silhouette, qui n'avait rien à envier à celui du loup ou du renard.

Quand il vit le renard savourant sa truite, l'ours eut d'abord envie de foncer pour s'emparer du poisson; mais les renards ont l'ouïe fine et celui-là avait déjà repéré l'ours. D'autre part, à la course, les ours n'ont aucune chance contre les renards... Aussi, notre ours préféra-t-il parlementer. Il demanda poliment au renard de lui faire goûter une bouchée, une toute petite bouchée de son poisson.

"Voilà si longtemps que je n'en ai mangé que j'en ai oublié le goût", supplia-t-il d'un air pitoyable.

Le renard répondit par un ricanement puis il ajouta :

"Si tu veux manger du poisson, fais comme moi, va le pêcher !

– Pêcher, dit l'ours, par un temps pareil ? Les étangs, les lacs, les rivières sont tous recouverts de glace...
– Justement, c'est la période idéale", rétorqua le renard.

Et, comme l'ours le regardait d'un air ahuri, il poursuivit d'un ton doctoral :

"Tu vois, ours, on dit beaucoup de mal de nous les renards. Pourtant, je vais te prouver que nous ne méritons pas la mauvaise réputation qui nous est faite... En effet, je vais t'apprendre comment pêcher en hiver... Ecoute-moi bien et retiens ce que je te dirai."

L'ours ouvrit toutes grandes ses petites oreilles pour ne pas perdre une seule parole du renard.

"Pour pêcher en hiver, dit celui-ci, il faut d'abord que tu choisisses une nuit claire, quand le ciel scintille d'une multitude d'étoiles. Dirige-toi vers un lac ou un étang et creuse un trou dans la glace. Attirés par les étoiles, les poissons viendront. Alors, n'hésite pas et plonge ta queue dans l'eau, même si elle est très froide, et attends. Tu sentiras peu à peu les poissons s'accrocher à ta queue. Quand ils seront suffisamment nombreux pour que tu fasses un bon repas, retire-la... et le tour sera joué ! Tu vois, ce n'est guère difficile !

– En effet, dit l'ours, n'importe quel animal, même le plus stupide, pourrait en faire autant.

– Même le plus stupide, reprit le renard, à condition toutefois qu'il possède une longue queue."

La nuit suivante fut aussi glacée que les précédentes. Le ciel était tout illuminé d'étoiles. Malgré le froid mordant, l'ours, tenaillé par la faim et poussé par l'espoir de trouver enfin de la nourriture, n'hésita pas à mettre le museau dehors. Il gagna le lac le plus proche de sa tanière. Il connut quelques difficultés pour briser la glace tant elle était épaisse. Puis, courageusement, il se retourna et plongea sa longue queue dans l'eau glacée. Il grelottait, claquait des dents... Mais avait-il le choix ?

Rien ne venait troubler le silence de la nuit. L'ours, transi, attendait... Soudain, il aperçut une ombre qui s'approchait du lac. Il reconnut son nouvel ami, le renard.

"Toi aussi, tu viens à la pêche ? demanda l'ours.
– Non, pas cette nuit, j'ai assez de poissons dans mes réserves, je passais seulement par hasard. Je vois que tu as bien suivi mes conseils, c'est une nuit magnifique pour pêcher.
– Je sens ma queue devenir lourde...
– Les premiers poissons arrivent. Encore un peu de patience !
– Ma queue devient de plus en plus lourde. Si j'attends trop longtemps, je ne pourrai plus la retirer...
– Ne t'inquiète pas, je serai là pour te donner un coup de main. Mieux vaut faire des provisions pour plusieurs jours.
– Cette fois, elle est vraiment pesante..."

Le renard, comprenant que la queue de l'ours était entièrement prise par la glace, partit alors à toute allure vers le village le plus proche. Là, il fit le plus de tapage possible, affolant la volaille, réveillant les chiens... et les Lapons du lieu. Ce fut bientôt une panique générale. Chacun choisit une arme et se précipita vers le renard qui, curieusement, ne paraissait guère effrayé. Au contraire, il semblait presque attendre la troupe lancée à ses trousses. Il la précédait sans forcer l'allure. Le perfide animal conduisit ses poursuivants vers le lac où l'ours se trouvait prisonnier de la glace. Quand les hommes aperçurent l'énorme bête, ils se ruèrent sur elle, oubliant le renard.

Harcelé par les chasseurs et leurs chiens, l'ours se débattait comme un beau diable. Il tira tant et tant sur sa queue coincée dans la glace qu'elle finit par céder. L'ours put ainsi échapper à ses agresseurs... mais en abandonnant son plus bel ornement !

C'est pourquoi, dit-on chez les Lapons, les ours portent aujourd'hui une queue ridiculement courte...

L'ours et le serpent
Canada

LE FEU AVAIT TOUT DÉTRUIT. La terre n'était plus qu'un vaste désert. On ne voyait à perte de vue que des rochers noircis par l'incendie, des souches calcinées encore fumantes... Plus aucune trace de vie : les animaux avaient péri, brûlés ou asphyxiés.

Seul un ours errait encore, désemparé. Abrité au fond de sa caverne, il avait échappé aux flammes. Le silence minéral qui planait sur ces espaces ravagés paraissait oppressant. L'ours, par nature peu sociable, se lamentait pourtant :

"N'y a-t-il donc plus un être vivant à qui je puisse parler ?"

Depuis des jours, il cherchait désespérément une présence vivante parmi ces étendues mortes lorsqu'il crut apercevoir au loin, au flanc d'une colline, une forme qui remuait.

L'ours courut vers la colline aussi vite que peuvent courir les ours. Il se trouva bientôt nez à nez avec une dame vipère qui se déplaçait en gracieuses ondulations. Les serpents ne sont sans doute pas des êtres très fréquentables. Cependant, l'ours laissa éclater sa joie : enfin, il n'était plus seul !

La vipère, elle aussi, parut heureuse de rencontrer l'ours. Elle avait échappé au feu en se réfugiant au fond d'une rivière. Puisqu'ils étaient peut-être les uniques survivants de ce grand cataclysme, l'ours et la vipère décidèrent de ne pas se séparer et de vivre ensemble. Rien n'est plus difficile à supporter, en effet, que la solitude lorsqu'elle dure trop longtemps.

Le soir venu, l'ours proposa à sa nouvelle compagne de dormir dans sa caverne, vaste et confortable, mais la vipère refusa : "Non, à quoi bon se fatiguer en allant jusque là-bas. Regarde ce trou dans la terre. Voilà pour moi un gîte idéal !"

Sans plus attendre, elle se faufila dans le trou où elle s'endormit aussitôt. L'ours, bien entendu, se trouvait dans l'impossibilité de l'accompagner dans ce passage tellement étroit qu'il ne pouvait même pas y glisser une de ses pattes. Déconcerté, mais ne voulant pas risquer de perdre son amie, il coucha à la belle étoile dans des conditions assez désagréables. Aussi se réveilla-t-il fort tôt. Alors, toujours soucieux de faire plaisir à la vipère, il lui prépara une surprise. Il avait remarqué, à proximité, un bosquet miraculeusement épargné par le feu. Il y ramassa des baies, cueillant avec amour les plus belles qu'il pouvait trouver, afin de préparer un repas copieux et succulent.

"Regarde ! dit-il avec fierté au serpent dès que celui-ci pointa sa tête hors du trou, tu vas te régaler."

Malheureusement, la vipère n'apprécia guère les délicates attentions de son partenaire. En apercevant les baies, elle fit une moue dégoûtée.

"Je vais aller chercher moi-même de quoi manger", grogna-t-elle d'un ton courroucé, et elle disparut dans un buisson épineux où l'ours ne put la suivre.

L'ours se demandait ce qu'il pourrait faire pour être agréable à son amie. Il essaya de jouer avec elle, d'être tendre, mais sa grosse patte, qui se voulait caressante, griffa le serpent qui se rebiffa et sortit sa langue pointue et ses crocs menaçants. L'ours, effrayé, recula...

Vers midi, dame vipère voulut faire la sieste. L'ours trouva l'idée excellente, lui qui avait si mal dormi durant la nuit. Le serpent s'installa sur un rocher, en plein soleil. L'ours, timidement, lui proposa d'aller plutôt à l'ombre.

"Je suis très bien ici, rétorqua sèchement le serpent, viens près de moi, nous allons bavarder."

L'ours qui ne voulait pas contrarier la vipère, s'installa donc, lui aussi, en plein soleil. Sous sa fourrure trop chaude, il sua bientôt à grosses gouttes... Enfin, sur le point de suffoquer, il dit au serpent :

"Mon amie, ne vois-tu pas que si je reste ici je vais mourir d'insolation ? Allons un peu à l'ombre."

Le serpent répondit d'un ton indifférent :

"Ce n'est quand même pas ma faute si tu portes une fourrure encombrante. Cet endroit me convient parfaitement !"

Alors, n'y tenant plus, l'ours se leva et se précipita vers des rochers voisins où il put trouver une ombre salvatrice... Lorsqu'il se sentit mieux, il se mit à réfléchir tout haut :

"La vipère ne veut pas habiter dans ma caverne, elle refuse de partager ma nourriture. Elle préfère le soleil alors que moi j'aime les endroits ombragés... Décidément, tout nous sépare et nous ne ferons jamais bon ménage !"

L'ours, après un dernier regard à sa compagne d'un jour, partit vers d'autres horizons, préférant encore la solitude à cette alliance contre nature !

Proverbes et expressions

Deux proverbes reprennent la même idée avec des termes différents :
"Mieux vaut avoir un moineau dans la main qu'un ours dans la forêt." (Laponie).
"Il ne faut pas vendre la peau de l'ours avant de l'avoir tué." (Europe occidentale).

En parlant d'un homme bourru, on dit parfois "c'est un ours". On le compare encore à "un ours mal léché" si l'on veut laisser entendre qu'il s'agit d'un personnage grossier, bougon, peu sociable.
On a longtemps cru qu'à leur naissance, les oursons avaient l'aspect d'une boule de poils informe. On pensait que c'était leur mère, en les léchant, qui les façonnait.
En Allemagne, "avoir une faim d'ours" équivaut à avoir une "faim de loup" en France ; de même qu'un "froid d'ours" correspond chez nous à un "froid de canard".
Pour qualifier quelqu'un qui montre son impatience, son énervement, on dit qu'il "tourne comme un ours en cage". Il est vrai que l'ours, qui supporte mal la captivité, ne cesse d'arpenter sa cage.
La force de l'ours est légendaire : en Allemagne on dit "fort comme un ours", tandis qu'en Laponie on précise que "l'ours a la force de neuf hommes" !

L'ours, la tortue et la marmotte   Canada

L'HIVER EST LONG AU NORD DE LA GRANDE FORÊT CANADIENNE. C'est pourquoi Makwa, l'ours, cherchait un compagnon pour partager sa caverne pendant ces tristes mois sans soleil. Mais tous les animaux qu'il rencontrait refusaient. Le caribou partait en voyage, le loup migrait avec sa famille, l'aigle à tête blanche ne voulait pas descendre sous terre...

Makwa se traînait, désespéré, le long d'un marécage, lorsqu'il vit sur la rive une sorte de caillou arrondi. Il n'y prêta d'abord guère attention mais, comme il s'approchait, il entendit le caillou parler :

"Il paraît que tu cherches un compagnon pour l'hiver, marmonna l'étrange pierre. Je suis prête à partager ta retraite. Je m'appelle Makikinak."

Décontenancé, l'ours s'arrêta. Il vit alors le caillou se soulever : il avait des pattes et même une tête bizarre, toute nue, sans fourrure, au bout d'un cou étroit. C'était une tortue d'une espèce particulière, la seule à vivre dans les eaux froides des lacs du Nord.

"Quel curieux animal ! pensa l'ours. Mais qu'importe son aspect puisqu'il accepte de me tenir compagnie."

Voilà donc l'ours et la tortue partis, se dandinant tous les deux, chacun à sa façon, vers la caverne de Makwa, car les premières neiges tombaient déjà et le soleil, fatigué, ne se montrait plus guère au-dessus de l'horizon.

L'ours mit une grosse bûche sur le feu, et les nouveaux amis s'installèrent confortablement, passant le plus clair de leur temps à somnoler... Seule Makikinak allait parfois retourner la bûche sur le foyer. Alors, l'ours grognait :

"Si tu continues, la bûche va se consumer trop vite et tu feras filer l'hiver plus rapidement..."

Les semaines, les mois passèrent. Makikinak commença à s'ennuyer : l'hiver ne finirait donc jamais ! Makwa décida d'aller aux nouvelles. Il sortit et ne revint que le surlendemain. Il dit que le printemps n'était pas encore annoncé.

A plusieurs reprises, l'ours quitta ainsi la caverne pour s'informer. A chaque fois, il faisait la même réponse à la tortue impatiente : l'hiver s'éternisait !

Makikinak finit par trouver cela étrange. Un jour, alors que l'ours, allongé près du feu, au retour d'une de ses sorties, dormait la bouche entrebâillée, la tortue aperçut entre ses dents des traces de myrtilles. Furieuse, elle comprit que Makwa la trompait. Elle mit le nez à la porte de la caverne et constata, en effet, que la neige était fondue et que le printemps devait être là depuis longtemps.

"Cette canaille d'ours me le paiera !" grommela-t-elle en rageant.

Elle alla chercher des branchages pour boucher l'entrée de la caverne et y mit le feu. Réveillé par la fumée, l'ours se précipita en toussant vers l'extérieur. Il se brûla le nez en traversant les flammes. Puis il appela la tortue qu'il croyait toujours à l'intérieur... Celle-ci se trouvait en réalité juste derrière lui. Quand il l'entendit ricaner, il lui assena un grand coup de patte sur le dos, mais Makikinak avait une carapace solide et ne sentit rien.

"Un jour, j'aurai ma revanche", jura la tortue en gagnant prudemment le marécage le plus proche.

L'été succéda au printemps ; puis un nouvel automne arriva. La nourriture se fit plus rare pour l'ours qui, bien souvent, errait le ventre creux... Passant près d'un lac, son gros nez fut attiré par un parfum de framboise. D'après la direction du vent, il comprit que l'odeur provenait d'une petite île à quelque distance de la rive. Impatient de se délecter de ces fruits délicieux, il se jeta à l'eau et se mit à nager. Il sentit soudain comme une morsure à l'une de ses pattes arrière. Quelque chose semblait vouloir s'accrocher à son pied pour l'entraîner vers le fond du lac. Il essaya de se dégager, se débattit. Rien n'y fit. Il plongea alors la tête sous l'eau. Ô stupeur ! Il aperçut Makikinak qui s'agrippait à sa fourrure.

Les ours sont de bons nageurs, mais la tortue tirait de toutes ses forces et son bec coupant attaquait la peau de Makwa... Au moment où il allait atteindre la berge de l'île, l'ours fit un ultime effort pour échapper à la tortue mais un bout de sa patte, coupée par le bec, tomba au fond de l'eau. Makikinak, ravie, monta à la surface pour narguer une dernière fois celui qui l'avait trompée.

Cependant, à peine posée sur le fond, le bout de patte de l'ours s'agita et se mit à nager : un nouvel animal venait de naître, la marmotte ! C'est pour cette raison, dit-on le long de la baie d'Hudson, que les marmottes, comme les ours, hibernent pendant la saison froide.

Il sentit soudain comme une morsure à l'une de ses pattes arrière. Il essaya de se dégager, se débattit. Rien n'y fit.

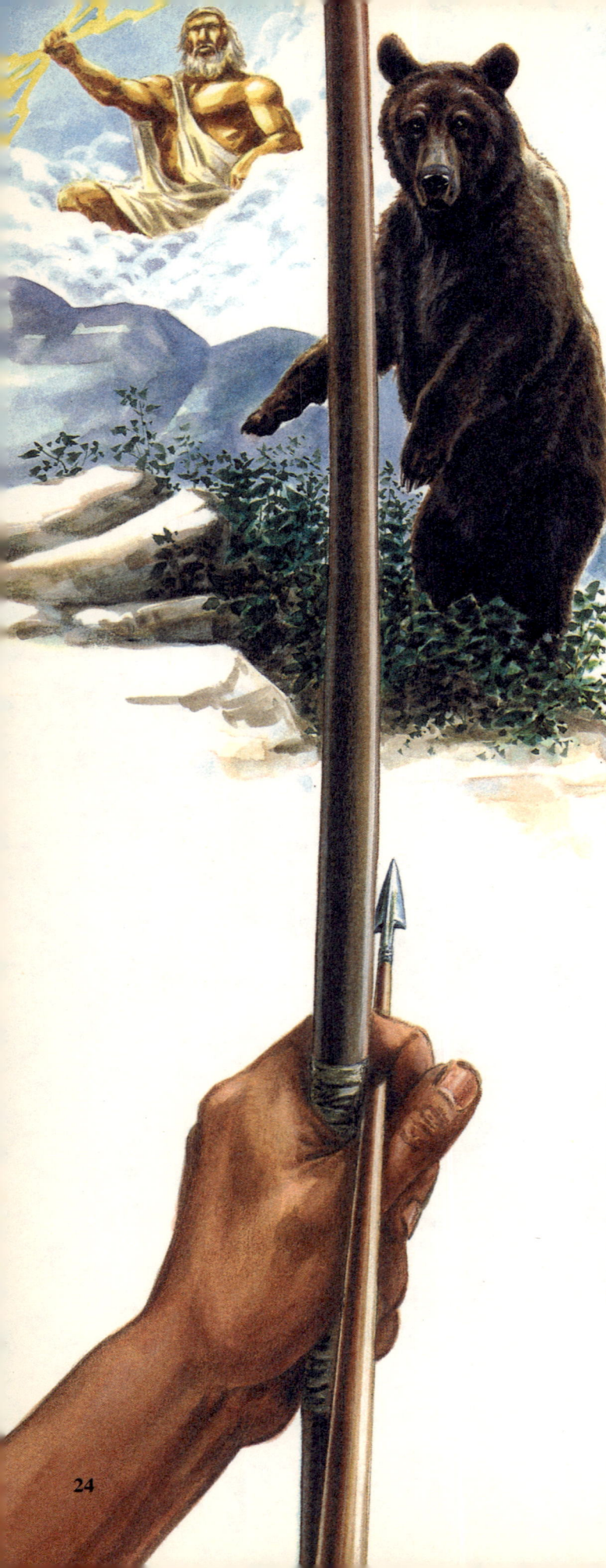

Naissance de la Grande Ourse

Grèce

ARTÉMIS, LA DÉESSE DE LA CHASSE, était intransigeante sur la conduite de ses suivantes. Quand elle apprit que sa fidèle compagne, la nymphe Callisto, venait de mettre au monde, en secret, un enfant, elle la chassa sur-le-champ de sa cour. Pourtant, le père du nouveau-né n'était autre que Zeus, le roi des dieux, le maître de l'Olympe !

Assise près d'une fontaine, la pauvre Callisto se demandait ce qu'elle allait devenir. Elle n'osait pas retourner chez son père, le roi Lycaon, dans le Péloponèse... Elle regardait son fils, le petit Arcas, responsable inconscient de ses malheurs. Pendant ce temps, là-haut sur l'Olympe, Héra, l'épouse de Zeus, venait d'apprendre la nouvelle aventure de son mari. Furieuse, elle décida de se venger. Quand elle aperçut Callisto penchée tendrement sur le petit Arcas, son sang ne fit qu'un tour : folle de rage, elle transforma aussitôt sa rivale en ourse, la condamnant ainsi à errer jusqu'à la fin de ses jours avec les fauves des montagnes...

Privé de sa mère, Arcas grandit malgré tout, surveillé de loin par son père qui ne l'abandonnait pas. Il devint un bel adolescent aux cheveux bouclés et aux yeux sombres. Voulant retrouver sa famille, il se rendit un jour chez le roi Lycaon, son aïeul. Celui-ci le reçut à bras ouverts... Le jeune prince apprit aux sujets de Lycaon la manière de semer le blé et de pétrir le pain ainsi que l'art de filer et de tisser la laine...

Puis, Arcas succéda à son grand-père et fit prospérer le pays. Parfois, pour se reposer de ses lourdes tâches, il allait à la chasse.

Ce matin-là, dans les montagnes de Grèce, il suivait la piste d'une ourse. La bête, curieusement, au lieu de s'enfuir, semblait attendre le roi. C'était Callisto qui voulait contempler son fils. Lorsqu'il fut à bonne distance, Arcas banda son arc et prit tout son temps pour bien ajuster son tir. Il allait lâcher la flèche lorsque Zeus, devinant la tragédie qui se préparait, intervint. Il arrêta au dernier moment le bras du chasseur et transforma celui-ci en ours. Puis, il transporta Arcas et sa mère, à nouveau réunis, dans le ciel où ils forment depuis les constellations de la Petite Ourse et de la Grande Ourse.

Arcas allait lâcher la flèche lorsque Zeus, devinant la tragédie qui se préparait, intervint.

Une femme trop curieuse
Laponie

CHAQUE AUTOMNE, lorsque son fils s'absentait pour aller à la chasse au renne, le vieux Skolte* disparaissait. Il ne rentrait qu'au printemps suivant, et personne n'osait lui demander où il avait passé l'hiver.

Aussi, cette année-là, sa bru, une femme fort curieuse, avait-elle décidé de le suivre à distance, en prenant bien garde de ne pas se faire remarquer. La légère couche de neige qui recouvrait le sol lui permettait de ne pas perdre sa trace...

Depuis un moment, le vieillard semblait chercher quelque chose, examinant avec attention les arbres de la forêt. Il s'arrêtait au pied de certains, les regardait longuement, interrogeait le ciel. Puis il repartait, reprenait sa course, s'arrêtait à nouveau... Enfin, le vieil homme parut avoir trouvé l'arbre qu'il cherchait : un sapin dont la cime s'inclinait fortement vers le nord.

Le vieux Skolte se mit alors à quatre pattes et, en rampant, fit le tour de l'arbre. Une fois, deux fois, trois fois, l'homme âgé tourna autour du tronc rugueux. A la fin du troisième tour, il s'était transformé en ours, un vieil ours grisonnant à la fourrure un peu terne !

Stupéfaite, la jeune femme le laissa s'éloigner. Elle s'approcha alors du fameux arbre et ne résista pas à l'envie de se mettre à quatre pattes afin d'imiter son beau-père. Au troisième tour, elle aussi était devenue une ourse ! Mais sa fourrure était belle et luisante !

La femme fut d'abord ravie de sa métamorphose. Puis, au bout d'un moment, elle eut envie de retrouver sa forme primitive. Elle rejoignit le vieux Skolte, qui s'était installé dans une grotte, pour lui demander conseil. Quand il la vit, l'homme-ours laissa éclater sa colère.

"Malheureuse, cria-t-il, te voilà condamnée à passer l'hiver ici car tu ne pourras abandonner ta peau d'ourse avant le printemps ! Si tu rentrais ainsi, ton mari, qui est un excellent tireur, ne manquerait pas une si belle bête !"

En l'entendant, la femme se mit à gémir comme font les ours pris au piège.

"A quoi bon te lamenter ? dit le vieux Skolte. C'est avant qu'il fallait réfléchir. Maintenant, il n'y a plus qu'à attendre. Fais comme moi, allonge-toi et dors !"

Pendant plusieurs mois, l'homme et sa bru restèrent tapis dans leur grotte. Ils ne sortirent que lorsque la neige commença à fondre. Le vieux Skolte se dirigea vers un ruisseau.

"Fais bien attention, recommanda-t-il à sa belle-fille. Pour reprendre forme humaine, il faut sauter par-dessus

Aussi la maladroite ne reprit-elle jamais totalement sa forme humaine. A la place du pied gauche, elle garda une patte d'ours munie de griffes pointues.

ce cours d'eau. Sur l'autre rive, tu redeviendras une femme."

Le vieux Skolte s'élança le premier et franchit le ruisseau sans encombre. La femme le suivit, mais elle manqua son saut et une de ses pattes tomba dans l'eau. Aussi la maladroite ne reprit-elle jamais totalement sa forme humaine. A la place du pied gauche, elle garda une patte d'ours munie de griffes pointues...

"Le juste prix de sa curiosité", dit-on en Laponie !

L'ours qui boitait

Andorre

DU HAUT DE LA FORTERESSE DE LA CECCA, les Sarrasins* contrôlaient toute la vallée du Valira, seule voie de passage dans les Pyrénées andorranes.* De ce nid d'aigle perché sur un piton rocheux, ils lançaient des razzias dans toute la contrée, pillant les villages des environs, exigeant de lourds impôts. Les nouveaux maîtres des montagnes respectaient cependant la religion des paysans convertis depuis longtemps au christianisme. Ils épargnaient leurs églises et les objets de culte parfois précieux qu'elles pouvaient contenir.

Pourtant, une nuit, un guerrier maure*, cupide et sans scrupules, décida d'aller piller, à l'insu de ses chefs, les chapelles de Juverri et d'Auvinyà. Cet ancien soldat, qui combattait depuis plus de vingt ans sous la bannière de l'islam, n'avait en réalité ni foi ni loi. Il avait reçu plusieurs blessures, en particulier à la jambe gauche ce qui le faisait boiter...

La nuit était d'un noir d'encre, des nuages bas masquaient la lune et étouffaient tous les bruits. A peine entendait-on la chute de cascades invisibles et, de temps en temps, dans le lointain, le hurlement d'un loup. Le cheval du guerrier maure, un pur-sang arabe, avançait avec précaution sur l'étroit sentier caillouteux qui serpentait entre des gorges abruptes. A plusieurs reprises, il trébucha contre des pierres et faillit tomber.

Le guerrier s'apprêtait à ouvrir la porte de la chapelle de Juverri lorsque la cloche tinta. Surpris, l'homme leva la tête vers le petit clocher ajouré. Une étrange lueur éclairait le ciel, une sorte de nuage blanchâtre qui, peu à peu, prit forme humaine. Une femme apparut, pâle, diaphane, la tête couronnée de fleurs. De longs voiles légers et vaporeux flottaient autour de ses épaules. Elle semblait avancer sans toucher le sol avec des gestes gracieux d'une grande douceur. D'une voix irréelle, elle ordonna au Sarrasin de l'accompagner. Epouvanté mais subjugué par la belle apparition, le guerrier la suivit. Elle le conduisit jusqu'à la Font de Fornell, au beau milieu de la forêt. Là, on ignore ce qui se passa exactement. On sait seulement qu'elle fit promettre au Maure de ne plus jamais essayer de violer les lieux sacrés.

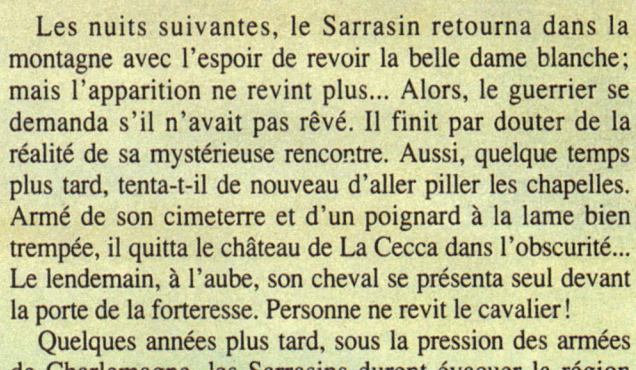

Les nuits suivantes, le Sarrasin retourna dans la montagne avec l'espoir de revoir la belle dame blanche; mais l'apparition ne revint plus... Alors, le guerrier se demanda s'il n'avait pas rêvé. Il finit par douter de la réalité de sa mystérieuse rencontre. Aussi, quelque temps plus tard, tenta-t-il de nouveau d'aller piller les chapelles. Armé de son cimeterre et d'un poignard à la lame bien trempée, il quitta le château de La Cecca dans l'obscurité... Le lendemain, à l'aube, son cheval se présenta seul devant la porte de la forteresse. Personne ne revit le cavalier !

Quelques années plus tard, sous la pression des armées de Charlemagne, les Sarrasins durent évacuer la région d'Andorre. La vie reprit son cours habituel dans les vallées pyrénéennes.

Les bergers n'avaient plus à combattre que leurs ennemis de toujours, les ours qui décimaient parfois leurs troupeaux.

Une grande battue fut organisée contre eux. Tous les paysans de la contrée se réunirent avec leurs chiens. Armés d'épieux et de piques, ils partirent sous la direction d'un chasseur réputé, un vieil Andorran à la peau ridée comme du parchemin par les ans et l'air des montagnes. Le résultat fut assez maigre. Les paysans réussirent seulement à encercler un ours âgé. Traînant la patte, il n'avait pu s'enfuir à temps. Il se défendait malgré tout avec acharnement, mordant cruellement les chiens qui l'assaillaient, blessant même plusieurs bergers.

Mais le combat s'avérait trop inégal. Atteint à plusieurs endroits, l'ours finit par s'affaisser. Avant de succomber, au milieu des aboiements des chiens et des cris des hommes, on l'entendit prononcer quelques mots dans une langue que personne ne comprit.

La nuit suivante, le chef des chasseurs, le vieux montagnard à la peau ridée, n'arrivait pas à trouver le sommeil. Il pensait à l'ours et aux paroles obscures qu'il avait prononcées avant de mourir... Dehors, les chiens se mirent à aboyer. Il ouvrit sa porte et vit, en face de lui, assise sur la margelle d'un puits, une gracieuse dame blanche. Il s'approcha et elle lui révéla que la bête tuée dans la journée n'était pas un fauve comme les autres. Jadis, pour punir un guerrier sarrasin d'avoir voulu dérober des objets sacrés, elle l'avait transformé en ours et condamné à errer jusqu'à sa mort parmi les forêts et les alpages.

Lorsqu'ils apprirent cette histoire, les habitants d'Andorre voulurent remercier la Dame blanche qui veillait ainsi sur leurs montagnes et leurs vallées. Afin que le souvenir de l'événement se perpétue jusqu'à la fin des temps, ils appelèrent "Senyoreta" (la "Demoiselle") la grande pierre qui se dresse entre les hameaux de Juverri et d'Auvinyà, à l'endroit précis où le guerrier maure fut transformé en ours.

Une femme apparut, pâle, diaphane, la tête couronnée de fleurs.

Ivanka et le génie du lac Russie

"Ivanka ! Ivanka !"
Les paysans du village scandaient le nom d'Ivanka en frappant dans leurs mains pour marquer le rythme. Au milieu d'eux, Ivanka dansait, tournant sur lui-même, de plus en plus vite...

"Ivanka ! Ivanka !"
C'était la curiosité du pays. On venait parfois d'assez loin pour voir ce phénomène, cet être étrange, moitié homme et moitié ours ; homme jusqu'à la ceinture, ours au-dessous.

Ivanka, disait-on à voix basse, était né dans la caverne d'un ours où sa mère, perdue dans la montagne, avait dû se réfugier pour passer l'hiver.

"Ivanka !" Une voix autoritaire et courroucée arrêta brutalement le danseur. Celui-ci, qui avait reconnu la voix de son père, se dirigea, l'air penaud et la tête basse, vers l'homme qui l'appelait.

"Ivanka, je te cherche depuis une heure ! Rentre vite à la maison mais, en passant, fais un détour par la bergerie et prépare un mouton pour le repas de demain.
– Bien père, répondit Ivanka, mais quel mouton voulez-vous que j'attrape ?
– Peu importe, répliqua le père agacé, tue celui qui te regardera !"

Ivanka prit donc le chemin de la bergerie. Dès qu'il ouvrit la porte, tous les moutons tournèrent la tête vers lui. Alors, croyant bien faire, Ivanka les tua tous, puisque tous le regardaient.

Quand le père apprit la perte de son troupeau, il entra dans une grande colère.

"Décidément, ce fils est trop stupide, pensa-t-il, si je le garde, il finira par me ruiner."

Alors le père imagina un moyen pour s'en débarrasser... Il existait, tout au bout de ses domaines, un endroit maléfique d'où personne n'était jamais revenu.

Là, au fond d'un lac, un génie redoutable entraînait avec lui les imprudents qui passaient dans les parages.

"Ivanka, dit le père, tu connais ce lac à l'extrémité de mes terres. Le tenancier de cet endroit ne m'a jamais payé la moindre taxe. Je compte sur toi pour aller lui réclamer notre dû."

Fier d'être chargé d'une telle mission de confiance, Ivanka partit sans tarder vers le lac. Le paysage alentour était des plus inquiétants. Bien que ce fût l'été, une semi-obscurité régnait, même au milieu de la journée, et une lueur verdâtre tombait des arbres aux branches enchevêtrées. Rien n'étonnait jamais Ivanka. Il s'assit sur la berge du lac et se mit à appeler. Un effrayant génie sortit presque aussitôt de l'eau, un monstre hideux qui aurait épouvanté l'homme le plus courageux.

Ivanka, nullement troublé, interpella aussitôt l'arrivant :

"Je m'appelle Ivanka. Tu vis sur les terres de mon père sans payer aucune taxe...

– Une taxe ? répéta, surpris, le génie. Tu veux que je paie une taxe ?"

Et il s'esclaffa d'un rire diabolique qui fit trembler les arbres mais qui n'émut nullement Ivanka.

"Il faut que tu paies la taxe", reprit-il avec obstination.

Le génie fut décontenancé, il finit par dire :

"Eh bien, d'accord ! Je paierai la taxe à ton père... si tu réussis à me battre à la course."

Le génie avait remarqué l'air pataud d'Ivanka, sa gaucherie, la lenteur de ses mouvements.

"Tu veux rire, répliqua Ivanka. Te battre à la course ? C'est trop facile ! Même mon fils nouveau-né, qui dort derrière ce gros chêne, court plus vite que toi... Veux-tu te mesurer à lui ?

– Entendu", répondit le génie, qui trouvait Ivanka vraiment trop bête. Et il ajouta :

"Si je gagne, non seulement je ne paierai pas la taxe, mais je vous entraînerai tous les deux au fond du lac."

Ivanka se dirigea vers le chêne où il avait aperçu un lièvre endormi. Tirant sur ses longues oreilles, il le réveilla. Quand celui-ci aperçut l'affreux génie, il détala à toute vitesse. Le monstre eut beau essayer de courir après lui, le lièvre avait déjà près d'une verste* d'avance.

"C'est bon, j'ai perdu, reconnut le mauvais génie, mais tu accepteras bien de me donner une seconde chance avec une autre épreuve.

– Comme tu veux, dit Ivanka, mais ce sera la dernière et, auparavant, jure par tous les diables de la forêt et des montagnes que, si je gagne, tu paieras la taxe."

Le génie, sûr de lui, jura par tous les diables des forêts et des montagnes...

"Voilà, dit le monstre, si tu lances mon bâton magique plus haut que moi, je me soumettrai : je paierai l'impôt !

– Vas-y, lance le bâton d'abord", demanda Ivanka.

Un effrayant génie sortit presque aussitôt du lac, un monstre hideux qui aurait épouvanté l'homme le plus courageux.

*Ivanka dut faire tant de voyages
pour ramener l'or qu'il n'avait
pas encore fini avant
l'arrivée de l'hiver.*

Le génie lança le bâton si haut dans le ciel qu'il disparut un instant à la vue et qu'il ne retomba qu'un long moment plus tard.

"A toi, Ivanka", dit le génie en se réjouissant déjà.

Ivanka prit le bâton dans sa main et attendit sans faire un geste, regardant seulement le ciel.

"C'est à toi, Ivanka, il faut lancer le bâton !
— Oui, oui, je sais... J'attends simplement que le gros nuage qui approche, là-bas, arrive au-dessus de ma tête. Alors je lancerai le bâton dessus.
— Ah non ! cria le monstre, je ne veux pas perdre mon bâton magique ! je préfère payer la taxe... Quelle somme veut ton père ?
— Mon père n'est guère exigeant, répondit Ivanka, mon bonnet rempli d'or suffira."

Le génie, qui ne pensait pas s'en tirer à si bon compte, trouva qu'Ivanka était vraiment l'être le plus stupide au monde, et il disparut dans le lac chercher de l'or.

Pendant ce temps, Ivanka perça le fond de son bonnet et le plaça au-dessus d'une cavité qu'il avait remarquée dans le sol. Le génie revint, chargé d'un sac rempli d'or. Il le versa dans le bonnet mais, à son grand étonnement, le bonnet resta vide.

"Tu as juré par tous les diables des forêts et des montagnes", dit Ivanka.

Le génie partit chercher un autre sac d'or, encore plus gros que le premier. A nouveau il le vida dans le bonnet, sans plus de succès.

"Tu as juré", répétait Ivanka avec un sourire satisfait.

Jusqu'au soir, le génie apporta de l'or sans pouvoir toutefois remplir la moitié du bonnet.

"Ivanka, je t'ai donné tout mon or et ton bonnet reste vide ; maintenant je n'ai plus rien. Que veux-tu que je fasse ? J'ai juré par tous les diables des forêts et des montagnes. Toi seul peux me libérer de ma promesse.
— Tu as juré et tu n'as pu honorer ton serment. Je veux bien te libérer de ta promesse, mais à une condition : que tu quittes pour toujours le domaine de mon père et que tu ne t'installes pas à moins de mille verstes de ces lieux."

Le génie ne se le fit pas dire deux fois. Il déguerpit sur-le-champ et on ne le revit jamais plus dans les parages !

Quant à Ivanka, de retour chez son père, il attela un grand chariot. Il dut faire tant de voyages pour ramener l'or, qu'il n'avait pas encore fini avant l'arrivée de l'hiver !

Un ours trop crédule   Russie

CLOPIN-CLOPANT, L'OURS DESCENDAIT DANS LA VALLÉE acheter du saindoux pour l'hiver. Son voisin le renard, qui l'avait vu partir, le suivait à distance. Prenant un chemin de traverse, il fit mine de le rencontrer par hasard.

"Quelle surprise ! s'exclama-t-il, où vas-tu donc de si bon matin, voisin ours ?

– Je vais faire ma provision de saindoux pour l'hiver, répondit l'ours. La marmotte m'a prévenu que l'hiver serait rude et long.

– Quelle coïncidence ! répliqua le renard, j'ai eu la même idée. Si nous mettions notre argent ensemble, nous pourrions acheter un tonneau entier de saindoux..."

Tout en parlant, le renard faisait tinter dans sa poche des pièces de monnaie. L'ours s'imagina qu'il devait posséder une petite fortune.

Accord conclu, les deux voisins arrivèrent chez le marchand de saindoux... Au moment de payer, le renard sortit le contenu de sa poche : trois petites pièces d'un sou et une grosse poignée de clous !

L'ours comprit, mais un peu tard, qu'il avait été berné. L'énorme tonneau de saindoux ne fut en fait qu'un modeste tonneau. Furieux, le malheureux pesta contre le renard qui lui rétorqua : "Réfléchis un peu, balourd ! Comment ferais-tu pour porter sur ton dos un tonneau plus pesant ?"

Car, bien entendu, le renard, qui prétendait souffrir de rhumatismes, refusait de faire le moindre effort.

De retour dans la montagne, l'ours décida de garder le saindoux dans sa cave en attendant l'hiver.

"Accepte alors, demanda le renard, que je dorme chez toi. Je connais ta gourmandise ; tu serais capable de tout manger avant les premiers froids !"

L'ours se méfiait de son voisin comme de la peste mais il détestait la solitude. Il accepta donc d'héberger le renard dans sa caverne.

La première nuit, le renard attendit que son compagnon s'endorme. Les ours ont le sommeil profond. Le renard en profita pour manger une bonne partie du saindoux... Au matin, l'ours trouva le ventre du renard bien gros et il s'en inquiéta :

"Qu'as-tu fait pendant que je dormais ?
— Nos amis d'en-haut ont frappé à la porte, répondit le renard sans se démonter. Ils venaient nous inviter au baptême de leur nouveau-né. Tu ronflais tellement fort que tu n'as rien entendu et je n'ai pas voulu te réveiller. Nous avons fait bombance jusqu'à l'aube !"

L'ours, un peu surpris, demanda le nom de l'enfant.

"Il porte un curieux nom, dit le renard, il s'appelle Quart-de-fût."

La nuit suivante, le même manège se reproduisit et, au jour, quand l'ours vit le renard qui dormait, repu, à ses côtés, il voulut savoir où il était allé.

"Tu ne me croiras pas, dit le renard, nos amis d'en-bas ont frappé à la porte. Ils baptisaient leur nouveau-né. Je n'ai pas voulu interrompre ton sommeil et j'ai mangé pour deux.
— En effet, ton ventre paraît prêt à éclater. Et comment se nomme l'enfant ?
— Lui aussi porte un drôle de nom. Il s'appelle Demi-fût !"

La troisième nuit, le renard termina le tonneau de saindoux. Il en avala tant qu'il eut une indigestion et ne put s'endormir. Quand l'ours ouvrit l'œil, il demanda à son compagnon ce qui n'allait pas.

"C'est à cause de ce troisième baptême...
— Un troisième baptême ?" Cette fois l'ours se mit à douter.

"J'aurais dû t'y envoyer à ma place, continua avec aplomb le renard, car maintenant je suis malade. La saison des baptêmes est vraiment une période difficile !
— Un troisième baptême ? répétait l'ours de plus en plus dubitatif. Et comment s'appelle l'enfant cette fois ?
— Oh ! il porte un nom aussi bizarre que les précédents. Ses parents ont choisi de l'appeler Fût-vide."

Les ours ne passent pas pour avoir l'esprit vif et celui-là n'échappait pas à la règle. Il finit cependant par comprendre que le renard se moquait de lui. Il se précipita vers le tonneau de saindoux. Il entra dans une telle colère que la montagne alentour trembla de ses grognements. Saisissant un gourdin, il voulait assommer le renard. Celui-ci se défendait en accusant à son tour l'ours :

"Voleur ! Coquin ! criait-il de sa voix grêle. Pendant que j'allais aux baptêmes, tu en profitais pour t'empiffrer de saindoux !

— Comment ? Tu ne manques pas de toupet ! M'accuser alors que tu sais très bien que c'est toi qui as tout mangé !

— Si tu as la conscience tranquille, dit le renard, je te propose une épreuve qui nous permettra de savoir qui dit la vérité. Allumons un bon feu et mettons-nous le dos à la cheminée. Le saindoux fondra. Ainsi, celui qui aura le poil gras et luisant sera le voleur."

L'ours, sûr de son innocence, trouva l'idée judicieuse. Tous les deux se mirent donc le dos aux flammes et attendirent le verdict.

Au bout d'un moment, sous l'effet de la chaleur, l'ours s'assoupit. C'est ce qu'avait prévu le renard qui en profita pour courir jusqu'au tonneau ramasser les quelques traces de saindoux qui restaient. Il les fit fondre et les fit couler sur la fourrure de son voisin.

Quand l'ours sortit de sa torpeur, il vit le renard qui paraissait somnoler sagement à ses côtés. Il passa sa patte sur son épaisse fourrure. A son grand étonnement, il la trouva huileuse. Il la lécha et constata qu'elle avait un goût de saindoux. Il examina le dos du renard toujours endormi et ne vit pas la moindre trace de graisse. Abasourdi, le pauvre ours ne comprenait pas ce qui lui arrivait.

Le renard, qui ne dormait que d'un œil, l'accusa alors à grands cris :

"Je savais bien que c'était toi le voleur ! Les ours sont incapables de résister à la tentation ! La gourmandise les perd toujours ! Voleur, rends-moi mon argent !"

L'ours, qui se demandait comment il avait pu manger le tonneau de saindoux sans s'en rendre compte, alla chercher ses dernières pièces de monnaie. Le renard déguerpit en riant sous cape.

"Adieu, lança-t-il pour finir, je ne resterai pas plus longtemps dans la maison d'un voleur de saindoux !"

Nanook le brun et Nanook le blanc

Canada, Alaska

D' IGLOO EN IGLOO, la nouvelle se propagea comme une traînée de poudre : Atitak, la femme d'Anakattak, venait de mettre au monde des jumeaux, deux garçons d'un poids exceptionnel. Chacun dans le village se réjouissait de la venue de ces deux nouveaux Inuits*. On enviait leurs heureux parents qui, lorsqu'ils seraient vieux, pourraient compter sur ces deux chasseurs pour assurer leur subsistance.

Pourtant, Atitak, au lieu de se réjouir, pleurait, la tête enfouie sous ses couvertures, et paraissait inconsolable. Quand, après la naissance, elle avait approché la lampe à huile pour contempler ses enfants, elle avait poussé un cri d'horreur en découvrant deux petits êtres velus de la tête aux pieds. A peine si elle distinguait, parmi les poils qui couvraient leur visage, de minuscules yeux brillants. Quelle déception !

Tout en essayant de calmer son épouse, Anakattak s'occupait des deux nouveau-nés.

"Nanook*! dit-il, nous les appellerons Nanook !"

Il avait entendu dire par les Anciens qu'on ne doit pas laisser un enfant sans nom car cela porte malheur. Puis, toujours pour respecter les coutumes ancestrales, afin de les protéger du mauvais sort, il leur glissa au poignet un bracelet fait de lanières de peau de phoque tressées.

Atitak sanglotait plus doucement. Elle paraissait se calmer. Elle allaita même les nouveau-nés, surmontant la répulsion qu'ils lui inspiraient... Anakattak, un peu rassuré, s'endormit.

Quand Atitak n'entendit plus aucun bruit dans le village, elle se leva. Elle prit dans ses bras les enfants qui dormaient à poings fermés, sortit de son igloo et marcha dans la nuit polaire aussi longtemps qu'elle le put. A bonne distance du village, elle abandonna les deux Nanook et rentra se coucher près de son mari qui dormait toujours...

Les enfants, dans la neige et le froid, criaient. Mais personne ne les entendait. L'un d'eux rampa en direction de la mer gelée. Son frère, quant à lui, se traîna du côté opposé, vers l'intérieur des terres.

A son réveil, Anakattak s'étonna de ne pas retrouver ses fils. Il pensa que les esprits des glaces les avaient sans doute repris puisque leur mère ne les aimait pas.

Le temps passa; Atitak eut un autre fils, Uluksak, puis encore un autre, Awa, de vrais enfants ceux-là, semblables à tous les petits Inuits. Ils grandirent près de leur père et, comme lui, devinrent d'habiles chasseurs.

Un jour, au début du printemps, Uluksak partit sur la banquise chasser le phoque. Son frère Awa préféra suivre dans la toundra la piste d'un caribou... Le soir, ni l'un ni l'autre ne rentra au village, ni les jours suivants. Leurs parents les crurent morts.

Que leur était-il donc arrivé?

Uluksak, alors qu'il se trouvait assez loin des côtes, sur la mer gelée, avait entendu d'étranges craquements: la glace, tout autour de lui, se cassait. Il essaya bien de revenir vers le rivage mais il était trop tard. Sur un bloc de glace transformé en radeau, il partait vers le large. Des jours durant, il dériva ainsi sur l'océan, mangeant le cuir de ses bottes pour ne pas mourir de faim...

De son côté, son frère Awa connaissait également des mésaventures. Alors qu'il marchait dans la toundra, au milieu des marécages, ses chiens, effrayés par des loups, s'étaient enfuis. Il restait seul, désemparé. Longtemps, il erra, incapable de retrouver le chemin de son village. Epuisé, affamé, ayant perdu tout espoir, il s'endormit...

Uluksak se désespérait lui aussi lorsque son bloc de glace heurta un îlot. Apercevant l'entrée d'une grotte, il voulut s'y mettre à l'abri, mais il se trouva nez à nez avec un énorme ours blanc! Il essaya bien de se sauver: l'animal l'attrapa par la manche! Uluksak pensa que sa dernière heure était venue. Pourtant, l'ours se mit à lui parler d'une voix rassurante:

"N'aie pas peur, je suis Nanook l'ours blanc, ton frère aîné. Mange un peu de poisson et je te raconterai mon histoire..."

Le lendemain, le vent tourna. Nanook l'ours blanc fit monter Uluksak sur sa plaque de glace. Avant de lui dire adieu, il lui remit un petit bracelet fait de lanières de cuir de phoque tressées.

"Montre-le à notre mère, elle le reconnaîtra", dit Nanook, puis il ajouta:

"Dis-lui que je lui ai pardonné!"

Au même moment, à des lieues de là, Awa ouvrait les yeux. Il sentait sur son corps une douce chaleur. Une épaisse fourrure sombre le recouvrait... La fourrure bougea: c'était un ours!

"N'aie aucune crainte, dit l'animal, je suis Nanook l'ours brun, ton frère aîné. Mange un peu de viande et je te raconterai mon histoire..."

Le lendemain, l'ours brun reconduisit Awa sur le chemin de son village. En le quittant, il lui remit un petit bracelet fait de lanières de cuir de phoque tressées.

"Montre-le à notre mère, elle le reconnaîtra..."

Puis il ajouta:

"Dis-lui que je lui ai pardonné!"

Les deux frères revinrent au village, où plus personne ne les attendait, le même jour. En voyant les bracelets, leur mère s'évanouit...

Depuis, on raconte, dans le Grand Nord américain, que les ours et les Esquimaux appartiennent à la même famille.

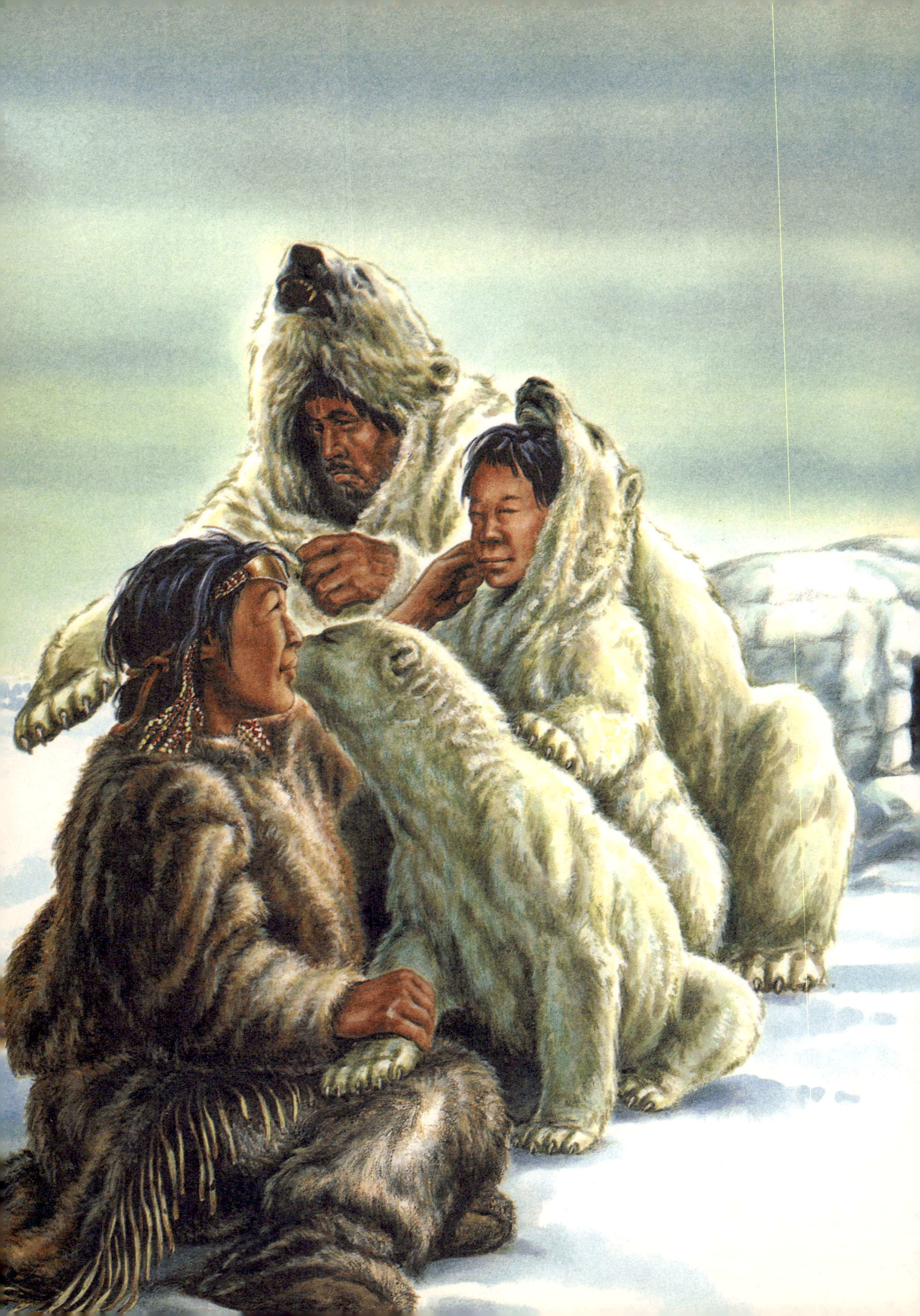

La trahison d'Arnaq Groenland

ARNAQ* AVAIT COURU UNE BONNE PARTIE DE LA JOURNÉE À travers la toundra. A bout de forces, elle se traînait maintenant plus qu'elle ne marchait. Elle s'était enfuie de chez son mari le matin même car elle ne supportait plus sa brutalité, ses colères, ses reproches injustifiés...

Arnaq aperçut une maison isolée devant laquelle pendaient des peaux d'ours blancs. Elle décida de demander l'hospitalité à ses occupants... A l'intérieur, un homme et ses deux fils étaient en train de manger. Ils invitèrent la femme à partager leur repas. Ils ne lui posèrent aucune question, ne lui demandant ni qui elle était, ni d'où elle venait. Elle semblait si lasse qu'ils lui préparèrent une couche pour la nuit.

A peine allongée sous des fourrures épaisses, Arnaq s'endormit. Elle ne se réveilla que tard le lendemain, vers le milieu du jour. A peine levée, elle regarda par l'étroite fenêtre de sa chambre. Quelle ne fut pas sa stupeur de voir un ours blanc suivi de deux oursons se diriger vers la maison. Elle appela l'homme qui l'avait accueillie la veille. Personne ne répondit ; la maison était déserte.

Arnaq s'affolait car les ours approchaient. Arrivés sur le seuil, ils s'arrêtèrent. Arnaq n'en crut pas ses yeux quand elle vit les trois bêtes perdre leur fourrure. Dessous, elle reconnut son hôte et ses fils... Eux aussi l'avaient aperçue et comprirent qu'elle venait de découvrir leur secret : humains à l'intérieur de la maison, ils devenaient ours dès qu'ils sortaient !

"Maintenant que tu connais notre nature, tu ne pourras plus jamais retourner parmi les hommes, car tu ne saurais tenir ta langue et les chasseurs viendraient nous tuer", dit le père.

Arnaq, qui avait fui son mari, accepta de partager la vie des hommes-ours...

Mais le temps passa ; l'hiver aux nuits interminables approchait. Arnaq commença à s'ennuyer. Elle avait envie de revoir son village, sa famille, ses amis... même son mari lui manquait : elle avait oublié ses colères, son mauvais caractère, sa brutalité...

"Laissez-moi partir, disait-elle aux hommes-ours, je vous promets de ne rien dire, je vous jure de ne jamais vous trahir."

Mais le père n'avait aucune confiance dans les paroles de la femme. Les oursons, par contre, s'étaient pris d'amitié pour Arnaq qui était devenue comme leur mère. Ils souffraient de la voir toujours triste. Ils reprochaient à leur père son intransigeance... Alors, un jour, l'homme-ours finit par céder.

"Avant de partir, dit-il à Arnaq, jure encore que tu ne parleras de nous à personne... Et souviens-toi que, si tu nous trahissais, je le saurais aussitôt, car les ours entendent ce que disent les humains, même s'ils se trouvent très loin d'eux."

Folle de joie, la femme serra une dernière fois les oursons dans ses bras puis regagna son village. Son mari, qui n'était peut-être pas si mauvais qu'elle le prétendait, accepta de lui pardonner son escapade et de la reprendre dans son igloo. D'ailleurs, ils ne se voyaient guère. Chaque jour, l'homme partait à la chasse avec son traîneau et ses chiens. Il rêvait de tuer un ours blanc et s'aventurait loin vers la banquise dans l'espoir d'en dépister un, mais en vain. Quand il rentrait le soir, déçu, il était d'humeur maussade. Arnaq se taisait de peur qu'il ne s'emporte. Soir après soir, le chasseur devenait de plus en plus irascible... Alors, une nuit, Arnaq ne put tenir sa langue plus longtemps. Elle lui chuchota à l'oreille qu'elle savait où trouver des ours, un mâle adulte et deux oursons.

Le mari bondit de sa couche. Tandis qu'il s'équipait, sa femme lui expliquait le chemin à suivre. Il saisit son harpon et, fouettant ses chiens, disparut sur son traîneau.

Au même moment, loin de là, l'homme-ours avait, lui aussi, sursauté. Il savait qu'Arnaq venait de le trahir. Il envoya ses oursons sur la banquise en leur recommandant de courir sans jamais s'arrêter, jusqu'à ce que leurs pattes ne puissent plus les porter. Quant à lui, il se dirigea vers le village de la femme parjure.

Arnaq était seule dans son igloo. Elle entendit soudain un grand vacarme et crut que le toit s'effondrait. Quand elle sentit les énormes pattes de l'ours sur son cou, ses cris désespérés alertèrent les Esquimaux des autres igloos. Aussi, lorsque l'ours ressortit, il se trouva cerné par des chiens aboyant furieusement. Les chasseurs, moins rapides, les suivaient avec leurs armes.

Quand ils arrivèrent à portée de javelot de l'ours, une pluie d'éclairs illumina la nuit. Ils étaient si brillants qu'ils aveuglèrent les chasseurs. Lorsqu'ils ouvrirent à nouveau les yeux, un grand silence planait sur le village. L'ours et les chiens avaient disparu. En levant la tête, les hommes aperçurent des étoiles supplémentaires accrochées au firmament. Une nouvelle constellation occupait le ciel : celle du "Grand Chien", qui, d'après les Esquimaux, représente une meute entourant un ours aux abois.

C'est aussi depuis ce temps-là que les chasseurs savent qu'il faut faire preuve d'une grande prudence avant de partir traquer l'ours blanc, car cet animal mystérieux peut entendre tout ce que disent les humains !

Brun l'ours et Renart le goupil

Roman de Renart

C' ÉTAIT PEU DE TEMPS AVANT LA SAINT-JEAN. Un beau matin, Renart, le goupil*, quittant son repaire de Malpertuis, frappa à la porte de Brun l'ours.

"Ah ! Messire Brun, dit Renart, j'ai un grand secret à vous confier."

S'approchant de l'ours, le goupil, sur le ton de la confidence, continua :

"Figurez-vous que je sais où trouver un gâteau de miel aussi gros que votre tête, du miel de la meilleure qualité. Comme je ne pourrais le manger seul, j'ai pensé à vous, mon bon ami, pour partager ce délice dont, je le sais, vous raffolez."

L'ours, alléché par la proposition de Renart, savourait déjà en pensée l'énorme gâteau de miel. Il en oubliait complètement que le goupil lui avait souvent, par le passé, joué de vilains tours.

"Où se trouve donc ce trésor ? demanda l'ours, impatient.

— Chez Constant des Noes, le paysan qui habite à la lisière des bois, répondit Renart. J'ai bien observé les lieux ; ce sera un jeu d'enfant de s'en emparer... et sans courir le moindre danger !"

Naturellement, le goupil se moquait bien de faire plaisir à l'ours. Ce n'étaient pas les ruches de Constant des Noes qui l'intéressaient mais plutôt les poules de la basse-cour. Malheureusement pour lui, le paysan, à qui il avait l'habitude de voler des volailles, devenait de plus en plus méfiant et demeurait sur ses gardes. Aussi, Renart avait-il imaginé un stratagème :

"Si je suis avec Brun, pensait-il, et si nous sommes découverts, l'ours avec sa grosse taille attirera toute l'attention. On se ruera sur lui et, pendant ce temps, je pourrai m'échapper plus facilement."

Les deux compagnons arrivaient à l'orée du bois. La ferme de Constant des Noes s'élevait un peu en contrebas. Le foin n'était pas encore coupé ; cela facilitait leur approche. Par chance, la porte du jardin était restée ouverte. Ils y pénétrèrent et se cachèrent au milieu d'un carré de choux.

"Nous attendrons la nuit, conseilla Renart ; mieux vaut éviter de courir des risques inutiles."

L'ours, malgré son désir de goûter le miel au plus tôt, trouva cet avis d'une grande sagesse. Les ruches, en effet, étaient bien près de la maison !

Du jardin, à travers les choux, Renart pouvait voir la basse-cour où allaient et venaient des poules toutes plus grosses les unes que les autres. La tentation était trop forte. L'attente devenait insupportable. Le goupil essaya bien de fermer les yeux un moment mais, s'il ne voyait plus les poules, il les entendait toujours. Leur caquetage s'élevait comme une provocation. Alors, n'y tenant plus, il se précipita dans la basse-cour, choisit la plus belle volaille et l'emporta dans sa gueule. Aussitôt, les poules affolées se mirent à courir et à voleter dans tous les sens en criant à tue-tête. Ce vacarme épouvantable alerta non seulement Constant des Noes et sa maisonnée mais aussi les paysans des fermes voisines.

"Que chacun se débrouille de son côté, cria Renart à Brun resté dans le carré de choux. Maintenant, il faut courir et vite, sinon nous serons bons pour leur saloir !"

Et le roué goupil d'ajouter en ricanant :

"Si votre fourrure vous paraît trop lourde, messire Brun, rassurez-vous. Quelqu'un d'autre la portera bientôt à votre place. Quant à moi, je file préparer cette poule... en vous attendant. A quelle sauce la préférez-vous ?"

Le goupil, rapide et leste, disparut dans un dernier éclat de rire, abandonnant Brun à son triste sort.

En apercevant l'ours dans le carré de choux, les paysans et leurs chiens se ruèrent sur lui. Pierres, bâtons, flèches s'abattirent dru comme grêle sur la pauvre bête. Les chiens hargneux lui arrachèrent des touffes de poils ; piques et épieux lui déchirèrent l'échine... Messire Brun vit alors sa dernière heure venue.

Il défendait néanmoins sa peau avec acharnement, attaquant à son tour et rendant coup pour coup. La force décuplée par le danger, l'ours réussit à se dégager de ses assaillants. Au prix d'un gros effort il put gagner les bois protecteurs.

Pendant ce temps, Renart le goupil qui, d'un abri sûr, avait suivi le début du combat héroïque de l'ours, savourait, l'âme en paix, dans son repaire de Malpertuis, la poule de Constant des Noes !

Jean de l'Ours

France

UNE FOIS ENCORE, Jean essaya de faire bouger l'énorme rocher qui bouchait la sortie de la caverne où l'ours les enfermait, lui et sa mère, quand il partait à la chasse. La femme tentait bien de l'aider, de pousser elle aussi de toutes ses forces, mais le rocher restait immobile.

Cela faisait maintenant six années que Jean était né dans cette tanière, et encore plus longtemps que sa mère y était retenue prisonnière. L'ours l'avait rencontrée un soir d'hiver alors qu'elle s'était égarée dans le brouillard en cherchant du bois mort...

Malgré son jeune âge, Jean de l'Ours, comme l'appelait sa mère, était déjà un grand gaillard, aussi costaud qu'un homme de bonne corpulence.

"Un jour, c'est sûr, je pousserai le rocher", répétait-il régulièrement...

Jean de l'Ours continua à grandir et à prendre des forces. Le moment arriva, en effet, où il put faire basculer le rocher. La mère et le fils se précipitèrent hors de la caverne et coururent à perdre haleine à travers la montagne... A la tombée de la nuit, ils atteignirent un village. En apercevant Jean de l'Ours, les habitants poussèrent des cris d'épouvante devant ce monstre au corps couvert de poils. La mère, qui avait toujours considéré son fils comme le plus bel enfant du monde, comprit pour la première fois que Jean ressemblait plus à un ours qu'à un être humain. Elle s'installa dans une bergerie abandonnée à l'écart du bourg. Avec le temps, les gens finirent par les accepter, d'autant que Jean de l'Ours savait se rendre utile. Les paysans, profitant de sa force herculéenne, faisaient appel à lui pour leurs gros travaux. Il fallait le voir rapporter sur son dos le contenu d'une charrette de bois ou faucher en une journée autant de blé qu'une armée de moissonneurs !

Un jour pourtant, las de cette vie harassante, Jean de l'Ours décida de partir découvrir le monde. Il descendit dans la vallée et, le surlendemain, il arrivait à l'entrée d'un gros bourg. Un maître-forgeron cherchait justement un apprenti. Devinant la force de Jean de l'Ours, il l'engagea sans hésiter.

"Redresse ce mancheron de charrue si tu le peux", dit le maître à son nouvel apprenti.

Sans même prendre d'outil, Jean effectua le travail avec une facilité déconcertante.

"Voilà un précieux ouvrier", pensa le forgeron, et il lui commanda de marteler une barre de fer rougie qui sortait de la forge.

Pour ne pas se brûler, Jean de l'Ours saisit un marteau et frappa sur la barre. Au premier coup, l'outil se brisa. Il en prit un second, plus lourd, et frappa de nouveau : cette fois, ce fut l'enclume qui se fendit ! Il s'approchait d'une autre enclume, mais le patron, affolé, l'arrêta. Il lui fit comprendre qu'il ne pouvait le garder plus longtemps sous peine d'être ruiné.

Avant de partir, Jean de l'Ours put cependant se forger une canne en fer, un énorme bâton qui pesait au moins sept quintaux, plus de 700 kilogrammes !

Les deux compagnons cheminaient depuis quelque temps lorsque, en traversant une forêt, ils rencontrèrent un curieux bûcheron.

Tout en marchant, Jean entendit du bruit dans le lointain, du côté des montagnes qui fermaient l'horizon. Il voulut savoir ce qui se passait là-bas. Il aperçut alors une sorte de géant qui frappait le roc de ses poings nus. Sous ses coups, la falaise se fendait. Une brèche s'ouvrit dans la montagne. Fasciné par la force du géant, Jean de l'Ours lui demanda son nom :

"On m'appelle Tranche-Montagne, répondit l'autre. Depuis que je suis né, c'est moi qui ai ouvert tous les cols de la région.

– Viens avec moi, dit Jean de l'Ours, ensemble nous ne craindrons personne…"

Les deux compagnons cheminaient depuis quelque temps lorsqu'en traversant une forêt, ils rencontrèrent un curieux bûcheron. Il brisait les chênes comme on cueille les joncs. Puis il enlevait les branches et, prenant trois ou quatre troncs, les tressait pour en faire des liens.

"C'est pour attacher mes fagots, dit-il aux deux autres étonnés, je m'appelle Tord-Chênes. Je fais ma provision de bois car l'hiver sera rude.

– Quitte donc ta forêt et suis-nous. A nous trois, nous serons invincibles et le monde nous appartiendra…"

Tord-Chênes, qui n'avait jamais franchi l'orée de ses bois, profita de l'aubaine et partit avec ses nouveaux amis.

Ils marchaient d'un pas décidé à travers villes et campagnes, allant de découverte en découverte… Un jour, ils arrivèrent dans une contrée bien triste. Toutes les maisons gardaient leurs volets clos, les gens qu'ils croisaient semblaient porter le deuil, même les oiseaux dans les buissons ne chantaient plus.

Ils demandèrent à un passant quel malheur frappait le pays.

"Le diable a enlevé les deux filles de notre roi", répondit l'homme d'une voix désespérée, et il ajouta : "Le pauvre père a promis la main des princesses à ceux qui les délivreraient.

– Mais où demeure donc ce terrible diable ? questionna Jean de l'Ours, intéressé par cette nouvelle.

– Dans un château maudit, au milieu des montagnes qui s'élèvent à trente lieues vers le nord.

– Voilà du travail pour nous", dit Jean de l'Ours à ses amis.

Et tous les trois partirent dans la direction du nord… Quand la lugubre silhouette du château du diable apparut, ils pressèrent le pas, impatients de se reposer sous un vrai toit. Tranche-Montagne, à qui la marche avait donné soif, avala rapidement l'eau des douves. Ce fut un jeu d'enfant pour Tord-Chênes d'arracher les pieux pointus qui défendaient l'accès de la forteresse et d'en faire une échelle afin d'escalader la muraille. Ensuite, Jean de l'Ours, grâce à sa canne de sept quintaux, brisa les sept portes qui menaient à la grande salle du château…

Le lieu semblait désert, abandonné depuis longtemps.

"Tranche-Montagne, accompagne-moi à la chasse ; et toi, Tord-Chênes, allume le feu en nous attendant", proposa Jean de l'Ours.

Resté seul au château, Tord-Chênes s'approcha de la cheminée et mit du bois sur les chenêts. Tout à coup, un vacarme épouvantable le fit sursauter. Tombant de la cheminée, une sorte de monstre surgit, renversant la marmite, un être de petite taille à l'aspect épouvantable.

"Le diable !" pensa Tord-Chênes.

Mais il n'eut pas le temps de faire le moindre geste. Le petit être affreux lui avait déjà enfoncé dans la poitrine la pointe de sa fine épée. Le géant, paralysé, sombra dans le sommeil. Ses compagnons, lorsqu'ils revinrent, eurent du mal à le réveiller. Honteux de s'être fait surprendre par le diable, Tord-Chênes leur raconta qu'il avait roulé sur une bûche et qu'il s'était assommé.

Le lendemain, ce fut Tranche-Montagne qui resta au château. Il reçut, lui aussi, la visite du diable et, quand ses amis le ranimèrent, il leur dit qu'il avait glissé sur le carrelage.

Vint le tour de Jean de l'Ours. Il ne croyait pas un mot des récits de ses compagnons ; il resta donc vigilant, sa canne de sept quintaux bien serrée dans la main. Aussi, quand le diable sortit de la cheminée, Jean de l'Ours fut-il le plus rapide. Il lui assena sur le crâne un coup d'une violence inouïe.

Mais le démon avait la tête plus dure que l'enclume du forgeron : il fut juste étourdi. Dès qu'il revint à lui, il vit Jean de l'Ours lever à nouveau sa canne en fer. Alors, épouvanté, il cria pour demander grâce. Comme Jean de l'Ours ne semblait pas l'entendre, il promit de lui indiquer le moyen de retrouver les princesses. Jean de l'Ours arrêta son bras et l'écouta...

"Allons, dépêchez-vous, cria Jean à ses compagnons lorsqu'il les vit revenir. Je sais comment rejoindre les filles du roi !"

A l'aide de sa canne, il souleva la lourde pierre qui servait de foyer à la cheminée, découvrant l'orifice d'un puits.

"Voilà une corde de cent toises. Tranche-Montagne, tu descendras le premier, puis je te rejoindrai", ordonna Jean de l'Ours.

Tranche-Montagne, inquiet, se glissa par l'ouverture du puits et descendit dans l'obscurité au bout de la corde, mais celle-ci était trop courte. Affolé, le géant cria à ses amis de le remonter.

On attacha une seconde corde de cent toises au bout de la première. Tord-Chênes dut descendre à son tour. Lui aussi resta suspendu dans le vide... A croire que le puits n'avait pas de fond !

Il restait une dernière corde de cent toises. Cette fois, ce fut Jean de l'Ours qui tenta sa chance. Après une interminable descente dans le noir, ses pieds touchèrent enfin le sol... Il découvrit un immense palais souterrain. A l'aide de sa canne, il brisa plusieurs portes bien verrouillées avant d'arriver dans une chambre aux murs tapissés d'or. Les deux princesses étaient là, endormies sur un lit. Jean de l'Ours les réveilla délicatement. Grâce à la corde, elles purent remonter jusqu'au château supérieur.

Quand ils les virent sortir du puits, Tranche-Montagne et Tord-Chênes, éblouis par leur beauté, pensèrent à la promesse faite par le roi, leur père... et s'empressèrent de couper la corde. Puis, abandonnant Jean de l'Ours à son triste sort, les compères partirent avec les princesses.

Au fond du puits, Jean de l'Ours enrageait, se demandant comment il pourrait bien remonter sur terre. Soudain, une voix chevrotante l'appela. C'était le diable, encore plus affreux avec son crâne à moitié fracassé. Celui-ci ne tenait pas à voir Jean de l'Ours s'éterniser dans ses domaines.

"Je connais un moyen de te sortir de ce trou", dit-il... et il poussa un sifflement strident. Un aigle gigantesque, aux plumes blanchies par l'âge, arriva. Jean de l'Ours s'installa sur le dos du rapace... Bientôt, il se retrouva à l'air libre.

Au fond du puits, Jean de l'Ours enrageait, se demandant comment il pourrait bien remonter sur terre.

Sans perdre un instant, il se précipita vers le château du roi. Le souverain s'apprêtait à fêter ses futurs gendres, Tranche-Montagne et Tord-Chênes. L'arrivée de Jean de l'Ours, avec sa lourde canne, interrompit la fête : les deux larrons s'enfuirent piteusement sans demander leur reste.

Les princesses accueillirent leur sauveur à bras ouverts. Le roi invita Jean de l'Ours à choisir entre ses deux filles celle qu'il voulait épouser. Mais Jean de l'Ours avait compris depuis longtemps qu'il ne serait jamais un homme comme les autres. Il remercia poliment le roi et retourna vivre auprès de sa mère, emportant avec lui de somptueux présents qui le mirent à l'abri du besoin jusqu'à la fin de ses jours.

Les surnoms de l'ours

Laponie : Le grand-père de la Montagne, Le monsieur, Le vieux à la fourrure, La bonne femme aux baies, Celui qui dort l'hiver.
Pays eskimo : Le marcheur.
Estonie : Large pied.
Russie : Mikhail (Michel) ou plus familièrement Michka, Le mangeur de miel.
Sibérie : Oncle maternel.
Pays germaniques : Maître Brun, Le petit monsieur (ou La petite dame).
Roumanie : Frère Nicolas, Le vieux Gabriel.
Balkans : Dominique.
Pyrénées : Martin.
Pays slaves du sud : Marko (pour un mâle), Bozana (pour une femelle).
Etats-Unis : Winnie l'ourson.
L'ours le plus célèbre est sans doute celui du Livre de la Jungle *de Rudyard Kipling, Baloo (de l'hindi* bhalu, *ours).*
Deux prénoms dérivent du mot "ours" : Arthur (du celte Arz, *ours); Bernard, signifiant "ours fort" (de l'allemand* Bär, *ours et* hart, *fort, résistant).*

La ville de l'ours Suisse

POUR PROTÉGER SES SUJETS DES PILLARDS, le duc Berthold avait fait construire au pied de son château une cité puissamment fortifiée.

Afin de la baptiser, il organisa une chasse au gros gibier et décida de donner à la ville le nom de la première bête abattue.

A l'aube du grand jour, une grande effervescence régnait dans la cour du château. Des forêts riches en gibier s'étendaient jusqu'à l'horizon. Pourtant, la matinée se passa sans que les chasseurs rencontrent la moindre bête... On poursuivit alors plus loin vers le nord. Là non plus, on n'aperçut ni cerf, ni sanglier, ni loup, ni chevreuil... Le soir tombait et il fallut bien se rendre à l'évidence : une malédiction pesait sur le duc, qui vit là un mauvais présage.

Las et découragés, les hommes revinrent vers la ville dont les murailles crénelées et les tours pointues se découpaient sur le ciel rougeoyant.

"La ville sans nom !" pensa avec tristesse le duc Berthold. Tout à coup, alors qu'on approchait d'une des portes de la cité, les chiens aboyèrent. Le cheval du duc se cabra. Juste devant lui, au pied du rempart, un ours d'une taille démesurée se tenait debout sur ses pattes arrière. Le duc sauta à terre.

Saisissant une lance, il se précipita sur l'animal. De toutes ses forces, il brandit l'arme et voulut la planter dans le cœur de l'ours. Il manqua son coup : la bête n'était que blessée...

Un corps à corps s'engagea alors entre l'ours et le duc. Berthold n'avait plus dans sa main que son couteau de chasse. Les puissantes pattes aux griffes redoutables le serraient et l'écrasaient presque. L'homme sentait la chaleur de l'ours ; il entendait même battre son cœur. Berthold savait qu'il allait peut-être mourir, et pourtant, il ressentait pour le fauve qu'il affrontait une sorte de respect, le même sentiment qu'il éprouvait au cours d'un tournoi envers un adversaire valeureux.

L'ours, un instant, relâcha son étreinte. Le duc en profita pour dégager son bras droit. Il porta un coup fatal dans la poitrine de l'animal. Celui-ci ne grogna même pas et s'écroula pour toujours.

Berthold contempla longuement le corps de l'animal. Enfin, se tournant vers ses compagnons, il prononça un seul mot : "Bär"*. Sa ville ne pouvait trouver un nom plus digne !

Un diable d'ours

France

L' ÉVÊQUE DE TARENTAISE*, Jacques, regardait avec un légitime orgueil le nouveau monastère sortir de terre. Il ne se lassait pas de contempler les paysans du voisinage qui s'affairaient sans relâche à sa construction.

Mais c'était compter sans le diable qui souhaitait empêcher l'achèvement de l'édifice. Prenant la forme d'un ours monstrueux, il s'attaqua aux bœufs des paysans qui approvisionnaient le chantier en matériaux divers... Le résultat ne se fit pas attendre. Epouvantés par l'ours diabolique qui dévorait leurs bêtes, les montagnards refusèrent de s'aventurer sur les chemins. Faute de pierres, les maçons durent cesser leur travail. La construction du monastère était interrompue !

Devinant là quelque manœuvre satanique, Jacques décida de conduire lui-même un attelage de bœufs à travers la montagne. Il se rendit jusqu'à une carrière d'où l'on extrayait de la belle pierre blanche et repartit avec son chargement. Le chariot était lourdement rempli, le sentier rocailleux. Les bœufs avançaient avec une très grande lenteur. Il faisait presque nuit lorsque le véhicule pénétra dans une forêt... Soudain, les bœufs s'arrêtèrent, poussant des beuglements d'effroi. Dressé sur ses pattes arrière, un ours gigantesque surgit. Il bondit sur l'une des bêtes qu'il étouffa de ses énormes pattes, et entreprit de la dévorer.

Dans le chariot, l'évêque s'était levé. Menaçant l'ours de sa crosse, il l'interpella :

"A nous deux, Satan ! Arrière, misérable ! Tu te crois donc capable de contrarier les volontés de Dieu ! Tu seras puni de ton audace !"

L'ours, surpris par cette intervention, s'immobilisa. Il semblait écouter l'évêque qui continuait à le sermonner :

"Oui, tu seras puni. Je te condamne à remplacer ce bœuf que tu viens de faire périr !"

Abasourdi, l'ours se remit sur ses quatre pattes. Il baissa la tête et d'un air penaud vint se ranger docilement près du deuxième bœuf.

Le chariot put repartir, tiré par un bien curieux attelage. A partir de ce moment, la construction du monastère ne fut plus interrompue par le diable !

Le chevalier Valentin et Orson-le-Sauvage

France

La reine Bellissant arriva à cheval devant la vaste forêt d'Orléans. De l'autre côté se trouvait le château du roi Pépin, son frère, chez qui elle venait chercher refuge. Bien qu'elle fût sur le point d'être mère, son perfide mari, l'empereur Alexandre de Constantinople, n'avait pas hésité à la chasser de son palais.

Très fatiguée, Bellissant s'engagea dans les bois. Elle dut bientôt s'arrêter dans une clairière et là, au pied d'un vénérable chêne, elle mit au monde des jumeaux, deux beaux garçons, resplendissants de vie.

La reine les contempla tendrement puis s'assoupit. Elle fut réveillée par les cris des enfants. Quand elle ouvrit les yeux, elle eut juste le temps d'apercevoir une ourse qui disparaissait dans les fourrés en emportant l'un de ses garçons ! Affolée, Bellissant ne savait plus que faire. Sans réfléchir, elle sauta sur son cheval pour aller chercher de l'aide, laissant seul son second fils...

Peu de temps après, le roi Pépin qui, ce jour-là, chassait dans les parages, arriva dans la clairière. Guidé par les aboiements de ses chiens, il se dirigea vers le chêne et découvrit avec étonnement le nouveau-né à peine couvert d'une cape pourpre sur laquelle était agrafée une broche en or incrustée d'ivoire. Le roi prit l'enfant, qu'il croyait abandonné, dans ses bras, et le ramena jusqu'à son château.

Quand la reine Bellissant revint accompagnée de quelques bûcherons, elle ne put que constater la disparition de son deuxième fils. Folle de douleur, elle s'enfonça à bride abattue au cœur de la forêt...

Le premier enfant, enlevé par l'ourse, grandit au milieu des bois. Il devint un adolescent d'une force exceptionnelle, mi-homme mi-ours, au corps couvert de poils. Le bruit courut bientôt dans la région qu'une sorte de monstre, qu'on appelait Orson-le-Sauvage, menaçait la contrée. Terrorisés, les paysans des environs n'osaient plus s'aventurer dans la forêt d'Orléans.

Pendant ce temps, son frère jumeau, nommé Valentin par le roi Pépin, grandissait à la cour.

Il était devenu un valeureux chevalier que le souverain considérait comme son fils. Il surpassait tous les jeunes gens de son âge par son habileté à manier l'épée ou la masse d'arme. Quand il apprit qu'un monstre hantait la forêt d'Orléans, il n'hésita pas et décida d'aller l'affronter.

A l'aube, sans avertir personne, il sella lui-même son cheval et quitta le château le plus discrètement possible. Il avança pendant des heures avant d'atteindre le secteur où, à plusieurs reprises, des paysans avaient aperçu Orson-le-Sauvage. Le bois devenait plus épais. Valentin dut mettre pied à terre. Sur plusieurs troncs, il remarqua de profondes traces de griffes. Aucun doute, l'endroit était fréquenté par des ours !

Soudain, son cheval, qui le suivait docilement, se cabra en hennissant. Valentin serra le pommeau de sa lourde épée de fer. En face de lui, il venait d'apercevoir le monstre redouté ! Celui-ci semblait l'attendre, tenant un tronc d'arbre dans ses pattes en guise de massue. Les deux adversaires n'étaient plus qu'à quelques mètres l'un de l'autre. Ils s'observèrent longuement... Enfin, Orson-le-Sauvage poussa un grognement et attaqua le premier. Valentin esquiva le coup avec adresse. Le monstre revint à la charge. A nouveau le chevalier évita l'énorme massue... Les assauts se succédèrent sans résultat. On aurait dit que chaque combattant hésitait à porter à l'autre le coup fatal. Aucune haine ne se lisait dans leurs yeux. Le duel se prolongeait, indécis.

Tout à coup, Orson-le-Sauvage glissa malencontreusement et vint se blesser sur l'épée de Valentin. Au lieu de se précipiter sur son adversaire pour l'achever, le chevalier jeta son arme et se dirigea vers Orson afin de le soigner. Tout en essuyant le sang qui coulait de sa blessure, il lui parlait comme à un homme, et le monstre paraissait comprendre...

Quelle surprise à la cour lorsqu'on vit Valentin revenir en compagnie d'Orson-le-Sauvage ! Chacun voulait voir de près celui qui avait fait trembler de peur le pays. Le roi l'installa dans une salle de la tour nord, près de la chambre de Valentin. Ce dernier commença l'éducation d'Orson, lui apprit à marcher droit, à parler, à monter à cheval... On lui confectionna des habits puis, un jour, le barbier le rasa. On découvrit alors avec stupéfaction qu'il était le reflet de Valentin ! Bien sûr, personne ne comprit cette étonnante ressemblance.

Les jeunes gens devinrent inséparables. Ensemble, ils partaient souvent chasser le gros gibier. Une fois, en poursuivant un sanglier, ils allèrent si loin qu'ils s'égarèrent. Heureusement, ils arrivèrent en vue d'un monastère où ils purent demander l'hospitalité. En les voyant, la Mère supérieure éclata brusquement en sanglots et les serra dans ses bras. Elle venait d'apercevoir, sur la poitrine de Valentin, la broche en or incrustée d'ivoire dont il ne se séparait jamais. La reine Bellissant avait retrouvé ses deux fils, perdus vingt ans plus tôt dans la forêt d'Orléans !

Les prisonniers de l'ours

Russie

Le roi Igor se pencha vers le ruisseau pour se désaltérer. Il faisait chaud et sa journée de chasse avait été harassante. C'est alors que, surgissant derrière lui, un ours énorme le saisit dans ses puissantes pattes. Le roi essaya bien de se débattre pour se dégager, mais en vain !

"Je te lâcherai, dit l'ours, si tu me promets un cadeau.

– Demande-moi ce que tu veux, je te le donnerai, répondit Igor qui suffoquait. Désires-tu un troupeau de vaches ? Un coffre rempli d'or ? Une de mes forêts ?

– Non, non, fit l'ours. Je veux que tu me donnes un bien très précieux qui se trouve dans ton palais mais dont tu ignores l'existence."

Intrigué, le roi chercha de quel trésor voulait parler l'ours.

"Je connais parfaitement tous les recoins de mon palais, dit-il. Explique-toi plus clairement. Que souhaites-tu exactement ?"

L'ours répéta sa demande mais refusa de donner davantage d'explications et le roi, pour recouvrer sa liberté, accepta...

En rentrant chez lui, Igor trouva son château en fête. Il apprit que, pendant son absence, son épouse avait mis au monde deux enfants, un garçon, Ivan, et une fille, Marfa. Il comprit alors les paroles de l'ours et regretta amèrement sa promesse.

"Quel malheur ! soupirait-il, j'ai donné mes enfants à l'ours !"

Puis, se ressaisissant, il chercha le moyen de les sauver. Il convoqua sur-le-champ tous ses paysans et leur fit creuser une demeure souterraine. Il y installa le prince et la princesse et ils y grandirent ainsi en secret... Les années passèrent. Igor reprenait espoir. L'ours ne se manifestait pas.

Le roi et la reine moururent le même jour... Peu de temps après ce triste événement, l'ours, estimant que les enfants étaient devenus assez grands pour travailler, se présenta au palais. L'endroit était désert. Il erra de pièce en pièce en hurlant plein de colère :

"Qui pourra me dire où se cachent le prince et la princesse ?"

Un étrange couteau, planté dans un mur, lui répondit :

"Lance-moi en l'air et regarde bien où je tomberai. A cet endroit-là, tu creuseras le sol."

L'ours fit exactement ce que lui avait ordonné le couteau. Avec ses griffes, il creusa rageusement la terre. Il finit par atteindre la demeure où étaient dissimulés Ivan et Marfa.

"Votre père a voulu me tromper, grommela-t-il d'un air bourru. Je vous emmènerai chez moi et vous serez mes serviteurs."

L'ours partit avec les deux enfants vers le pays où il vivait, une région perdue au milieu de hautes montagnes. Ivan et Marfa durent préparer ses repas, allumer son feu, nettoyer sa tanière...

Un jour qu'ils étaient seuls, les enfants aperçurent dans le ciel un faucon. Ils lui firent signe et lui racontèrent leurs malheurs.

"Montez sur mes ailes, dit l'oiseau de proie, je vous emporterai loin d'ici."

Au moment où le faucon s'élevait dans les airs avec les enfants, l'ours arriva et les aperçut. Il se frappa la tête contre un rocher et, aussitôt, se transforma en flammes gigantesques qui brûlèrent les plumes du faucon : ce dernier laissa tomber le prince et sa sœur.

Après cet incident, l'ours se fâcha et menaça ses jeunes prisonniers. Ivan et Marfa désespéraient de pouvoir un jour s'échapper. Pourtant, un soir, un aigle apparut tout en haut des montagnes. Il tournoya lentement puis descendit vers eux. L'ours dormait dans sa caverne.

"Montez sur mon dos, proposa le rapace aux enfants, et je vous ferai sortir de ce pays."

Mais l'aigle avait à peine atteint la cime des sapins que l'ours surgissait. Il se transforma sur-le-champ en une torche rougeoyante... et brûla les ailes de l'aigle.

L'ours, cette fois, voulut tuer ses petits prisonniers. Au dernier moment, les pleurs de Marfa réussirent à l'apitoyer.

"Je vous laisse la vie sauve, grogna-t-il, mais c'est la dernière fois !"

Le lendemain, un bouvreuil, sorti on ne sait d'où, s'approcha d'Ivan et de Marfa occupés à couper du bois sur le flanc d'une montagne.

"Je connais le moyen de vous faire évader de ce lieu", murmura-t-il aux enfants.

Ceux-ci le regardèrent avec étonnement et incrédulité.

"Comment un pauvre bouvreuil pourrait-il réussir là où l'aigle et le faucon ont échoué ?

– Ayez confiance, insista l'oiseau. Je vous assure que je peux vous sauver..." et il chuchota quelques paroles à l'oreille d'Ivan, qui les répéta à sa sœur.

Convaincus, les enfants acceptèrent la proposition du bouvreuil. L'oiseau prit son élan. Au prix d'énormes efforts, il réussit finalement à s'envoler. L'ours ne tarda pas à repérer les fugitifs mais, avant qu'il ait eu le temps de se transformer en flammes, le bouvreuil, d'un coup de bec, avait déjà percé un gros nuage qui passait. Des trombes d'eau s'abattirent sur l'ours qui, trempé jusqu'aux os, alla se sécher dans sa caverne.

Le bouvreuil eut bien du mal à passer par-dessus les montagnes qui délimitaient le domaine de l'ours. Il vola sans se reposer pendant des jours et des nuits, franchissant plusieurs mers avant de déposer le prince et la princesse dans un pays lointain où ils vécurent en toute sécurité !

49

La peau de l'ours — Allemagne

Dans une petite ville d'Allemagne, vivaient trois compagnons d'un tempérament insouciant, un peu hâbleurs, courant les cabarets et les auberges, aimant le vin doux, la bière mousseuse, le rire des filles ; trois gais lurons heureux de vivre mais fort désargentés.

Le patron de la taverne qu'ils fréquentaient régulièrement désespérait d'être payé un jour. Il refusait de leur faire crédit plus longtemps car ils lui devaient déjà un nombre impressionnant de pintes de vin, chopes de bière, dîners et soupers, sans compter les en-cas...

"Encore un peu de patience, tavernier. D'ici deux jours, tout au plus, nous serons riches comme des rois... Si, aujourd'hui, tu nous refusais ta table, tu pourrais bientôt regretter notre clientèle !"

Le tavernier haussa les épaules :

"On ne fait pas fortune à flâner dans les rues et à s'amuser du matin au soir et du soir au matin... Je ne peux plus vous faire crédit, car les temps sont durs pour les gens comme moi. Les étrangers ne se risquent plus dans notre ville depuis que cette maudite bête terrorise le pays. Un ours gigantesque, dit-on, et d'une force diabolique !

— Justement, tavernier, cet ours qui hante la région et qui te ruine, c'est lui qui nous enrichira. Sa peau vaut de l'or car, au prix de sa fourrure, il faut ajouter les nombreuses primes promises pour la capture du fauve... Sers-nous un bon repas, tavernier ! Dès que nous aurons l'estomac bien rempli, nous partirons à sa recherche..."

Le tavernier réfléchit. Après tout, que risquait-il dans l'affaire ? Perdre trois repas de plus... Au point où il en était, cela n'avait guère d'importance. Par contre, si ces trois fanfarons réussissaient à débarrasser la contrée du fameux ours, non seulement ils pourraient payer leurs dettes mais, en plus, les clients reviendraient.

C'est donc le ventre plein que les trois compères partirent en quête de l'ours. Ils le rencontrèrent d'ailleurs plus vite qu'ils ne le pensaient. A peine sortis de la ville, au détour d'un chemin qui serpentait à travers la forêt, ils se trouvèrent brutalement face à lui. Dans le petit groupe, ce fut aussitôt un sauve-qui-peut général. Le plus leste s'agrippa à une branche et se réfugia à la cime d'un arbre. Le plus rapide prit ses jambes à son cou et s'enfuit vers la ville. Le troisième, paralysé par la peur, ne put que se coucher sur le sol. Il resta là, immobile, retenant son souffle, car il avait entendu dire que les ours ne touchent pas aux cadavres : le moment se présentait de vérifier si cette affirmation était fondée...

La bête le regarda longuement, le retournant plusieurs fois avec sa grosse patte. Elle le flaira de tous côtés, paraissant s'interroger. Finalement, n'étant pas dupe, elle lui murmura quelque chose à l'oreille, puis elle reprit sa route et disparut dans la forêt.

L'homme se releva péniblement, très pâle ; il tremblait de tous ses membres car il avait cru sa dernière heure venue !

Son compagnon, descendu de l'arbre, intrigué par ce qu'il avait vu, le questionna :

"Qu'a bien pu te confier cet ours comme secret ? J'ai vu à plusieurs reprises son museau contre ton oreille..."

Après avoir repris un peu ses esprits, l'autre lui répondit :

"Dans le creux de l'oreille, l'ours m'a glissé plusieurs paroles pleines de sagesse..."

Et comme son ami, impatient d'en savoir davantage, le pressait de poursuivre, il ajouta :

"Il m'a dit notamment qu'il ne faut jamais vendre la peau d'un ours alors qu'il court encore !"

La bête le regarda longuement, le retournant plusieurs fois avec sa grosse patte. Elle le flaira de tous les côtés, paraissant s'interroger.

En France, les derniers ours!

Les ours qui hantaient nos forêts au Moyen Age ont disparu au cours du XIXe siècle de la plupart de leurs derniers refuges, les massifs montagneux : Vosges et Massif central d'abord, Jura et Alpes ensuite. On ne trouve plus aujourd'hui que quelques rescapés dans les Pyrénées.
Bien que protégés par la loi depuis 1962, ces ours sont en grand danger. En effet, alors qu'on en dénombrait 300 à 400 vers 1930, on n'en compte guère aujourd'hui plus d'une quinzaine. Cet effectif très réduit ne permet pas une reproduction normale de l'espèce. Les ours des Pyrénées sont donc condamnés à l'extinction si aucune mesure efficace n'est prise rapidement pour les sauver.
Les ennemis de ces derniers grands fauves européens ne sont pas seulement les chasseurs, les braconniers ou les bergers. La principale cause de leur disparition reste le développement spectaculaire des activités liées au tourisme et aux sports d'hiver. La multiplication des routes, des sentiers, des remontées mécaniques, des stations d'altitude, ainsi que la réduction des zones forestières privent les ours de leurs derniers territoires.

De l'histoire aux légendes : l'ours et les hommes

L'ours est un animal solitaire qui supporte mal la promiscuité ou la privation de liberté. D'un tempérament placide, il peut, en cage, devenir agressif et dangereux.

Sa silhouette massive, sa démarche hésitante, le nez collé au sol, lui donnent un air pataud. Il semble maladroit, empêtré dans son épaisse fourrure. Pourtant, quand le besoin s'en fait sentir, il se montre d'une extraordinaire agilité, escaladant avec une souplesse surprenante des pentes escarpées, grimpant aux arbres grâce à ses griffes, sautant avec aisance des obstacles de plus d'un mètre de hauteur...

Lorsqu'il court, il va l'amble, c'est-à-dire qu'il lève simultanément les deux pattes situées du même côté. Il peut alors atteindre la vitesse de 50 km à l'heure. C'est aussi un bon nageur qui aime se baigner pendant les fortes chaleurs estivales.

Exceptionnellement, il se dresse sur ses pattes arrière, pour atteindre sa nourriture ou se défendre.

Loin d'être casanier, l'ours se déplace au contraire fréquemment, changeant de territoire au gré des saisons ou de ses humeurs. Pour des raisons de sécurité, il sort surtout la nuit et sa vue, assez médiocre, est d'ailleurs mieux adaptée à l'obscurité qu'au grand jour.

L'ours a un sens de l'orientation développé, servi par une bonne mémoire. Il passe pour être l'un des mammifères les plus intelligents. Prudent, difficile à piéger et à traquer, il utilise la ruse lorsqu'il chasse. Pour s'attaquer aux brebis, par exemple, il choisit une nuit sans lune ou un jour de brouillard, ou encore il profite d'un orage. Ensuite, il évite toujours de revenir sur les lieux de ses forfaits.

Sous l'apparence d'un balourd, l'ours cache, en réalité, une grande finesse. Par son allure et son comportement, l'ours est l'un des animaux qui se rapprochent le plus de l'être humain. Cette troublante ressemblance n'a pas manqué de créer d'étranges rapports entre l'homme et l'animal. Aussi, l'ours est-il souvent présent dans les mythes et les légendes des peuples qui le côtoyèrent.

Déjà, dans les grottes préhistoriques...

Depuis les temps les plus reculés, l'ours a fasciné les hommes, inspirant à la fois crainte et respect. On retrouve sa silhouette massive gravée sur les parois des grottes préhistoriques. Ces représentations faisaient sans doute partie de rituels pratiqués avant la chasse. Cet "ours des cavernes", d'une taille impressionnante, présentait un sérieux danger pour les chasseurs simplement armés d'arcs et d'épieux. Heureusement pour eux, ils utilisaient également des pièges et en particulier des fosses dans lesquelles ils faisaient tomber leur victime.

L'ours des cavernes disparut progressivement à la fin de l'époque paléolithique, au moment où le climat se réchauffait, laissant peu à peu la place à l'ours brun.

Un ourson (A. Wolfe / Zefa).
Massue préhistorique en forme de tête d'ours (G. Dagli Orti).

DE L'HISTOIRE AUX LÉGENDES

Dans l'Antiquité, un animal proche d'Artémis.

Dans la mythologie grecque, l'ours apparaît souvent associé à la déesse de la chasse Artémis. L'un des plus anciens sanctuaires de la Grèce, celui de Brauronia, non loin d'Athènes, fut édifié par les habitants de la région pour apaiser Artémis, dont ils avaient provoqué la colère en tuant un ours. De très jeunes filles, appelées *Arktoi* (ourses en grec) y faisaient office de prêtresses. Tous les cinq ans, au printemps, avait lieu une grande cérémonie au cours de laquelle une ourse était offerte à la déesse.

Au moment de l'expédition grecque contre Troie, Agamemnon s'apprêtait à sacrifier la plus belle de ses filles, Iphigénie, au sanctuaire de Brauronia afin que les vents soufflent favorablement. Artémis enleva alors la jeune fille et la remplaça par une ourse!

D'autres légendes grecques font aussi état d'enfants allaités et sauvés par des ourses, que ce soit Pâris, le fils du roi de Troie Priam, abandonné à sa naissance sur le mont Ida, ou Atalante, laissée sur le mont Parthénion par son père qui désirait un garçon.

Vers la même époque, les Celtes vénéraient la déesse-ourse Artio.

A Rome, des ours provenant surtout de Germanie, étaient utilisés au cours des combats qui, dans l'arène, opposaient fauves et gladiateurs. L'auteur latin Pétrone nous indique que les pattes d'ours constituaient un mets très recherché par les riches Romains.

Au Moyen Age, un gibier "noble"

A l'époque médiévale, les forêts européennes et les régions montagneuses abritaient un grand nombre d'ours. Au XIVe siècle, dans son traité de chasse, le comte de Foix, Gaston Phébus, décrit les différentes façons d'attaquer l'animal : à l'épée (si elle n'est pas trop courte, précise-t-il), à l'épieu, avec une lance, un arc, une arbalète. Il parle aussi de divers pièges, en particulier de la "dardière", un engin que l'ours déclenchait lui-même et qui lui envoyait un épieu bien aiguisé dans les flancs. Gaston Phébus s'empresse de condamner ce procédé indigne des gentilshommes car, selon lui, l'ours est un gibier "noble" que l'on doit chasser à courre avec des chiens.

Un montreur d'ours. Manuscrit du XIIIe siècle (G. Dagli Orti).

Une chasse à l'ours. Illustration du XVIe siècle (J.L. Charmet).

Au Moyen Age, l'ours était fort apprécié dans les spectacles de cour où les dresseurs le faisaient danser ou exécuter de savants exercices.

Quant aux ours blancs, presque inconnus en Europe, leur rareté leur donnait une valeur incomparable. Au XIe siècle, un Islandais nommé Audhunn se rendit au Groenland et donna toute sa fortune en échange d'un ours blanc vivant. Il en fit ensuite don au roi du Danemark qui, pour le remercier, le nomma échanson et lui accorda une pension à vie.

De même, lorsque les rois de Norvège voulaient honorer un monarque étranger, ils lui envoyaient un ours polaire vivant.

DE L'HISTOIRE AUX LÉGENDES

Les fêtes de l'ours

Le carnaval des Pyrénées

Dans de nombreux villages pyrénéens se déroulaient, vers la fin de l'hiver, des carnavals dont l'ours constituait l'acteur essentiel. Le plus célèbre avait lieu à Prats-de-Mollo dans le Roussillon le jour de la Chandeleur.

D'un endroit à l'autre, la fête présentait des variantes mais on y retrouvait toujours des éléments communs. Le rôle de l'animal était tenu par un homme masqué, recouvert de peaux d'ours. Faisant irruption au milieu de la foule, il assaillait les hommes et surtout les femmes dont il simulait l'enlèvement. Grognements des uns, cris effarouchés des autres, rires de tous, le carnaval représentait un moment de défoulement, évoquant la lutte séculaire entre l'homme et l'ours et les curieux rapports qui existaient entre eux... A la fin, les chasseurs capturaient l'animal et le promenaient triomphalement en cortège au son d'un orchestre. Dans certains cas, l'ours ressuscitait et participait aux danses.

A Prats-de-Mollo, la "bête" était finalement rasée par le barbier, ce qui laissait apparaître encore plus nettement la parenté entre les ours et les humains.

Sous l'Empire, les soldats portaient des toques en peau d'ours (Explorer).

L'ours en danger

Comme la plupart des gros mammifères, l'ours est menacé. Le problème de sa survie se pose dans certaines régions, en particulier en Europe où le nombre des ours ne cesse de diminuer de façon inquiétante.

Les plus gros effectifs d'ours se trouvent dans les montagnes d'Europe centrale et orientale : Yougoslavie, Bulgarie, Hongrie, Roumanie, Tchécoslovaquie, Russie...

En Europe occidentale, par contre, l'ours a presque totalement disparu, à mesure que les vastes forêts qui lui servaient de refuge étaient défrichées. Quelques survivants, chaque année moins nombreux, subsistent dans les Pyrénées, dans les monts Cantabriques en Espagne, dans les Abruzzes ou le Trentin en Italie.

Mais il faut savoir que cette disparition progressive n'est pas inéluctable. En effet, en Suède et en Norvège, des mesures de protection sérieuses ont été prises et, depuis, le nombre des ours s'est sensiblement accru.

Autour de l'Arctique, l'ours blanc connaît lui aussi des menaces. L'extension des activités humaines dans des zones autrefois désertes perturbe son mode de vie. Bien que sa chasse soit réglementée et le commerce de sa peau interdit, des braconniers n'hésitent pas à utiliser l'avion pour le poursuivre et l'abattre.

Dans les parcs naturels américains, les ours ne sont pas farouches (Vienne / Bel / Pitch).

Le géant et le nain

Il existe plusieurs espèces d'ours qui se distinguent par la couleur de leur fourrure ou par leur taille. Le colosse de la famille est, outre l'ours blanc, l'ours Kodiak qui peut atteindre près de 2,50 m debout et peser jusqu'à 800 kg. Il vit sur les côtes de l'Alaska.

Le Grizzly, qui jouit d'une réputation de férocité très exagérée, ne dépasse pas, quant à lui, 500 kg. On le trouve principalement dans les montagnes Rocheuses (Ouest des Etats-Unis).

A l'opposé, le "nain" de la famille est l'ours malais (50 kg seulement et 1 m de long), encore appelé "ours des cocotiers" à cause de son agilité à grimper aux arbres.

DE L'HISTOIRE AUX LÉGENDES

L'ours de paille d'Europe centrale

Dans certaines régions comme la Bohême, mais aussi en Allemagne et en Suisse, la période du Carnaval était aussi l'occasion de promener dans les rues un homme-ours dont la fausse fourrure était constituée de brins de paille. L'animal, enchaîné, devenait le souffre-douleur de la population qui venait le frapper, manière sans doute de conjurer sa peur du fauve redouté. On lui arrachait également des brins de paille qui, placés dans le nid des poules, étaient censés favoriser la ponte.

Dans ces pays, l'ours de paille ressurgissait parfois en été, au moment de la fête qui marquait la fin des moissons. Dans certains cas, c'était la dernière gerbe ramassée qui faisait fonction d'ours de paille. Les filles dansaient avec cette gerbe qui leur servait de cavalier.

L'ours était considéré comme un symbole de fertilité, garant d'une bonne récolte. En Finlande, les paysans, en guise de reconnaissance, lui offraient leur premier agneau né dans l'année.

En Roumanie a lieu, aujourd'hui encore, entre Noël et le 1er janvier, une sorte de "Carnaval du nouvel an". Un homme portant un masque confectionné dans une peau d'ours parcourt les villages. Sur son passage, les paysans font des vœux pour que l'ours leur assure la prospérité pendant toute l'année.

Les montreurs d'ours

Jusqu'au début du XXe siècle, des montreurs d'ours, les "oursiers", parcouraient l'Europe. D'origine tsigane pour la plupart, ils allaient de bourg en bourg, à pied ou en roulotte, traînant derrière eux leur compagnon à quatre pattes.

Leur arrivée dans un village représentait toujours un événement. L'oursier et sa bête s'installaient à un carrefour ou sur une place pour exécuter, au son d'un tambourin, divers numéros. Les badauds accouraient, médusés et intrigués par cet animal qui imitait si bien l'homme. La démonstration terminée, l'ours prenait le tambourin de son maître pour faire lui-même la quête.

L'oursier et son animal, complices inséparables, passaient pour posséder de mystérieux pouvoirs. On faisait parfois appel à eux pour guérir certains maux. L'ours dansait devant

Un ours brun (J.M. Labat / Jacana).
Un montreur d'ours dans les Pyrénées au début du siècle (Explorer).

6486. Ours du pays, Excursion au pays natal

55

DE L'HISTOIRE AUX LÉGENDES

la maison du malade afin d'effacer ses souffrances !

Dans le Midi de la France, les montreurs d'ours étaient originaires des Pyrénées, en particulier des vallées du Salat et de Bethmal. Dans le village d'Ercé existait une "école des ours" unique en Europe. Elle était spécialisée dans le dressage de ces animaux. Cette opération durait de 12 à 15 mois et se faisait sans ménagement pour la pauvre bête, qui recevait force coups de gourdin.

En Europe, les montreurs d'ours disparurent presque tous après la Première Guerre mondiale. Seuls quelques-uns, de plus en plus rares, continuent à exercer leur art dans les montagnes balkaniques.

Rites de chasse

Pour les peuples du Grand Nord eurasiatique (les Lapons, les Sibériens), l'ours brun n'était pas un animal comme les autres. Sa chasse nécessitait de multiples précautions afin d'éviter la colère de l'animal et, pensait-on, sa vengeance après sa mort. Tout d'abord, ils croyaient que l'ours entendait, de très loin, même pendant son sommeil, les paroles des hommes. Aussi, évitaient-ils de prononcer son nom. Les chasseurs ne désignaient l'ours que par des périphrases, l'appelant tantôt "le vieux à la fourrure", tantôt "le gibier sacré" ou encore "le vieux malin"... Pour parler de leurs projets de chasse, certains peuples, comme les Tatars, ne communiquaient que par gestes. Chez les Skoltes, celui qui avait repéré un ours dans sa tanière plaçait deux tisons en croix sur le feu afin de prévenir ses compagnons.

Le jour de la chasse venu, tôt le matin, les hommes quittaient leur tente, à jeun. Celui qui avait découvert l'ours ouvrait la marche. Il tenait à la main un bâton d'où pendait un anneau en laiton en guise d'amulette protectrice. Derrière, venait le chaman (devin-sorcier) puis le chasseur chargé de porter le premier coup de lance ou de hache à l'ours. Les autres suivaient.

Arrivés à la tanière, les chasseurs réveillaient l'animal avant de le tuer. Puis, ils chantaient et dansaient autour de sa dépouille, louant les dieux et remerciant l'ours de s'être laissé abattre. Le corps de la bête était fouetté avec une branche de bouleau afin d'en éloigner les mauvais esprits.

Une chasse à l'ours (Explorer / Mary Evans / Picture Library).

La dépouille de l'ours était ramenée au village le lendemain dans un traîneau tiré par un renne. Les femmes attendaient les chasseurs dans leurs tentes en vue d'un grand festin. Le chef de l'expédition avait droit au morceau le plus noble : le cœur.

Le festin terminé, les os de l'ours étaient soigneusement récupérés et enterrés. Au bout de trois jours, durée du deuil dans ces régions, les chasseurs se purifiaient avec des cendres.

Au Groenland

On retrouve chez les Esquimaux du Groenland, à propos de l'ours blanc cette fois, des rites de chasse similaires. Ainsi, le deuil observé après la mort d'un ours est-il le même que pour les humains : trois jours pour un mâle, cinq jours pour une femelle.

Le chasseur veille avant tout à ne pas offenser l'âme de sa victime. Il reçoit sa dépouille comme il accueillerait un hôte et la traite avec un maximum d'égards. Sa femme lui présente un

Deux ours blancs (T. Fitz Harris / Zefa).

DE L'HISTOIRE AUX LÉGENDES

peu d'eau à boire, puis on lui offre des cadeaux, en particulier des semelles de bottes car l'ours passe pour être un grand marcheur. Pour le distraire, on lui raconte des histoires... L'Esquimau pense que l'ours gardera un tel souvenir de son séjour parmi les hommes qu'il le répétera et que d'autres ours viendront, volontairement, se faire tuer pour recevoir, eux aussi, de tels honneurs.

L'ours dans la littérature

Au Moyen Age, dans les récits merveilleux ou les chansons de geste, l'ours apparaît à côté des lions et des dragons que doivent affronter les vaillants chevaliers.

Les contes populaires européens, quant à eux, dénoncent la gourmandise de l'ours. Dans le *Roman de Renart*, Brun l'ours est un personnage benêt et glouton à qui le goût immodéré du miel fait perdre toute raison. A plusieurs reprises le perfide Renart se sert de cette faiblesse pour le berner.

Les fables aussi mettent souvent en scène des ours. La Fontaine dans *L'ours et l'amateur des jardins* dénonce la stupidité d'un ours qui, pour chasser une mouche posée sur le nez de son ami, lui lance un lourd pavé sur la tête! Ailleurs, le fabuliste présente l'ours comme un animal redouté. Dans *La lionne et l'ourse*, seule l'ourse ose faire des remontrances à la lionne qui importune les autres animaux de la forêt. Dans *L'ours et les deux compagnons*, le fauve est considéré comme un gibier dangereux à chasser.

De nombreux contes évoquent des histoires de femmes enlevées par des ours. La légende de Jean de l'Ours, mi-homme mi-bête, se retrouve avec de multiples variantes à travers toute l'Europe.

Des récits chrétiens assimilent l'ours au diable. Terrassé par un saint, le fauve devient alors d'une docilité exemplaire. Dans l'Ariège, par exemple, un ours avait dévoré l'âne qui portait la besace de l'évêque de Saint-Lizier, Valérius. Furieux, ce dernier contraignit alors le fauve à remplacer sa victime et à porter désormais ses bagages sur son dos!

L'ours en peluche compagnon des enfants (Kelly. Mooney / Zefa).
Fable d'Esope illustrée au XVe siècle (J.L. Charmet).

---

* Lexique

Andorre : petit Etat situé au cœur des Pyrénées, entre la France et l'Espagne.
Arnaq : la femme, chez les Esquimaux.
Bär signifie ours en allemand : c'est de là que vient le nom de la ville de Berne en Suisse.
Goupil : ancien nom du renard.
Inuits : Esquimaux.
Nanook : ours, en langage esquimau.

Otso : large front en Finlandais.
Sarrasin ou **Maure** : nom donné au Moyen Age aux musulmans d'Afrique du Nord et d'Espagne.
Skolte : nom d'un peuple vivant à la frontière entre la Russie et la Finlande.
Tarentaise : Vallée des Alpes françaises.
Verste : ancienne mesure de longueur russe valant 1067 m.

57

Les animaux fantastiques

Texte de Claude-Catherine Ragache
Illustrations de Marcel Laverdet

Le Minotaure

"J'irai, mon père ! Moi seul peux mettre fin à toute cette horreur." Le robuste jeune homme qui vient de parler avec force et détermination s'appelle Thésée et s'adresse à Egée, le vieux roi d'Athènes. Ce dernier est triste. En effet, comme chaque année, le moment est venu d'envoyer vers la Crète sept jeunes gens et sept jeunes filles pour servir de pâture au Minotaure. Jadis, le roi des Crétois, Minos, a gagné une guerre contre Athènes, et, depuis, tous les ans, quatorze adolescents athéniens partent pour la Crète sur un navire à la voile noire qui revient sans eux. Le Minotaure, monstre au corps d'homme et à la tête de taureau, les a dévorés dans son repaire, le Labyrinthe. Las de ces morts inutiles, Thésée a décidé de prendre la place de l'une des victimes, et, s'il le peut, de tuer l'affreuse créature. Egée finit par céder. "Pars, dit-il, mais si tu reviens sain et sauf, change la voile noire du navire pour une blanche. Ainsi, je saurai, en voyant le bateau au loin, que tu es vivant." Thésée promet d'obéir à son père puis s'embarque pour la Crète.

Minos reçoit aimablement les quatorze Athéniens dans son somptueux palais de Cnossos. Il leur annonce qu'ils entreront dès le lendemain dans le Labyrinthe au centre duquel réside Astérion, le Minotaure. Toute la nuit, Thésée s'efforce de rassurer ses compagnons. Soudain, on vient annoncer au prince athénien que quelqu'un demande à lui parler. Etonné, Thésée voit entrer une belle jeune fille qu'il avait remarquée près du trône de Minos. Elle déclare : "Jeune étranger, je me nomme Ariane et suis la fille du roi Minos. A ton air décidé, j'ai compris que tu venais pour tuer le Minotaure. Cependant, as-tu pensé que, même si tu remportais la victoire, tu ne parviendrais jamais à sortir du Labyrinthe?" Thésée est confondu car il n'avait pas envisagé ce problème ! Ariane, le voyant embarrassé, lui dit : "Dès que je t'ai vu, je me suis intéressée à toi. Je t'aiderais si tu me prends ensuite pour épouse et me ramène avec toi à Athènes."

Le lendemain, à l'entrée du Labyrinthe, Ariane donne au héros une pelote de fil magique qui lui permettra de débusquer le Minotaure au cœur de son antre puis de retrouver la sortie. Thésée affermit le courage de ses compagnons tremblants, puis ils pénètrent tous dans le sinistre lieu. Le prince avance en tête, dévidant d'une main le fil dont une extrémité est fixée au linteau de la porte d'entrée. Bientôt, le groupe d'adolescents, enfoncé dans l'enchevêtrement des corridors tous semblables, est bel et bien perdu dans le Labyrinthe. Thésée marche à pas prudents, s'arrêtant à chaque angle, veillant à la moindre encoignure, la main sur la garde de l'épée qu'en cachette Ariane lui a remise. Tout à coup, brutalement réveillé, le Minotaure bondit en mugissant sur le jeune héros. Celui-ci est sur ses gardes, et, sans peur ni hésitation, il abat le monstre du premier coup. Grâce au fil qu'il réenroule, Thésée et ses compagnons sortent du Labyrinthe. Ariane se jette dans ses bras et l'embrasse avec passion. Elle conduit ensuite les Athéniens jusqu'au port. Avant de remonter sur son vaisseau, Thésée prend soin de défoncer les coques des navires crétois les plus proches. Il embarque ensuite avec ses amis et la princesse Ariane. Aussitôt averti, Minos, furieux, ordonne à sa flotte d'empêcher l'évasion. Les quelques navires en état de prendre la mer tentent de bloquer le bateau grec. Une bataille navale s'engage, mais la nuit tombe, et, à la faveur des ténèbres, Thésée se glisse entre les bateaux ennemis et gagne le large.

Quelques jours plus tard, le navire approche de l'île de Naxos. Thésée décide d'y faire une escale afin d'assurer le ravitaillement. Ivre de sa victoire, il n'a qu'une seule pensée en tête : la gloire qui l'attend à Athènes. Il imagine déjà son retour triomphal, les cris de joie et de reconnaissance de la foule. Tout à cette pensée, il est pressé de repartir. Aussi, il donne l'ordre d'appareiller, oubliant Ariane endormie sur la plage. Lorsqu'elle se réveille, la princesse voit le vaisseau au loin, tout près de l'horizon. Elle se lamente sur son triste sort. Heureusement, le dieu Dionysos passant par là saura la consoler. Pendant ce temps, Thésée est en vue d'Athènes. Trop occupé par ses rêves de gloire, il a oublié la promesse faite à son père : il n'a pas pensé à faire remplacer la voile noire par une blanche.

Or, depuis le départ de son fils, le vieil Egée n'a pas connu un moment de repos. Chaque jour, il se rend sur l'Acropole et scrute les flots, espérant voir apparaître le bateau à la voile blanche. Hélas ! Lorsqu'il le voit enfin, la voile noire ne lui laisse aucun doute. Il croit Thésée mort, et, désespéré, se jette dans la mer où il se noie. Depuis, la grande mer qui baigne la Grèce s'appelle la mer Egée. Ignorant le suicide de son père, Thésée débarque, rayonnant de bonheur. Son âme s'assombrit quand il apprend la funèbre nouvelle. Il se reproche vivement sa coupable insouciance et se met à pleurer. Au milieu de l'accueil triomphal que lui font les Athéniens, il porte le deuil de son père.

Pourtant le vainqueur du Minotaure s'aperçoit vite qu'il ne sert à rien de regretter ce qui est accompli. Maintenant qu'il est monté sur le trône, il ne lui reste plus qu'à se montrer bon souverain. Il s'y emploie, régnant dans le respect des lois, assurant le bien-être de son peuple.

Sous son sage gouvernement, la Grèce connaît la paix et Athènes, la prospérité.

---

*Thésée approche à pas prudents
du Minotaure.*

61

La constellation du lama

La nuit était venue. Assis au pied d'un arbre, le jeune Indien se remémorait, dans un demi-sommeil, tout ce qu'il savait de Yacana. Les anciens lui avaient dit que c'était une sorte de "double céleste" du lama ; qu'il descendait sur terre la nuit pour boire et manger mais qu'on ne le voyait jamais parce qu'il marchait au fond des rivières. Les grands prêtres racontaient qu'il était très grand et que ses yeux immenses brillaient plus que les autres étoiles dans le ciel. Son poil était blanc et soyeux et, lorsqu'il s'envolait vers le ciel, le vent qui l'accompagnait sifflait comme les petits oiseaux bleus de la forêt.

Le jeune Indien songeait à tout cela, lorsque, soudain, il fut ébloui par un éclair bleuté. Peu à peu, la lumière prit la forme d'un lama et se posa sur terre, non loin de lui, au bord d'une source. Ce lama ressemblait tellement à toutes les descriptions qu'on lui avait faites de Yacana qu'il le reconnut tout de suite. Il voulut d'abord aller vers lui et lui parler, tellement il était heureux de le voir, mais il eut peur et se recroquevilla sur lui-même, ne bougea plus pour ne pas se faire voir et regarda en retenant son souffle. Le lama sacré alla boire l'eau de la source. Tout à coup, le jeune Indien sentit tomber une pluie de laine douce sur lui, comme si quelqu'un tondait tout un troupeau de lamas. Comme il avait peur de Yacana, il ne bougea cependant pas de sa cachette et attendit le matin. Lorsqu'il s'éveilla, le lama avait disparu. Il avait dû repartir dans le ciel pendant qu'il s'était assoupi. Cependant, la laine qu'il avait senti tomber sur lui pendant que Yacana buvait l'eau de la source était encore là : des centaines de tas de toutes les couleurs ! Il n'en croyait pas ses yeux. Il était très pauvre et ne possédait pas un seul lama. C'était la chance de sa vie !

Fou de joie, il courut vers la source ; il lui dit qu'il la vénèrerait jusqu'à la fin de ses jours et qu'ainsi il adorerait toute sa vie la constellation du lama. Il lui promit de revenir tous les mois pour immoler un jeune lama. Puis, il ramassa toute cette laine miraculeuse et alla la vendre à la ville.

Jamais les Indiens n'avaient vu des couleurs aussi lumineuses. Tout le monde voulait acheter ses laines. Il vendit tout et avec cet argent acheta un couple de lamas qui lui donna, par magie, plus de deux mille lamas en un année. Il devint très vite célèbre dans toute la montagne.

Depuis ce jour les Indiens vont souvent près de la source sacrée attendre Yacana. Il paraît qu'il vient, sur terre toutes les nuits, à minuit, et qu'il boit beaucoup d'eau. Les Indiens affirment que c'est grâce à lui qu'il n'y a plus de déluge, car avec toute l'eau que les rivières déversent continuellement dans la mer, si la constellation du lama ne venait pas en boire une grande quantité toute les nuits, il y a longtemps que la mer aurait débordé et englouti encore une fois tous les villages...

Yacana a des enfants. On les voit briller près de lui, mais ce sont des étoiles plus petites. Tout à côté d'eux scintillent trois grandes étoiles, vénérées elles aussi. Quand on les voit nettement cela signifie que les fruits seront parfaitement mûrs. Quand elles sont à peine visibles, au contraire, les récoltes seront mauvaises ; alors les Indiens vont à la source et lui font des offrandes de coquillages en chantant : "O toi, origine de l'eau, qui a arrosé nos champs pendant tant de siècles, fais la même chose cette année fais pleuvoir pour que la récolte soit bonne."

Yacana n'est jamais revenu près de cette source. Il paraît qu'il ne va jamais boire deux fois au même endroit. Pourtant, depuis ce jour, près de la fontaine, lorsque le jour se lève, on entend le vent siffler comme les petits oiseaux bleus de la forêt.

Les étoiles

Les étoiles étaient considérées comme des demeures d'esprits. Elles faisaient l'objet d'une véritable vénération. Les Indiens ne rendaient pas un culte aux astres eux-mêmes mais aux esprits ancestraux qui les habitaient.

Dans le rituel de la religion inca, certains animaux étaient offerts aux dieux, soit pour leur donner plus de force, soit pour conjurer de mauvaises influences.

Les Incas ne sacrifiaient que des animaux domestiques, car ce qui était donné en vue d'assurer la santé et le bonheur des hommes devait avoir été acquis par le travail. Il existait pour les Incas un rapport étroit non seulement entre le sacrificateur et l'animal sacrifié, mais aussi entre celui-ci et la divinité à laquelle il était offert. Les Indiens supposaient en effet une parenté mystérieuse entre eux et les animaux qu'ils avaient domestiqués, puis tués pour une cérémonie religieuse. Ils croyaient que les âmes des morts s'y réincarnaient. Ils pensaient aussi qu'ils pouvaient prédire l'avenir. Le lama était l'animal sacré favori des Incas.

63

Le serpent arc-en-ciel Guyane

AU COMMENCEMENT DU MONDE, les oiseaux d'Amazonie portaient tous le même plumage, sombre et terne. En ce temps-là, les Indiens de la grande forêt respectaient les oiseaux et ne les chassaient jamais. Malheureusement, au fond du puissant fleuve qui traversait la forêt, vivait un serpent monstrueux et féroce.

Aucun être vivant n'osait s'approcher du fleuve, car tel un diable surgissant des profondeurs de l'eau, la tête noire de l'immense reptile jaillissait à la surface. En un clin d'œil, l'imprudent disparaissait, happé par une gueule béante. Puis le monstre replongeait dans son antre aquatique, à l'affût d'autres victimes. Malgré le danger, les hommes devaient se rendre au bord du fleuve, pour y puiser de l'eau et y pêcher leur nourriture... Ils conclurent alors une alliance avec les oiseaux, et ensemble, partirent en guerre contre le grand serpent d'eau.

En entendant approcher les Indiens et les oiseaux, le serpent se réjouit à l'avance du succulent repas qui s'offrait spontanément à lui. Cependant, dès qu'il eut sorti la tête de l'eau, il mesura le danger et préféra replonger bien vite : les hommes brandissaient des flèches aiguisées et les oiseaux avaient visiblement affûté leur bec !... Prudent, le serpent se coula dans les profondeurs du fleuve et s'enroula autour de racines immergées.

Sur la berge, les assaillants retenaient leur souffle : où était donc le monstre carnivore ? D'où surgirait-il pour ravir une nouvelle victime ? Les Indiens avaient bandé leurs arcs, les oiseaux étaient sur le qui-vive... mais le serpent ne se montrait pas. Ils comprirent alors qu'il faudrait aller le débusquer sous l'eau... Poliment, le chef des Indiens s'adressa aux oiseaux : "Veuillez nous excuser, leur dit-il, nous savons seulement combattre sur la terre ferme. C'est vous qui aurez l'honneur de plonger.

— Veuillez nous excuser, répondit le porte-parole des oiseaux, nous préférons les combats aériens. Nous ne plongerons donc pas."

Aussitôt le tumulte s'installa sur la rive du fleuve. Suivant l'exemple de leurs chefs respectifs hommes et oiseaux se confondirent en excuses réciproques. Heureusement, durant ces palabres, le serpent resta invisible... Tout à coup, une voix puissante interrompit les discussions :

"Silence, vous tous ! Moi je vais plonger, bien que cela ne me réjouisse guère ! Il faut bien faire sortir le monstre de sa retraite ! Préparez-vous à l'accueillir comme il convient quand il remontera à la surface !"

Ce courageux volontaire était un cormoran. Familier du monde aquatique, il proposait son aide, en sachant toutefois qu'il n'allait pas se livrer à une partie de pêche de tout repos...

Le cormoran prit son élan et plongea. Sous l'eau, il découvrit un spectacle merveilleux : le corps du serpent, dont il ne connaissait que la tête noire et hideuse, était recouvert d'écailles multicolores et brillantes. Son reflet irisait l'eau de teintes lumineuses, si bien que l'antre du monstre ressemblait à un palais féerique. L'oiseau n'en oublia pas pour autant sa mission et, fonçant vers son ennemi, l'attaqua par surprise à coups de bec et de griffes. N'ayant pas prévu cette offensive, le reptile se dégagea trop tard des racines autour desquelles il s'était lové. Mortellement blessé, il ne parvint pas à saisir le cormoran, qui remonta bien vite à la surface annoncer sa victoire. Aussitôt les Indiens se saisirent de longs crochets et hissèrent sur la berge le corps lourd et inerte du reptile. Ils commencèrent à le dépouiller sans attendre, mais le cormoran intervint et réclama la merveilleuse peau pour prix de sa victoire. "Viens donc la chercher !" répondit en riant le chef indien, certain que l'oiseau ne pourrait jamais soulever ce volumineux trophée. Son rire s'éteignit bien vite car, sur un signe du cormoran, tous les oiseaux se précipitèrent sur la peau et la saisissant dans leur bec, l'emportèrent dans les airs. Quand ils se furent suffisamment éloignés des Indiens furieux qui leur décochaient une volée de flèches, les oiseaux se partagèrent la dépouille multicolore. Alors, le plumage de chacun d'entre eux se para aussitôt des teintes éclatantes du serpent.

Depuis ce temps, la sombre forêt d'Amazonie abrite des perroquets jaunes, rouges, verts, des oiseaux-mouches multicolores, des martins-pêcheurs au ventre bleu... Seul le courageux cormoran porte un plumage sombre : ses compagnons l'avaient oublié et, à la fin du partage, il ne lui était resté que l'affreuse tête noire du serpent ! Faisant preuve d'une grande sagesse, notre héros avait cependant accepté de s'en contenter...

Quant aux Indiens, ils se souviennent également du grand serpent d'eau : son gigantesque corps apparaît encore parfois dans le ciel, sous la forme d'un magnifique arc-en-ciel.

Le cormoran prit son élan et plongea : le spectacle était merveilleux.

Le fou rire de la grenouille Australie

UNE GRENOUILLE FUT UN JOUR PRISE DE FOLIE. Oh, elle ressemblait à une grenouille ordinaire, toute verte et extrêmement discrète... Mais c'est précisément cette discrétion qui lui minait le moral, car personne ne la remarquait ! Elle devait même sans cesse prendre garde à ne pas se faire écraser par les autres animaux qui posaient leurs grosses pattes n'importe où !... Aussi décida-t-elle d'agir : bientôt tous seraient obligés de lui prêter attention... et de reconnaître sa puissance !

Patiemment, la petite grenouille commença à boire l'eau de tous les lacs. Ensuite elle avala le contenu des étangs, puis celui des mares, avant de s'occuper des fleuves, des rivières et des sources. Petit à petit, elle assécha la planète entière en faisant disparaître toute l'eau douce ! Pas un puits, pas une flaque, pas la moindre goutte de rosée ne lui échappaient. Evidemment, plus elle buvait, et plus elle grossissait. Sa taille dépassa bientôt celle des plus gros animaux : notre grenouille atteignit la hauteur des plus grands arbres et commença à ressembler à une montagne. Sa peau verte était tendue à craquer et elle ne pouvait plus remuer son corps enflé. Elle s'assit donc, immobile, le regard fixe, les yeux globuleux.

Elle ressentait un intense sentiment de fierté. A ses pieds les animaux, minuscules, faisaient cercle en la regardant avec inquiétude. Ils mouraient de soif, mais aucun n'osait l'attaquer ou lui faire le moindre reproche, tant elle était imposante. Pourtant, ils voyaient bien qu'elle retenait difficilement toute cette eau !

C'est alors qu'un singe eut une idée. Rassemblant

ses dernières forces, il se livra aux pitreries les plus drôles. Devant ses grimaces et ses contorsions, les animaux oublièrent provisoirement leur malheur et éclatèrent de rire... sauf l'horrible grenouille gorgée d'eau, qui resta impassible. Ensuite un lapin entreprit une série de tours cocasses qui firent se tordre de rire ses compagnons, mais la grenouille ne broncha pas.

Lorsque tous les animaux présents eurent montré leurs talents de clowns — hélas sans résultat ! — une anguille à l'aspect froid et sévère tenta sa chance. Dès qu'elle se fut dressée sur le bout de son corps souple, noir et filiforme, un léger frémissement parcourut la peau de la grenouille.

L'anguille se contorsionna, se plia et se déplia tant et si bien que la grenouille retint à grand peine un hoquet. Lorsqu'enfin l'anguille réussit à se transformer en une corde à nœuds, la grenouille explosa d'un rire énorme. Elle libéra aussitôt toute l'eau douce qu'elle retenait prisonnière. La planète était sauvée !

Radolo, le roi des serpents

Papouasie

LA CIME NEIGEUSE DU MONT TAUGA se dressait depuis des milliers d'années au-dessus des forêts épaisses qui couvraient l'île de Nouvelle-Guinée, lorsque le niveau des eaux commença à monter démesurément. En effet, pendant plusieurs lunes, des pluies torrentielles redoublèrent de violence, comme si les dieux avaient voulu noyer l'île entière.

L'eau des rivières et des lacs déborda, emportant sur son passage d'énormes blocs de rochers arrachés à la montagne. A son tour, la mer enfla dangereusement et d'immenses vagues furieuses vinrent frapper les côtes. Etait-ce la fin du monde ? Peu à peu les falaises du littoral disparurent, happées par une eau noire et houleuse. Puis les forêts furent englouties, ainsi que les sommets les moins élevés. Seules les crêtes enneigées du mont Tauga émergeaient encore au-dessus des flots déchaînés, mais pour combien de temps ?

Dans un fracas assourdissant, une lame géante approchait. Elle filait à toute allure sur la mer, se nourrissant au passage de tonnes d'eau qui décuplaient ses forces. Parvenue à quelques mètres du mont Tauga, elle sembla ralentir, reculer même, comme pour prendre son élan... Au même instant, la paroi rocheuse explosa, libérant la tête incrustée de diamants d'un reptile gigantesque : Radolo, le roi des serpents ! Furieux d'être dérangé dans sa retraite, il darda vers la vague menaçante une longue langue fourchue enflammée. Sous l'effet de son haleine brûlante, le mur d'eau se dissipa instantanément, transformé en fines gouttelettes de vapeur qui s'élevèrent vers le ciel. Lentement, Radolo sortit de la montagne en déroulant ses multiples anneaux puis plongea sa langue ardente dans la mer froide et ténébreuse. Alors, les vagues reculèrent, découvrant à nouveau les flancs boisés de l'île. Le serpent se tourna enfin vers les nuages porteurs de pluie et, de son souffle puissant, les refoula vers des contrées lointaines. L'île était sauvée !

De nos jours le sommet du mont Tauga scintille parfois. Ce sont peut-être les diamants de Radolo qui reflètent au loin les rayons du soleil levant ?....

Le serpent-pluie

Tlaloc, dieu aztèque de la pluie, était souvent représenté portant un masque décoré de serpents enroulés autour des yeux et de la bouche. En effet, dans la mythologie de l'ancien Mexique, les serpents symbolisaient à la fois les pluies torrentielles et les éclairs inséparables des orages violents qui s'abattent régulièrement sur cette région du monde. On croyait que le dieu Tlaloc déclenchait ces trombes d'eau en compagnie d'un énorme serpent gonflé de pluie, et dont la queue se terminait par une seconde tête.

Dans de nombreux pays, on croyait que les arcs-en-ciel qui apparaissent après les pluies étaient d'immenses serpents célestes qui courbaient leur tête vers la Terre pour se désaltérer.

Le Whowie Australie

EN CE TEMPS-LÀ, les animaux parlaient tous le même langage. C'était bien longtemps avant l'apparition des hommes sur la Terre et surtout bien avant que les animaux ne se disputent entre eux pour de sombres affaires de mariage, mais ceci est une autre histoire... En ce temps-là donc, les tortues pouvaient dire bonjour aux oiseaux, les singes aidaient les kangourous à rappeler leurs petits, les rats d'eau et les ornithorynques organisaient des courses de vitesse dans le fleuve... Tous se comprenaient sans aucun problème. Un jour, ce langage universel leur fut d'un précieux secours.

Les rives du fleuve abritaient un grand nombre de familles. Les oiseaux nichaient dans les roseaux touffus, les loutres et les rats d'eau creusaient leurs tanières dans la berge, les castors y édifiaient de superbes barrages. C'était le paradis ! Pourtant, chaque soir, à l'heure où le soleil se cachait derrière l'horizon, la panique s'emparait de tout ce petit monde. Affolées, les mères battaient le rappel de leurs petits, tandis que les mâles consolidaient l'abri familial à l'aide de branches et de cailloux. Puis, chacun courait se cacher au plus profond de son nid ou de sa tanière. La nuit et le silence s'installaient, oppressants...

Soudain, d'une caverne ténébreuse creusée dans un escarpement rocheux dominant le fleuve, surgissait une silhouette gigantesque. Malgré son énorme taille, cette masse sombre évoluait rapidement, sans aucun bruit. Elle se glissait au bord de l'eau, là où les nids étaient les plus nombreux, les retournait d'un coup de patte, y plongeait son museau avide... Un gémissement, un cri retentissaient et le silence retombait de nouveau : un horrible monstre, le féroce Whowie, avait satisfait son terrible appétit...

Long de plus de vingt pieds, armé de six pattes aux griffes acérées et d'une puissante mâchoire, le Whowie ressemblait à un énorme lézard. Le jour, il dormait au fond de sa sinistre caverne, mais il en sortait chaque nuit pour dévorer les autres animaux pendant leur sommeil. Tous le redoutaient...

Un matin, les rats d'eau découvrirent qu'ils avaient été une fois de plus les principales victimes du Whowie qui, semblait-il, appréciait tout particulièrement la chair tendre des plus jeunes d'entre eux. Consternés et découragés, ils demeuraient silencieux, le museau entre les pattes, près des nids dévastés.

"Assez pleuré ! Il faut agir maintenant !" Tous se tournèrent vers l'endroit d'où avait jailli cet ordre inattendu : qui donc pouvait bien songer à affronter le Whowie ? C'était une des leurs, une jeune mère bien décidée à ne plus laisser le monstre dévorer ses petits.

"D'accord, il est énorme ! Mais nous sommes nombreux ! Unissons-nous au lieu de nous lamenter. J'ai un plan : profitons de son sommeil..."

Quelques instants plus tard, tous les animaux savaient qu'une attaque contre le Whowie se préparait : grâce au langage universel, le message avait circulé à des kilomètres à la ronde. Même les kangourous, qui pourtant habitaient assez loin des rives du fleuve, s'étaient ralliés au plan audacieux imaginé par la courageuse mère.

La panse bien pleine, le Whowie s'était profondément endormi au fond de son repaire. En prenant soin de ne pas faire de bruit, chaque animal vint déposer à l'entrée de la caverne des roseaux séchés et des fagots, jusqu'à en accumuler un tas immense ! Puis l'oiseau-mouche, qui connaissait le secret du feu, transforma ce tas en un gigantesque brasier. Une épaisse fumée envahit la caverne et le Whowie se réveilla bientôt. Effrayés, ses assiégeants l'entendirent tousser et s'agiter : chacun de ses mouvements ébranlait les rochers et faisait trembler le sol. Les animaux alimentèrent le feu pendant six jours, mais le monstre, résistant à l'asphyxie, remuait encore. Enfin le septième jour, suffoquant, les écailles roussies, il se jeta au travers du rideau de feu et jaillit hors de sa caverne. Sans même un regard pour les animaux qui, terrorisés, couraient se cacher au plus vite, le Whowie se précipita dans le fleuve : il était si mal en point qu'il s'y noya aussitôt ! Le soir même, les rats d'eau organisèrent une grande fête à laquelle furent conviés tous ceux qui les avaient aidés à anéantir le monstre.

*Une épaisse fumée
envahit la caverne et
le Whowie se réveilla bientôt.*

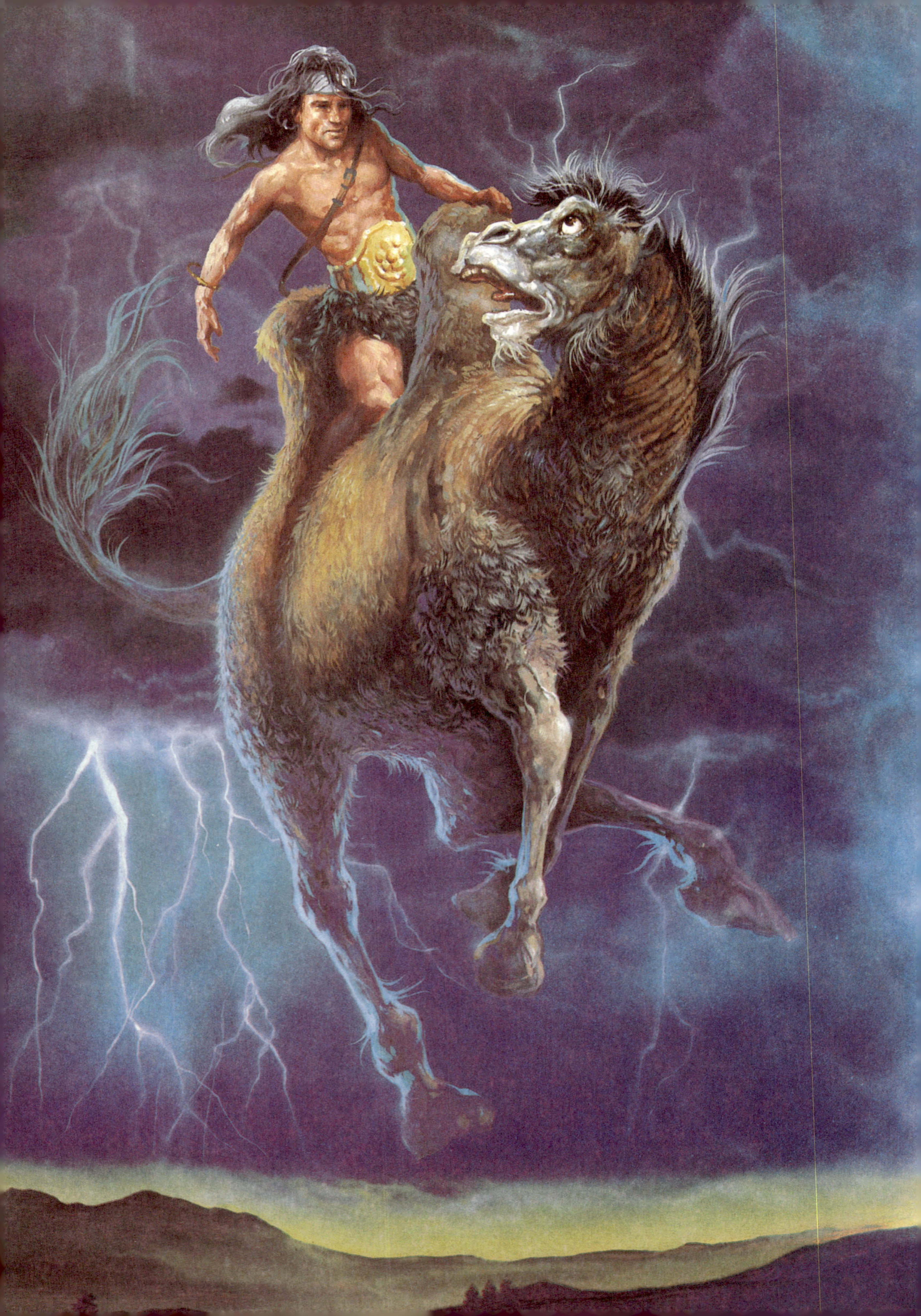

Le chameau d'orage Asie centrale

Dans une tribu d'Asie centrale, vivait autrefois un héros du nom de Merküt. Malgré sa jeunesse, il avait accompli maints exploits et ne craignait ni homme ni bête, même les plus sauvages : on l'avait vu terrasser un tigre à mains nues et maîtriser le plus fougueux des étalons, sans montrer ensuite le moindre signe de fatigue. Certains prétendaient qu'il avait même combattu des géants !...

Pourtant, quelque chose inquiétait le courageux Merküt : l'orage ! Le jeune héros pensait en effet qu'il serait bien stupide de mourir foudroyé. Il savait que la foudre tombait de façon imprévisible et face à ce danger il était aussi vulnérable que le plus chétif des enfants de sa tribu ! Cette idée, le vaillant Merküt ne pouvait la supporter. Il chercha donc un moyen de se protéger à coup sûr de la langue de feu des éclairs.

Comme tous ceux de son pays, Merküt connaissait le responsable des orages qui s'abattaient violemment sur la région, lorsque le soleil implacable avait chauffé le sol devenu brûlant comme celui d'une fournaise : c'était un chameau ! Oh, évidemment pas un chameau ordinaire... Celui-ci était une incarnation du génie du mal, autrement dit du Diable ! Pour déclencher un orage, il lui suffisait d'entrer dans l'eau d'une rivière ou d'un lac. Aussitôt, les volutes de vapeur s'échappant de ses naseaux se rassemblaient pour former un épais nuage qui le transportait jusqu'au ciel. Posé sur la surface instable et toujours changeante du sombre nuage, l'animal avait bien du mal à garder son équilibre. Il penchait à droite, penchait à gauche, et parfois même finissait par dégringoler sur la Terre, en grinçant des dents et en crachant du feu ! Alors les hommes effrayés entendaient le roulement du tonnerre et apercevaient une pluie d'éclairs criblant le sol. Parfois, en tombant, le chameau se brisait une dent : celui qui avait le bonheur d'en trouver un morceau ne connaissait plus jamais le malheur, à condition de ne révéler à personne sa découverte.

Un soir d'été éclata un orage d'une violence exceptionnelle. Tandis que les hommes de la tribu couraient se réfugier sous leurs tentes, Merküt sauta sur son cheval et s'éloigna en direction d'un défilé rocheux où les roulements du tonnerre retentissaient dans un vacarme épouvantable. Là, il attacha son cheval, s'abrita du mieux qu'il le put dans une fissure du rocher et attendit. Peut-être espérait-il ramasser une dent du chameau. Là-haut, dans le ciel, l'animal menait une sarabande infernale : il n'allait sans doute pas tarder à tomber de son nuage !

Bientôt en effet, dans une gerbe d'éclairs éblouissants, le diabolique chameau atterrit brutalement sur le sol, non loin de Merküt. Celui-ci bondit aussitôt de sa cachette et sauta sur son dos, juste entre les deux bosses. Furieux, l'animal se redressa et chercha à désarçonner son cavalier. Cramponné de toutes ses forces à la bosse avant, Merküt tint bon. Alors le nuage d'orage s'étant de nouveau formé, tous deux s'élevèrent vers le ciel.

Pendant cinq jours et cinq nuits, le farouche chameau vola dans toutes les directions, sans jamais réussir à se débarrasser de son indésirable cavalier. En bas, sur la Terre, les hommes terrorisés pensaient que ce long orage annonçait la fin du monde. Les reins et les bras douloureux, Merküt se demandait s'il allait tenir encore longtemps. Heureusement sa monture se fatigua plus vite que lui et implora sa pitié.

"Je veux bien te laisser en paix, répondit le jeune garçon, à condition que tu m'épargnes pendant les orages et ne lances jamais la foudre contre moi !

— Je te le promets, mais comment pourrai-je te reconnaître, de si haut et de si loin ? demanda le chameau.

— C'est très facile : je crierai simplement : "Je suis Merküt ! Je suis Merküt !", et tu éloigneras ton nuage."

L'accord fut ainsi conclu. Le chameau redescendit Merküt sur la Terre et celui-ci ne craignit plus jamais ni le tonnerre ni les éclairs. Depuis ce jour, les hommes de sa tribu et leurs descendants n'ont jamais manqué, pendant les orages, de s'écrier : "Je suis Merküt !" en frappant très fort sur des chaudrons afin que le chameau les entende bien. Ainsi, disent-ils, la foudre ne les tuera point...

Furieux, l'animal se redressa et cherra à désarçonner son cavalier. Cramponné de toutes ses forces à la bosse avant, Merküt tint bon.

Les lions bleus — Afrique

LES LIONS BLEUS VIVAIENT AU FOND DU GRAND FLEUVE. Armés de pattes puissantes terminées par des mains d'hommes, ils partaient en chasse toutes les nuits pour tenter de satisfaire leur féroce appétit. Dans leur repaire, dissimulé derrière un rideau d'algues, s'alignaient des jarres, véritables garde-manger, au fond desquelles ils enfermaient leurs prises.

Un soir, l'un d'entre eux, quittant son sinistre repaire, découvrit un nouveau-né qui flottait entre deux eaux. Celui-ci était encore en vie, car dans ce fleuve magique, on ne se noyait jamais. Le lion bleu s'empara donc de l'enfant et l'enferma dans une jarre.

Ce bébé était le fils d'une pauvre femme abandonnée par son mari. Désespérée, elle se jeta à son tour dans le fleuve, sans que les villageois présents aient pu la retenir. Alors ils coururent prévenir le mari infidèle, qui vivait non loin de là. Pris de remords, il décida de partir aussitôt à la recherche de sa femme et de son fils. Par précaution, avant de sauter dans le fleuve, il se munit d'une corne magique de ngona qu'il attacha sur son dos.

À la tombée de la nuit, l'eau devint sombre mais, grâce à la corne lumineuse, l'homme put apercevoir des traces laissées sur le fond par les pas de sa femme. Bientôt il la rejoignit. La prenant tendrement par la main, il marcha avec elle en direction du repaire des lions bleus. A mesure que le couple s'en approchait, le paysage se faisait plus sinistre, et tous deux tremblaient à l'idée de voir un lion surgir d'un buisson d'algues. Il leur fallait faire vite pour délivrer leur enfant avant que ces monstres ne rentrent de la chasse. "Pourvu qu'ils aient tous quitté leur antre !" pensaient les pauvres parents en se serrant un peu plus fort la main pour se donner du courage.

Enfin ils pénétrèrent dans l'horrible repaire. Hélas, quelle ne fut pas leur déception ! Devant eux s'alignaient de nombreuses jarres, toutes identiques : comment découvrir rapidement celle qui emprisonnait leur fils ? Perdant tout espoir, la mère se mit à sangloter, mais son mari lui montra la corne de ngona. L'ayant détachée de son dos, il la pointa en direction des jarres en répétant : "Corne magique ! dis-moi où est caché mon fils !" Aussitôt la pointe de la corne s'immobilisa devant la dernière jarre de la troisième rangée, tandis qu'une petite voix inconnue murmurait : "Dans cette jarre ! dans cette jarre !" L'enfant était bien là, sain et sauf. Fous de joie, ses parents le délivrèrent.

"Maintenant sauvons-nous vite !" s'écria le père. Mais c'était trop tard : un lion bleu se tenait à l'entrée du repaire, leur interdisant le passage. C'était un vieux mâle revenu plus tôt de la chasse. Tout à la joie des retrouvailles, les parents ne l'avaient pas entendu approcher. "Entrez tous trois là-dedans ! leur ordonna le lion en désignant l'une des jarres. Nous vous mangerons demain !"

Alors que la jeune femme les croyait perdus, son mari réussit, malgré l'étroitesse de leur prison, à empoigner la corne de ngona. Successivement, il en dirigea la pointe vers son fils, son épouse et lui-même. En un clin d'œil, tous trois devinrent si petits qu'ils purent sans difficulté pénétrer dans la corne magique pour s'y cacher.

Les lions bleus rentrèrent de la chasse à l'aube. Aussitôt, ils se précipitèrent autour de la jarre que leur désignait fièrement le vieux mâle. L'appétit aiguisé, ils se léchaient déjà les babines. D'un coup de crocs, le chef ouvrit l'énorme vase. Un rugissement de déception monta de la troupe : au lieu de trois humains appétissants, la jarre ne contenait qu'une vulgaire corne absolument immangeable ! De rage, l'un des lions la mordit violemment. Alors qu'il croyait la briser comme un fétu de paille, c'est lui, au contraire, qui s'y cassa les crocs ! Furieux, il recracha ses dents et la corne magique, d'un mouvement si brutal que celle-ci fut propulsée hors de l'eau et retomba sur la berge. La petite famille était sauvée ! Se glissant hors de leur cachette, tous trois reprirent leur taille normale et rentrèrent au village, où ils furent fêtés en héros, car il était rare de voir les lions bleus et plus rare encore de leur échapper.

C'était trop tard : un lion bleu se tenait à l'entrée du repaire, leur interdisant le passage.

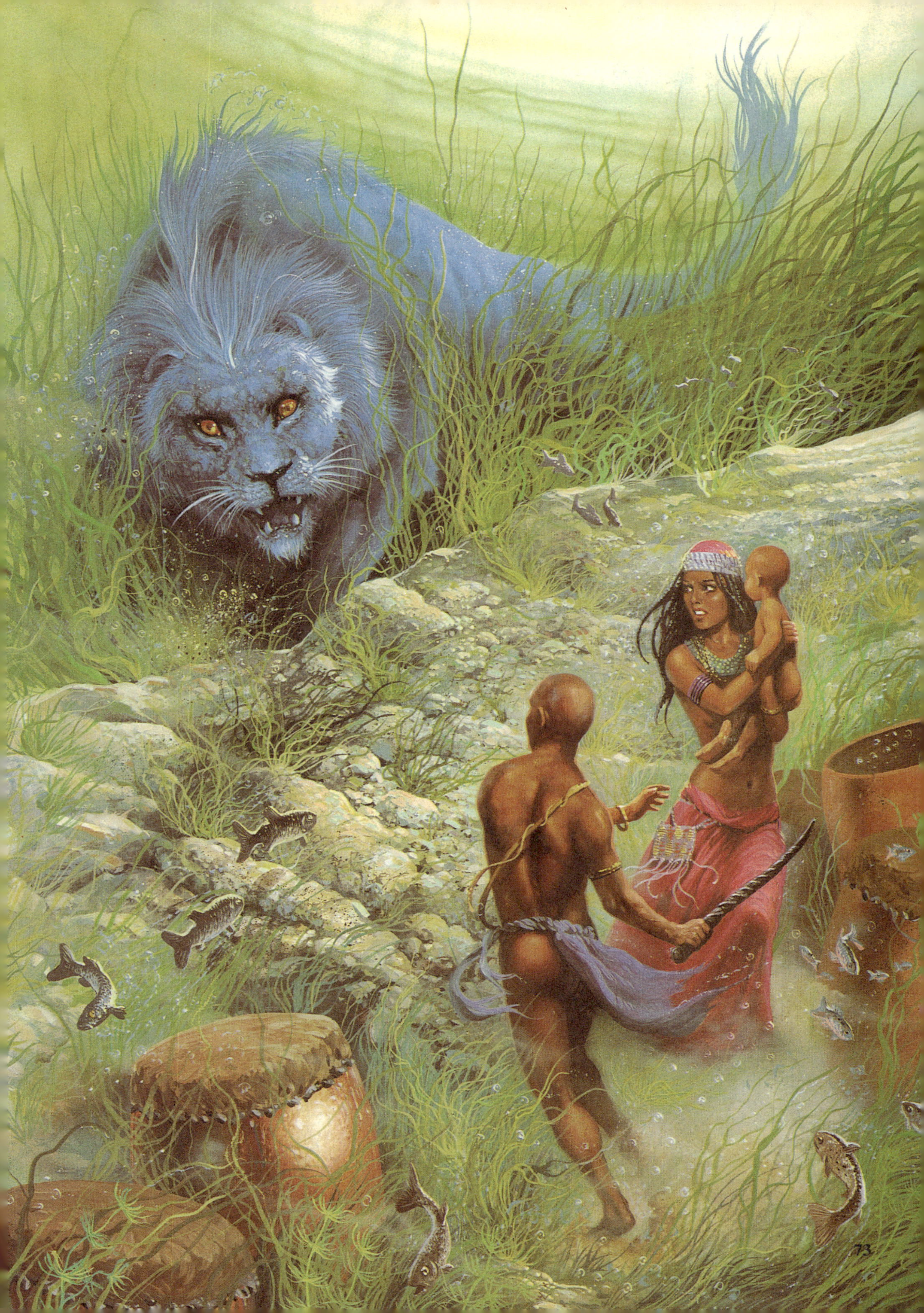

Le Tengu Japon

LE PETIT DRAGON SOMNOLAIT, douillettement installé sur un épais tapis de mousse humide, à l'ombre des grands roseaux. Le clair murmure d'une source berçait son sommeil, agrémenté de beaux rêves. Comme il se sentait bien depuis qu'il habitait ce jardin paisible, au cœur d'un monastère ! Les moines, devenus ses amis, le respectaient et le protégeaient, car sa présence empêchait leur puits de tarir. Comme tous les dragons d'Orient, et malgré son jeune âge, il avait le pouvoir de guider au-dessus des terres cultivées les nuages qui y répandaient des pluies bienfaisantes. Grâce à lui les moines mangeaient des légumes succulents et fleurissaient toute l'année l'autel de Bouddha.

L'ami préféré du petit dragon d'eau était justement le moine jardinier, qui ne manquait jamais de venir le saluer avant de puiser l'eau nécessaire aux plantes. D'ailleurs, il n'allait pas tarder à arriver...

Une abeille alourdie de pollen se posa sur le museau du dragon qui ouvrit un œil, secoua la tête... et se rendormit aussitôt. Pas pour longtemps, hélas ! Un épouvantable vacarme le réveilla brutalement : le jardin était plongé dans les ténèbres, et pourtant il y régnait une chaleur de fournaise ! Apeuré, le petit dragon d'eau se précipita sous un rocher, espérant s'y cacher. Trop tard ! Il se sentit agrippé par des serres puissantes et soulevé dans les airs, haut, si haut que le paisible jardin du monastère sembla bientôt à peine plus grand qu'une feuille de nénuphar ! Alors le petit dragon comprit son malheur : il était devenu la proie de l'abominable Tengu, l'oiseau de feu cruel, le responsable des sécheresses et l'ennemi des dragons d'eau !

A grands coups d'ailes, l'énorme monstre s'éloignait rapidement du monastère. Il survola des forêts immenses, puis des montagnes. Parvenu au-dessus d'un désert aride et brûlant, le Tengu ralentit, commençant à descendre en planant, et brusquement laissa tomber sa proie comme s'il s'agissait d'un vulgaire caillou. Le pauvre dragon atterrit rudement au fond d'une crevasse. Les os à moitié brisés, il se prépara à mourir. Comment aurait-il pu espérer survivre dans ce désert hostile et desséché ?

Abandonnant le dragon à son triste sort, le Tengu était revenu survoler le monastère. Dans le jardin, assis près du puits, le moine jardinier se lamentait : "Qu'est devenu mon ami le dragon d'eau ?" répétait-il en pleurant. Tout à coup, levant la tête, il aperçut l'oiseau de feu et devina ce qui s'était passé. Aussitôt son chagrin se transforma en colère : hurlant des injures à l'adresse du Tengu, il lui montra le poing et brandit la cruche avec laquelle il arrosait les fleurs comme s'il s'agissait d'une arme. Pauvre moine jardinier ! Irrité par les cris et les gestes hostiles de cet homme minuscule, le gigantesque oiseau de feu fondit sur lui et l'emporta jusqu'au désert où il avait abandonné sa première proie.

Lorsqu'il se sentit tomber dans le vide, le moine jardinier eut la présence d'esprit d'étendre les bras : gonflées d'air, les larges manches de sa tunique ralentirent si bien sa chute qu'il atterrit sans mal au fond de la crevasse où gisait son pauvre compagnon, déjà tout rabougri à cause de la sécheresse et de la chaleur. Durant son périlleux voyage, le moine n'avait pas lâché sa cruche, qui contenait encore quelques gouttes d'eau. "Espérons qu'il n'est pas trop tard !" se dit-il, et sans perdre de temps, il versa le précieux liquide sur la tête du dragon, tout en récitant quelques prières.

La première goutte avait à peine roulé sur la peau desséchée du dragon que celui-ci se remit à vivre et à enfler, enfler démesurément comme un nuage porteur d'orage. D'un seul coup de sa longue queue, qui avait pris les couleurs de l'arc-en-ciel, il écarta les parois de la crevasse qui le retenait prisonnier et invita son ami le jardinier à grimper sur son dos. Par le chemin des airs, tous deux revinrent rapidement à l'abri de leur paisible jardin. Grâce au courage du moine, une dramatique sécheresse avait pu être évitée. Le terrible Tengu disparut de la région, sans doute vexé d'avoir perdu la partie...

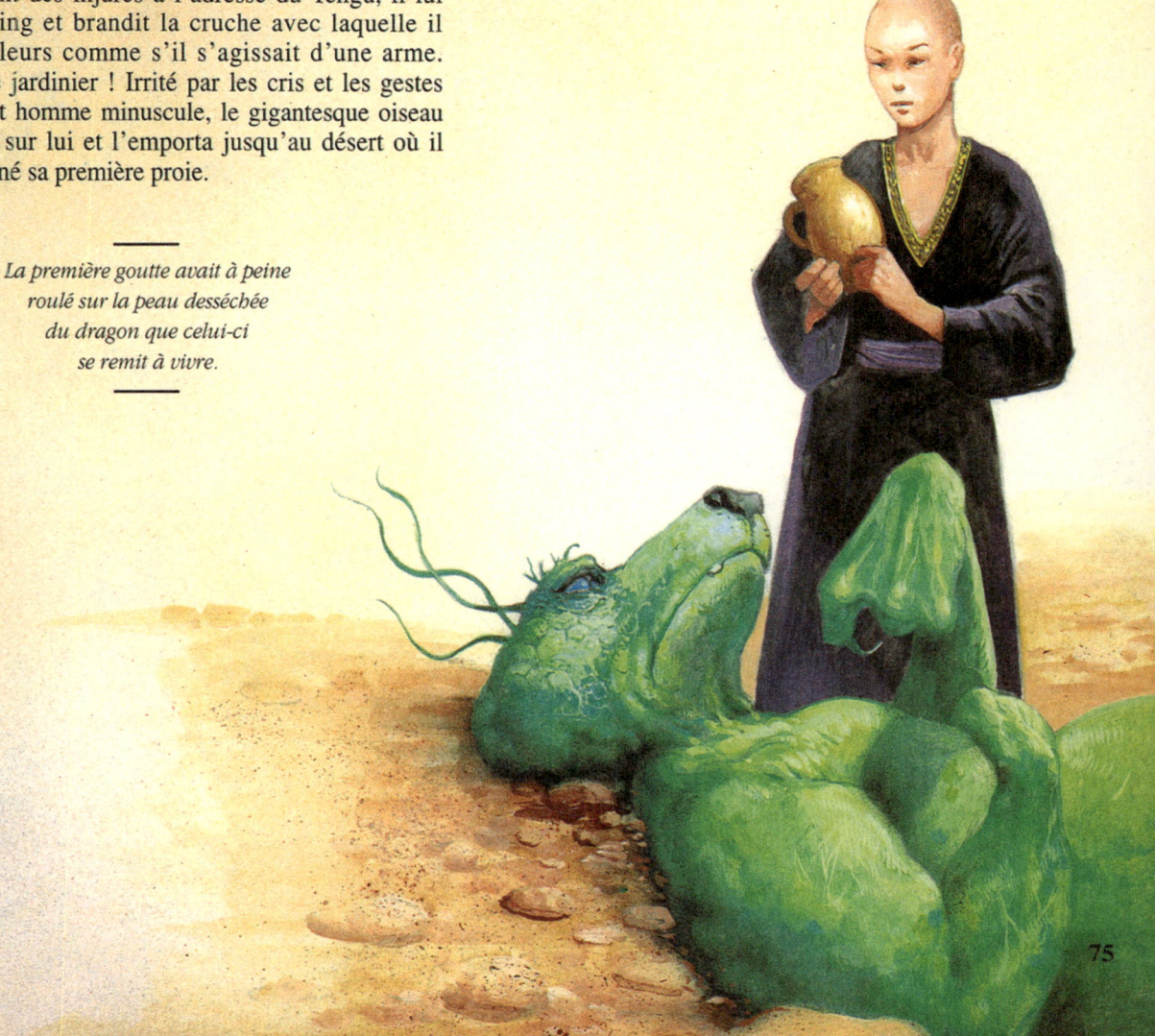

La première goutte avait à peine roulé sur la peau desséchée du dragon que celui-ci se remit à vivre.

Boongurunguru Iles Salomon

CE JOUR-LÀ, BASANIA ÉTAIT TRÈS FIER, car son père l'avait envoyé seul dans l'épaisse forêt qui entourait le village. "Prends cette machette, lui avait-il dit, et va couper des palmes pour réparer le toit de notre hutte. Tu es maintenant assez grand pour faire ce travail !"

En peu de temps, Basania récolta une grosse brassée de palmes. Il choisissait les plus grands arbres et s'amusait à grimper jusqu'aux premières branches. D'en haut, il apercevait son village, où ses parents et ses frères semblaient tout petits. Avant de redescendre, il tranchait d'un coup sec deux ou trois palmes et regardait bien où elles tombaient pour les retrouver ensuite. La végétation était si touffue...

Peu à peu, Basania sentit la fatigue le gagner. La machette était lourde et son bras lui faisait mal : il était temps de rentrer. Il repéra un dernier arbre, se hissa jusqu'au sommet, et stupeur... ne vit pas le village ! Il avait beau tourner ses yeux de tous côtés, il n'apercevait rien, pas même une trace de fumée ! Il était pourtant sûr de ne pas s'être éloigné. Que se passait-il ?

Inquiet, Basania remarqua alors que le ciel avait changé. D'épais nuages noirs approchaient et de violentes bourrasques secouaient la cime des arbres. Une tempête s'annonçait. Basania s'apprêtait à redescendre le long du tronc pour se mettre à l'abri quand de terribles grognements le surprirent. Epouvanté, il manqua de tomber : il avait reconnu le cri le Boongurunguru, le féroce sanglier. C'était un animal gigantesque et hideux que chacun redoutait de rencontrer : sur son groin poussaient des fougères dans lesquelles se cachaient des nids de frelons, son crâne était plat et fuyant, ses yeux cruels. Il filait comme l'éclair, suivi d'une multitude de porcs sauvages et agressifs. La terre grondait sur leur passage.

Terrorisé, Basania tremblait de tous ses membres. A présent il entendait distinctement les grognements et devinait au travers de la végétation des centaines de points lumineux : les yeux des monstres ! Pourvu qu'ils ne le découvrent pas !

Cramponné sur l'arbre, Basania se faisait tout petit, quand soudain une terrible pensée lui traversa l'esprit : le troupeau démoniaque se dirigeait vers le village et risquait de le détruire ! Les anciens affirmaient que c'était possible et prononçaient en tremblant le nom de Boongurunguru en évoquant ses cruels maléfices. Alors Basania prit une courageuse décision : il allait attirer Boongurunguru vers lui afin de l'éloigner du village.

Surmontant sa peur, le jeune garçon descendit le long du tronc en chantant le plus fort possible. La forêt était plongée dans l'obscurité, mais il entendait des arbres tomber sur le passage du troupeau et voyait les yeux lumineux se rapprocher. Son plan avait réussi !

Basania posa le pied sur le sol et se retourna brusquement, pour faire face à l'ennemi... Immobile, il vit s'approcher les bêtes fauves et ferma les yeux. Quand il les rouvrit, il ne découvrit autour de lui, au lieu des monstres attendus, qu'un troupeau de porcs, des porcs minuscules, à peine plus gros que des souris ! En un éclair, il se souvint de certains récits racontés par les anciens du village : selon eux, si l'on avait suffisamment de courage pour affronter le sanglier démoniaque, celui-ci devenait de plus en plus petit en s'approchant de vous. La légende était vraie ! Basania n'en revenait pas. L'horrible Boongurunguru était réduit à la taille d'un animal nain ! Voilà qui changeait tout ! Aussi il n'hésita pas. De toutes ses forces, il jeta sa machette en direction de Boongurunguru, qui disparut instantanément, comme volatilisé. Pour un peu, Basania aurait juré avoir rêvé... En toute hâte il quitta ce lieu maudit.

Lorsqu'il retrouva enfin ses parents, Basania fut assailli de questions : "Où étais-tu ? Où sont les palmes que tu devais cueillir ? Qu'as-tu fait de la machette ?" Basania resta obstinément muet. Il savait que s'il dévoilait le secret de son extraordinaire aventure, des serpents volants envahiraient le village. Il en était sûr : les anciens l'avaient affirmé.

Le Boongurunguru se dirigeait vers le village et risquait de le détruire.

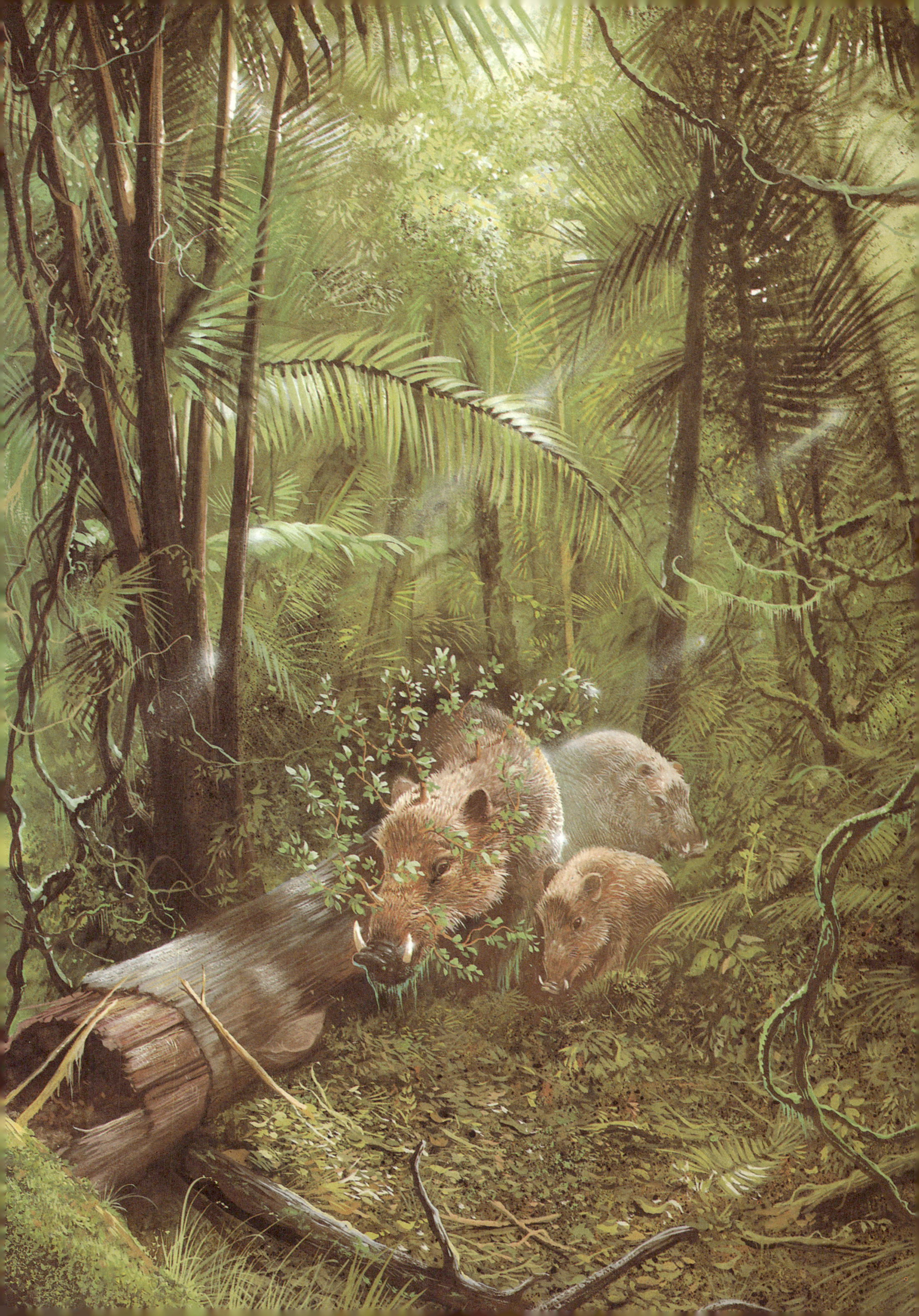

Le Rokh Malaisie

Budak Yoid Intoie aurait bien voulu apprendre à forger le métal, mais ses six frères aînés le chassaient toujours de l'atelier, en lui répétant : "Tu es trop petit !" Aussi, chaque soir, dès que les ferronniers avaient quitté la forge, Budak s'y glissait en cachette. Prenant soin de ne pas se brûler, il ramassait les éclats de fer éparpillés autour des enclumes et les enfermait dans un panier qu'il dissimulait sous des chiffons. Son panier fut bientôt plein.

Une nuit, profitant du sommeil de ses frères, Budak quitta la chambre commune et retourna dans l'atelier. Sans bruit il ralluma le feu et se mit à l'ouvrage. Rien de plus facile : il suffisait d'imiter les gestes si souvent observés ! Au petit matin, fier de son travail, il courut réveiller ses frères. En entrant dans la forge, ceux-ci n'en crurent pas leurs yeux ! Un couperet, le plus grand qui eût jamais été forgé de mémoire de ferronnier, reposait sur la plus grosse des enclumes. Sa lame à l'affût bien tranchant renvoyait la lumière comme un miroir. Ils ne voulurent tout d'abord pas croire que Budak était l'auteur de ce chef-d'œuvre, mais ils durent pourtant se rendre à l'évidence : seul leur petit frère réussit à soulever l'énorme couperet. Budak leur réservait encore des surprises... Les entraînant au-dehors, il leur montra un arbuste en fleurs qu'il avait planté devant la maison au cours de cette même nuit : "Armé de ce couperet, leur dit-il, je vais parcourir le vaste monde et y chercher fortune. Surveillez bien cet arbuste : dès que ses fleurs se faneront, vous saurez que je suis en danger." Et sans plus attendre, Budak s'enfonça dans la jungle, se taillant un chemin à l'aide du couperet.

En fait, Budak avait oublié de révéler un merveilleux secret à ses frères : le couperet était capable de changer de taille à volonté ! Un jour, il devint aussi long qu'un pont et lui permit de franchir un large fleuve. Par contre, lorsque Budak n'en avait plus besoin, le couperet reprenait sa taille normale et montait au ciel, prêt à redescendre au premier appel de son propriétaire. Grâce à cet outil magique, Budak vint à bout de monstres redoutables.

Un jour il entra dans une ville désertée et silencieuse. Que s'y était-il donc passé ? Pour le savoir Budak grimpa jusqu'au sommet de la citadelle où s'élevait un palais superbe, désert lui aussi. Il en explora vainement toutes les chambres : personne ! Dans la toute dernière, il trouva un grand tambour. Pour rompre le silence oppressant qui commençait à le rendre nerveux, il frappa sur le tambour et chanta à tue-tête. C'est alors qu'il entendit une petite voix qui semblait sortir du cœur même de l'instrument. Soulevant celui-ci, il en vit sortir à sa grande surprise une jeune fille, une princesse ravissante qui se jeta à ses pieds. "Sauvez-moi ! s'écria-t-elle. Je suis la dernière survivante de cette ville ! Un monstrueux oiseau, le Rokh, a dévoré tous les habitants. Il revient chaque soir, et quand il se pose sur le palais il plonge la ville dans les ténèbres, tant sa taille est gigantesque. Plusieurs héros ont tenté de le tuer, mais jamais leur sabre n'a été assez puissant pour percer sa peau recouverte d'écailles étincelantes, ni assez long et tranchant pour couper ses sept têtes avides, munies d'un bec acéré."

Ces mots à peine prononcés, un violent courant d'air ébranla le palais et des piaillements sinistres déchirèrent le silence : le Rokh approchait déjà ! Tandis que la princesse se précipitait à nouveau dans le tambour, Budak sortit sur la terrasse. En hâte il alluma des bâtonnets d'encens et récita les formules magiques qui lui permettaient d'appeler son couperet. Celui-ci descendit aussitôt du ciel et vint se placer dans la main de son maître qui le fit tournoyer à toute vitesse. En apercevant cet adversaire inattendu, les sept têtes du Rokh rugirent de colère. L'une d'elles, dont les yeux rougeoyaient comme des braises, tenta de le happer, mais il fut plus rapide : la tête monstrueuse roula au pied de la citadelle, tranchée net, d'un coup de lame magique. Alors Budak monta sur le toit du palais, à l'endroit où le Rokh se posait habituellement : du haut de ce perchoir il fit sauter l'une après l'autre les têtes du monstre, qui finit par s'écrouler sur une terrasse, entraînant son vainqueur dans sa chute.

N'entendant plus aucun bruit, la princesse sortit de sa cachette et découvrit Budak vivant, mais retenu prisonnier sous une aile du Rokh. Elle essaya en vain de soulever le corps de l'oiseau mais il était bien trop lourd et Budak commençait à étouffer. Impuissante, elle se lamentait lorsqu'elle entendit des voix. Avertis du danger par les fleurs qui se fanaient sur l'arbuste planté par Budak avant son départ, ses frères étaient partis à sa recherche. Ils purent heureusement le délivrer à temps. Plus tard, Budak et la princesse se marièrent et leurs nombreux descendants redonnèrent vie à la cité dévastée par le Rokh.

Alors Budak monta sur le toit
du palais, à l'endroit où le Rokh
se posait habituellement

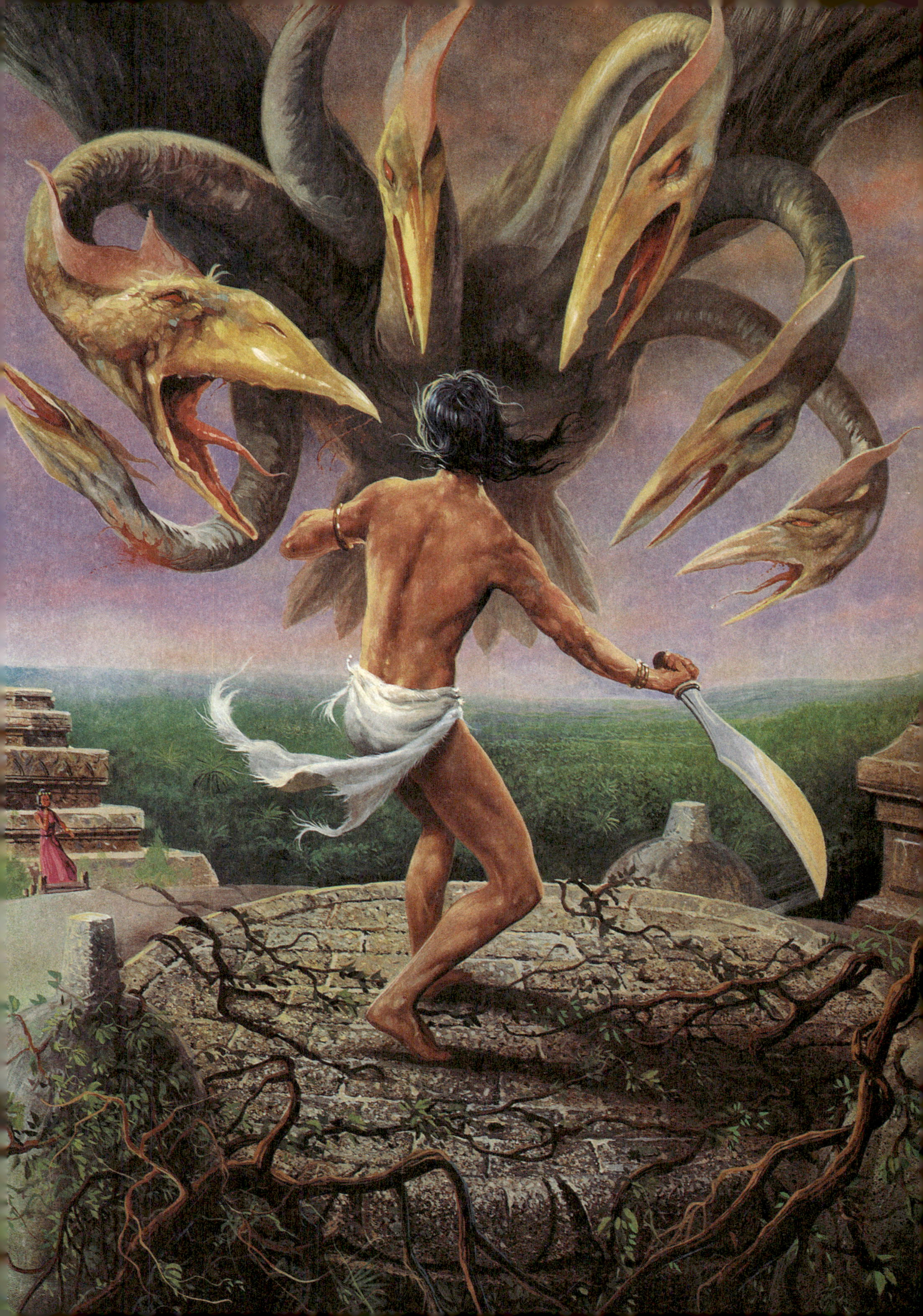

Hanoûmat, le singe volant   Inde

LA PRINCESSE SITA ÉTAIT SI BELLE que le démon Râvana décida de l'enlever. Râvana, horrible géant pourvu de dix têtes et de multiples bras, commandait une redoutable armée de démons. Cependant, pour enlever la princesse Sitâ, Râvana préféra employer la ruse plutôt que la force. Un jour, alors que Sitâ et son mari, le prince Râma, traversaient une épaisse forêt, le démon fit apparaître devant eux une gazelle au pelage et aux cornes d'or. Fascinée par la beauté de l'animal, Sitâ demanda à son mari de le capturer. Râma s'éloigna donc, laissant la princesse seule. Quand il revint, sans avoir pu attraper la gazelle, son épouse avait disparu... Fondant sur elle comme un oiseau de proie, le démon Râvana l'avait enlevée sur son char céleste.

Fou de chagrin, le prince réunit son armée et alla trouver le roi des Singes, qui vivait sur une haute montagne.

"Toi qui commandes tous les singes du monde, as-tu des nouvelles de mon épouse, la princesse Sitâ ?

— C'est possible, répondit le roi des Singes, car il y a quelques jours, le char du démon Râvana a survolé ce sommet. Il transportait une femme qui se débattait et qui a jeté sur le sol des bijoux et un voile. Les voici !"

Le prince Râma reconnut aussitôt les bijoux et le voile de son épouse. Le roi des Singes continua : "Le démon se dirigeait vers le sud. Pour t'aider à le retrouver, je vais envoyer dans cette direction une armée commandée par Hanoûmat, mon meilleur général."

Hanoûmat était un singe géant, doué de pouvoirs extraordinaires. Fils du dieu du Vent, il savait voler et franchissait d'un bond les plus grandes distances. A peine né, prenant le soleil pour un fruit appétissant, il s'était élancé vers le ciel, semant la panique parmi les planètes. Invincible et d'une force prodigieuse, Hanoûmat combattait sans armes.

L'armée des singes se mit donc en route vers le sud, passant au peigne fin les moindres recoins du pays. Après un mois de vaines recherches, ils arrivèrent au bord de la mer. Un jour, un vautour géant, très âgé, vint se percher près d'Hanoûmat :

"Moi qui peux voir très loin, j'ai aperçu le repaire de Râvana : c'est l'île de Lanka !

— Grand merci !", s'écria Hanoûmat qui, prenant appui sur le sommet d'une montagne sacrée, s'élança d'un bond prodigieux vers l'île. En la survolant, il découvrit les rues emplies de démons armés jusqu'aux dents et d'éléphants harnachés pour le combat.

Heureusement, le singe géant pouvait changer de taille à volonté : il se fit donc tout petit, et pénétra dans la forteresse où était enfermée Sitâ. "Grimpez vite sur mon dos, lui dit-il, le prince vous attend." Mais elle refusa, car elle avait peur de tomber et jugeait qu'il n'était pas convenable qu'une princesse voyageât sur le dos d'un singe... Hanoûmat repartit donc seul, promettant de revenir avec Râma et son armée.

De redoutables monstres peuplaient la mer qui séparait le continent de l'île de Lanka. Aussitôt, les singes se mirent au travail afin de construire une digue permettant de faire traverser l'armée. La digue achevée, le prince et Hanoûmat, suivis de leurs armées, se précipitèrent vers Lanka.

Le combat fut sans pitié. Hanoûmat bombardait ses adversaires de rochers et tous les chefs des démons furent bientôt terrassés. Râma affronta alors Râvana en combat singulier, et le tua d'une flèche magique.

Râma et Sitâ se retrouvèrent avec joie. Hélas ! Les singes-soldats gisaient tous sur le sol, morts ou blessés. Seul Hanoûmat, invincible, n'avait pas souffert. Alors il s'envola vers le nord, jusqu'aux montagnes de l'Himalaya. Là, sur un sommet herbeux, poussaient des plantes qui avaient le pouvoir de cicatriser les plus graves blessures et de redonner la vie. En voyant planer au-dessus d'elles l'ombre gigantesque du singe, ces plantes magiques se cachèrent. Mais, d'un seul geste, Hanoûmat trancha le sommet de la montagne et emporta vers ses compagnons ce remède miraculeux qui leur rendit la vie.

81

Pégase et la chimère Grèce

LE CORPS DE MÉDUSE, créature terrifiante et meurtrière, gisait inerte aux pieds de Persée, son vainqueur ! Le regard insoutenable de ce monstre qui changeait en pierre ceux sur lesquels il se posait, s'était enfin éteint à jamais ! En se cachant derrière son bouclier, Persée avait en effet réussi à trancher l'horrible tête de Méduse à la chevelure de serpents. Encore effrayé par la violence du combat, le jeune héros s'empara de cet affreux trophée. C'est alors qu'il se crut victime d'une hallucination : jaillissant du cou de sa victime, deux silhouettes prirent leur envol. L'une avait la forme d'un homme armé d'une épée d'or, l'autre celle d'un magnifique cheval ailé...

Persée n'avait pas rêvé. En mourant, Méduse avait bien donné le jour à un géant, Chrysaor, et à Pégase, un merveilleux coursier volant. Cet animal racé, aux membres gracieux et au pelage blanc, devint aussitôt un objet de convoitise. De nombreux chasseurs se lancèrent à sa poursuite, avec l'espoir de le capturer. Nuit et jour, des guetteurs demeuraient embusqués sur le mont Hélicon, d'où, d'un coup de sabots, Pégase avait fait jaillir une eau pure et fraîche, celle de la source Hippocrène. Si, par chance, il arrivait à ces patients guetteurs d'apercevoir le cheval blanc, jamais cependant ils ne parvenaient à l'attraper car au dernier moment l'indomptable créature déployait largement ses ailes... et s'envolait !

Parmi ceux qui rêvaient de s'emparer du farouche Pégase, Bellérophon se montrait le plus acharné. Ce jeune Grec était célèbre pour son intelligence et sa beauté.

Certains prétendaient même qu'il était fils de Poséidon, le dieu de la mer. Quoi qu'il en soit, tant de chance suscitait des jalousies. Injustement accusé d'avoir séduit l'épouse d'un roi, Bellérophon avait été exilé et contraint de se soumettre à plusieurs épreuves, toutes dangereuses. Ses ennemis espéraient bien qu'il y laisserait la vie ! C'est ainsi qu'il avait été mis au défi de tuer la Chimère, monstre sanguinaire dont les têtes, de lion, de chèvre et de dragon, vomissaient des flammes...

Comment s'en approcher ? Après réflexion, Bellérophon avait mis au point un plan d'attaque pour lequel il avait absolument besoin de Pégase. Il s'était donc lancé à la poursuite du cheval ailé.

Des jours et des jours Bellérophon courut sur les traces de Pégase... en vain. Le coursier semblait narguer son poursuivant, il le laissait approcher, si près parfois que celui-ci frôlait de la main son beau pelage blanc, puis soudain s'envolait... Fatigué et démoralisé, Bellérophon, prêt à renoncer, demanda conseil à Athéna.

Un soir, il se rendit dans le temple de la déesse et, s'étant couché près de l'autel, s'endormit bientôt. Au milieu de la nuit, une voix lui ordonna de se réveiller. Ouvrant aussitôt les yeux, Bellérophon ne vit personne, mais aperçut posé près de lui sur le sol un objet brillant : c'était un mors destiné à dompter les chevaux. Celui-ci était d'or ! Un présent d'Athéna !

Le lendemain, lorsque Bellérophon s'approcha doucement de Pégase qui buvait à une source, le cheval ne broncha pas. Contre toute attente, il accepta sans difficulté le mors magique. Alors Bellérophon enfourcha cette monture merveilleuse qui déploya largement ses ailes. Guidée par son nouveau maître, elle prit la direction de la Carie où vivait la Chimère.

Un paysage calciné et une acre odeur de fumée signalaient le repaire du monstre. Bellérophon se garda bien de faire atterrir Pégase. Il fit tournoyer le cheval au-dessus de la Chimère qui rugissait et sifflait en crachant des flammes vers cet ennemi venu du ciel, puis il décocha dans les gueules béantes de la bête une pluie de flèches plombées. Au contact de la fournaise le métal fondit aussitôt, tuant la créature maléfique.

Les ennemis du jeune héros comprirent alors qu'il était protégé des dieux et le laissèrent en paix. Hélas, grisé par ses victoires, Bellérophon se crut l'égal des dieux et voulut atteindre l'Olympe. Zeus ne le lui permit pas : il foudroya l'orgueilleux qui guidait son cheval toujours plus haut. Seul Pégase eut le droit d'atteindre la demeure céleste des dieux où il devint le messager de Zeus et le protecteur des poètes.

Géants des mers

Seul sur l'océan immense, l'équipage de ce navire du XVe siècle affronte courageusement les périls de la mer. Oh ! pas seulement les tempêtes, récifs ou tourbillons qui déchirent les voiles ou éventrent la coque, mais aussi les géants des mers. Les marins croyaient en effet que des géants habitaient dans les profondeurs des océans et qu'ils remontaient de temps à autre à la surface. Dans ce cas, malheur à ceux qui croisaient ces monstres !

Depuis l'Antiquité, de nombreux récits évoquent des poissons féroces ou des serpents de mer que des marins auraient rencontrés au cours de lointains voyages. L'auteur latin Pline, qui fut également amiral de la flotte romaine au Ier siècle après J.-C., parlait déjà de poissons-scies longs de 200 coudées (environ 100 mètres), de langoustes de 4 coudées (2 mètres) ou de baleine de 4 arpents (soit une surface de 8 000 mètres carrés) !...

Quinze siècles plus tard, quand de nombreux vaisseaux sillonneront les océans du globe afin d'en faire le tour, la découverte de nouvelles espèces animales dans des mers jusqu'alors inexplorées alimentera de nouvelles légendes. Celles-ci furent reprises dans les *Géographies* éditées au XVIe siècle : on y trouve des planches entières de croquis représentant de fantastiques géants des mers comme le Ziph ou le Trolual... purs produits de l'imagination des hommes !

Le Ziph

Ce curieux poisson, muni de pattes palmées et armé d'un redoutable bec aiguisé comme un rasoir, s'appelle le Ziph. Comme la plupart des monstres marins, il vit dans les mers sombres et froides du nord de la Terre. Les géants des mers pouvaient se livrer entre eux une guerre sans pitié. Ici, le Ziph s'apprête à engloutir un serpent de mer.

Le serpent de mer

Ce mystérieux serpent est présent dans les légendes de la plupart des peuples marins. Il est connu sous des noms différents. En Scandinavie, il s'appelait le serpent du Midgard et il entourait la Terre en se cachant dans un vaste océan circulaire. Pour certains musulmans, il avait parfois sept têtes et s'appelait le Tennin. Il vivait d'ordinaire dans les grandes profondeurs mais quand il remontait à la surface, il était capable d'atteindre la côte et de renverser des arbres, des villes ou mêmes des montagnes d'un coup de sa longue queue noire. Enfin des marins attribuaient parfois le phénomène des marées au monstre biblique appelé Léviathan, qui avalait puis vomissait tour à tour les eaux.

Le calmar géant et le Kraken

La forme bizarre des pieuvres, poulpes et calmars, dont certains atteignent réellement une taille impressionnante, ont fait naître bien des légendes. En Amérique du Nord, des Indiens vivant sur la côte de l'océan Pacifique croyaient que certains monstres marins, ressemblant à des calmars géants, pouvaient leur porter chance. Ainsi les chefs de ces tribus se baignaient-ils dans des criques fréquentées par ces animaux afin de prouver leur force. Quant aux marins norvégiens, ils redoutaient le Kraken, poulpe géant qui pouvait couvrir de son dos un cercle de plus de 200 mètres de diamètre ! Malheureusement, la présence du Kraken signifiait aussi une pêche abondante, car ce géant aux longs bras s'installait d'ordinaire au milieu des bancs de morues. Pour cette raison, les pêcheurs prenaient le risque de disposer leurs lignes au-dessus du monstre, surveillant avec anxiété les moindres remous de l'eau qui pouvaient indiquer sa présence.

L'écrevisse géante

Tapie dans l'ombre, l'écrevisse géante attendait patiemment qu'une proie passe à proximité de ses redoutables pinces...

Le Trolual

Le domaine des Troluals, ou Baleines diaboliques, s'étendait au large de l'Islande. Aussi grandes que des montagnes, ces baleines adoraient jouer avec les bateaux : elles les secouaient, les renversaient ou les projetaient au-dessus de l'eau comme des ballons. Afin d'éloigner de leurs coques ces dangereux monstres, les marins les effrayaient au son des trompettes, ou encore leur jetaient d'énormes tonneaux. Se précipitant sur ces jouets inattendus, les Troluals oubliaient le bateau. L'équipage en profitait pour prendre la fuite, toutes voiles dehors !

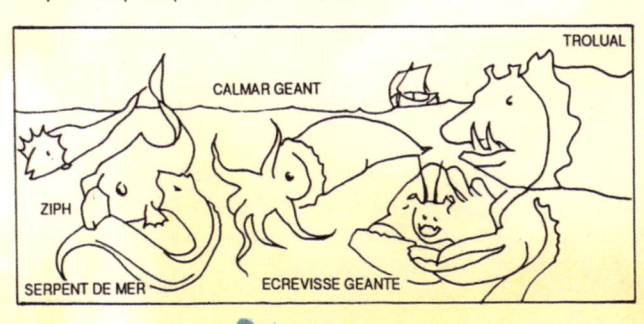

Le monde de la mer (I)

Le poète et le dauphin GRÈCE

CE JOUR-LÀ, À BORD DU NAVIRE QUI S'ÉLOIGNAIT DES CÔTES DE SICILE, avait pris place un passager illustre : Arion, poète et musicien célèbre, retournait à Lesbos, son île natale. Il avait fait embarquer plusieurs coffres contenant une partie de ses immenses richesses puis, dès l'appareillage, il s'était installé à la proue du navire. Inspiré par la beauté de la mer, il composait des poèmes qu'il chantait d'une voix mélodieuse, en pinçant les cordes de sa cithare. Bientôt, attirés par cette musique, plusieurs dauphins vinrent jouer le long du navire.

Soudain Arion reçut un coup violent sur la tête. A demi assommé, il sentit qu'on le jetait par-dessus bord. Le navire s'éloigna rapidement, abandonnant le poète au milieu des flots, tandis que les matelots se précipitaient sur les coffres pour en piller le contenu.

Arion, qui n'avait pas lâché sa cithare, n'avait plus la force de nager. Il suffoquait et glissait lentement vers les profondeurs quand il fut délicatement soulevé et ramené vers la surface. A l'air libre il retrouva ses esprits et comprit qu'il avait été sauvé par un dauphin !

Citus et Jonas MER ROUGE

Un jour, Dieu ordonna à Jonas de se rendre à Ninive pour convertir les habitants. Effrayé par l'importance de cette mission, Jonas prit la fuite et s'embarqua sur le premier navire en partance. Après quelques heures de navigation, comme s'annonçait une violente tempête, les matelots accusèrent Jonas d'avoir provoqué celle-ci par sa désobéissance. Ils le jetèrent donc par-dessus bord et l'abandonnèrent au milieu des flots. C'est alors qu'un énorme monstre des mers vint à passer, la baleine Citus. Ouvrant une gueule gigantesque, elle avala Jonas qui échoua, bien vivant, dans son estomac. Pendant trois jours et trois nuits Jonas pria Dieu de lui pardonner sa faute. Ces trois jours écoulés, Citus recracha son prisonnier qui gagna Ninive où il accomplit enfin sa mission.

Andromède et l'ogre des mers GRÈCE

Un jour, chaussé de merveilleuses sandales ailées et coiffé d'un casque magique qui le rendait invisible, Persée survolait la côte égyptienne, lorsque des gémissements attirèrent son attention. Intrigué, le jeune Grec plongea vers le sol. Au pied d'une falaise, sur une plage déserte, il découvrit une jeune fille solidement attachée à un rocher. Elle pleurait. Son chagrin et sa beauté émurent Persée qui atterrit près d'elle. Il ôta son casque, rassura la belle inconnue et s'apprêtait à trancher ses liens quand elle l'en empêcha :

"Je m'appelle Andromède, lui dit-elle, et je suis fille de roi. Qui que tu sois, tu ne peux me délivrer, car ce sont les dieux qui ont dicté mon destin. Ma mère a prétendu être plus belle qu'Héra, et pour punir notre famille, cette orgueilleuse déesse m'a condamnée à servir d'appât à un horrible monstre qui vit au fond de cette mer. Si tu tranches mes liens, la colère d'Héra sera terrible et tu ne pourras pas échapper à sa vengeance. En revanche, si tu parviens à tuer le monstre avant qu'il ne m'emporte, mon père te comblera de cadeaux. Mais de grâce agis vite ! Le monstre approche..."

Sans hésiter, Persée se précipita au palais du roi et il proposa au père d'Andromède de délivrer sa fille à condition qu'il la lui donne en mariage. Le vieux roi accepta.

Lorsque Persée revint sur la plage, la tempête s'était levée et les vagues se brisaient contre la falaise en un grand fracas. Elles couvraient les gémissements et les pleurs d'Andromède qui tremblait de froid et de peur. Persée laça solidement ses sandales ailées et se coiffa du casque magique qui le rendait invisible. D'une main ferme, il empoigna son épée large et tranchante, cadeau du dieu Hermès, et attendit le monstre. Soudain un épouvantable rugissement roula sur la mer déchaînée, un mur d'eau s'éleva au cœur d'une gerbe d'écume : le monstre apparut, horrible, ouvrant une gueule immense, armée de plusieurs rangées de dents... Fouettant les flots de sa queue nerveuse et soufflant une haleine empoisonnée, il se précipita sur Andromède pour l'engloutir... mais fut arrêté net dans son élan par un violent coup d'épée qui trancha l'une de ses nageoires. Hurlant de douleur, le monstre se retourna, cherchant d'où provenait cette attaque : il ne vit personne, mais reçut bientôt une nouvelle blessure, qui l'atteignit plus profondément encore. Mortellement frappé, il sombra lentement sans comprendre ce qu'il lui arrivait.

Alors Persée, ôtant son casque magique, se montra au monstre vaincu. A l'instant où l'énorme créature disparut dans les flots, la tempête se calma et Persée délivra Andromède qu'il prit ensuite pour épouse.

Le chant d'Orphée GRÈCE

Le navire des Argonautes approchait de l'île des Sirènes. Ils revenaient de Colchide où ils avaient conquis la Toison d'or. A bord régnait l'inquiétude car les héros savaient que les sirènes, mi-femmes, mi-oiseaux, ensorcelaient les marins par leurs chants. Elles les attiraient ensuite dans des pièges mortels...
Déjà quelques bribes de ces mélodies fatales se mêlaient au clapotis des vagues. Alors, pour franchir plus rapidement cette zone dangereuse, les rameurs redoublant d'efforts, montèrent tous la cadence. Seul un jeune homme, resté à l'écart, commença à chanter en jouant de la lyre. Il s'appelait Orphée et possédait une si belle voix qu'elle charmait la nature entière. Quand il chantait, en s'accompagnant de sa lyre que lui avait offerte le dieu Apollon, les plus féroces des animaux devenaient doux comme des agneaux et les tempêtes se calmaient. Cette fois encore la magie opéra, et le chant d'Orphée ayant dominé celui des Sirènes, les marins n'écoutèrent plus ces monstrueuses créatures qui les appelaient en vain, tandis que le navire s'éloignait à l'horizon...

Le monde de la mer (II)

Le Seigneur des Pieuvres POLYNÉSIE

KUPE, LE PLUS ADROIT DES PÊCHEURS POLYNÉSIENS, entra un jour en guerre contre le Seigneur des Pieuvres. Ce poulpe géant, grand comme une montagne, prenait un malin plaisir à voler les appâts de Kupe, qui rentrait de la pêche souvent bredouille. Le pêcheur fabriqua donc le plus gros harpon que l'on ait jamais vu. Il prépara soigneusement sa pirogue, y embarqua des vivres pour plusieurs jours et guetta son ennemi. Dès que celui-ci vint rôder autour de ses appâts, Kupe le prit en chasse. La poursuite dura plusieurs jours et dans son sillage le Seigneur des Pieuvres déchaînait la tempête. La mer devint plus sombre, le ciel plus nuageux. Au large d'îles noyées dans le brouillard, Kupe rattrapa enfin le monstrueux animal, qui de ses tentacules puissantes s'agrippa à la pirogue. Surmontant sa répugnance et sa peur, Kupe le transperça d'un coup de harpon et mit ainsi fin au règne sans partage du terrible Seigneur des Pieuvres...

La plongée d'Alexandre MÉDITERRANÉE

La construction du port d'Alexandrie ne progressait pas car, chaque nuit, d'étranges créatures venues de la mer démolissaient l'ouvrage accompli la veille. Aussi le roi Alexandre le Grand décida-t-il un jour de plonger lui-même dans les fonds marins afin d'identifier les coupables.

En compagnie de deux de ses serviteurs, Alexandre prit place dans un tonneau de cristal et se fit immerger au large de la côte. A mesure que le tonneau descendait, ses occupants découvraient avec émerveillement le paysage sous-marin. Eblouis par les lampes dont s'étaient munis ces intrépides explorateurs, des poissons de toutes tailles et de toutes formes prenaient la fuite.

Enfin le tonneau toucha le fond. Là habitaient les plus féroces géants de la mer, ces redoutables monstres qui saccageaient le chantier du port. Menaçants, ils rôdaient autour de la cage de verre, armés de nageoires tranchantes comme des rasoirs, de becs en dents de scie, de protubérances en forme de marteau. L'une de ces créatures était si longue qu'elle mit trois jours et trois nuits à passer devant le tonneau !... Malgré leur frayeur, Alexandre et ses deux serviteurs s'employèrent à dessiner le plus exactement possible les formes de tous ces monstres. Quand ils eurent terminé, le roi secoua une chaîne d'or attachée au tonneau : à ce signal, des matelots remontèrent les plongeurs à la surface.

De retour dans son palais, Alexandre convoqua les meilleurs artistes du pays et, leur montrant les croquis réalisés au fond de l'eau, il leur donna l'ordre d'exécuter des statues reproduisant les monstres marins. Il fit ensuite aligner ces statues au bord de l'eau, le long du chantier de construction.

La nuit venue, les géants de la mer jaillirent des profondeurs... et se trouvèrent nez à nez avec leurs propres effigies ! Effrayés par tant de laideur, ils replongèrent aussitôt au plus profond de la mer. On ne les revit jamais dans le port d'Alexandrie...

La naissance des îles Yap MICRONÉSIE

Un gigantesque lézard vivait autrefois dans le lagon de la grande île de Yap, au beau milieu du Pacifique. Cet animal féroce semait la terreur dans la population car il dévorait tous les hommes qui s'aventuraient sur la mer. Pourtant, comme la faim menaçait les habitants, un pêcheur nommé Pirow osa défier le monstre. Au petit matin, il plongea discrètement et décrocha du fond un lourd et gros coquillage, un de ceux que l'on appelle "bénitier" en raison de leur forme. Il accrocha le bénitier sous le balancier de sa barque et s'élança sur la mer en chantant fort et en frappant l'eau de sa pagaie afin d'attirer l'attention du lézard. Ce dernier apparut aussitôt, furieux d'être ainsi dérangé. Pirow ne montra pas sa peur et d'une voix forte il invita le monstre à monter à bord. Surpris, le monstre accepta l'invitation, mais pour se hisser sur la barque, il lui fallait prendre appui sur le balancier où était fixé le bénitier. L'énorme coquillage se referma aussitôt sur la tête du lézard pour ne plus jamais lâcher prise. Pris au piège, le monstre se défendit longuement, donnant de terribles coups de queue autour de lui, des coups si violents qu'ils brisèrent l'île en quatre. De nos jours les habitants pêchent tranquillement dans les eaux claires des quatre îles de Yap.

---

*Enfin, le tonneau toucha le fond.
Là, habitaient les redoutables
monstres qui saccageaient le
chantier du port.*

88

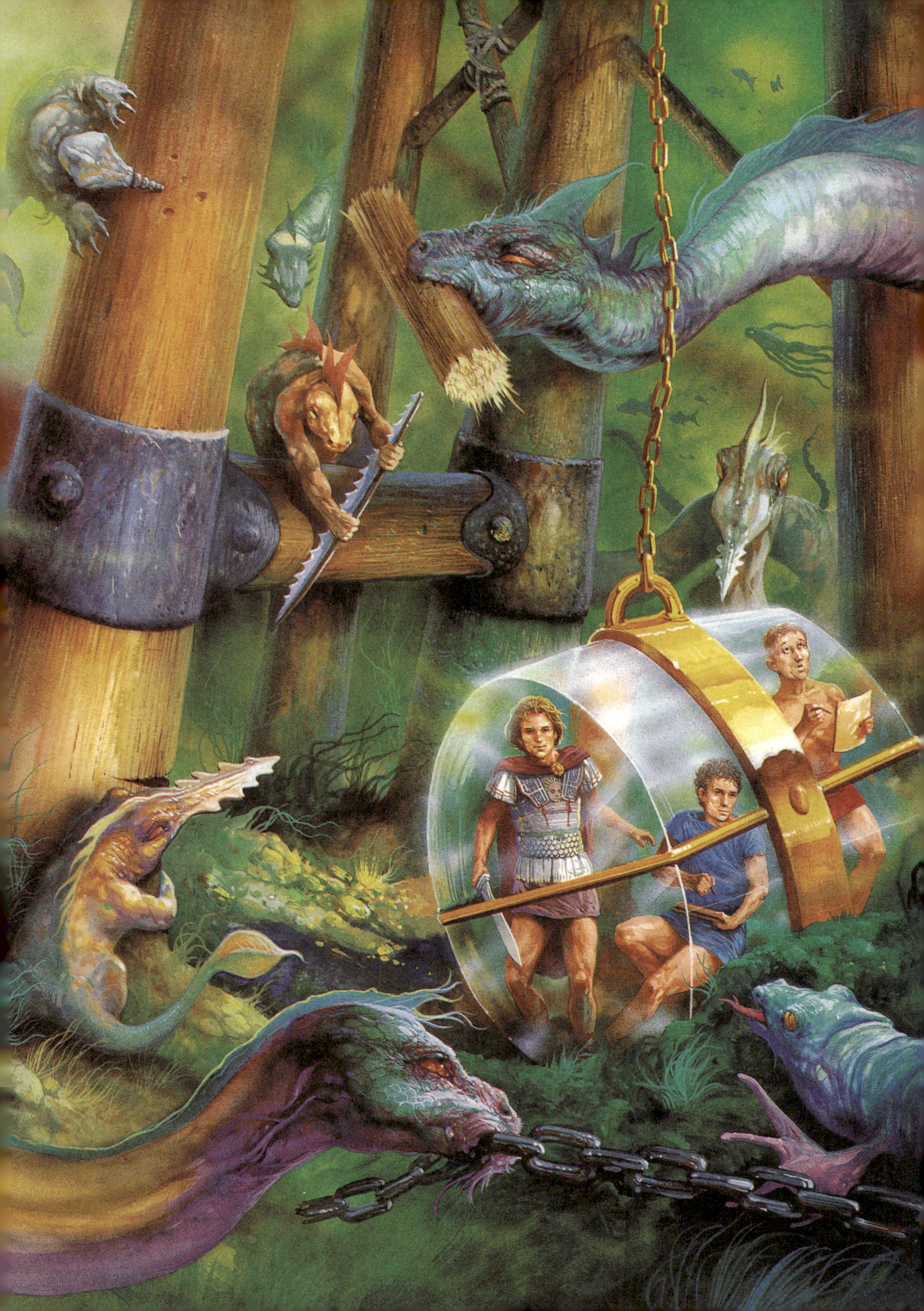

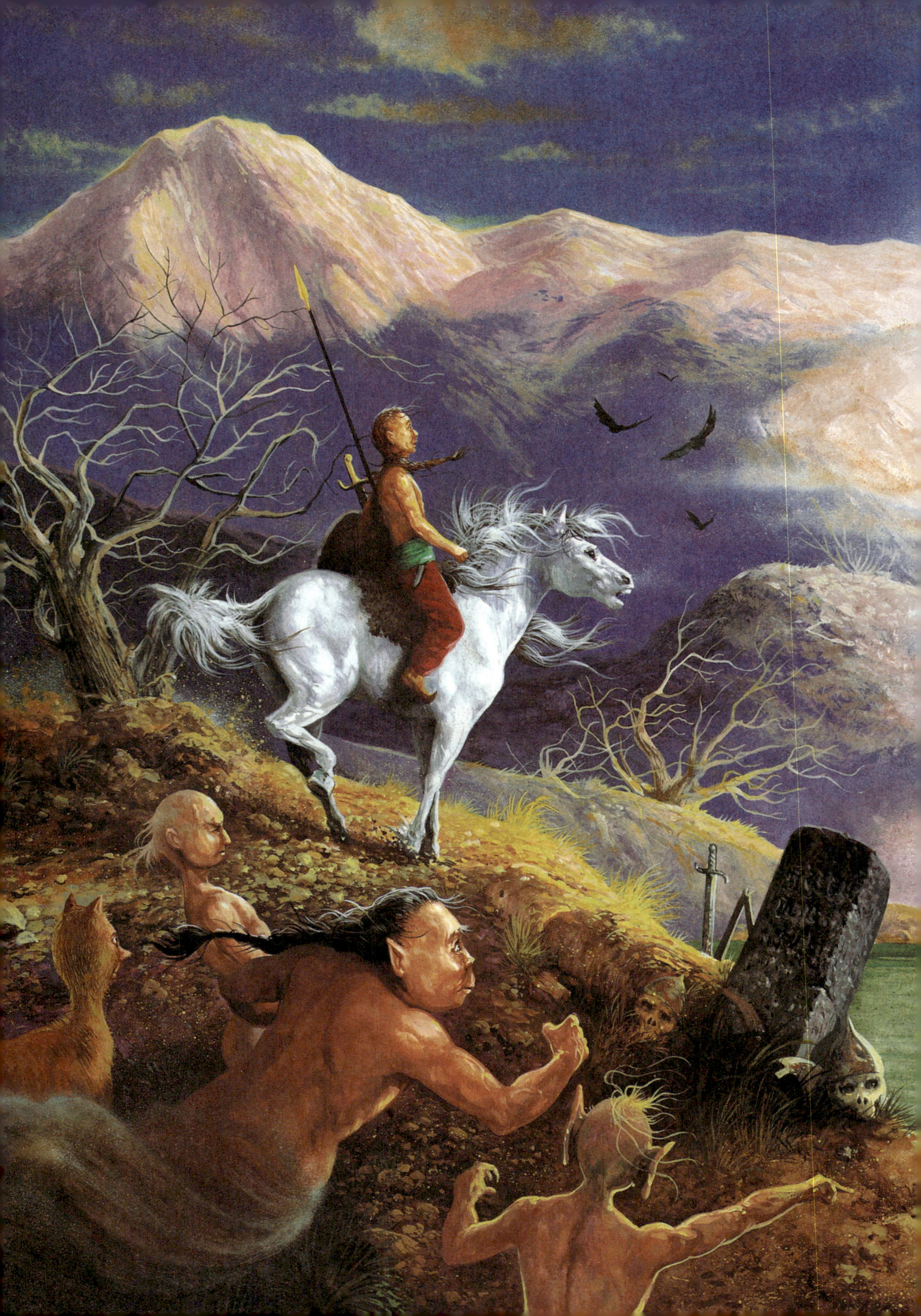

Tchal-Konyrouk et le chaudron magique   Asie centrale

ER-TÖSHTÜK ÉTAIT UN CAVALIER D'UNE TAILLE GIGANTESQUE doué d'une force surhumaine. Son cheval magique, appelé Tchal-Konyrouk, ne connaissait jamais la fatigue. Plus son cavalier le lançait au grand galop, plus Tchal-Konyrouk était content. Il déployait sa large queue comme un étendard et volait au ras du sol en soulevant une gerbe d'étincelles. Tchal-Konyrouk se nourrissait exclusivement d'herbes magiques qu'il mâchait sept fois avant de les avaler. Il parlait comme les hommes et pouvait changer de taille à volonté.

Un jour, Er-Töshtük et son cheval galopaient à travers la steppe quand, la terre s'ouvrant soudain devant eux, ils furent précipités dans un mystérieux monde souterrain. Ce monde était aux mains d'un cruel Géant Bleu qui avait lancé ses affreux guerriers borgnes contre les Mâmits, peuple doux et pacifique. Aussi ces derniers avaient-ils dû se cacher. Pourtant, à peine Er-Töshtük fut-il remis de sa chute, que quatre d'entre eux surgirent à ses côtés : "Sois le bienvenu au royaume souterrain ! dit l'un d'eux. Ta renommée est parvenue jusqu'à nous. Je suis Mâmit-le-Tourbillon, en moins d'une seconde je sais répondre à n'importe quelle question. Et voici Mâmit-le-Chamois, qui court à la vitesse du vent, et Mâmit-l'Ecouteur de la Terre, qui décèle le moindre bruit en collant une oreille sur le sol. Enfin voici Mâmit-Vue Perçante : comme son nom l'indique, rien ne peut échapper à son regard."

Escortés des quatre Mâmits, Er-Töshtük et le cheval magique s'enfoncèrent au cœur du monde souterrain. Ils évitaient de se montrer, mais un jour ils durent passer au milieu d'un troupeau gardé par une jeune fille d'une grande beauté. Voyant Er-Töshtük, elle en devint aussitôt amoureuse et courut l'annoncer à son père... qui n'était autre que le cruel Géant Bleu ! Fou de colère en apprenant que le héros avait pénétré dans son royaume, il punit sa fille en l'enfermant dans un filet aux mailles de fer. Puis il s'installa sur un trône d'or, attendant de pied ferme Er-Töshküt.

Mâmit-l'Ecouteur de la Terre avait entendu les gémissements de la jeune fille, et Mâmit-Vue Perçante avait décrit sa capture. Sans attendre, le cheval Tchal-Konyrouk, vif comme l'éclair, avait transporté son maître jusqu'au campement du géant.

"Je t'attendais, Er-Töshtük ! s'écria celui-ci d'une voix rugissante. Si tu veux ma fille, il te faudra d'abord rapporter le chaudron aux quarante poignées, qui jadis m'a été dérobé par des guerriers du monde terrestre et du monde souterrain. Ce chaudron magique produit des mets délicieux et son contenu bout dès qu'on lui en donne l'ordre ; mais il est difficile à saisir car ce sont des démons et des dragons qui lui servent de poignées. Il est caché au fond d'un lac, au-delà d'un immense désert et derrière des montagnes abruptes. Va donc ! Je ne te dis pas bonne chance, car je sais que tu ne reviendras jamais !"

Er-Töshtük enfourcha Tchal-Konyrouk qui démarra comme une flèche, suivi des quatre Mâmits. Pendant quarante jours, le cheval galopa sans répit à travers le désert. De temps en temps, sans même ralentir, il mâchait une poignée d'herbes magiques et toute impression de fatigue s'évanouissait. Parvenu au bord du lac, il s'arrêta enfin près d'une pierre noire sur laquelle on pouvait lire "Pierre sans Retour". Ici avait pris fin la vie des guerriers qui avaient tenté de dérober le chaudron. Le cheval s'adressa alors à Er-Töshtük : "Laisse-moi plonger dans ce lac, mon maître, pour y combattre le chaudron magique. Attends-moi ici, en compagnie des Mâmits. Si une écume noire monte à la surface de l'eau, cela signifiera que je suis vaincu. Si elle est rouge, que je suis blessé. Si elle est blanche, que j'ai gagné."

Tchal-Konyrouk s'enfonça sans hésiter dans les eaux froides et noires du lac. D'abord il ne vit rien puis ses yeux s'habituèrent à l'obscurité et il aperçut une lueur rougeoyante. Il s'en approcha. C'était le chaudron ! Sa poignée la plus redoutable, un dragon à l'haleine venimeuse, menaçait Tchal-Konyrouk qui engagea pourtant le combat.

Sur la rive, Er-Töshtük et les Mâmits attendaient avec angoisse. Mâmit-l'Ecouteur de la Terre posa son oreille contre le sol :

"Le cheval est en mauvaise posture, dit-il, son souffle est rauque." Au même instant un peu d'écume rouge apparut à la surface. Mâmit-le-Chamois se mit à courir en tous sens, mais Mâmit-Vue Perçante s'écria brusquement : "Victoire ! Tchal-Konyrouk vient de blesser mortellement le dragon. Il remonte le chaudron ! Regardez cette écume blanche !"

Et c'est ainsi que le cheval magique réussit l'épreuve imposée à son maître par le Géant Bleu. De retour au campement, Er-Töshtük délivra la fille du géant. Mais avant qu'il ait pu l'échanger contre son trophée, le cheval saisit le chaudron entre ses dents et le lança sur le trône d'or. Le chaudron explosa dans un fracas assourdissant, délivrant à jamais le monde souterrain du cruel géant.

Le bélier d'or

Afrique

QUEL TAPAGE ! MAIS QUEL TAPAGE ! Au-dessus des sombres nuages, on n'entendait que grondements et martèlements, entrecoupés de cris tonitruants. La vieille brebis qui habitait le ciel se disputait une fois de plus avec son fils, un remuant bélier à la toison d'or. Au village, chacun courut s'abriter de son mieux, espérant qu'elle parviendrait à empêcher son enfant terrible de descendre sur la Terre.

Ce bélier à la toison étincelante était un animal redoutable, qui, tel un monstre enragé, détruisait tout sur son passage pendant les orages. Atteint de folie furieuse, il déracinait les arbres aussi facilement que s'ils avaient été de minces fétus de paille... Parfois, il prenait son élan et fonçait droit sur une maison à laquelle il mettait le feu, d'un coup de ses cornes que la vitesse avait rendues incandescentes. A son approche, l'air s'emplissait d'une âcre odeur de fumée, et son haleine brûlante faisait fuir hommes et bêtes.

La vieille brebis menait grand vacarme pour rappeler son fils auprès d'elle, et de temps en temps un épouvantable fracas retentissait dans le ciel agité. Malheureusement, ce jour-là, elle ne réussit pas à se faire obéir : au moment où le bélier flamboyant fonça vers la Terre, un éclair aveuglant sillonna l'espace. Paralysés par la peur, les hommes songeaient avec respect à leurs lointains ancêtres qui, disait-on, étaient suffisamment forts pour repousser auprès de sa mère, haut dans le ciel, ce bélier d'or porteur d'orage,

La naissance du sanglier d'or

Scandinavie

DANS LA NUIT ÉTOILÉE JAILLIT PARFOIS UN ÉCLAIR ÉTINCELANT, qui traverse la voûte céleste à la vitesse d'un cheval au galop. Cette lueur vive et éphémère, c'est le char du dieu Freyr, tiré par un merveilleux sanglier d'or. Voici comment est né ce fantastique animal.

Menteur et tricheur, Loki, le génie du feu, aimait par-dessus tout les mauvaises plaisanteries. Un jour, il rendit visite aux nains forgerons qui vivaient dans des galeries souterraines où ils fabriquaient des armes et des bijoux destinés aux dieux. Il s'adressa à deux d'entre eux, deux frères, et les mit au défi de créer des objets magiques.

"Ces objets, leur dit-il, devront surpasser par leur pouvoir tous ceux qui ont déjà été façonnés ici, comme la lance Gungnir, qui jamais ne manque sa cible, et le navire Skildbladnir, que l'on peut plier et ranger dans sa poche après usage..." Piqués au vif, les deux nains acceptèrent le pari et se mirent à l'ouvrage.

Loki connaissait le talent de ces forgerons, et n'avait pas l'intention de les laisser gagner. Aussi chercha-t-il un moyen de les déranger.

Absorbés par leur tâche, les nains s'affairaient autour de leur forge quand l'un d'eux poussa un cri de douleur. Il lâcha brusquement l'énorme soufflet avec lequel il ranimait le feu et se frotta vigoureusement l'oreille gauche : il venait d'être piqué par un gros taon ! Aussitôt après, son frère laissa tomber un lourd marteau et secoua sa main droite endolorie : l'insecte venait de lui planter son dard venimeux dans le gras du pouce ! A partir de ce moment, les deux nains ne connurent plus aucun répit. Insaisissable, l'insecte bourdonnait autour d'eux, les piquant et les repiquant sans cesse : pour empêcher les forgerons de gagner le pari, le malfaisant Loki s'était métamorphosé en un taon agressif qui les harcelait méchamment.

Pourtant le talent des forgerons était si grand qu'ils remportèrent la victoire. Non sans fierté, ils dévoilèrent le résultat de leur travail : un anneau magique qui augmentait sans cesse la fortune de son propriétaire, un marteau prodigieux qui revenait de lui-même dans la main de celui qui l'avait lancé et surtout le superbe sanglier d'or, qui serait plus tard attelé au char du dieu Freyr.

Animaux de mystère

Le Chipique

Le Chipique vit en Afrique, au fond du lit tumultueux du Zambèze, au pied des chutes Victoria. Monstre aquatique redouté des piroguiers, son jeu favori consiste à retourner les embarcations afin d'entraîner au fond de l'eau leurs occupants ...que jamais on ne revoit. Mi-serpent, mi-crocodile, le Chipique connaît l'art de camoufler son long corps écailleux parmi les roches qui affleurent à la surface du fleuve. D'abord sceptiques face aux terreurs des indigènes, quelques explorateurs européens du XIXe siècle ont pourtant affirmé que le Chipique existait bel est bien...

La Vouivre

A la fois serpent de feu et serpent d'eau, la Vouivre habitait en France, notamment en Franche-Comté, en Bourgogne et dans le Berry. Ce serpent ailé au corps de flammes, dont le nom viendrait soit de *vipera* (en latin : vipère, serpent), soit de l'indo-européen plus ancien *gwer* (devenu *wer* : chaleur), portait sur le front une escarboucle étincelante, pierre précieuse qu'elle déposait sur les margelles des puits ou sur les bornes des fontaines où elle aimait à se baigner. Celui qui parvenait à s'emparer de ce joyau détenait alors une immense richesse. Cependant il était difficile de tromper la vigilance de la Vouivre, gardienne des ruines et des trésors.

Le Yéti

Tout le monde se souvient de la terrible colère du capitaine Haddock lorsqu'il découvre, dans *Tintin au Tibet*, que le Yéti lui a volé un flacon de whisky et que les porteurs se sont enfuis, effrayés par la perspective de tomber nez à nez avec le monstre. A l'origine de ce récit du célèbre dessinateur Hergé, on trouve l'aventure d'alpinistes anglais. Partis en 1921 à l'assaut de l'Everest, ils eurent la surprise de voir leurs sherpas tomber à genoux devant une empreinte dans la neige en s'écriant "Metch Kangmi", ce qui signifierait "l'être des neiges". La presse occidentale s'empara de l'affaire : le mythe de "l'abominable homme des neiges" était né.
Cette créature mystérieuse, que les Népalais appellent Yéti, est-elle d'une espèce inconnue de singes ? A ce jour on n'en a retrouvé aucun, mais diverses descriptions font état de trois variétés de yétis : le Mi-the, le plus petit, de couleur fauve, inoffensif pour l'homme ; le Chutrey, le plus gros, qui pourrait atteindre trois mètres de haut mais serait végétarien ; et enfin le plus redoutable, reconnaissable à son crâne en pointe et mesurant 1,80 m : le Metrey - mangeur d'hommes !

Le Phénix

Selon l'historien grec Hérodote, qui fut le premier à rapporter cette croyance, vivait en Egypte un oiseau fabuleux : le Phénix. Cet oiseau étrange, de la taille d'un aigle, au plumage pourpre et or, ne se montrait aux habitants d'Héliopolis, la ville du soleil, que tous les cinq cents ans. A l'approche de sa mort, le Phénix s'enfermait dans une sorte de cocon de myrrhe et d'encens, d'où il renaissait peu après : alors il se posait sur l'autel du Soleil et y brûlait ce cocon magique. De là vient l'expression "renaître de ses cendres, tel le Phénix". Devenu symbole d'immortalité, le Phénix a été par la suite adopté par la tradition chrétienne, qui l'a assimilé au Christ. Cependant il est également présent dans de nombreuses légendes païennes. On raconte par exemple que les fées utilisaient ses plumes, réputées insubmersibles, pour construire des nacelles qui leur permettaient de franchir les mers sans danger au plus fort des tempêtes.

La Licorne

Apparentée au cheval, à la gazelle, ou même au rhinocéros, la licorne figure dans tous les bestiaires fantastiques imaginés par les peuples orientaux et européens. Partout cet animal mythique, gracieux mais sauvage, a donné naissance à de nombreuses superstitions. Au Moyen Age on croyait que la licorne ne pouvait être approchée que par les jeunes filles. On prêtait des vertus magiques à sa corne unique, en particulier celle de purifier l'eau et de neutraliser les poisons. On disait même que cette bête élégante pouvait se transformer en véritable furie à la vue d'un éléphant, son ennemi juré.

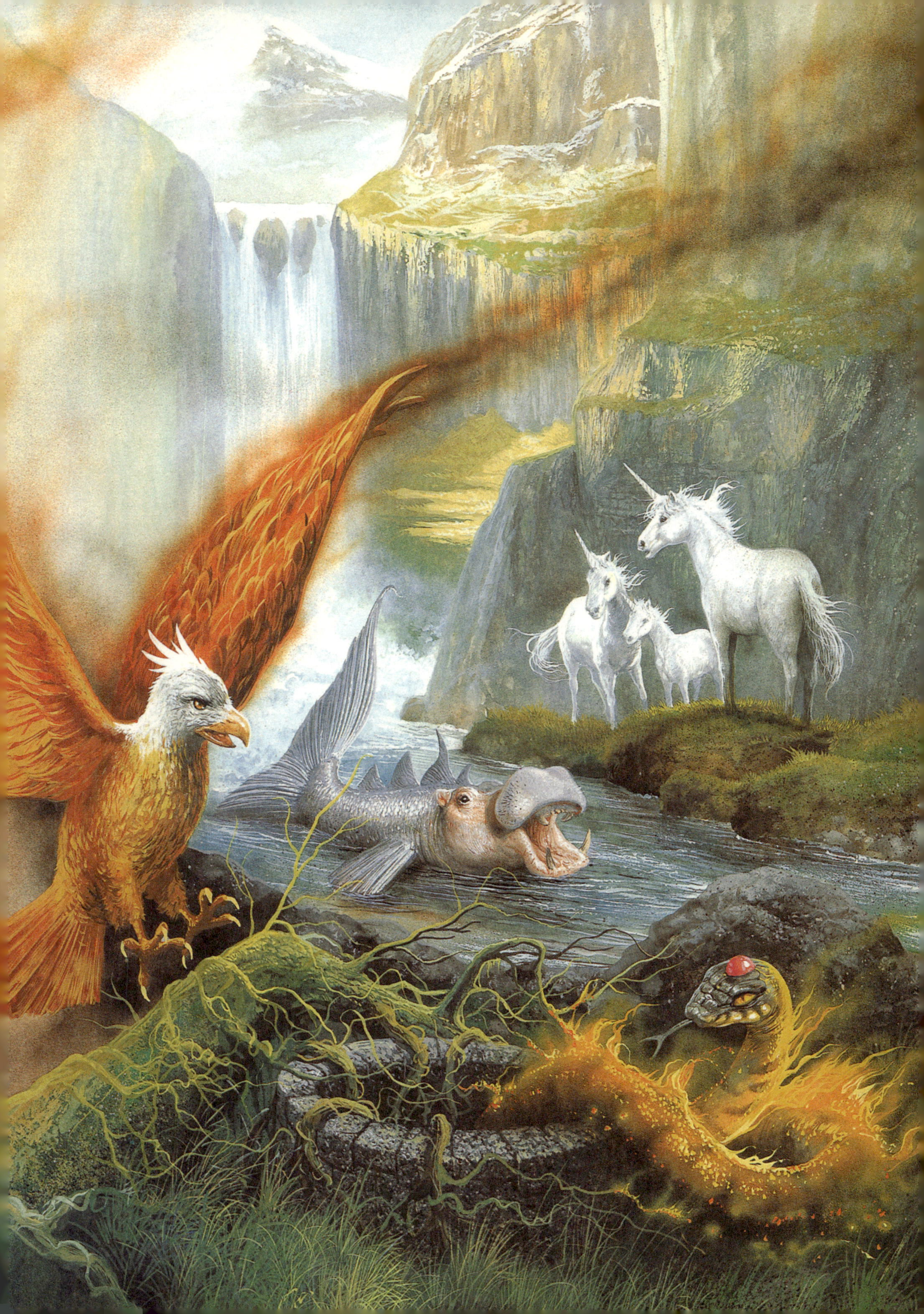

La Bête Rô France

UN GRONDEMENT RAUQUE tira Khar de son sommeil. Le chasseur repoussa les lourdes fourrures qui le protégeaient du froid et quitta sa couche. Enjambant avec précaution les autres occupants de la hutte, qui dormaient profondément, il se dirigea vers le seuil. Un ciel noir, sans étoiles, surplombait la clairière. Khar jeta quelques brindilles sèches sur des braises encore rougeoyantes. Aussitôt, une flamme claire s'éleva dans l'obscurité. Un cheval hennit dans l'enclos.

Le vent s'était levé, un vent au goût de sel, venu de la mer. Il apportait avec lui le bruit des vagues roulant sur la grève, mais aussi l'écho plus inquiétant d'une sinistre respiration, d'un feulement menaçant. La Bête Rô partait en chasse !

Khar ne l'avait vue qu'une fois, mais jamais il ne l'oublierait ! C'était une horrible créature, sortie droit des entrailles infernales de la Terre ; un dragon géant, à la queue écailleuse et au thorax ailé, à la fois rapide et puissant, et surtout d'une redoutable intelligence. Pour capturer ses proies, la Bête Rô échafaudait en effet des pièges démoniaques. Elle simulait le sommeil ou la mort, imitait le cri d'un blessé, appelait au secours ou encore faisait miroiter au soleil les écailles de sa queue pour leur donner l'aspect trompeur d'étincelantes pierres précieuses. Combien d'imprudents s'y étaient laissé prendre ! Jamais on ne les avait revus. Le monstre vorace les avaient entraînés au fond de son antre, une sombre caverne battue par les vagues.

Une nouvelle fois, Khar entendit le cri de la Bête. Elle approchait. En silence, il revint dans la hutte et réveilla ses compagnons les plus valides. "La Bête Rô !" Ces trois mots suffirent à les tirer instantanément du sommeil. Ayant rassemblé de lourds silex taillés, des haches de pierre polie et quelques armes de bronze, ils s'assirent autour du feu et attendirent. Attaquer la Bête les premiers ? Ils ne l'osaient pas. Pourtant, ils étaient prêts à se défendre.

Sept hommes, sept inconnus avaient acculé la bête au bord d'une profonde crevasse

Soudain, ils se redressèrent. Le vent leur apportait le bruit d'une bataille. Ils reconnurent le souffle rauque et furieux de la Bête, et entendirent des voix humaines s'interpeller. Que se passait-il ? Confiant la garde du campement à trois des leurs, Khar et ses compagnons se glissèrent dans l'ombre épaisse de la forêt. Guidés par le bruit, ils marchèrent en direction de la mer.

Le jour pointait à l'horizon. Sur la grève, une curieuse barque était échouée, à la fois longue et ventrue, équipée d'une large voile multicolore. Un bateau taillé pour de grandes traversées. D'où venait-il ? Où étaient ses occupants ? Bras tendu, Khar désigna un point sur la côte : il en provenait un épouvantable fracas. Ils s'approchèrent.

Sept hommes, sept inconnus, armés chacun d'un arc puissant, avaient acculé la Bête au bord d'une profonde crevasse où les vagues s'engouffraient avec violence. Ils portaient des casques métalliques et parlaient une langue incompréhensible. Ils tenaient en respect le monstre, qui semblait pris de rage et d'effroi, mais ne baissait pas le regard. D'un seul coup, sept flèches fendirent l'air en sifflant. Toutes atteignirent leur but : deux fermèrent à jamais les yeux insolents du dragon, deux lui percèrent les naseaux, deux autres se fichèrent dans ses oreilles. Quant à la dernière, elle lui cloua les lèvres. Ivre de douleur, la Bête Rô chancela et tomba lourdement au fond du gouffre. Les mystérieux archers prirent alors place au bord de l'abîme pour y monter la garde, immobiles tels des statues. Le monstre vaincu se débattait dans les flots, frappant de sa queue les parois de sa prison.

Khar courut vers le campement pour y annoncer la bonne nouvelle à sa tribu : "La Bête Rô est emmurée ! Ecoutez comme elle rugit de colère ! Nous ne craignons plus rien !"

Tous, vieillards, femmes et enfants se précipitèrent sur les lieux du combat pour remercier leurs sauveurs, mais la barque avait disparu, ainsi que les mystérieux archers. A leur place, autour du gouffre où râlait toujours la Bête, se dressaient sept pierres...

Les oiseaux de Lug Irlande

PAR UN MATIN D'HIVER, le roi d'Ulster et ses invités, les huit seigneurs les plus puissants d'Irlande, furent réveillés par une mystérieuse musique qui semblait venir du ciel. Intrigués, ils sortirent dans la cour du palais et levèrent les yeux : au-dessus de leurs têtes tournoyaient de grands oiseaux blancs qui, tout en volant, composaient une merveilleuse mélodie. Ces étranges oiseaux allaient deux par deux, reliés par une fine chaîne d'argent. Ceux qui guidaient chaque groupe étaient réunis par un joug en or, comme s'ils conduisaient un attelage céleste. Ce matin-là, il y avait neuf groupes de vingt oiseaux dans le ciel pâle. D'où venaient-ils ?

Tandis que le roi et ses seigneurs contemplaient ce ravissant spectacle, les oiseaux se posèrent sur la prairie qui entourait le palais et se mirent à en manger l'herbe. Alors la joie fit place à la consternation. En moins d'une heure, sous leurs coups de bec dévastateurs, les verts pâturages se transformèrent en une étendue pierreuse : arrachant même les racines, les oiseaux n'épargnèrent pas la moindre touffe d'herbe. Avec regret, chacun comprit que l'arrivée de ces superbes animaux constituait en fait un épouvantable fléau. Il fallait donc sans tarder les mettre hors d'état de nuire. Alors qu'ils s'envolaient, le roi fit atteler neuf chars de chasse.

La chasse aux oiseaux, loisir très prisé par les seigneurs, se pratiquait en effet en char : les oiseaux étaient abattus en pleine course au moyen de javelots ou de pierres lancées à l'aide de frondes. Chacun des neuf chasseurs prit donc place dans un de ces chars, au côté d'un cocher. Le roi monta dans le char de tête, en compagnie de sa sœur Dechtéré, qui aimait à conduire

Ils chassèrent toute la journée sans abattre un seul de ces mystérieux oiseaux.

l'attelage royal. A son signal, tous se lancèrent à la poursuite des oiseaux.

Ils chassèrent toute la journée, sans jamais parvenir à abattre un seul de ces mystérieux volatiles. La nuit venue, la neige se mit à tomber à gros flocons, recouvrant le sol d'un épais tapis. Les chasseurs se trouvaient trop loin du palais pour songer à y revenir et les chars, trop lourds, ne pouvaient plus avancer dans la neige. Le roi envoya deux de ses compagnons chercher un abri pour y passer la nuit. Ils revinrent bientôt, ayant découvert à proximité une petite maison, modeste mais toute neuve. Le couple qui l'habitait leur offrait volontiers l'hospitalité.

Lorsque le roi et les seigneurs se présentèrent à la porte de cette pauvre demeure, celle-ci leur sembla peu digne de leur rang, mais faute de mieux, ils se résolurent à y entrer. A peine en avaient-ils franchi le seuil, que la maison sembla s'élargir et, contre toute attente, ils parvinrent tous à s'y loger à l'aise, y compris les cochers et les chevaux ! Dans la salle principale, ils découvrirent un succulent repas préparé à leur intention, composé de mets abondants et variés, dont certains leur étaient inconnus. Ils questionnèrent en vain l'humble couple qui les avait accueillis, et qui maintenant les servait avec zèle. C'est alors qu'ils comprirent que cette misérable chaumière était en réalité un palais magique créé par les dieux...

Cette nuit-là, la sœur du roi, la princesse Dechtéré, fit un curieux songe. Lug, dieu de la vie et de la lumière, apparut dans son sommeil et lui révéla le secret des oiseaux inconnus : "Ce sont mes messagers, dit-il à la jeune femme, je les ai envoyés chez vous, afin de vous attirer dans ce palais magique. Dans quelque temps vous saurez pourquoi..." Et sur ces mots mystérieux, le dieu Lug disparut.

Le lendemain matin, le roi donna l'ordre de prendre le chemin du retour. Quand il se retourna pour contempler une dernière fois la demeure magique, il n'en restait plus trace. Neuf mois plus tard, la princesse Dechtéré mit au monde un garçon qui devait devenir un des plus grands héros de l'Irlande : c'était Cuchulainn, le fils du dieu Lug.

Troussepoil France

LE CAVALIER GUIDAIT PÉNIBLEMENT SON CHEVAL dans les rues encombrées du bourg. C'était jour de marché : devant les étals de légumes et près des parcs à bestiaux, se pressait une foule animée de paysans et de promeneurs. Le cavalier et sa monture, fatigués par une longue route, avaient soif. L'homme demanda le chemin de l'auberge. Quelques instants plus tard, il était attablé devant un cruchon de cidre, la pipe aux lèvres et les bottes délacées. Dans la grande salle, où pétillait un feu accueillant, les servantes s'affairaient, un groupe d'hommes concluait un marché, des enfants jouaient. Le cavalier savourait cet instant de repos...

Soudain, venant de la rue, un cri monta, suivi de beaucoup d'autres. Bientôt ce fut une immense clameur qui s'insinua dans la salle de l'auberge : on y devinait la peur. Comme tous les clients, le cavalier s'était levé. Autour de lui, les conversations s'étaient tues, la pâleur avait envahi les visages. Brusquement, la porte qui donnait sur la rue s'ouvrit et la foule fit irruption dans la pièce en hurlant : "Troussepoil ! Troussepoil !" Aussitôt l'aubergiste barricada portes et fenêtres, tandis que les clients se terraient dans le coin le plus reculé de la salle. Par une vitre, le cavalier eut le temps de voir la rue se vider : comme pris d'une soudaine folie, petits et grands couraient se mettre à l'abri.

Alors le cavalier entendit depuis l'extérieur une respiration rauque, un pas pesant. "Une illusion ! se dit-il, cette panique est contagieuse !" Mais, par une fente, il aperçut alors une sorte d'ours monstrueux, doué d'une force colossale, qui emportait une vache. L'animal rôda un moment autour de l'auberge, puis s'éloigna lentement en faisant trembler le sol sous son poids.

"Troussepoil est parti ! Cette fois il n'a mangé que la vache de Jacques Bonhomme ! s'écria un petit garçon.

— Mais qui est ce Troussepoil ? demanda le cavalier à l'aubergiste.

— Un monstre affreux ! Une créature diabolique, qui s'attaque aux hommes et aux animaux ! On l'appelle Troussepoil à cause de ses poils noirs qui se dressent partout sur sa grande carcasse quand il sort du torrent où il a élu domicile ! Ah comment pourrons-nous nous en débarrasser ?

— J'ai doublé non loin d'ici un envoyé du pape et son escorte ! s'écria le cavalier. Il se dirigeait vers ce village. Un saint homme comme lui saura probablement anéantir cette créature diabolique."

Un peu plus tard, le cavalier et une délégation d'habitants se présentèrent à l'envoyé du pape, qui eut l'air bien ennuyé quand il connut l'objet de leur requête. Pourtant il ne put refuser et, à contrecœur, s'approcha du repaire de Troussepoil. Là, il entama une série de prières, exhortant le monstre à sortir et à se faire aussi doux qu'un agneau. En vain. Troussepoil lui répondit par un grognement furieux et l'envoyé du pape... s'enfuit en courant ! Comme les habitants le regardaient d'un œil soupçonneux, il finit par avouer qu'il ne pouvait réussir, car il était en état de péché. Il avait embrassé en effet une jeune fille le matin même...

Le cavalier conseilla alors aux habitants de ne pas se décourager : il existait certainement un homme, innocent de tout péché, qui aurait le pouvoir de les délivrer du monstre. Tour à tour un bedeau, un chanoine, un curé et même un évêque furent soumis à l'épreuve. Tous échouèrent, l'un parce qu'il avait mangé avec gourmandise, un autre parce qu'il avait bu trop de vin, trop dormi, ou s'était mis en colère... Enfin, on alla trouver le père Martin, prieur de l'abbaye voisine. Le vieil homme revêtit simplement une étole et, sans hésiter, se dirigea vers le torrent où Troussepoil digérait son repas, vautré dans la boue. Au premier appel du prieur, l'énorme créature se dressa de toute sa hauteur, menaçante. Au second appel, elle marcha vers lui. Au troisième, elle se laissa docilement passer une corde autour du cou, vaincue.

Lentement, le prieur et la bête traversèrent la place du marché, noire de monde. Sur leur passage les gens s'écartaient, impressionnés ; seules quelques filles osèrent rire et se moquer du père Martin. Parvenu devant l'église, celui-ci détacha Troussepoil et fit un signe dans sa direction. Aussitôt le monstre fut changé en une statue de pierre qui s'éleva dans les airs pour aller s'accrocher au pignon de l'église. Elle y est toujours.

Quant aux jeunes filles moqueuses, elles perdirent instantanément leur beauté et coururent se cacher chez elles sous les quolibets des habitants.

Le Sphinx de Thèbes - Grèce

A l'entrée de Thèbes vivait autrefois un monstre ailé appelé Sphinx. De sa mère Echidna il avait hérité une tête de femme, de son père Typhon une queue de dragon et comme sa sœur Chimère il avait un corps de lion. Bref, c'était une bête horrible et cruelle qui terrorisait les habitants.

Installé sur un rocher, le Sphinx attendait les voyageurs et leur posait une énigme à résoudre. S'ils ne savaient pas y répondre, il les dévorait aussitôt. Le héros Œdipe décida d'affronter ce monstre et se présenta donc à l'entrée de la ville.

Sans attendre le Sphinx lui posa la première question : "Quel est l'être qui marche tantôt à deux, tantôt à trois, tantôt à quatre pattes, et qui est le moins fort quand il marche à quatre pattes ?" Œdipe répondit sans hésiter. (1)

Déçu le sphinx refusa de laisser passer Œdipe et lui posa une seconde question : "Quelles sont les deux sœurs dont l'une engendre l'autre et dont la seconde engendre à son tour la première ?"

Œdipe répondit également à cette deuxième question (2). Alors, furieux, le Sphinx se jeta dans le vide du haut de son rocher et se tua.

De ce jour, les habitants de Thèbes purent vivre librement et voulurent qu'Œdipe devienne roi, ce qui fut fait. Mais un destin tragique attendait ce héros...

(1) et (2) : les réponses aux questions du Sphinx sont en page 109

Des gardiens vigilants...

Disséminés dans le vaste monde, les trésors ont toujours excité la convoitise des hommes. Nombreux sont ceux qui ont tenté de conquérir des monceaux d'or, de bijoux, de pierres précieuses..., mais aussi des trésors spirituels tels que les fontaines de la Sagesse, arbres de la Connaissance, herbes de l'Immortalité. Cependant ces fabuleux trésors sont toujours situés en des endroits difficiles et férocement gardés par des monstres terrifiants qui en interdisent l'accès. Afin de mieux connaître ces gardiens vigilants, circulons ensemble dans leur pays. Mais attention, ouvrez l'œil, car ils sont plus rapides que l'éclair !

A l'entrée du chemin veillent les serpents najas : le trésor que vous convoitez n'est pas caché derrrière eux, il est en eux ! Incrustées dans leur tête ou dans leur gosier, de resplendissantes pierres précieuses vous conféreront de multiples pouvoirs magiques... si vous parvenez à vous en emparer ! Ne dit-on pas parfois du diamant qu'il est "la bave du serpent" ?

Non loin de là somnole un dangereux dragon occidental qui surveille des jarres de pièces d'or. Prenez garde cependant, car les dragons d'Europe sont redoutables et ne dorment jamais vraiment, contrairement à leur cousins de Chine qui s'occupent plutôt de la pluie et du beau temps.

Au-delà du dragon pousse le Gaokerena, arbre de vie iranien dont les fleurs donnent l'immortalité. Un énorme lézard monte auprès de lui une garde vigilante. Il avale dans sa gueule béante chaque fleur qui tombe afin d'empêcher quiconque de s'en emparer.

A gauche du chemin s'ébattent deux griffons, oiseaux à têtes d'aigle et à corps de lion. On raconte qu'Apollon, dieu grec de la lumière, avait entreposé un fabuleux trésor dans une mystérieuse contrée nordique sous la garde de redoutables griffons.

Tout au bout du chemin, dans un marais putride, veille une hydre à trois têtes. Le seul moyen pour la détruire consiste à couper les trois têtes en même temps, sinon elles repoussent aussitôt, toujours aussi dangereuses.

En Chine, le grand Loup céleste garde le palais du Seigneur d'En-Haut, qui réside dans la Grande Ourse. Ce loup, dont les yeux verticaux luisent dans le ciel nocturne, est matérialisé par l'étoile Sirius. Il a pour mission d'attraper les hommes dans sa gueule et de les précipiter dans un gouffre profond...

En Irlande les chats, dont les yeux trouent l'obscurité, gardaient les ruines des châteaux. Sans bruit ils glissaient dans la nuit, se coulant dans des passages secrets connus d'eux seuls.

De l'histoire aux légendes

L'animal fantastique permet d'expliquer l'inexplicable et de donner une consistance matérielle à des peurs ou à des sentiments universellement répandus. Monstres et animaux étranges ont donc toujours hanté la mémoire des hommes. Toutes les civilisations ont donné naissance à des créatures extraordinaires, capables de résister au feu d'un volcan, de voler très haut dans le ciel, de plonger au plus profond des océans, d'ignorer la fatigue ou la faim, de disposer d'une force prodigieuse... bref, capables d'accomplir des exploits inaccessibles aux hommes.

Pour tenter de mettre un peu d'ordre dans ce foisonnement, on peut distinguer quatre grandes catégories d'animaux fantastiques :
— les monstres issus du chaos primitif, souvent de grande taille, tels les dragons ou les serpents géants ;
— les animaux symbolisant une calamité précise comme l'orage, l'inondation, l'incendie... ;
— les animaux peuplant les lieux dangereux de la planète : cavernes obscures, marécages putrides, forêts profondes, tourbillons marins, chutes d'eau... ;
— enfin ceux qui incarnent les plus vieux rêves de l'humanité : l'immortalité, la capacité de voler ou de communiquer avec l'au-delà...

Le chaos primitif
Dans de nombreux récits mythologiques, les dieux ont d'abord dû anéantir des créatures violentes qui peuplaient le chaos primitif afin de pouvoir organiser un peu mieux le monde. Tandis que les divinités grecques et scandinaves ont affronté des géants, d'autres dieux se sont opposés à des animaux monstrueux, souvent apparentés à des reptiles géants ou à des dragons.

Pourquoi donc cet amalgame, presque universel, entre les animaux reptiliens et le chaos, le désordre et le mal ? Probablement parce qu'il s'agit d'animaux à sang froid qui, même de petite taille et inoffensifs, rebutent souvent le toucher. Mais, surtout, ils rampent et restent toujours en étroit contact avec la Terre. D'où la croyance qu'ils sont une incarnation des puissances infernales cachées dans les mondes souterrains. A Delphes, en Grèce, des émanations de gaz s'échappaient du sous-sol par une fissure de la roche : on racontait alors qu'un monstrueux serpent, appelé Python, avait élu domicile à cet endroit avant que le dieu Apollon ne le tue

Saint Michel terrassant le dragon (Artephot).

pour y édifier son sanctuaire.
Dans les régions où vivent bel et bien des reptiles ou des sauriens géants, ces animaux n'ont pas manqué de frapper l'imagination des hommes, qui les ont facilement transformés en créatures de

Le sosie du Whowie

En 1953, un photographe français, Jacques Villeminot, voyageant en Australie, se trouva nez à nez avec un Whowie... ou plutôt avec son sosie ! C'était un goana, lézard géant dont le corps ressemble à celui d'un crocodile posé sur d'énormes pattes cambrées et dont la tête rappelle celle d'un serpent. "Je n'ai jamais vu d'animal aussi effrayant d'aspect", écrit-il dans ses souvenirs de voyage avant d'ajouter : "Je restai figé devant cette bête monstrueuse."
Monstrueuse en effet, car le goana peut atteindre 3 mètres de long. Au Queensland on a trouvé un représentant de l'espèce dont le squelette mesurait... 8 mètres de longueur ! On comprend qu'un tel animal ait alimenté les légendes.

Sphinx de Gizeh (Goebel-Zefa)

Les animaux du désordre

Dans la Bible, le mal prend la forme de Léviathan, monstre marin surgi des profondeurs, dont la gueule évoque celle de l'Enfer. Cependant monstres et dragons ne sont pas les seules créatures fantastiques incarnant le chaos. Certains animaux ordinaires, impressionnant les hommes par leur violence, prennent dans les légendes l'apparence de créatures de cauchemar. Ainsi en est-il du sanglier, qui, en Europe celtique ou dans les îles du Pacifique, devient un monstre redoutable ou le Boongurunguru. Selon un mythe gallois, le roi Arthur ne parvint jamais à rattraper une truie magique qui semait la désolation sur son passage. En Finlande, c'est un monstre à forme d'ours qu'une magicienne envoie pour décimer le bétail.
Quant à la tradition chrétienne du Moyen Age, elle oppose souvent aux défenseurs de la foi des animaux fantastiques symbolisant le paganisme. Troussepoil en est un exemple.

DE L'HISTOIRE AUX LÉGENDES

cauchemar. Ainsi le Whowie australien peut-il être comparé à un véritable lézard, appelé le goana.

Edifices religieux, pièces de monnaies, poteries sont parfois décorées de scènes représentant un combat entre un aigle et un serpent. Cet oiseau majestueux incarne les forces célestes, le soleil, la lumière, opposées aux forces ténébreuses du chaos. Là encore, nature et mythologie font bon ménage puisque les rapaces attaquent effectivement les reptiles. Comme la légende guyanaise du serpent Arc-en-Ciel, un récit indien d'Amérique du Nord raconte comment des oiseaux ont fait alliance avec un héros humain pour anéantir un gigantesque serpent à trois têtes qui dévorait leurs nichées. Ce combat prend un caractère cosmique, car il s'agit "d'oiseaux-tonnerre" lanceurs d'éclairs opposés à un monstre reptilien dont le passage se signale par des tremblements de terre.

Les forces de la nature

Dans la plupart des civilisations anciennes, la violence des éléments fondamentaux a été représentée par des dieux importants : dieux de la mer, du vent, du feu et des mondes souterrains... Pourtant, la responsabilité de certaines manifestations de la nature (orages, séismes, inondations...), n'est pas toujours attribuée aux grandes divinités, surtout par les peuples les plus isolés : ces cataclysmes naturels sont alors symbolisés par des animaux fantastiques.

L'orage, insaisissable et redouté par tous les peuples, alimente de nombreuses légendes : oiseau en Amérique du Nord, il devient bélier d'or en Afrique, chameau coléreux ou taureau aquatique en Asie centrale... En Extrême-Orient, il prend l'apparence d'un dragon redoutable qui habite d'épais nuages noirs.

Dans les îles du Pacifique, le gigantesque serpent Radolo incarne le danger permanent d'éruption qui menace les habitants. Selon une tradition grecque, le monstre Typhon, reptile dont les cents gueules vomissaient des flammes, aurait été relégué par Zeus sous l'Etna (là encore un volcan) après un violent combat l'opposant aux dieux de l'Olympe. Une autre tradition situe ce même combat en Asie Mineure, dans une région que Strabon, géographe

105

DE L'HISTOIRE AUX LÉGENDES

grec du Ier siècle, appelait le "Pays brûlé". Typhon aurait été foudroyé par Zeus en cet endroit dépouillé d'arbres, au sol cendreux et noir.

Les hommes ont donc toujours été tentés d'expliquer l'apparition brutale de diverses calamités par la présence d'une créature mystérieuse : aux Philippines, on affirmait qu'un serpent géant tentait parfois de déplacer le poteau sur lequel reposait la Terre, ce qui provoquait de violents tremblements du sol ; en Birmanie, il s'agissait d'un énorme poisson qui dormait sous la Terre, tenant sa queue dans sa gueule. A chaque réveil, il se mordait, d'où les secousses sismiques...

Enfin l'inondation et la sécheresse ont laissé des traces dans l'imaginaire collectif de la plupart des peuples, qui redoutaient l'un ou l'autre : au Japon, le démon Tengu, sous la forme d'un oiseau de feu, s'attaque au dragon porteur de pluie, pour provoquer une sécheresse dramatique. De nombreux mythes associent même le déluge, l'inondation ou la sécheresse à l'action d'une grenouille extraordinaire, capable d'avaler puis de recracher toute l'eau de la Terre !

Selon un mythe gallois, un afang, sorte de monstrueux castor, a détruit d'un seul coup de queue la digue de "l'étang de flots", provoquant ainsi un gigantesque raz de marée. Or au VIe siècle, un adoucissement du climat a provoqué d'importantes inondations. L'Histoire et la mythologie se rejoignent souvent...

Lieux dangereux, lieux mystérieux.
Les lieux hostiles et dangereux de notre planète ont souvent eu la réputation d'être hantés par des animaux fantastiques. Ainsi en était-il de la mer, longtemps considérée comme un espace mystérieux et plein de périls inconnus.

Au début du siècle, les habitants d'Aytré, sur la côte ouest de la France, affirmaient encore entendre les rugissements de la "Bête Rô", lorsque la tempête soufflait sur l'océan déchaîné. Ce monstre symbolisait tous les dangers de la mer, en particulier ceux des grandes tempêtes : "Si un jour la Bête Rô se tourne vers l'ouest, les îles s'envoleront..." précisaient les vieilles légendes de marins.

Depuis l'Antiquité, de nombreux monstres marins ont incarné les pièges

La Sirène

Les sirènes de l'Antiquité étaient des femmes-oiseaux pourvues d'un buste et d'une tête de femme. Elles avaient élu domicile dans une mystérieuse île de la Méditerranée. Quand un navire passait au large de leur domaine, elles chantaient pour attirer les marins dans des pièges mortels, et nul ne pouvait résister à leurs voix ensorcelantes. Deux héros y réussirent cependant : Ulysse qui boucha les oreilles de ses matelots avec de la cire et se fit attacher au mât du bateau afin de les entendre sans danger, et le musicien Orphée qui annula le pouvoir de leur chant grâce à une lyre magique.

Au Moyen Age les sirènes-oiseaux se transformèrent en sirènes-poissons, mais continuèrent à alimenter de nombreux récits de marins qui croyaient que leur apparition annonçait une tempête ou même un naufrage. Selon certains scientifiques, la silhouette des lamantins, mammifères marins qui vivent à l'embouchure de fleuves américains et africains, pourrait expliquer la croyance à ces femmes-poissons.

Amiens, livre d'heures, détail : une sirène (Antephot-Trela)

Devinette !

Au cours de l'Histoire, certaines descriptions d'animaux inconnus, rencontrés au hasard de voyages lointains, ont alimenté les légendes. Imprécises, souvent maladroites, et alourdies de comparaisons destinées à mieux les faire comprendre, ces descriptions ont fait naître des silhouettes fantastiques. Quel est donc l'animal décrit par Hérodote, historien et voyageur grec du Ve siècle avant J.-C. ?

"C'est un quadrupède, à pieds fourchus comme le bœuf, camus, qui possède une crinière de cheval, montre des dents saillantes, a la queue du cheval et son hennissement ; sa taille atteint celle du bœuf de la plus grande taille. Sa peau est assez épaisse pour qu'on en fasse, lorsqu'elle est séchée, des hampes de javelot."

... Il s'agit d'un hippopotame !

DE L'HISTOIRE AUX LÉGENDES

Pieuvre géante attaquant un voilier (J.L. Charmet).

des océans, courants, tempêtes, tourbillons, écueils... Les héros grecs, Ulysse ou Jason, ne franchissaient pas sans crainte le détroit qui sépare l'Italie de la Sicile, gardé par des récifs transformés en redoutables monstres marins : Charybde et surtout "la vorace Scylla, avec sa ceinture de chiens féroces, qui fait retentir de ses aboiements les gouffres de la mer de Sicile" (Ovide).

Dans une autre épopée, *Le roman d'Alexandre le Grand*, qui connut de nombreuses adaptations au Moyen Age, en Europe, dans les pays arabes et même en Ethiopie, on raconte comment ce grand roi plongea au fond des mers pour y découvrir, dompter ou neutraliser d'étranges animaux géants.

La taille impressionnante de certains animaux marins explique la naissance de telles légendes. Ainsi les Chinois croyaient-ils à l'existence de la baleine Kouen, longue de plusieurs milliers de lis (un li fait environ 570 mètres !). Les Vikings, eux, redoutaient le serpent du Midgard qui, tapi dans l'Océan, encerclait la Terre de ses anneaux. Quant aux Hindous, ils vénéraient le serpent Ananka, dont le corps s'enroule sous la mer, autour d'un pilier qui soutient la Terre.

Aux XVe et XVIe siècles, poulpes et

Jonas dévoré par la baleine (G. Dagli Orti).

méduses géantes sont sans doute à l'origine du Kraken, mystérieux monstre qui sillonnait les mers nordiques. A la même époque, les curieuses silhouettes des morses aperçus par les marins dans la brume donnaient naissance à des monstres mi-animaux, mi-humains, tels que le "moine" ou "le singe marin".

En Afrique ou en Amérique latine, où les grands fleuves tumultueux constituaient souvent les seules voies de communication, les hommes redoutaient les gorges encaissées, les rapides et les immenses chutes d'eau. Les indigènes affirmaient que des animaux mystérieux peuplaient ces passages dangereux, comme le Chipique, qui, en remontant parfois à la surface du fleuve Zambèze, faisait chavirer les pirogues et broyait leurs occupants entre ses mâchoires puissantes. «On est convaincu dans le pays — écrit l'explorateur Livingstone en 1855 — que certaines prières ont le pouvoir de charmer cette hydre effroyable.» Au fond du lac Victoria, également en Afrique noire, se cachait l'horrible Lukwata, appelé aussi Dingonek. Il était pourvu «d'une tête cornue et

107

DE L'HISTOIRE AUX LÉGENDES

carrée, armé de plusieurs rangées de dents et d'une queue terminée par un dard venimeux.» Une dangereuse rencontre...

Des animaux fantastiques montent souvent la garde à l'entrée de grottes ou de souterrains obscurs qui évoquent l'entrée des mondes infernaux. Dans plusieurs civilisations (en Grèce, en Scandinavie, en Asie centrale), des monstres en forme de chiens, parfois munis de plusieurs têtes, sont les vigilantes sentinelles des Enfers. En Irlande, des chats extraordinaires, aux yeux lumineux, hantent les ruines. En Arménie, les ruines sont le domaine du Houchkaparik, mi-âne mi-taureau.

Le rêve et l'imaginaire

Un animal fantastique n'est pas toujours synonyme de cauchemar ou de terreur. Parmi les créatures imaginées par les hommes, il en est qui, loin de hanter des endroits maléfiques, gardent au contraire des lieux mythiques, des terres de rêve où se cache le bonheur... D'autres, par leur forme pure et gracieuse, évoquent la poésie et les aspirations les plus élevées de l'esprit humain...

De nombreux héros légendaires se sont lancés à la conquête de fabuleux trésors dispersés à travers le monde. Trésors matériels, monceaux d'or rutilant, de pierres précieuses scintillantes, mais aussi trésors spirituels, telles la sagesse, la connaissance ou l'immortalité.

Ci-contre, Pékin, un des gardiens du palais impérial (G. Ragache)

Ci-dessous, la licorne (G. Dagli Orti)

Réservés à un petit nombre d'élus, ces trésors sont difficiles à conquérir : l'accès en est défendu par des gardiens vigilants, dragons, griffons et autres créatures fantastiques. Les Grecs croyaient par exemple que le dieu solaire Apollon allait passer l'hiver en Scythie, province lointaine du nord. Là, disaient-ils, le dieu avait caché d'immenses trésors et les faisait garder par des griffons, quadrupèdes ailés à corps de lion et à tête d'aigle, qui les défendaient de la convoitise des Arimaspes, monstres à forme humaine pourvus d'un œil unique. Or en cette région furent longtemps exploitées des mines d'or, et sans doute fallait-il, par tous les moyens, y compris par des légendes, dissuader les éventuels pillards de s'en approcher. Dans d'autres légendes on trouve les griffons associés à l'Arbre de Vie, arbre mythique dont les fleurs procurent l'immortalité, trésor qu'il faut absolument protéger sinon de grands malheurs en découleraient...

DE L'HISTOIRE AUX LÉGENDES

Cette qualité réservée aux dieux est symbolisée par un oiseau fantastique, le phénix, qui toujours renaît de ses cendres. Voici comment Hérodote décrit cet animal fabuleux, sacré pour les Egyptiens et qui n'apparaîtrait que tous les cinq cents ans : "S'il est tel qu'on le peint, (...) les plumes de ses ailes sont les unes couleur d'or, les autres d'un rouge vif. Pour la silhouette et la taille, il ressemble de très près à l'aigle."

Les oiseaux établissent un lien vivant entre les espaces célestes où vivent les dieux et la Terre où vivent les hommes. Ils servent souvent de messagers ou même de montures aux divinités. Deux corbeaux renseignent en permanence Odin sur les agissements des humains, le dieu celte Lug se manifeste par des vols de corneilles et Vishnou chevauche Garuda, aigle à visage humain.

Le rêve éternel de l'homme, voler afin de gagner les demeures célestes et divines où des paradis lointains, a parfois été incarné par des animaux fantastiques. Pour atteindre les îles merveilleuses où les fées accordaient l'éternelle jeunesse, les chevaliers du Moyen Age chevauchaient un hippogriffe, mi-cheval mi-oiseau. De même le héros grec Bellérophon croyait-il pouvoir atteindre l'Olympe grâce à Pégase, un gracieux cheval ailé. Si les dieux n'accordent pas à Bellérophon le droit de les rejoindre, en revanche ils octroient cette faveur au merveilleux coursier, qui, depuis, est devenu le symbole de la poésie. En effet les poètes, dont l'inspiration passait dans l'Antiquité pour être d'essence divine, n'élèvent-ils pas leur âme jusqu'aux plus hautes sphères ? Selon une autre légende grecque, l'un d'eux, Arion, aurait été sauvé de la noyade par d'extraordinaires dauphins, messagers d'Apollon, dieu de la musique et de la poésie.

Enluminure représentant Pégase, le cheval ailé (Artephot - Trela).

Ci-dessous, un Centaure marin et un dauphin (Artephot-Held)

Ci contre, un phénix, gravure chinoise (J.L. Charmet)

Réponses aux questions du Sphinx :
(1) "L'Homme, car il marche à quatre pattes quand il est bébé, à deux quand il est adulte, et avec une canne quand il est vieux"
(2) "Le jour et la nuit". En Grèce ancienne, le jour et la nuit étaient deux divinités féminines.

Les loups

Texte de Claude-Catherine Ragache
Illustrations de Francis Phillipps

La capture de Fenrir

PAR DEUX FOIS DÉJÀ l'énorme loup Fenrir avait rompu ses chaînes, simplement en s'étirant, et cassé les lourds chaînons d'acier comme s'il s'agissait de simples cordelettes.

«Comment attacher solidement un monstre aussi puissant ?» Perplexes, les dieux se demandaient comment ils parviendraient à immobiliser leur adversaire, sans trouver de solution satisfaisante. Pourtant il y avait urgence, car un oracle les avait prévenus : Fenrir préparait une attaque contre eux. Il fallait donc absolument le neutraliser avant qu'il ne déclenche les hostilités.

Alors un des dieux proposa d'aller voir les nains-forgerons, qui connaissaient les secrets de tous les métaux. Aussitôt dit, aussitôt fait : les dieux descendirent en délégation chez les nains et leur exposèrent le problème. Ils leur demandèrent de fabriquer un lien d'une telle solidité qu'aucun géant ne réussisse jamais à le rompre. Les nains pensèrent d'abord à une chaîne gigantesque, plus épaisse et plus longue que toutes celles qu'ils avaient forgées ; mais elle pèserait très lourd et serait trop difficile à manier.

«Revenez-nous voir ! Nous allons réfléchir !» dit le plus âgé des nains. Pendant plusieurs lunes, les nains se concertèrent puis travaillèrent dans le plus grand secret. Un jour, ils livrèrent le produit de leurs efforts aux dieux : un long ruban souple et soyeux ! Léger et brillant, il avait plutôt l'apparence d'une étoffe pour dame que d'un lien pour emprisonner le redoutable Fenrir.

Les dieux pensèrent d'abord qu'il s'agissait d'une plaisanterie et demandèrent à voir la véritable chaîne ; mais les nains les mirent au défi de rompre le ruban. Odin tira dessus le premier. Sans résultat ! Alors Thor essaya à son tour. Sans plus de succès ! Furieux d'être ainsi mis en échec, ils tirèrent tous deux ensemble, chacun à un bout. En dépit de leur force colossale, le ruban résistait toujours ! Alors Tyr le frappa du tranchant de son épée, un autre à grands coups de hache. En vain!

«C'est prodigieux ! De quoi est donc fait ce ruban ?» demanda Odin.

Le plus âgé des nains se montra réticent mais il accepta de livrer une partie de son secret : «Nous avons utilisé six éléments dans des proportions connues de nous seuls... Il s'agit de tendons d'ours, de salive d'oiseau, de racines de la montagne mais aussi de miaulements de chat, de barbe de femme et enfin de souffle de poissons ! »

Satisfaits de cette explication, les dieux n'en demandèrent pas plus. Il leur restait à convaincre Fenrir de se laisser entraver par ce ruban soyeux.

Très aimables, les dieux présentèrent la chose comme un jeu et un défi. Fenrir avait été rendu méfiant par les tentatives précédentes pour le neutraliser. Le ruban ne lui paraissait pas bien dangereux, mais la parole des dieux ne lui suffisait pas ; il exigea que l'un d'entre eux mette la main dans sa mâchoire, le temps que durerait l'expérience.

Il y eut un flottement. Aucun dieu n'osait prendre ce risque considérable. Seul Tyr se détacha du groupe et, sans prononcer une parole, mit sa main dans la gueule du monstre.

Aussitôt les dieux attachèrent solidement Fenrir qui se laissa faire. Ensuite il essaya de se débattre, de plus en plus vigoureusement : rien à faire. Il était prisonnier d'un simple ruban ! Les dieux s'esclaffaient, heureux du bon tour qu'ils avaient joué à leur ennemi. Seul Tyr ne riait pas, et pour cause ! Fenrir furieux, comprenant qu'il ne réussirait plus à se dégager, entra dans une colère folle et soudain, de ses dents aiguisées trancha net la main du dieu !

Celui-ci blêmit sous l'effet de la douleur. Une déesse lui appliqua un baume magique pour cicatriser la blessure, mais Tyr, dieu du courage et de la droiture, demeura manchot jusqu'à la fin de ses jours, pour avoir respecté sans faiblir la parole donnée.

Seul un ruban fait de tendons d'ours
et de salive d'oiseau
peut entraver le loup Fenrir !

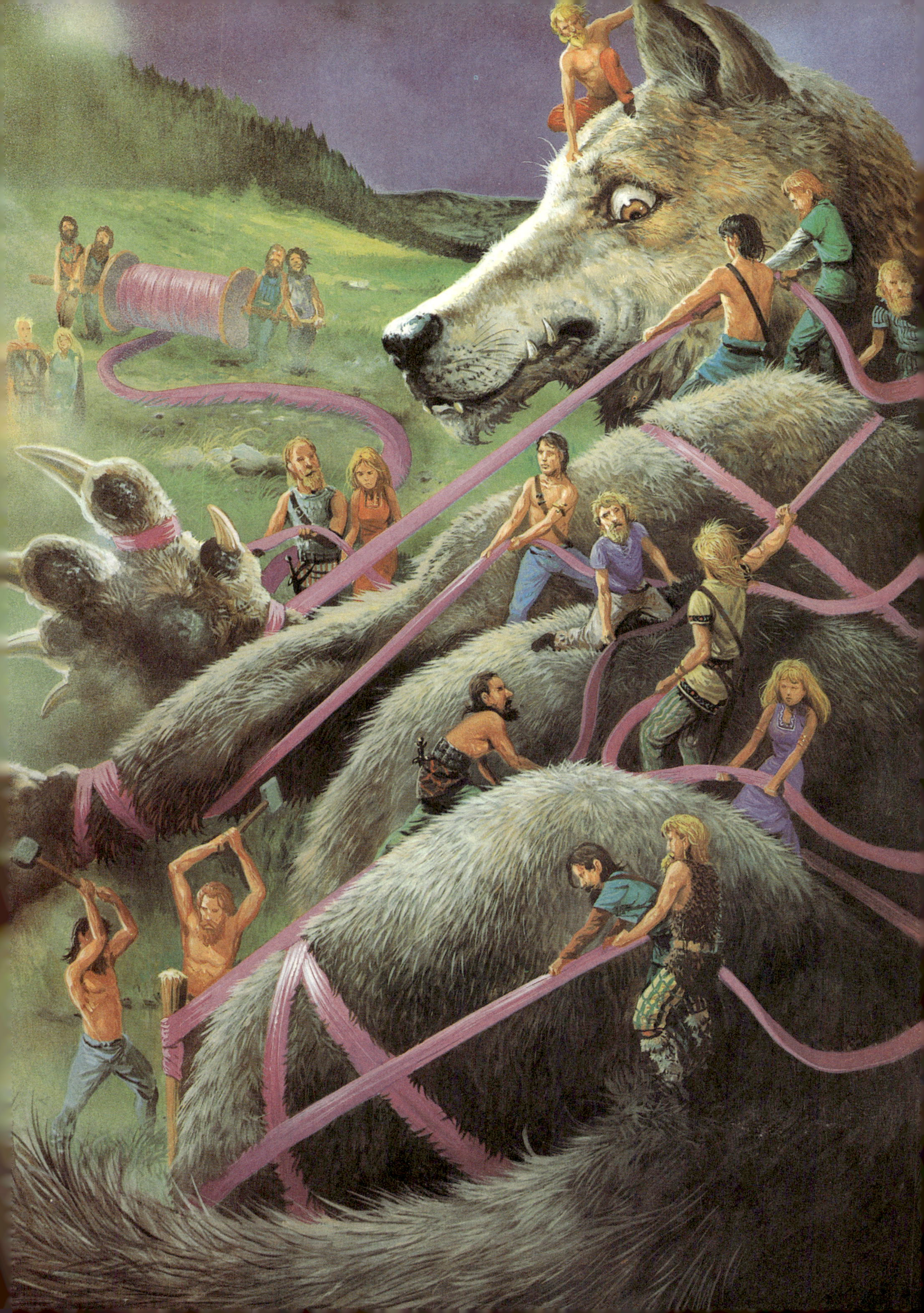

La création du loup

LORSQUE Dieu eut chassé Adam et Ève du Paradis, il ressentit comme un remords en songeant aux souffrances que ses deux créatures n'allaient pas manquer de rencontrer désormais. « Je me suis peut-être montré trop sévère, se disait-il. Ils sont habitués aux douceurs du Paradis ; maintenant ils vont connaître la faim, la soif, le froid, la peur ! Je devais pourtant les punir pour leur désobéissance ! » Cependant Dieu, qui était juste et bon, se demandait comment adoucir le sort des deux premiers humains. Il eut une idée, et rappela Adam et Ève près de lui.

Ils se présentèrent tout penauds, redoutant une nouvelle manifestation de la colère divine. Dieu tenait à la main une baguette d'osier ; Adam la regardait avec inquiétude, mais son créateur la lui tendit en disant d'un ton calme :

« Lorsque vous aurez trop faim, et que vous ne pourrez récolter aucune nourriture, frappez la mer de cette baguette ! »

Puis s'étant approché d'Adam, Dieu lui parla à l'oreille, de façon à ce que sa compagne n'entendît pas ses paroles.

« Prends garde, Adam, à la manière dont Ève usera de cette baguette. Je me demande si je ne devrais pas lui interdire d'y toucher ! »

Comme Dieu l'avait prévu, Adam et Ève souffrirent cruellement hors du Paradis, et ils ne tardèrent pas à avoir besoin de la mystérieuse baguette. Comme ils étaient parvenus au bord de la mer, Adam frappa trois fois la surface de l'eau. Il en sortit un animal tout blanc, au regard empli de gentillesse, qui vint frotter sa douce toison contre les jambes d'Adam. « Femme, dit alors celui-ci, voici une brebis : garde-la bien, elle nous donnera tant de lait et de fromage que sa compagnie nous suffira. »

« Voilà qui est bien, pensait Ève ; mais ce serait encore mieux si nous avions deux brebis ! » Profitant alors du sommeil de son compagnon, elle s'empara de la baguette et en frappa fortement la mer.

Une sombre créature en surgit, le regard luisant de cruauté, la gueule armée de crocs acérés : un loup sauvage et monstrueux qui se jeta en grognant sur la pauvre brebis et l'entraîna au fond d'un bois. A ce spectacle, Ève cria et pleura si fort qu'Adam se réveilla en sursaut. Il ne perdit pas de temps à gronder la coupable, mais, saisissant aussitôt la baguette d'osier, il en frappa à nouveau la mer, trois fois, de toutes ses forces.

« Hélas ! encore un loup ! » s'écria-t-il à l'apparition du nouvel animal qui émergea des flots. Effectivement cette dernière créature, de même taille et de même allure que le fauve surgi précédemment, se mit à courir à toute allure vers le bois où avait disparu la brebis. Déjà Adam et Ève se résignaient à la perte de leur premier animal domestique...

Aussi quel ne fut pas leur étonnement quand ils virent revenir vers eux la petite brebis, encore toute tremblante de sa terrible mésaventure, mais bel et bien saine et sauve. Elle était suivie du troisième animal, qui vint se coucher aux pieds des deux humains, sans chercher à leur faire le moindre mal. Alors seulement Adam et Ève s'aperçurent qu'il posait sur eux un regard plein d'affection, au contraire du loup dont l'œil dévoilait les cruels instincts.

« Voici le chien, déclara Adam. Cet animal nous sera précieux et nous en ferons un compagnon fidèle. »

Depuis ce jour Adam et Ève eurent d'autres occasions d'utiliser la baguette offerte par Dieu. Ils découvrirent alors que les animaux créés par Adam se laissaient facilement domestiquer, alors que les créatures qui surgissaient de la mer par la faute d'Ève prenaient aussitôt le chemin de la forêt où elles allaient mener une vie sauvage loin des humains.

L'île aux loups

EN GRÈCE vivait une princesse appelée Théophané, ce qui signifie « apparition divine ». Ce nom lui allait à merveille, car elle était, à l'égal des déesses, d'une grande beauté. Aussi vivait-elle entourée de nombreux prétendants, qui rivalisaient de charme pour lui plaire.

Théophané n'était pas pour autant pressée de désigner son futur époux. Grâce à la présence des jeunes gens, le palais du roi Bisaltès, son père, était le centre d'une joyeuse animation. Mais, parfois, lorsqu'elle voulait profiter d'un moment de calme, elle descendait au bord de la mer, en compagnie de deux ou trois servantes. Elle choisissait une heure matinale, avant l'arrivée des prétendants et, sur la plage encore déserte, les jeunes filles, ayant ôté voiles et tuniques, jouaient dans les vagues et s'éclaboussaient en riant joyeusement.

Poséidon, le dieu de la mer, habitait au fond de l'eau un palais étincelant. De temps en temps il émergeait des profondeurs, conduisant un char attelé de fougueux chevaux à la crinière dorée. Il soulevait les flots de son trident, tandis que les vagues se frangeaient d'écume à son passage. Il n'en restait pas moins invisible aux humains, et seules les tempêtes qu'il déchaînait alors les avertissaient de sa présence.

Un matin, Poséidon aperçut Théophané sur la plage. Il était d'humeur plutôt enjouée et menait son attelage moins vite que de coutume : une brise légère se leva sur la mer, faisant naître quelques vagues dans lesquelles les jeunes filles restèrent à jouer. Ébloui par la beauté de la fille du roi, le dieu en devint amoureux et il résolut aussitôt, piqué par la jalousie, de la soustraire aux assiduités de ses prétendants. Le lendemain matin, une vague plus forte que les autres vint arracher Théophané au rivage... Impuissantes, les servantes la virent s'éloigner vers le large : elle semblait voler sur les flots, puis elle disparut à l'horizon dans une gerbe d'écume argentée...

Au palais royal, la consternation fit bientôt place à la colère. Les prétendants devinèrent l'intervention de Poséidon : ils interrogèrent des oracles, consultèrent des magiciens, et finirent par apprendre que le dieu cachait Théophané dans une petite île de la mer Égée. Oubliant leurs rivalités, ils décidèrent de partir ensemble à sa recherche. Après avoir fait construire un navire et engagé marins et rameurs à prix d'or, ils se lancèrent sur la mer, prêts à affronter les redoutables tempêtes que le dieu ne manquerait pas de leur envoyer pour les décourager.

Après des jours et des jours de navigation entre des milliers d'écueils, face au vent déchaîné qui ralentissait leur course, les prétendants débarquèrent dans l'île qui abritait Théophané. Ils se dispersèrent aussitôt en petits groupes pour en fouiller les moindres recoins. Après plusieurs heures de recherches, force leur fut de constater leur échec : ils n'avaient trouvé dans l'île que des moutons, des centaines de moutons ; mais aucun être humain, pas même un berger ! Les maisons étaient abandonnées : qu'étaient donc devenus leurs habitants ?

De rage, l'un des prétendants saisit soudain son javelot et en transperça un mouton qui broutait paisiblement non loin de là. Aussitôt ce fut un massacre. Tandis que les uns amassaient du bois sur la plage, les autres égorgeaient les moutons, puis les dépouillaient pour les faire rôtir au-dessus des feux rapidement allumés sur la plage.

A l'écart, immobile au sommet d'une colline, un grand bélier contemplait le spectacle. A ses côtés était couchée une brebis à la toison immaculée. Brusquement, le bélier se dressa sur ses pattes arrière, puis se laissa retomber sur le sol ; entre ses pieds jaillit une gerbe d'étincelles. Au même moment, deux éclairs, partis de ses cornes, vinrent frapper la plage où les hommes, ivres de sang et de colère, commençaient à dévorer les moutons à belles dents. Alors l'un d'eux poussa un cri d'horreur : il voyait son voisin se couvrir de poils sombres et tomber à quatre pattes. Lui-même sentit ses oreilles s'allonger, son corps se distendre... Tous les prétendants perdaient rapidement forme humaine ! Quand ils voulurent parler, ils purent seulement hurler ! Des loups ! ils étaient devenus des loups !

Il ne resta bientôt plus sur la plage que des loups frappés de stupeur. Avant de disparaître derrière la colline, le grand bélier et la brebis reprirent leur forme véritable, et les prétendants transformés reconnurent alors Poséidon et Théophané, qui avaient emprunté cette apparence pour mieux se dissimuler ; quant aux moutons, ils n'étaient que les habitants de l'île, également métamorphosés par le dieu. Furieux de l'attitude des jeunes gens, Poséidon les avait condamnés à errer sous forme de loups jusqu'à la fin de leur vie.

Jamais les hommes ne retrouvèrent l'île où Poséidon avait caché Théophané. Et jamais on ne revit les prétendants. Peut-être existe-t-il toujours une île peuplée de loups, quelque part en mer Égée...

De jeunes Grecs transformés en loups-garous par Poséidon.

Le loup de marbre

SUR LE STADE ensoleillé, un même athlète avait remporté toutes les épreuves. Il se nommait Phocos et était le fils du roi Eaque et de la nymphe Psamathé. Avec facilité il avait éliminé du concours athlétique ses deux demi-frères, Télamon et Pélée : le premier à la course, le second au javelot.

Tandis qu'un esclave le massait, Télamon grommelait : « C'est toujours la même chose : depuis son retour, Phocos remporte toutes les couronnes ! Te souviens-tu, Pélée, hier encore nous étions les plus forts ! Cela ne peut durer ! » Pélée, qui frottait son corps d'huile parfumée, acquiesça silencieusement.

Quelques jours plus tard, alors que les trois fils d'Eaque s'entraînaient à l'écart du stade, une pierre lancée par Télamon atteignit Phocos à la tête : celui-ci s'écroula, mort. Hâtivement, Pélée et son frère dissimulèrent le corps sous un amas de branchages, puis revinrent au palais.

Inquiet de la disparition de Phocos, Eaque envoya des soldats à sa recherche ; ils ne furent pas longs à découvrir le cadavre. Rapidement identifiés, les coupables expliquèrent qu'il s'agissait d'un accident. Connaissant leur jalousie, on ne les crut pas. Furieux, Eaque renia ses deux fils et les bannit à jamais : ils quittèrent l'île d'Egine, sous le regard implacable de leur belle-mère, Psamathé.

Séparément, les deux frères gagnèrent des royaumes voisins pour y demander l'hospitalité. Pélée regrettait amèrement les circonstances qui l'avaient fait complice de ce crime alors qu'il avait tout pour être heureux : il avait épousé la nymphe Thétis, dont il avait eu un fils promis à un destin glorieux, Achille. Lorsqu'il parvint enfin au royaume de Trachis, il décida de cacher la raison de son exil.

Pélée laissa hors de la ville des troupeaux de bœufs qu'il emmenait avec lui, puis il demanda au roi l'hospitalité. « Ton nom est illustre, lui répondit le roi, tu es ici chez toi. »

Pendant ce temps, comme les bœufs avaient chaud, leur gardien les avait conduits au bord de la mer, près d'un temple ombragé consacré au dieu Nérée et à ses filles ; or Psamathé était précisément une des filles de Nérée, comme d'ailleurs Thétis, la femme de Pélée. A peine les bœufs étaient-ils paisiblement entrés dans l'eau pour y chercher la fraîcheur qu'on entendit un hurlement épouvantable. Il provenait d'un marais situé à proximité : un gros loup en sortit, la gueule rouge de sang, les yeux flamboyants. Fou de rage, il se jeta sur les bœufs et les mordit les uns après les autres, sans qu'ils aient le temps de fuir. Des bergers voulurent s'interposer : ils subirent le même sort. Terrifié, le gardien des bœufs courut au palais pour prévenir Pélée.

Immédiatement, le roi de Trachis ordonna à ses hommes de revêtir leurs armures et de prendre leurs arcs. Lui-même se préparait à conduire l'expédition bien que son épouse le suppliât de ne pas exposer imprudemment sa vie. Pélée la rassura :

*La vengeance de
la Néréide Psamathé*

« Ce loup est envoyé contre moi seul, dit-il à ses hôtes, car j'ai gravement nui à une Néréide. Laissez-moi implorer cette divinité de la mer ! »

Alors le roi conduisit Pélée au sommet d'un phare qui dominait la citadelle de Trachis. De cet observatoire, ils découvrirent un atroce spectacle : le loup monstrueux continuait son carnage parmi les bœufs et les bergers. Tendant les mains vers la mer, Pélée supplia Psamathé de mettre fin à sa colère, mais la nymphe restait sourde à ses prières, et le fauve s'acharnait de plus belle sur ses proies. Déçu, Pélée s'adressa à son épouse Thétis : « Ô déesse de la mer, apaise la colère de ta sœur Psamathé et obtiens son pardon ! »

Enfin la mère de Phocos se laissa fléchir ; mais lorsqu'elle voulut rappeler le loup, celui-ci refusa d'obéir. Au moment où il enfonçait ses crocs dans le cou d'une génisse, la Néréide, furieuse, le changea en loup de marbre.

Pendant des siècles, pétrifié sur la plage dans une attitude menaçante, le loup de marbre inspira aux bergers le respect et la crainte.

Le signe du loup

HÉRA entra dans une violente colère lorsqu'elle apprit la nouvelle infidélité de son époux, Zeus. Ses accès de jalousie étaient célèbres : Héra tourna sa rancune contre sa rivale en interdisant à tous les lieux de la Terre de lui donner asile pour qu'elle accouche. La malheureuse, qui s'appelait Léto, dut quitter sa patrie, le pays des Hyperboréens. C'était, en bordure de l'océan, une contrée située à l'extrême nord de la Terre, là où le dieu Borée, de son souffle puissant, donnait naissance à un vent glacé. Léto traversa ces régions désolées, sentant toujours planer autour d'elle les menaces d'Héra. Chassée de toutes les cités, repoussée de toutes les îles, elle se réfugia au cœur des forêts, où elle craignait les bêtes sauvages. Aussi, pour se dissimuler, prit-elle l'apparence d'une louve...

La louve Léto parvint enfin dans une île oubliée d'Héra, une petite île errante qui n'était pas encore fixée au fond de la mer, où elle mit au monde des jumeaux : la déesse Artémis et le dieu Apollon.

Les malheurs de Léto n'étaient pas terminés. Alors qu'elle traversait la Lycie, le « pays des loups », avec ses nouveau-nés, des bergers la chassèrent à coups de pierres d'une fontaine où elle se désaltérait. Pour se venger, elle les changea en grenouilles.

Apollon, auquel Zeus avait offert une lyre, devint le dieu de la musique. D'une radieuse beauté, il séduisit un grand nombre de nymphes, dont Cyrène, une nymphe chasseresse qui défendait les troupeaux de son père contre les bêtes féroces des forêts du Pinde. Le jour où Apollon l'aperçut, Cyrène était aux prises avec un lion : le dieu prit alors la forme d'un loup et mit le félin en fuite. Puis, reprenant son aspect, il séduisit la jeune fille et l'enleva sur son char.

En Grèce même, à Delphes, Apollon réussit à tuer le monstre Python qui vivait dans une grotte du mont Parnasse et terrorisait les habitants. En remerciement, ceux-ci élevèrent à la gloire du dieu un sanctuaire : on y venait de loin pour déposer des offrandes, et le temple recéla bientôt un fabuleux trésor. Un jour, ces richesses disparurent, emportées par un voleur. A la même époque, les habitants de Delphes furent réveillés chaque nuit par les hurlements d'un loup qui pénétrait dans la ville. Ils y virent un signe du dieu. Ils suivirent l'animal qui les conduisit dans un bois touffu sur les pentes du mont Parnasse. Là ils retrouvèrent les richesses sacrées et le corps du voleur, que le loup avait surpris et tué. En souvenir de ce prodige, un loup de bronze fut érigé près de l'autel d'Apollon.

Le choix d'Apollon

UNE FOULE de curieux se pressa au bord de l'eau, comme elle le faisait à l'arrivée de chaque vaisseau. Celui-ci était de belle taille, car il ne comptait pas moins de cinquante rameurs, vingt-cinq de chaque côté. On devinait qu'il avait été construit pour les longues courses et les traversées périlleuses. Chacun attendit avec impatience que les marins mettent pied à terre, pour poser les questions qui leur brûlaient les lèvres : « Qui es-tu ? D'où viens-tu ? »

Aussi quelle ne fut pas la stupéfaction des badauds lorsqu'ils s'aperçurent que les rameurs étaient des jeunes filles ! Rendus muets par la surprise, ils s'écartèrent pour les laisser passer, sans même oser interroger celui qui semblait être le capitaine de cet étonnant équipage. Ce fut lui qui s'adressa à la foule médusée :

« Je m'appelle Danaos et voici mes cinquante filles, dit-il en montrant ses rameurs. Je viens de l'autre côté de la mer, chassé par mes cinquante neveux et par mon frère Egyptos, qui règne sur le pays auquel il a donné son nom. Conduisez-moi à votre roi ! »

L'Argolide, où venait d'aborder Danaos, était alors gouvernée par Gélanor. Celui-ci reçut le nouvel arrivant qui annonça aussitôt son intention de se faire élire roi d'Argos. Évidemment, cela ne fit pas plaisir à Gélanor, mais respectueux de la coutume, il organisa un débat public afin que le peuple choisisse celui des deux hommes qui le gouvernerait désormais.

Malgré les longs discours de Gélanor et de Danaos, les habitants d'Argos restaient indécis. Toutefois leurs préférences allaient à Gélanor, qu'ils connaissaient, alors que Danaos n'était qu'un étranger.
Arriva le jour prévu par l'élection. Dès l'aube, la foule avait pris place autour de la place publique, pour assister au dernier débat des deux candidats. A peine ceux-ci avaient-ils entamé leurs discours que plusieurs bergers firent irruption, l'air affolé : un loup sorti de la forêt venait de se précipiter sur un troupeau qui passait près de la ville et en avait égorgé le taureau !

Aussitôt les Grecs, qui croyaient aux présages, virent dans cet événement un signe du dieu Apollon, familier des loups. L'arrivée soudaine de l'animal fut comparée à celle de Danaos, et le peuple en conclut que le dieu avait ainsi désigné son futur roi : Danaos fut donc aussitôt élu. En remerciement, il fit élever à Argos un superbe sanctuaire dédié à Apollon Lycien, c'est-à-dire Apollon le Loup.

Le cadeau du fleuve

A L'AUBE, le loup sortit de sa tanière, dissimulée au flanc de la colline par une touffe de genévrier. Il s'étira puis, assis sur son arrière-train, les oreilles dressées, il flaira le vent : quand le soleil serait plus haut dans le ciel, retentiraient les premiers appels des bergers, nombreux sur le mont Palatin. Pour l'instant tout était calme, il était l'heure de partir en chasse. Sans bruit, la silhouette grise s'enfonça dans les taillis.

A peine avait-il disparu qu'un second animal surgit dans le jour naissant : c'était une louve de belle taille, dont les mamelles gonflées montraient qu'elle venait de mettre bas. Derrière elle, de l'anfractuosité d'un rocher, sortaient des gémissements plaintifs : les louveteaux cherchaient leur mère.

Comme l'avait fait le mâle, la louve s'assura de l'absence de danger, puis descendit la pente de la colline. Elle était sur ses gardes car, en bas, au bord du fleuve, les hommes étaient plus nombreux. Pourtant il lui fallait y aller boire, rapidement pour ne pas abandonner ses petits trop longtemps.

Elle avait choisi pour se désaltérer une berge envahie de grands roseaux où elle se cachait facilement, mais, ce matin-là, une force mystérieuse la poussa à s'arrêter plus loin, là où le fleuve élargi coulait paresseusement. Sur la rive sableuse, une petite plage s'était formée ; pendant la journée, des femmes y lavaient le linge, et des enfants y jouaient avec les épaves de toutes sortes qui s'échouaient sur la berge. Malgré le risque, la louve s'avança donc à découvert et commença à boire, les sens en alerte. Soudain le vent lui apporta une odeur nouvelle : intriguée, elle releva la tête et aperçut un objet qui flottait vers elle. C'était un large panier comme ceux des lavandières.

La louve ne s'enfuit pas. La même force qui l'avait poussée à venir en ce lieu lui commandait de s'approcher du panier maintenant échoué sur le sable. De faibles cris plaintifs en sortaient, qui lui rappelèrent les gémissements de ses louveteaux. Quelque chose remuait sous un linge blanc... Saisissant le tissu entre ses crocs, la louve le souleva : dans le panier transformé en berceau, deux petits d'hommes, nouveau-nés à la chair rose et tendre, étaient couchés côte à côte.

La louve n'eut pas le temps de sentir son appétit se réveiller ; son instinct maternel prit le dessus et lui commanda de mettre sa trouvaille en sécurité. Ayant

Une trouvaille attendrissante

délicatement saisi entre ses mâchoires l'un des nouveau-nés, elle remonta à vive allure vers sa tanière où elle déposa le nourrisson entre ses louveteaux. Ensuite elle redescendit au bord du fleuve chercher le second enfant, qu'elle remonta de la même façon. Elle s'allongea alors sur le flanc et offrit ses mamelles aux petits blottis près d'elle, à ceux des hommes comme aux siens.

Il faisait grand jour lorsque le mâle la rejoignit, un lièvre roux en travers de la gueule. Il parut à peine étonné de la présence des deux enfants. Ayant déposé sa prise aux pieds de la louve, il s'assit devant l'entrée du gîte, comme pour y monter la garde...

La louve nourrit les petits hommes pendant une saison. Chaque jour un pic-vert venait voleter autour de la tanière, avertissant ses occupants d'un éventuel danger et apportant des baies sucrées dont les nourrissons étaient friands. Les loups ne chassaient pas cet oiseau qui obéissait ainsi aux mêmes ordres mystérieux. Cependant les louveteaux acquirent peu à peu leur indépendance ; ils chassaient seuls, alors que les enfants ne pouvaient encore quitter le gîte. La louve reprit ses habitudes de vie sauvage et disparaissait de longues heures durant, laissant ses petits adoptifs à la garde de l'oiseau.

Un jour elle vit le pic-vert voler à sa rencontre, dans un état d'extrême agitation. S'étant prudemment approchée de la tanière, elle aperçut un berger qui se tenait devant l'entrée, poussant des cris d'exclamation. Puis l'homme se baissa et quand il se releva, il tenait les deux enfants dans ses bras.

Elle sut qu'elle ne devait pas intervenir et laissa le berger emporter les petits d'hommes.

Plusieurs siècles passèrent. Sur la pente de la colline et au bord du fleuve s'étendait une grande et belle ville, Rome. Ses habitants vénéraient la mémoire de la louve ; une statue de bronze la montrait en train d'allaiter les jumeaux qu'elle avait recueillis, obéissant ainsi aux ordres du dieu Mars : car les deux enfants s'appelaient Remus et Romulus, et ce dernier avait plus tard fondé la ville de Rome à laquelle il avait donné son nom.

Le loup Fenrir : Le lien magique

CE JOUR-LÀ, les dieux se réunirent autour d'Odin, dans son palais du Walhall. Pour une fois, il n'était pas question de se livrer aux joies d'un plantureux festin copieusement arrosé d'hydromel, car tous devaient garder l'esprit clair. Le visage grave, ils délibéraient sur les mesures à prendre face au danger qui les menaçait : le loup Fenrir, monstre vorace et cruel, s'apprêtait à attaquer l'Asgard, le domaine céleste où vivaient des dieux !

Fenrir appartenait à la famille des Géants, qui avaient été les premiers occupants de l'Asgard à la création de l'Univers. Chassés par les dieux qui avaient pris leur place, ils attendaient le moment de la vengeance. Fils d'une Géante et de Loki, le génie du feu, le loup devait atteindre à l'âge adulte une taille gigantesque. Jamais rassasié, il parcourait l'Univers, avalant tout sur son passage dans le gouffre béant de sa gueule dont une mâchoire touchait au Ciel et l'autre à la Terre.

Les dieux s'étaient mis à le considérer d'un œil inquiet, et un oracle avait confirmé leurs craintes : Fenrir tramait contre eux une sombre machination, il était urgent de le mettre hors d'état de nuire.

Le conseil des dieux, déjà réuni une première fois sous la présidence d'Odin, dieu de la guerre et maître de la sagesse, avait décidé de ne pas tuer le grand loup, pour éviter de souiller leur règne par un crime : Fenrir serait simplement enchaîné puis abandonné sur une île déserte.

Curieusement docile, Fenrir s'était laissé passer autour du cou une chaîne aux gros maillons d'acier, et déjà les dieux savouraient leur victoire, lorsque le gigantesque animal, étirant ses muscles, brisa ce lien métallique comme un vulgaire fétu de paille. Peu après, une autre chaîne, plus épaisse, subit le même sort. Voilà pourquoi les dieux, vexés de leur échec, s'étaient réunis une seconde fois au Walhall :

« Qu'attend-on pour tuer ce loup de malheur ? rugit Thor, le dieu à la barbe rouge, fils aîné d'Odin. Laissez-moi faire : d'un seul coup de Mjollnir, mon marteau qui ne manque jamais sa cible, je vais de ce pas lui casser la tête. Ensuite nous fêterons la victoire autour d'une table bien garnie ! »

Cette sévère assemblée où il ne pouvait contenter son immense appétit avait mis le dieu de fort méchante humeur. Frig, son épouse à la chevelure d'or pur, s'approcha pour l'apaiser. Balder le Juste vint au secours de la déesse :

« Calme-toi, Thor ! Nous devons trouver un moyen d'enchaîner Fenrir, pour prouver que nous sommes les plus forts. »

Odin intervint :

« Balder a raison, Thor. D'ailleurs ma lance Gunjir ferait tout aussi bien l'affaire que ton marteau. Cependant tu m'as donné une idée : ces deux armes magiques ont été fabriquées par les nains-forgerons. Eux seuls sont capables de façonner une chaîne assez solide pour résister à Fenrir. Allons les trouver sans plus tarder ! » Aussitôt un messager des dieux partit pour le pays des nains.

Comme les Géants, le peuple des nains avait dû céder la place aux dieux lors de l'avènement de ces derniers. Ces petits êtres laids et contrefaits avaient alors choisi de vivre sous terre. Passés maîtres dans l'art de forger les métaux, ils travaillaient sans répit. Dans leurs ateliers où régnait une intense activité, ils avaient créé des armes magiques pour les dieux et ciselé de magnifiques bijoux pour les déesses.

Cette fois encore, ils acceptèrent de rendre service aux habitants de l'Asgard. Ayant renvoyé le messager, ils se mirent au travail dans le plus grand secret...

Le maître des forgerons vint en personne livrer le mystérieux ouvrage. C'était un vieux nain à la peau tannée par la chaleur des forges. Les yeux pétillants de malice, il tira d'une besace un long ruban doux comme la soie et léger comme l'air.

« Voici une chaîne impossible à rompre ! annonça-t-il aux dieux incrédules. Vous pouvez essayer ! »

Perplexes, les dieux firent passer de main en main la longue écharpe soyeuse ; ils la tiraillèrent en tous sens, d'abord doucement tant elle semblait fragile, puis de plus en plus violemment. Lorsqu'elle eut résisté même à la force prodigieuse de Thor, qui banda en vain tous ses muscles pour la déchirer, ils furent enfin convaincus de sa solidité. Curieux, ils demandèrent au nain le secret de ce prodige :

« Ce lien est composé à partir de six éléments assemblés selon une recette magique, répondit le forgeron. Ce sont : le miaulement du chat, la barbe de la femme, les racines de la montagne, les tendons de l'ours, le souffle du poisson et la salive de l'oiseau. »

Satisfaits, les dieux remercièrent le nain et donnèrent rendez-vous à Fenrir dans l'île déserte d'Armwartner, qui dépendait du domaine d'Odin.

Le loup Fenrir

Le sacrifice de Tyr

DEPUIS quelque temps, le grand loup était méfiant : les dieux s'intéressaient beaucoup trop à lui et cela ne lui disait rien qui vaille.

Quand il les vit arriver pour la troisième fois au grand complet, Fenrir se tint sur ses gardes ; il fit semblant de dormir, mais coula de biais son regard perçant en direction des visiteurs. Les dieux avaient-ils surpris ses projets contre l'Asgard ? Fenrir redoutait surtout Odin, qui avait le pouvoir de lire dans l'avenir. Le loup savait qu'il devrait attaquer par surprise, mais il n'avait pas encore trouvé le moyen de tromper la vigilance d'Heimdall, le dieu de la lumière, placé jour et nuit en sentinelle au pied de l'arc-en-ciel menant au domaine sacré.

Fenrir ne remarqua rien d'anormal sur le visage des dieux ; ils approchaient en bavardant gaiement, et lorsqu'ils furent près de lui, le loup fit semblant de se réveiller, puis ouvrit sa gueule en un immense bâillement qui découvrit ses mâchoires armées de crocs acérés.

« Bonjour, Fenrir ! dit Odin. Veux-tu jouer avec nous ? »

« Gare ! pensa le loup. Que me veulent-ils encore ? » Il répondit d'un ton bougon : « Voyons donc ! »

« Regarde ce ruban, continua le dieu. Chacun d'entre nous a essayé en vain de le rompre ; même Thor malgré ses muscles puissants a échoué ! Parmi nous, certains prétendent que tu ne ferais pas mieux. Les autres au contraire affirment que toi seul es assez fort pour le déchirer. Veux-tu nous départager ? »

Le loup géant frémit de colère ; son regard flamboyant se fit plus cruel, un grondement rauque monta de ses entrailles. « C'est un piège ! » se dit-il, mais il ne pouvait pas refuser ce défi lancé par les dieux, ses ennemis, à moins de passer pour un lâche. Il réfléchit rapidement puis répondit en s'efforçant de reprendre son calme :

« C'est entendu, j'accepte de tenter l'épreuve, mais à une condition : que l'un de vous, pendant que je serai attaché, place une main entre mes mâchoires. »

Fenrir se tut et observa avec intérêt la réaction des dieux. Il lui sembla qu'Odin baissait imperceptiblement la tête pour mieux cacher son regard borgne sous le grand chapeau qu'il portait toujours. Thor faillit s'étouffer de rage et crispa les poings sur son marteau sacré. Frig pâlit tandis que Freyda, l'épouse d'Odin, tortillait nerveusement ses lourds colliers d'or. Seul Balder était resté impassible.

Le grand loup triompha : il avait vu juste, les dieux avaient voulu lui tendre un piège, et maintenant ils reculaient, avouant ainsi leur impuissance. Content de lui, Fenrir se redressa, pour mieux écraser ses adversaires de sa taille gigantesque.

C'est alors que l'un d'eux s'avança : Tyr, un dieu guerrier vénéré sur les champs de bataille pour sa bravoure, mais aussi pour sa droiture et sa grande sagesse. Modestement, il était resté à l'écart, si bien que Fenrir ne l'avait pas remarqué.

Aussitôt qu'il aperçut Tyr, le loup fut saisi d'un sombre pressentiment qu'il essaya de chasser : « Je ne crains rien, se disait-il, aucun de ces dieux n'a suffisamment de courage pour sacrifier une main. » Cependant Tyr, sans un seul mot, sans le moindre tremblement, avait tendu le bras droit et placé sa main devant la gueule du monstre. Fenrir ne pouvait plus reculer : il ouvrit les mâchoires...

Tout se passa très vite. En un clin d'œil, le loup fut immobilisé par des mains puissantes, puis ligoté à l'aide du ruban magique. Ensuite les dieux s'écartèrent prudemment, excepté Tyr qui tenait à respecter le marché conclu avec Fenrir.

Le loup tenta de remuer. Il gonfla son poitrail pour rompre le lien : en vain. Ses pattes puissantes ne réussirent pas mieux à briser le ruban. Écumant de rage, il lançait des regards féroces en direction des dieux qui riaient sans retenue, en se montrant du doigt leur ennemi enfin maîtrisé. Tous se moquaient de lui. Tous ? Non : à son côté, calme et digne, se tenait Tyr. Fenrir serra lentement les mâchoires, sans que le dieu fasse un seul geste pour retirer sa main ; puis, d'un seul coup, il referma la gueule, et de ses crocs aiguisés lui trancha net le poignet.

Le grand loup avait perdu la partie. Les dieux, soulagés, félicitaient leur blessé : le sacrifice de Tyr avait racheté la malhonnêteté du mauvais tour joué à Fenrir. Enchaîné sur l'île, le loup géant hurlait. Alors, avant de l'abandonner, l'un des dieux revint sur ses pas et coinça son épée entre les deux mâchoires de l'animal pour l'empêcher de crier sa rage.

Le dieu Tyr aux prises avec Fenrir, le loup géant.

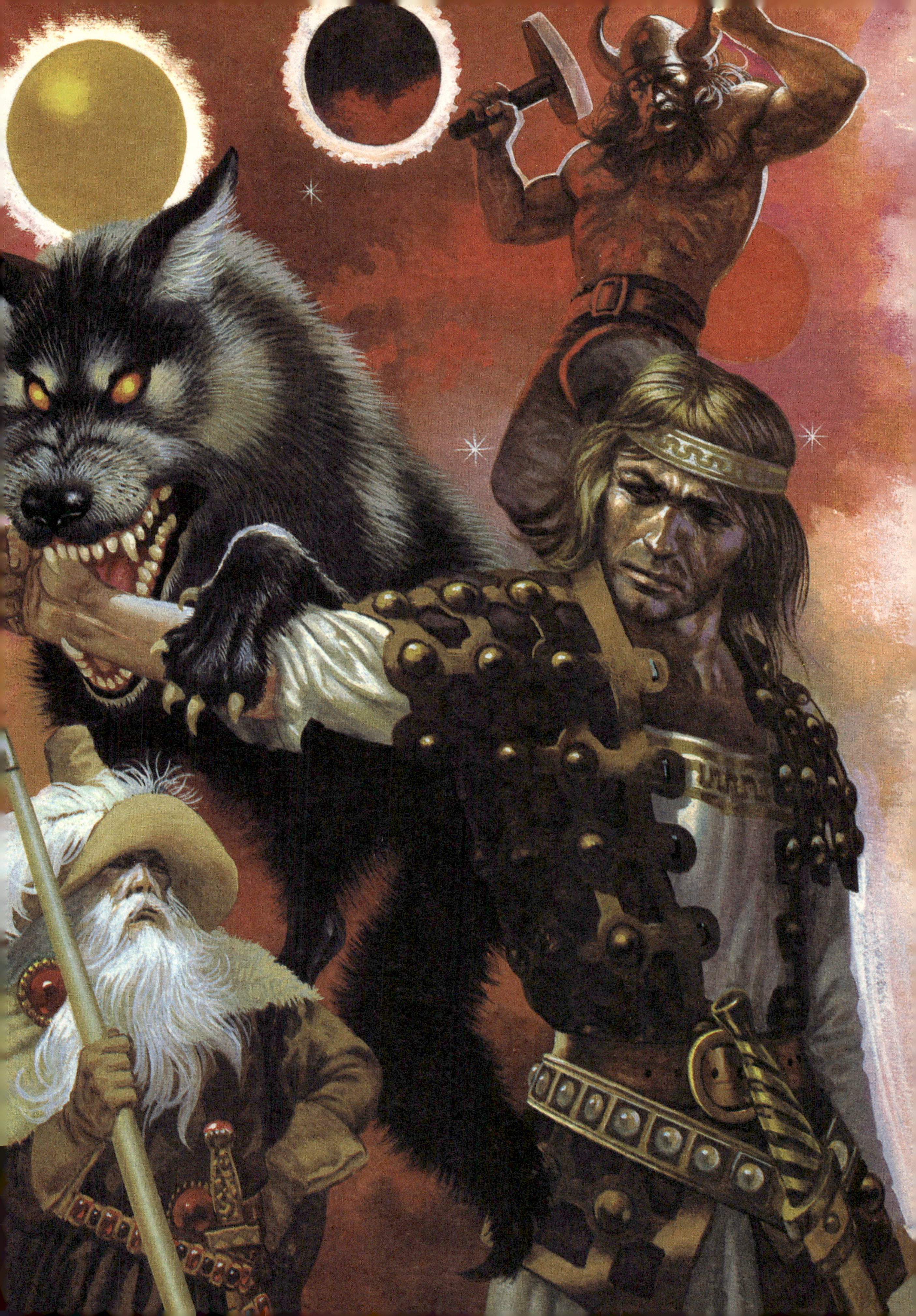

Le loup Fenrir

Le crépuscule des dieux

DEPUIS quelque temps le domaine des dieux était cerné d'épaisses nuées, menaçantes et glaciales. Partout régnaient le froid et les ténèbres, car les deux loups nés de Fenrir, qui poursuivaient sans répit la lune et le soleil, avaient réussi à dévorer les astres de lumière. Des rafales de vent arrachaient les arbres, soulevaient les flots, et le vacarme de la tempête montait jusqu'à l'Asgard.

Odin avait reconnu les signes avant-coureurs de la terrible bataille qui opposerait bientôt les dieux aux Géants ; ceux-ci étaient enfin prêts à l'attaque, après avoir sombrement ruminé leur vengeance depuis la nuit des temps...

Ayant remplacé son grand chapeau par un casque de guerre, Odin empoigna Gunjir, sa lance magique, et fit venir près de lui sa garde personnelle. C'était une armée redoutable dont les guerriers, surnommés les Fous Furieux, s'entraînaient nuit et jour au combat. Ils répondirent à l'appel d'Odin, impatients de combattre, rendus plus menaçants encore par les peaux de loups ou d'ours qu'ils avaient agrafées sur leurs épaules.

Puis Odin convoqua tous les dieux de l'Asgard dans son palais du Walhall, pour faire avec eux le point sur la situation :

« L'heure du grand combat est proche, annonça-t-il à ses compagnons. Fenrir le loup a réussi à se détacher, de même que le génie du feu Loki, son père, que nous avions pourtant soigneusement ligoté pour l'empêcher de nuire par ses mauvais tours. Tous deux ont pris la tête de l'armée des Géants venus des pays du Givre. Garm, le chien des Enfers, s'est également détaché, et je sais qu'un vaisseau transportant des fantômes de guerriers fait voile vers nos contrées depuis le royaume des morts. Tenez-vous prêts au combat.

car nous allons devoir les affronter tous ensemble ! »

En prononçant ces derniers mots, Odin se tourna vers son fils Thor qui, à plusieurs reprises par le passé, avait déjà tenté d'éliminer les Géants les uns après les autres. Malgré sa témérité, il n'avait pas réussi à pêcher le serpent du Misgard, mais jusqu'alors son terrible marteau avait tenu en respect les démons maléfiques...

Les dieux vécurent donc dans l'attente de l'affrontement. Le ciel comme la terre étaient livrés à la violence des éléments : des tourbillons de neige balayaient l'atmosphère, le sol se fendait, des montagnes s'écroulaient, chassant les nains forgerons de leur domaine souterrain.

Un jour enfin, le coq à crête d'or, qui vivait perché sur un des murs d'enceinte du Walhall, jeta un cri perçant ; un autre coq lui répondit depuis le royaume des morts. Tous deux ne devaient chanter qu'une fois, pour annoncer l'imminence du combat. Au même instant, le dieu Heimdall sonna l'alarme. L'heure était venue...

Alors les dieux se mirent en marche vers le champ de bataille, non loin du Walhall. En tête venait Odin, le maître des dieux, qui connaissait l'issue du combat.

L'ultime combat entre dieux et Géants se prépare...

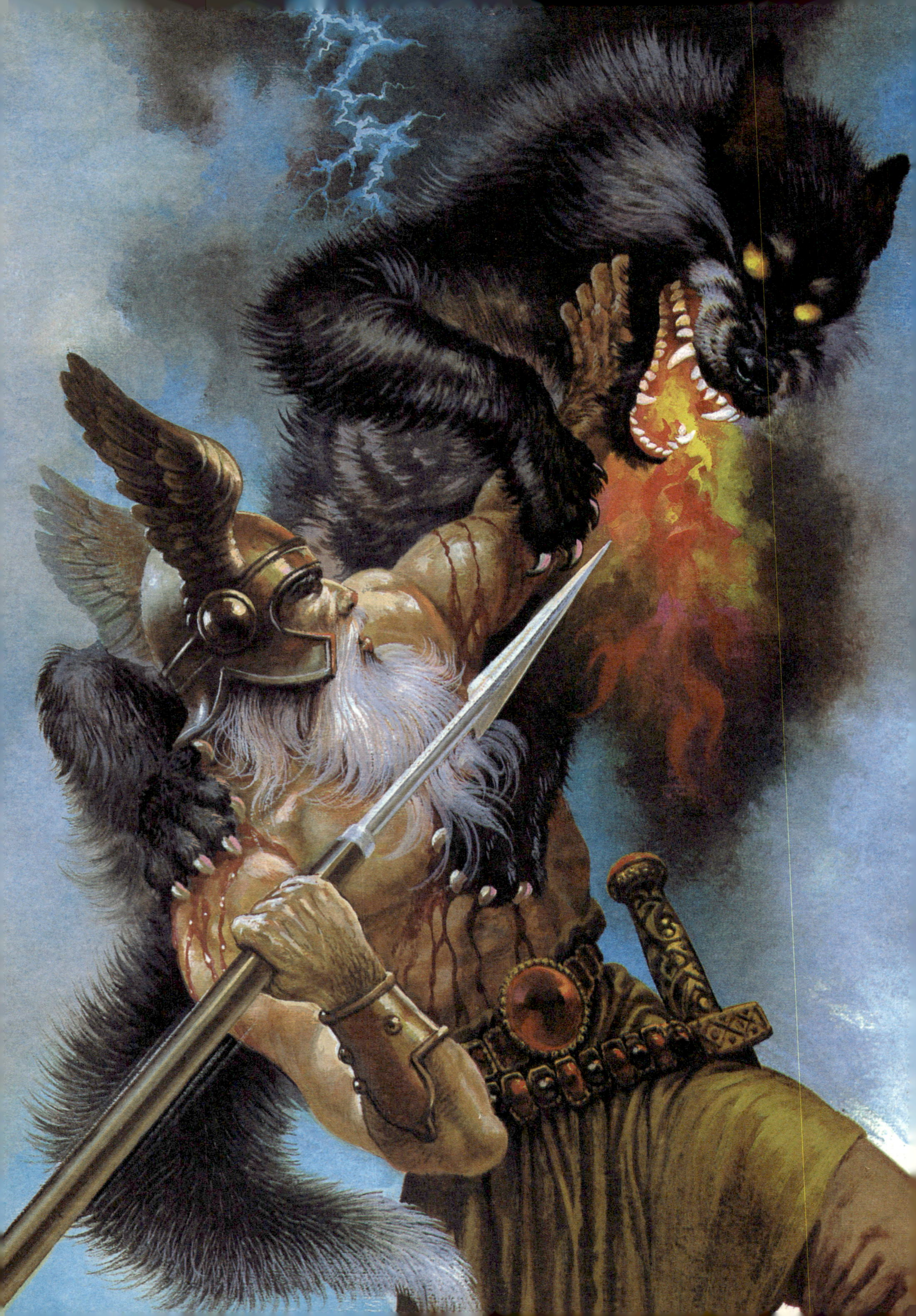

Le loup Fenrir

Le face à face

ÉMERGEANT de la brume épaisse, une forme sinistre grossit, venant de l'Ouest : c'était *Naglfar*, le navire de l'enfer, construit avec les ongles des morts. Entre les vagues échevelées qui roulaient sur la mer, on distinguait la gueule monstrueuse du dragon qui lui tenait lieu de figure de proue. A la barre de ce vaisseau chargé de fantômes se dressait le géant Hrymr, élevant en geste de défi son bouclier étincelant. Il se riait de la tempête déclenchée par le serpent du Misgard qui tordait de fureur son corps gigantesque et fouettait les vagues de sa queue. Il soufflait tant de venin que l'air et la mer en étaient empestés. Il aborda la terre, provoquant un puissant raz de marée qui détruisit tout sur son passage. Le vacarme était effroyable...

Sur la vaste plaine carrée de mille lieues de côté où devaient s'affronter les deux camps, l'air résonnerait bientôt des rugissements de haine et du fracas des armes. Déjà, sous les éléments déchaînés par la colère des Géants, le paysage offrait une vision de fin du monde.

Soudain, au sud, un éclair aveuglant zébra le ciel qui se fendit, tandis que les Géants du feu surgissaient au galop sur leurs chevaux couverts d'écume. Sutr, leur chef, caracolait en tête, brandissant une épée plus étincelante que le soleil. Sous les sabots de son cheval naissaient des flammes et dans son sillage la terre se déchirait en de violents craquements. A toute allure, les Géants du feu lancèrent leurs coursiers à l'assaut de l'Asgard : à peine avaient-ils franchi l'arc-en-ciel qui reliait le domaine des dieux à la Terre que celui-ci s'enflamma puis s'effondra dans une gerbe d'étincelles.

A présent, dieux et Géants étaient face à face et, sans perdre un instant, ils se jetèrent les uns contre les autres. Entouré de ses guerriers, Odin chercha son ennemi personnel : le loup Fenrir ! Selon les prophéties, il devait se battre contre lui. Le voici, ce fauve dévorant, qui bondit la gueule béante, soufflant devant lui une haleine brûlante : il crachait des flammes par les yeux et les narines, et lança un long hurlement menaçant. Jamais un loup n'avait semblé aussi redoutable !

Sans l'ombre d'un tremblement, Odin se précipita sur la bête géante qui l'engloutit aussitôt entre ses mâchoires, sans lui laisser le temps de combattre. Il était dit que le maître des dieux périrait par Fenrir, et la prophétie s'était réalisée. Pourtant le combat n'était pas terminé...

Fenrir n'eut pas le temps de refermer la gueule que déjà Vidar, l'un des fils d'Odin, lui clouait la mâchoire au sol d'un violent coup de pied ; puis il enfonça dans la gueule du loup une épée si longue qu'elle lui transperça le cœur.

Ce farouche affrontement ne prit fin que beaucoup plus tard, lorsque tous les dieux et tous les géants se furent entre-tués. Sur la Terre devenue inhabitable, les hommes disparurent à leur tour, anéantis par des incendies, des tremblements de terre et des raz de marée qui dévastèrent tout sur leur passage. Une pluie d'étoiles tomba du ciel, et la Terre finit par sombrer dans les flots.

Des dieux mortels

Les dieux scandinaves ne sont pas éternels et leur règne est perpétuellement menacé depuis qu'ils ont évincé les Géants, premières créatures vivantes nées du néant. Le jour de l'ultime affrontement, annoncé par les prophéties, ils perdront leur immortalité et leur règne prendra fin : ce sera l'heure du « Crépuscule des dieux », qui coïncidera avec la fin du monde. Les dieux et les Géants s'entre-tueront, entraînant la Terre et le Ciel dans leur chute. Bien qu'ils connaissent l'issue de ce fatal combat, les dieux s'y préparent activement : au Walhall, Odin a réuni les meilleurs des vikings morts sur les champs de batailles terrestres, leur offrant une seconde vie tout entière consacrée à la guerre.

Après le « Crépuscule des dieux » aura lieu la naissance d'un monde nouveau, gouverné par de nouveaux dieux, plus sages et moins violents que les premiers.

Odin contre Fenrir :
la prophétie se réalise.

Le loup et l

1 La société des loups

Pour les montagnards de Géorgie, la société des loups était une réplique de celles des hommes. Comme les abeilles, ils étaient protégés par Givargi, le saint Georges de la Montagne, et erraient librement dans la nature. Ils n'étaient pas considérés comme des animaux sauvages : les chasseurs qui tuaient un loup portaient le deuil comme s'ils avaient tué un homme.

2 Les gardiens du Walhall

Quand Odin trônait dans son palais du Walhall, deux grands loups étaient couchés à ses pieds : c'étaient Geri Entrailles Gloutonnes et Freki Engouffre et Dévore, qui happaient à grandes gueules les restes des festins lancés par le dieu. A l'extérieur, sur le mur d'enceinte du palais, une tête de loup montait la garde au-dessus de l'entrée principale.

3 Les fils du loup gris

Bien qu'ennemis héréditaires, Turcs et Mongols se disaient également descendants de la race des loups. Un jeune guerrier turc, seul survivant de son peuple après l'invasion des Mongols, aurait été recueilli par une louve et conduit par elle dans une sorte de Paradis terrestre caché entre des montagnes. De leur union serait né un nouveau peuple qui, guidé par un grand loup gris, aurait émigré vers les terres qui forment aujourd'hui la Turquie. L'empereur mongol Gengis Khan se vantait également d'être le fils d'un loup.

4 Le loup céleste

En Chine, lors des éclipses, on croyait qu'un gigantesque loup céleste dévorait le soleil. On battait alors du tambour et on tirait des flèches vers l'astre en danger pour éloigner la bête monstrueuse. En Europe, le loup est plutôt considéré comme un animal nocturne et associé à la lune.

ythologie

5 Le mythe de Lycaon

Lycaon, premier roi légendaire d'Arcadie, vivait avec ses fils dans la plus totale impiété. Lors d'un banquet, il servit à Zeus (qu'il n'avait pas reconnu) les membres d'un enfant : indigné, le dieu foudroya tout le palais de Lycaon et changea celui-ci en loup. Puis, révolté par le comportement de l'ensemble des hommes, il les punit en provoquant le déluge.

6 Oupouaout le dieu-loup

Les habitants d'Assiout, ville de l'ancienne Égypte, honoraient un dieu-loup, Oupouaout, dont le nom signifie « celui qui ouvre le chemin ». C'était une divinité guerrière qui avait conduit à la victoire les souverains de la Haute-Égypte. Depuis, lors des fêtes religieuses et des cérémonies royales, son effigie était portée sur un pavois en tête des cortèges. Plus tard, les Grecs installés en Égypte donnèrent à Assiout le nom de Lycopolis, « la ville du loup ».

7 Le loup est-il un bon chrétien ?

Des paysans de l'Yonne racontent que le loup a été créé par Jésus pour défendre le jardin de sa mère menacé par les chèvres. Pourtant, dans la plupart des légendes chrétiennes, le loup est au contraire un animal malfaisant, symbole du démon qui s'attaque aux créatures de Dieu et qu'il faut convertir : comme François d'Assise, plusieurs saints ont réussi à rendre un loup aussi doux qu'un agneau. En Bretagne, l'aveugle saint Hervé a obligé le loup qui avait dévoré son chien à lui servir de guide. L'âne de l'abbaye de Jumièges, en Normandie, ayant été également tué par un loup, Sainte Austreberthe condamna le fauve à porter le linge au lavoir : comme un simple herbivore !

8 Le loup, heureux présage

Voir un loup était considéré par les Romains comme un heureux présage : en effet, cet animal était consacré au dieu Mars, protecteur de Rome et dieu de la guerre. Ainsi les Romains attribuaient-ils la victoire de Sentinium, en Ombrie, remportée en 195 avant J.-C. sur les Gaulois, à la présence d'un loup envoyé par Mars dans les rangs ennemis.

Le loup de Gubbio

LES HABITANTS de Gubbio n'osaient plus sortir de leur ville. Le soir venu, ils se terraient dans leurs demeures, et peureusement cachés au fond de leur lit, ils attendaient que l'aube dissipe enfin leurs cauchemars. Quand le soleil était haut sur l'horizon, ils se risquaient à sortir dans les ruelles qui grimpaient au flanc du mont Igino ; aussitôt des attroupements se formaient, et un même sujet alimentait toutes les conversations : les derniers ravages du loup de Gubbio.

Depuis quelque temps, en effet, un loup semait la terreur dans la campagne avoisinante. D'une taille au-dessus de la normale, il avait commis tant de sanglants méfaits que personne n'osait plus aller travailler dans les champs. Les récoltes pourrissaient sur pied, les bêtes étaient condamnées à l'étable ou à la bergerie, et cette contrée si riante habituellement prenait un air de désolation qui s'aggravait de jour en jour. La situation de Gubbio commençait à évoquer celle d'un siège : les habitants, retranchés derrière les murailles de la ville et coupés du monde extérieur, craignaient de manquer bientôt de nourriture. Les expéditions lancées contre ce loup monstrueux s'étaient toutes soldées par un échec, si bien que les hommes avaient fini par perdre courage et que les femmes s'étaient mises à prier Dieu pour qu'il les délivrât de ce fléau.

Or, non loin de Gubbio, à Assise, vivait un homme qui depuis sa plus tendre enfance charmait ses amis et désarmait ses ennemis par sa seule gentillesse et son sourire. Il s'était mis au service du Christ, et employait tout son zèle à redonner aux plus affligés l'espoir et la joie de vivre. La sinistre réputation du loup de Gubbio étant parvenue jusqu'à lui, il décida qu'il était de son devoir de délivrer les habitants de cette région d'une peur qui les rendait si malheureux. Cet homme s'appelait François Bernardone, mais chacun le connaissait sous le nom de Frère François.

François, en compagnie d'un autre frère, prit donc le chemin de Gubbio ; ils étaient pieds nus et vêtus de la pauvre robe de drap grossier qu'ils portaient habituellement. Ils parvinrent à Gubbio sans avoir rencontré le loup, bien que François eût chanté tout au long de la route des cantiques à la gloire du Créateur de la Nature. François fut accueilli chaleureusement par les habitants de la ville, qui se demandaient toutefois comment, à moins d'un miracle, cet homme d'apparence chétive pourrait les délivrer du fauve. Aussi quand François voulut ressortir de Gubbio, sans armes, avec la seule compagnie de l'autre frère, qui tremblait bien un peu, furent-ils persuadés qu'ils avaient affaire à un fou ! Mais François ne voulut pas en démordre, et il leur fallut ouvrir la porte de la ville pour les laisser partir à la rencontre du loup, qu'ils étaient déterminés à dénicher de sa tanière s'il le fallait. En voyant les deux fragiles silhouettes disparaître dans la campagne, les femmes de Gubbio tombèrent à genoux et prièrent pour le salut de ces deux âmes charitables.

Ayant de nouveau entonné un chant à la gloire du Seigneur, François prit la direction d'une forêt que l'on disait être le repaire du loup. Bientôt distancé, son compagnon transi de peur récitait prière après prière sans oser reprendre son souffle. Soudain un long hurlement se fit entendre : rendu muet par la terreur, le pauvre frère courut se cacher derrière un rocher tandis que François se dirigeait sans une hésitation vers le lieu d'où provenait l'appel du fauve...

Il était là, campé au milieu du chemin, babines retroussées, prêt à bondir sur sa proie. Cependant l'allure de celle-ci le déconcerta : l'homme, qui n'était pas armé, ne prenait pas la fuite et continuait au contraire à s'approcher. La bête sanguinaire eut un moment d'hésitation que François mit à profit pour l'interpeller :

« Frère Loup, tu désobéis à notre Seigneur en tuant sans sa permission ceux qu'il a créés. Au nom du Christ, je te commande de ne plus jamais faire de mal, ni à moi ni à personne. »

Qu'allait faire le loup ? François aimait toutes les créatures de la Terre, et souvent s'adressait aux oiseaux ses amis. Ces simples paroles apaiseraient-elles le fauve cruel ?

Une quinzaine de pas séparaient encore l'homme de la bête. Celle-ci se mit en marche vers François, qui ne bougeait pas plus qu'une statue. Et le miracle se produisit : le loup redoutable vint s'asseoir aux pieds du frère et lui tendit une patte en signe de soumission.

Quand les habitants de Gubbio virent les deux frères revenir en compagnie du loup, qui les suivait aussi docilement qu'un chien, ils n'en crurent pas leurs yeux. Et encore moins leurs oreilles quand François leur demanda de nourrir désormais cet animal qui ne leur ferait plus jamais aucun mal. Il réussit néanmoins à persuader tout le monde, et c'est ainsi que le redoutable loup de Gubbio finit tranquillement ses jours dans la petite ville, allant de porte en porte réclamer sa pitance quotidienne.

*La ville de Gubbio
compte un habitant de plus !*

Le pacte diabolique

CHAQUE jour, le chantier de construction de la cathédrale d'Aix-la-Chapelle attirait un grand nombre de curieux. Les conversations allaient bon train ; on commentait avec admiration le travail des charpentiers, des tailleurs de pierre ou des sculpteurs. De jeunes apprentis essayaient de percer les secrets des vieux compagnons. Régulièrement les échevins, élus du conseil municipal, venaient en délégation surveiller l'avancée des travaux.

Ce chantier était ouvert depuis plusieurs années, car une cathédrale ne se construit pas en un jour ! Pour Aix, on l'avait voulue très belle, car personne n'oubliait que la ville avait été choisie par Charlemagne comme capitale de son empire. Aussi avait-on recruté les meilleurs des artisans, sans regarder à la dépense. Hélas ! les mois et les années passaient, et la municipalité devait faire face à d'autres frais. Les échevins continuaient à visiter le chantier, mais leur mine se faisait sombre et ils ne parvenaient plus à dissimuler leur inquiétude : bientôt ils ne pourraient plus payer !

A cette époque, un riche voyageur fit étape dans la ville et prit pension dans l'auberge la plus confortable et la plus chère. Son arrivée ne passa pas inaperçue : caracolant sur un cheval noir, l'étranger était suivi d'un écuyer également de noir vêtu, qui parlait une langue bizarre que personne ne put identifier. Le maître, lui, sans l'ombre d'un accent, demanda qu'on lui servît les mets les plus rares et qu'on lui donnât la chambre la plus vaste. Les aubergistes, payés avec largesse, s'empressèrent à son service.

Comme tous les voyageurs, cet étranger ne manqua pas de visiter le chantier de la cathédrale et il s'intéressa au moindre détail du futur édifice : il parla avec les artisans comme s'il était du métier, se fit montrer les plans, puis, énigmatique, repartit vers son auberge sans faire le moindre commentaire. Bientôt l'homme devint le sujet de conversation de tous les habitants fascinés par sa richesse. N'avait-il pas déclaré à l'aubergiste, le lendemain de sa visite au chantier, que la cathédrale serait « le plus beau monument du monde » ? « Comme les habitants d'Aix devaient être fiers ! » répétait-il, depuis, à chaque instant. Bref, personne dans la ville ne doutait plus que la cathédrale fût indispensable à son bonheur.

Pourtant, faute d'argent, les échevins annoncèrent qu'on devait fermer le chantier. La nouvelle provoqua la consternation parmi les habitants. Mais comment faire ? La ville était trop endettée pour continuer. Un matin le voyageur demanda à être reçu à l'hôtel de ville et, devant les échevins ébahis, il proposa tout l'argent nécessaire à l'achèvement de la construction. Une somme fabuleuse !

« Nous ne pourrons jamais vous rembourser ! » répondirent les élus ; mais dans leurs yeux brillait un fol espoir.

« Il ne sera pas question de remboursement, répliqua l'étranger d'un ton glacial. En échange, je ne vous demande qu'une toute petite chose, vraiment insignifiante : accordez-moi l'âme du premier fidèle qui entrera dans la cathédrale. Vous voyez, ce n'est rien ! »

Les échevins avaient pâli de terreur : cet inconnu était le Diable ! Tout s'expliquait : son cheval noir, son écuyer inquiétant, ses richesses sans fin ! Avant qu'il ne soit trop tard, il fallait le chasser de la ville.

Hélas, le Diable avait semé l'envie dans le cœur des habitants et la majorité fut d'avis d'accepter le marché : après tout, une âme, c'était peu de chose. Chacun s'arrangerait pour que ce ne fût pas la sienne !

Et grâce à l'argent diabolique, la construction reprit de plus belle ! Pendant ce temps, le Diable avait quitté la ville, et on l'avait même oublié...

Ou plutôt on faisait semblant d'avoir oublié car, le jour tant attendu de la consécration de la cathédrale, aucun fidèle ne voulut franchir le seuil ! La foule s'était rassemblée sur le parvis, immobile. « Ce sont les échevins qui ont signé le pacte, murmurait-on, qu'un d'eux donne donc son âme au Diable ! » On les regardait avec colère. Soudain, un homme fendit la foule : il était chargé d'un gros sac de toile d'où sortaient des grognements rauques. Sans hésiter, il se dirigea vers l'entrée de l'édifice. « Un fou ! ou un saint ! » s'écria-t-on avec soulagement. Parvenu au portail, l'homme l'entrebâilla légèrement, puis, posant son sac à terre, il le glissa entre les deux portes : alors donnant un violent coup de pied dans son ballot, il s'exclama : « Voilà pour le Diable ! » Du parvis, on eut seulement le temps de voir une queue touffue disparaître dans l'obscurité de la nef. La foule hurla sa joie.

Sous la voûte élancée de la cathédrale, un loup avançait en tremblant, prisonnier de cette forêt de pierre. Lâches, les hommes avaient offert au Diable l'âme de leur pire ennemi !

Pris au piège !

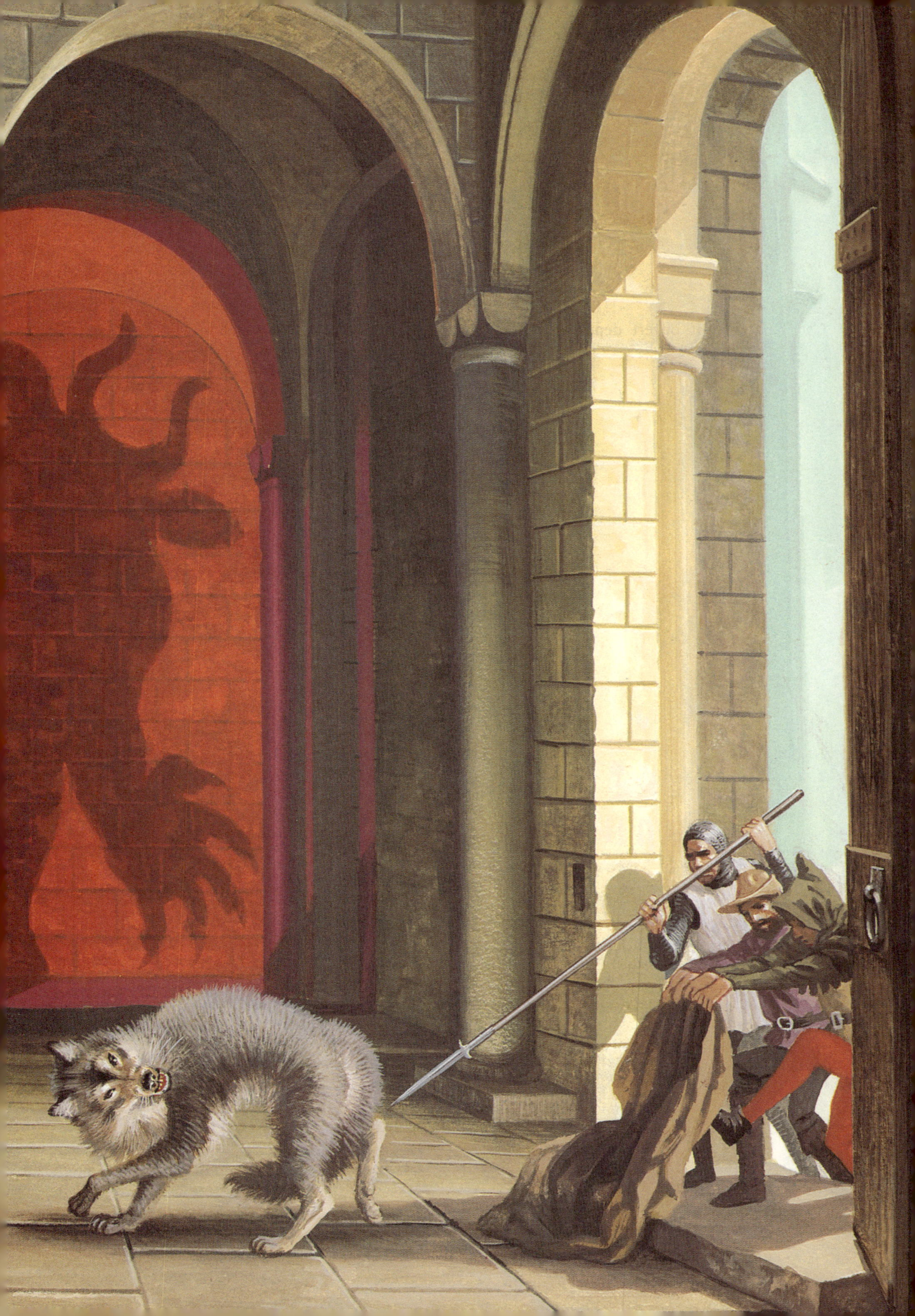

Le lai du Bisclaveret

CHACUN dans la région enviait le sort de la jeune châtelaine : issue d'une illustre famille, elle venait d'épouser un chevalier courtois, généreux et aimé de tous, y compris du roi. Pourtant elle n'était pas vraiment heureuse car, chaque semaine, son mari sombrait dans une profonde mélancolie avant de disparaître pendant trois jours entiers. On ne savait ni ce qu'il devenait alors ni où il se rendait. On constatait seulement qu'à son retour, il était d'humeur joyeuse, comme s'il était libéré d'un grand souci.

De semaine en semaine, la dame devenait plus inquiète. Un jour elle osa enfin demander au chevalier une explication à cette étrange conduite :

« Sire, lui dit-elle en tremblant, si vous m'aimez, délivrez-moi d'un souci qui me fera peut-être mourir de chagrin : révélez-moi le secret de vos disparitions ! »

Ce secret devait être bien terrible, car le chevalier regarda tristement son épouse et refusa de répondre. Cela ne fit qu'augmenter la curiosité et l'angoisse de la dame, qui revint plusieurs fois sur le sujet, si bien que le chevalier, tremblant d'émotion, finit par lui dévoiler son secret :

« Madame, lui demanda-t-il, savez-vous ce qu'on nomme « bisclaveret » ? Non ? Eh bien, dans notre pays de Bretagne, c'est le nom donné au loup-garou. Et sachez que je deviens chaque semaine bisclaveret ! Je suis alors obligé de me cacher dans la forêt voisine et d'y vivre comme un animal sauvage ! »

La jeune femme comprit que son mari était victime d'une épouvantable malédiction. Elle le pressa de questions pour connaître toute la vérité sur cette étrange métamorphose, mais il refusa de révéler l'endroit où il cachait ses vêtements dans la forêt :

« Si jamais je ne les retrouvais pas, je serais condamné à rester bisclaveret toute ma vie ! » expliqua-t-il. Mais devant l'insistance de son épouse, qui l'accusait de ne pas avoir confiance en elle, le chevalier céda une fois encore :

« Je les dépose sous une grande pierre creuse qui se trouve près de la vieille chapelle, dans la forêt, à la croisée des chemins. »

Le chevalier était content d'avoir libéré son cœur de ce lourd secret, mais hélas, il avait perdu l'amour de sa dame ! Morte de peur, celle-ci n'eut plus qu'une idée en tête : le quitter au plus vite.

Quelques semaines plus tard, le chevalier, ayant disparu, ne revint pas au bout des trois jours rituels. Valets et soldats fouillèrent en vain les environs, puis abandonnèrent les recherches. Le temps passa et, avec un profond chagrin, on admit la mort du baron. La dame se remaria avec un chevalier qui l'aimait depuis longtemps.

Un jour, le roi décida de chasser dans la forêt. A peine les valets eurent-ils découplé les chiens que ceux-ci rencontrèrent un énorme loup et se lancèrent à sa poursuite. A la fin de la journée, épuisée, la bête se vit perdue : faisant alors volte-face, elle s'approcha du roi et vint lui lécher la jambe.

« Regardez cette merveille, dit le roi à sa suite. Comme un homme, cette bête demande grâce ! Je la lui accorde : ne la frappez pas et rappelez les chiens ! »

Puis il s'éloigna ; mais le loup le suivit, se tenant le plus près possible de son cheval, comme s'il se mettait définitivement sous la protection du roi. Alors celui-ci adopta l'animal ; il le confia à la garde de ses valets et, la nuit, le fit coucher dans sa propre chambre.

Peu à peu, les habitants du château s'accoutumèrent à la présence du loup, qui jamais ne se montrait agressif. Pourtant, un jour, il sembla retrouver ses cruels instincts. Le roi, voulant tenir cour pleinière, avait invité au château tous ses barons : brusquement le loup sauta sur l'un d'eux et le mordit cruellement, au grand étonnement des assistants. On aurait vite oublié cet accident si, peu après, le loup n'avait recommencé, défigurant cette fois une dame à laquelle il arracha le nez. Alors un conseiller dit au roi :

« Sire, jamais cet animal n'a montré une telle férocité. Or la dame qu'il vient d'attaquer si sauvagement est l'épouse du chevalier qui vous était si cher et qui a mystérieusement disparu il y a un an ; le baron qu'il a mordu l'autre jour est le second mari de cette femme. Le loup doit avoir une bonne raison de leur en vouloir. Faites conduire cette dame en prison et demandez-lui des explications ! » La dame ne tarda guère à avouer : pour se débarrasser de son mari, elle avait chargé le chevalier qui la courtisait de dérober les vêtements que le malheureux cachait sous la pierre creuse. Alors, condamné à rester éternellement bisclaveret, celui-ci s'était dissimulé dans la forêt.

Persuadé que le loup n'était autre que son ami le chevalier, le roi lui fit présenter les vêtements qu'il avait récupérés, mais l'animal n'y prêta pas attention, à la grande déception de tous.

« Conduisez-le dans une chambre écartée, proposa le conseiller, et laissez-le seul quelques instants, les vêtements près de lui. »

On fit ainsi et quand, un peu plus tard, le roi ouvrit la porte, il découvrit le chevalier... endormi sur son lit ! Quant à la perfide épouse, elle fut chassée du pays et toutes ses filles naquirent sans nez !

Le loup de Malzeville

JEANNE ne s'était jamais sentie aussi triste. Depuis son lever, elle errait dans le palais ducal de Nancy, cherchant désespérément une occupation qui pût la distraire ; elle avait délaissé son ouvrage de tapisserie et son instrument de musique préféré, une épinette. Les bavardages de sa servante Perrine, qui l'amusaient le plus souvent, l'avaient aujourd'hui énervée.

« Que se passe-t-il, demoiselle Jeanne ? s'inquiéta la brave femme. Vous voilà aussi triste que la plaine en hiver ! Pourtant vous avez seize ans, vous êtes jolie ; votre oncle, notre bon duc René, tient à vous comme à la prunelle de ses yeux. C'est aujourd'hui le premier jour du printemps : vous devriez être joyeuse, chanter comme un pinson...

— Tais-toi, sotte ! coupa la jeune fille. Je ne veux plus t'entendre ! »

Vexée, Perrine s'installa devant la cheminée, une corbeille à ouvrage sur les genoux, en maugréant entre ses dents. Jeanne de Vaudémont s'approcha d'une fenêtre, les yeux emplis de larmes. « Justement, pensait-elle, je suis jeune, je suis belle, c'est le printemps, et je suis ici, entre les murs de ma chambre, condamnée à contempler de loin la campagne ! Mon oncle craint pour moi tous les dangers, et m'interdit de sortir du palais. Je n'en peux plus !... Mais ce n'est pas une raison pour être méchante avec Perrine : allons l'embrasser ! »

Entre-temps la servante s'était profondément endormie sur son ouvrage. Alors, répondant à une impulsion subite, la jeune fille se glissa hors de la chambre et quitta sans être vue le palais ducal, puis sortit de Nancy, mêlée à la foule qui en franchissait les portes.

Après un long hiver, la campagne lorraine renaissait à la vie. Dans les champs, des paysans s'affairaient, s'interrompant pour regarder avec curiosité cette jeune fille richement vêtue qui se promenait sans escorte, le sourire aux lèvres. « C'est la demoiselle de Vaudémont ! » disaient-ils. Les plus hardis l'interpellèrent :

« Où allez-vous, demoiselle ? Prenez garde au loup qui rôde dans le bois de Malzeville ! »

Ce n'étaient pas des paroles en l'air, car les paysans de Lorraine avaient souvent affaire aux loups, qu'ils redoutaient autant que l'épidémie ou la guerre. Parfois, chassés des bois par la neige et le froid, les farouches animaux rôdaient près des villages ; certains se risquaient même jusque sous les murs de Nancy.

Pourtant Jeanne, qui avait oublié sa tristesse, continua sa promenade en fredonnant. Un tapis de primevères se nichait à l'orée du bois et les rayons de soleil jouaient entre les branches. Confiante, sans y prendre garde, Jeanne s'enfonçait au cœur de la forêt. Lorsque l'étroit sentier se perdit dans une végétation touffue, elle songea à rebrousser chemin, mais une ronce accrochée dans l'ourlet de sa jupe l'obligea à se baisser. C'est alors qu'elle entendit derrière elle un craquement, puis un deuxième, plus rapproché... Les mises en garde des paysans lui revinrent en mémoire : « Un loup ! » pensa-t-elle. Un frisson glacé lui parcourut la nuque, elle se retourna...

Ce n'était qu'un homme, mais loin de rassurer Jeanne, son aspect la paralysa de terreur : sale, hirsute, une épée à la main, un cruel sourire aux lèvres, il la dévisageait avec insolence :

« Jeanne de Vaudémont, je te tiens ! s'écria-t-il. Me reconnais-tu ? Je suis Armand de Dieulouard ! Enfin je peux me venger de ton oncle qui m'a banni : tu seras ma prisonnière. Il devra me verser une bonne rançon s'il veut te revoir ! » Éclatant d'un mauvais rire, il marcha vers Jeanne, muette d'effroi...

Soudain, elle vit son agresseur s'immobiliser, puis reculer, les yeux exorbités. D'un geste brusque, il croisa les avant-bras devant son visage... Une masse brune atterrit sur ses épaules, il perdit l'équilibre. A terre, un furieux combat s'engagea entre Armand de Dieulouard et ce défenseur inattendu en qui Jeanne reconnut... un loup ! Elle n'osait respirer. Terrassé par l'animal, l'homme se défendait de plus en plus faiblement. Quand il ne bougea plus, le loup l'abandonna puis se tourna vers la jeune fille. Alors Jeanne ferma les yeux et perdit conscience...

Un souffle tiède la réveilla. Une douce chaleur réchauffait son corps transi de froid et de peur. Elle ouvrit les yeux et eut un mouvement de recul : le loup, allongé près d'elle, la regardait, mais sans cruauté. Surmontant sa crainte, Jeanne tendit la main pour caresser l'épaisse fourrure.

Lorsque le duc René et ses hommes, alarmés par la disparition de Jeanne, la retrouvèrent enfin, elle était seule. Le loup s'était enfui aux premiers bruits de voix. Non loin, Armand de Dieulouard gisait sans vie, défiguré : depuis son bannissement, ce seigneur cruel vivait caché dans le bois de Malzeville, méditant sa vengeance.

Jamais Jeanne ne revit l'animal qui l'avait défendue, mais le duc René interdit la chasse au loup autour de Nancy, et on raconte qu'il fit élever dans le bois de Malzeville une chapelle que les gens du pays appelèrent « la Gueule le loup ».

Le loup protège Jeanne de son agresseur...

Marie-Vérité des Rogations

CE JOUR-LÀ, tous les habitants du village s'étaient réunis pour demander à Dieu de leur accorder des récoltes abondantes et d'épargner à leurs champs la sécheresse et la grêle. Sous la conduite de monsieur le curé, ils se préparaient à parcourir en procession le territoire de la paroisse pour faire bénir l'une après l'autre les parcelles ensemencées.

Très fière, Marie-Vérité marchait en tête du cortège. Elle avait neuf ans, et pour la première fois elle comprenait l'importance de cette procession des Rogations qui avait lieu chaque année à la fin du mois de mai. Revêtue de ses plus beaux vêtements, elle serrait contre son cœur la croix de fleurs qu'elle planterait tout à l'heure dans un des champs cultivés par ses parents. Cette croix, elle l'avait tressée elle-même, en y mettant tout son cœur, et elle avait choisi toute seule l'endroit où elle la déposerait afin qu'elle portât bonheur : là-bas, au bout du chemin, juste après le petit bois, où son père venait de défricher une minuscule parcelle pour l'ensemencer de blé. Comme il serait content si cette première récolte était réussie !

Marie-Vérité avait hâte d'arriver et trouvait que la procession avançait bien lentement. Il est vrai qu'il faisait chaud et que monsieur le curé, qui commençait à se faire vieux, accusait la fatigue. Derrière lui, ses paroissiens cheminaient tranquillement en bavardant, et les enfants en profitaient pour picorer au long des haies quelques baies sauvages.

Perdue dans ses pensées, Marie-Vérité marchait maintenant loin en avant du cortège. Elle s'engagea entre les arbres du petit bois et, surprise par la fraîcheur, serra sur ses épaules le joli châle de coton fleuri qu'elle portait pour la première fois. Puis elle s'assit sur une souche et attendit la procession.

De nouveau monsieur le curé avait donné le signal des prières, mais soudain le murmure qui rythmait la marche des villageois se transforma en un long hurlement : là, tout près, à quelques dizaines de mètres, un loup se glissait entre les arbres, traînant le corps d'une fillette. Alors on s'aperçut de la disparition de Marie-Vérité... Alors seulement on se souvint du loup qui depuis quelque temps s'attaquait sauvagement aux hommes dans la région...

De Marie-Vérité, on ne retrouva que la croix de fleurs et le châle tout neuf. Contre ce loup monstrueux, assez hardi pour enlever une fillette le jour même de la procession, la colère flamba dans les cœurs.

Les villageois allèrent trouver le marquis de Mailly qui leur donna l'autorisation d'organiser des battues. Lui-même, malgré son âge, prit le commandement de la chasse, et fit demander de l'aide dans les villages voisins. Jour et nuit, plus de trois mille paysans armés de faux, d'épieux ferrés ou de fourches traquèrent l'animal. Tous criaient vengeance !

Ce fut peine perdue. La bête monstrueuse, dont ils aperçurent pourtant à plusieurs reprises la silhouette sinistre, finissait toujours par échapper à ses poursuivants. Dans le pays, on se mit bientôt à murmurer que ce loup était une créature infernale envoyée par Satan, pour le malheur des habitants.

Réveillé une nuit par un bruit suspect, le père Martin, qui vivait à l'écart du village, était sorti sur le seuil de sa porte : paralysé de frayeur, il avait entrevu un animal gigantesque, mi-loup, mi-femme, qui rôdait en grognant autour du poulailler. Le pauvre homme en avait perdu la raison. Peu de temps après, des enfants épouvantés racontèrent qu'ils avaient été poursuivis par une bête rousse, énorme, qui tantôt courait comme un loup, tantôt bondissait comme un chevreuil. Sans nul doute ce loup diabolique pouvait-il se transformer à volonté !

Depuis le terrible drame, un homme s'était juré de vaincre la bête. Il était garde au prieuré de Château-l'Hermitage, et, comme tous les hommes valides, avait participé aux nombreuses battues organisées contre le loup. De jour en jour sa haine vis-à-vis de l'animal se renforçait. En tant que garde, il ne tolérait pas d'être tenu en échec ; en tant qu'employé des moines, il se faisait un devoir de chasser à jamais la créature diabolique qui ensanglantait la région.

Ayant déterré trois pièces d'argent qu'il avait cachées dans son jardin, il en fit fondre le métal pour façonner trois balles parfaitement adaptées à son fusil. Sur chacune d'elle il grava une petite croix puis, ayant obtenu du prieur qu'il les bénît, il partit à la recherche du loup.

La rencontre eut lieu au plus profond d'un chemin creux. L'ombre y était si épaisse que le garde n'entrevit tout d'abord que deux points rougeoyants qui se déplaçaient dans l'obscurité. Enfin la silhouette de l'animal se précisa, à quelques pas de l'homme. Tous deux s'immobilisèrent, face à face...

Lorsque le garde tira, la bête fut projetée de plusieurs pas en arrière. En même temps, elle poussa un hurlement déchirant, qui glaça d'effroi son adversaire. Puis elle trouva la force de s'éloigner, mais le souffle rauque, entrecoupé de grognements rageurs. On retrouva sa dépouille à quelques centaines de mètres du chemin creux : elle semblait encore si terrifiante que tout d'abord personne n'osa en approcher. Quant au valeureux garde, il avait ressenti une telle frayeur que le lendemain il se réveilla avec les cheveux tout blancs. On prétend même qu'il en mourut peu de temps après...

143

Le carrefour des loups

EN CE TEMPS-LA, la nuit, il ne faisait pas bon s'arrêter trop longtemps à la croisée des chemins car les sorciers, les spectres ou le Diable lui-même pouvaient en profiter pour s'emparer de l'âme du passant imprudent. Ainsi, en Bretagne, on risquait, une fois par an, d'être le témoin d'une étrange assemblée...

Une nuit, Yves Le Louarn s'en revenait d'une veillée qui s'était tenue chez la vieille Soizic, la meilleure conteuse du pays. Il y avait entendu de bien belles légendes tout en mangeant force crêpes arrosées de cidre pétillant. Puis il avait quitté la maison de Soizic en compagnie de quelques filles et garçons ; ils chantaient en se donnant le bras et parfois esquissaient quelques pas de danse sur le chemin éclairé par la lune. Cependant, les uns après les autres, ses compagnons étaient rentrés chez eux, et Yves continuait seul dans la nuit. Il habitait encore loin, une petite maison isolée, au milieu des bois.

Yves continuait à chanter, mais il était obsédé par les récits de la vieille Soizic : certains parlaient des esprits de la lande qui attirent les voyageurs dans des pièges mortels. Il crut voir des silhouettes fantomatiques entre les arbres, entendre des grognements mystérieux. Alors, pressé d'arriver chez lui, il décida de prendre un raccourci.

Le chemin s'enfonçait au cœur de la forêt jusqu'à une vaste clairière où aboutissaient trois autres sentiers formant une patte d'oie. A la croisée des chemins se dressait un immense chêne, plusieurs fois centenaire. Yves redoutait ce passage où il craignait de s'égarer. « Quelle idée j'ai eue là ! s'écria-t-il à haute voix. J'aurais bien mieux fait de contourner ce bois ! » Au même moment, il eut l'impression d'être observé et il entendit des froissements de feuilles dans les fourrés. Inquiet, il ramassa une pierre et serra son bâton plus fort. Devant lui, la clairière formait une tache blanchâtre : sous la clarté de la lune, l'ombre du chêne étirait sur le sol des formes fantastiques. Soudain une silhouette grise traversa le champ de lumière ; Yves eut le temps de distinguer un œil rouge, une longue queue touffue : « Un loup ! » se dit-il. Vite, il ôta ses sabots : si l'animal le suivait, il les cognerait l'un contre l'autre, en espérant que ce bruit le tiendrait à distance. Mais voilà que surgit une deuxième silhouette, puis une troisième... Lâchant bâton et sabots, Yves agrippa un tronc d'arbre et monta vite se percher sur la plus haute branche. Ce qu'il vit et entendit ensuite lui coupa le souffle.

Un grand nombre de loups prenaient possession de la clairière, seuls ou par groupes. Tranquillement, ils allaient s'asseoir, dessinant peu à peu un vaste cercle autour du chêne. Au pied de celui-ci se tenait un loup noir de grande taille, au regard fier. Dans une immobilité parfaite, il attendit que ses frères aient pris place, puis il leva la tête vers la lune et poussa un long hurlement qui glaça Yves jusqu'aux os. Le pauvre garçon n'était au bout ni de sa peur ni de ses surprises, car le loup, cessant de hurler, se mit à parler tout comme un homme :

« Peuple des loups, dit-il, vous voici rassemblés comme chaque année pour élire notre nouveau roi. Que chaque chef de meute s'avance à tour de rôle au pied de ce chêne, pour faire le récit de ses exploits : notre roi doit être le plus méritant d'entre nous. »

Yves entendit alors des récits horribles de moutons égorgés, de chevaux attaqués... Il reconnaissait les méfaits tant de fois racontés aux veillées. La plupart des loups n'avaient agressé que du gibier ou des animaux domestiques, quand un loup au regard fou se vanta de faire ripaille de chair humaine ! C'était son menu préféré, prétendait-il ! Mais les autres l'écoutèrent à peine, et il s'éloigna piteusement, quittant l'assemblée pour aller commettre Dieu sait quel crime. Cramponné à sa branche, Yves n'osait plus respirer.

En rangs serrés, une bande d'une quinzaine de loups avait pris place sous le chêne :

« Nous obéissons à un homme, annonça l'un d'eux ; cet homme est un sorcier ; c'est lui qui dicte notre conduite. Nous attaquons selon ses ordres. Croyez-nous, sous la protection d'un tel homme, nous sommes bien les plus forts ! »

« Un meneur de loups ! » murmura Yves qui comprit pourquoi certains troupeaux de la région étaient plus souvent attaqués que d'autres.

Saluée par de terrifiants hurlements, l'élection eut lieu et l'assemblée prit fin. Au petit jour, la clairière redevint déserte. Yves, la tête lourde et tout ankylosé, put enfin poursuivre son chemin. Il avait entendu tant d'atroces récits qu'il ne se souvenait même plus de celui du nouveau roi des loups qui portait le nom inattendu de « roi des brebis » ! Il se demandait même s'il n'avait pas rêvé, mais jura bien de raconter son étrange nuit à la vieille Soizic.

Une étrange assemblée au clair de lune.

La bête du Gévaudan

LA BÊTE tressaillit : depuis un instant, elle suivait des yeux une silhouette encore minuscule qui grimpait le long du sentier. D'un pas souple et silencieux, elle escalada un rocher surplombant le chemin où sa proie devait passer : immobile, une lueur fixe dans le regard, elle attendit... La petite Jeanne eut à peine le temps de voir bondir la Bête sur elle, trop puissante et rapide pour qu'elle pût esquisser une défense. Elle s'appelait Jeanne Boulet, avait quatorze ans en cette année 1764 et habitait au hameau des Ubats, dans les montagnes du Gévaudan. Lorsque les villageois retrouvèrent son corps à demi dévoré, ils accusèrent les loups, nombreux dans la région et parfois responsables de drames semblables. « Prenez bien garde, dirent-ils une fois de plus à leurs enfants, ne vous attardez pas dans les bois. »

Hélas, dans les semaines qui suivirent, plusieurs autres enfants périrent de la même manière et l'on se demanda si de simples loups étaient capables d'un tel massacre. L'inquiétude grandit. Quelle était donc cette mystérieuse Bête qui avait élu domicile dans les montagnes du Gévaudan ? Elle semblait insaisissable, frappant tantôt au nord, tantôt au sud, au cours de la même journée. Un jour de septembre, la Bête s'enhardit jusqu'à attaquer une femme qui travaillait près de sa maison. Alertés par les cris, les voisins armés d'outils la mirent en fuite, mais sans pouvoir sauver la malheureuse paysanne.

« Comment est la Bête ? demanda-t-on aux hommes qui l'avaient aperçue.

— Elle est énorme et a le poil sombre... Et pour sûr cette Bête est rapide ! Elle a filé comme une flèche !

— Regardez ! s'écria l'un des hommes d'une voix encore tremblante. Des empreintes ! »

Sur la terre meuble, les larges pattes griffues avaient laissé plusieurs traces profondes. Chacun frissonna de peur : ce n'était certainement pas celles d'un loup ! La Bête devait être d'une taille et d'une force peu communes !

Tous les témoignages concordaient : il s'agissait, à coup sûr, d'une créature cruelle, diaboliquement rusée, qui, évitant d'affronter les hommes adultes, s'attaquait aux femmes et aux enfants. Alors, avec meutes, chiens et rabatteurs, on organisa de gigantesques battues, au cours desquelles on tua plus de soixante-dix loups, dont un très gros au poil presque noir : mais était-ce bien le coupable ? Hélas non, car la Bête reparut peu après.

Un jour pourtant, en écrasant de tout son poids un jeune garçon qu'elle avait projeté à terre, la Bête se planta la lame d'un coutelas dans le flanc : elle prit aussitôt la fuite et on s'en crut débarrassé. Faux espoir, car quelque temps après, dans la cour d'une ferme, elle sautait sur un garçonnet qui venait remplir sa cruche à la fontaine ; par bonheur, de courageuses lavandières qui se trouvaient à proximité saisirent leurs battoirs à linge et en frappèrent la Bête, qui finit par lâcher sa proie.

« C'est un monstre épouvantable ! dirent-elles. Aussi gros qu'un taureau d'un an ! »

Ceux qui avaient pu voir la Bête de près en firent une étrange description : de sa gueule très large dépassaient de longues dents ; sa fourrure rougeâtre était rayée d'une bande noire sur l'échine, sa queue longue et touffue ressemblait à celle d'un cheval, tandis que son museau évoquait celui d'un sanglier. Impossible de soutenir son regard tant il flamboyait de cruauté !

Certains l'avaient vue marcher debout sur ses pattes arrière, comme un homme ! D'autres l'avaient entendue rire et en étaient restés muets d'épouvante. Elle se déplaçait en faisant des bonds de plus de dix mètres de long ! Une fois, on l'avait même surprise près d'une maison, accoudée à la fenêtre !

Noël approchait : un triste Noël car cela faisait plus de six mois que la Bête exerçait ses ravages. Sa tête avait pourtant été mise à prix : le roi Louis XV et l'évêque de Mende avaient même offert une prime de 10 000 livres à qui débarrasserait la région de ce fléau. Mais rien à faire, elle échappait à tous les traquenards ! Alors, pour en finir, on avait fait appel à l'armée : une compagnie de dragons s'était installée à Saint-Chély-d'Apcher. Mais ces cavaliers faisaient autant de dégâts que la Bête : il fallait les loger, les nourrir, eux et leurs chevaux ! Et pour tout remerciement, le capitaine jetait en prison les hommes qui n'avaient pas le temps de participer aux battues !

« On se moque de nous ! grognaient les paysans. Comment espérer tuer la Bête alors que nous n'avons pas le droit d'avoir des fusils ! Nous autres, nous ne sommes bons qu'à jouer les rabatteurs ! Et qui touchera la prime ? Un riche, ou un étranger ! »

« Cette Bête-là, on ne l'aura qu'avec des balles bénites ! » murmuraient certains.

Le dimanche, après la messe, malgré la neige de l'hiver, des attroupements s'attardaient devant les églises. « Où est la Bête ? » se demandait-on l'un à l'autre, en espérant qu'elle aurait enfin quitté la région. Un jour, les fidèles sortirent encore plus inquiets : Monseigneur l'évêque avait dit que la Bête avait été envoyée par Dieu pour punir son peuple ! « Tout cela, c'est la faute des protestants », ajoutèrent quelques catholiques apeurés... Pendant que les hommes, désorientés par la peur, perdaient espoir, la Bête mystérieuse continuait ses méfaits...

La bête du Gévaudan

Le combat des enfants

UNE NOUVELLE année avait commencé et la Bête rôdait toujours, insaisissable. Tel un démon, elle avait tué une femme qui était tombée en prière à sa vue. Le froid n'avait pas ralenti ses activités, et un peu partout on relevait ses larges empreintes, bien dessinées dans la neige.

Pourtant il fallait bien vivre, s'éloigner des maisons pour puiser de l'eau ou ramasser du bois. La deuxième semaine de janvier, profitant d'un redoux, des habitants du Villaret décidèrent de laisser sortir quelques bêtes enfermées depuis longtemps à l'étable ou à la bergerie. A qui en confier la garde ? Habituellement cette tâche était réservée aux enfants, mais depuis que la Bête avait élu domicile dans la région, il fallait prendre des précautions. Sept enfants, cinq garçons et deux filles, furent désignés : « Surtout, restez bien groupés, leur recommanda-t-on, et installez-vous sur une hauteur, d'où vous pourrez surveiller les alentours ! N'oubliez pas vos armes ! Vérifiez avant de partir que la lame est bien fixée ! » Chaque garçon, en effet, s'était muni d'un bâton au bout duquel il avait attaché une lame de quatre doigts de long.

La petite troupe se mit en marche, poussant le troupeau devant elle. Portefaix, l'aîné des garçons, avait pris la tête et encourageait les plus petits : « Allez, ne traînez pas ! Restons ensemble ! Mais n'ayez pas peur : la Bête n'est pas par ici ! »

— D'abord, si la Bête vient, voilà ce que je lui ferai ! s'écria le plus jeune, en pointant violemment sa baïonnette vers un ennemi imaginaire. Et pan ! prends ça, vilaine ! » Ils se mirent à rire, sauf une des filles : « Tu feras d'abord le signe de croix ! La Bête, c'est le Diable, et Monsieur le curé l'a bien dit : quand on voit le Diable, il faut tout de suite se signer ! »

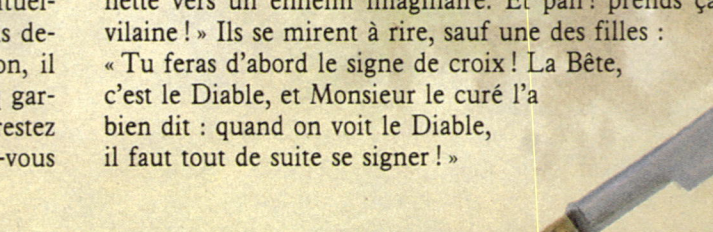

Ils continuèrent ainsi, faisant beaucoup de bruit pour se rassurer. Parvenus au sommet de la montagne qui dominait le village, ils laissèrent les animaux chercher leur nourriture dans les broussailles et s'assirent sur une pierre plate, serrés les uns contre les autres.

« Si on faisait du feu ? proposa l'une des filles. On aurait moins froid et puis la Bête n'oserait pas venir !

— D'accord, répondit Portefaix, mais il faut rester ensemble pour ramasser du bois. Allons-y ! »

Ils s'approchèrent d'un bosquet, à la recherche de brindilles. Soudain, en se relevant, deux des garçons se trouvèrent face à une gueule monstrueuse, dont ils sentirent l'haleine brûlante : la Bête se dressait devant eux, prête à mordre ! Aucun ne l'avait entendue venir. Instinctivement, ils se regroupèrent : Portefaix se mit devant, avec les deux plus grands, qui vaillamment pointaient leur baïonnette en avant. Les filles s'abritèrent derrière eux, tandis que les deux plus jeunes, terrorisés, restaient le plus loin possible de la Bête. Celle-ci, farouche et sournoise, se mit à tourner autour du petit groupe, afin d'attaquer par derrière ; mais Portefaix s'arrangea pour tourner en même temps qu'elle, de façon à la menacer toujours. Pourtant, rapide comme l'éclair, elle réussit à attraper le plus jeune des garçons, qu'elle traîna à quelques pas.

« Courage ! Ne reculez pas ! Piquez-la ! Piquez-la ! » hurla Portefaix à ses camarades. Ils essayèrent de blesser le monstre, mais leurs armes glissaient sur sa peau épaisse. Enfin ils réussirent à lui faire lâcher prise : il était temps ! La Bête avait déjà arraché une joue à sa petite victime. Les enfants n'eurent pas le temps de reprendre leur souffle : la Bête revint droit sur eux et chargea à trois reprises : elle parvint à s'emparer d'un autre garçon et prit la fuite, traînant sa proie par le bras. Tout espoir de le sauver semblait perdu !

« Vite ! Courons ! s'écria Portefaix. Toi, passe par là ! Nous allons l'encercler ! » La manœuvre réussit : obligée de passer dans un bourbier, la Bête ralentit, et les enfants purent la rattraper.

« Visez les yeux ! » ordonna Portefaix. Il s'était juré de sauver son camarade, et malgré sa frayeur, s'appliquait à garder son sang-froid.

Le combat dura longtemps : jamais les enfants ne purent atteindre les yeux de la Bête, mais, occupée à esquiver les coups, celle-ci oubliait de mordre sa proie qu'elle tenait étroitement serrée sous une patte. Enfin, lui portant un coup particulièrement violent, Portefaix la fit reculer : dès que la Bête eut lâché sa prise, il se plaça entre elle et l'enfant qui se releva, s'accrochant désespérément à la chemise de son sauveteur. Les enfants avaient gagné : la Bête n'insista pas. Poussant un hurlement sauvage, elle disparut entre les arbres.

149

La bête du Gévaudan

Un mystérieux garde-chasse

EN FÉVRIER, la Bête courait toujours : elle déjouait les pièges et prenait la fuite au moindre danger. Comment combattre un tel adversaire ? Malgré les recherches, on n'avait pas découvert sa tanière, on ne savait rien sur ses habitudes.

Le capitaine des dragons espérait pourtant la surprendre : il fit donc suivre chaque enfant par un de ses hommes, armé jusqu'aux dents, mais déguisé en femme pour tromper la Bête ! Cette ruse grossière échoua, et les dragons quittèrent la région, bredouilles et ridicules.

Deux louvetiers normands, M. d'Enneval et son fils, remplacèrent alors les soldats. Sans ménager leur peine, ils traquèrent la Bête pendant des jours, à pied quand il le fallait, dans la neige épaisse. L'espoir revint lorsque, le 23 avril, ils tuèrent une grosse louve dont l'estomac contenait des lambeaux de vêtements. Quelques habitants du Gévaudan crurent alors à la fin du cauchemar. Pourtant les louvetiers restaient inquiets, préoccupés, semblait-il, par un mystère qu'ils ne parvenaient pas à élucider. La Bête ne tarda pas à être signalée de nouveau : le 24 mai, jour de la foire du Malzieu, elle fit trois victimes en deux heures de temps !

Tenace, M. d'Enneval poursuivit donc ses recherches, mais il sembla s'intéresser de plus en plus aux environs de la Besseyre, village isolé sur les hauteurs dénudées. « C'est un village de sorciers », disait-on dans la région ; on racontait que le Diable lui-même y avait habité... Pourquoi le louvetier y cherchait-il le secret de la Bête ? En juin, elle fut signalée dans les parages, mais, après avoir attaqué deux femmes, elle réussit à se dérober à la poursuite des chiens. « Elle s'est probablement cachée dans le bois de la Ténazeyre, dit M. d'Enneval, mais je ne comprends pas pourquoi les chiens ont perdu sa piste ! Son odeur a dû être masquée : mais comment ? »

Antoine Chastel, le garde du bois de la Ténazeyre, était un homme étrange, qui vivait à l'écart, en sauvage. Après plusieurs années de disparition, il était revenu au pays. Où était-il allé pendant son absence ? D'étranges rumeurs circulaient sur son compte : selon certains, il avait été fait prisonnier par des pirates barbaresques qui l'avaient emmené en Arabie. Là, il aurait appris à dresser les fauves... Depuis son retour, il ne parlait à personne, et circulait dans les bois en compagnie d'une grande chienne au poil roux, aussi sauvage que son maître. M. d'Enneval essaya vainement de rencontrer cet homme mystérieux : que savait-il donc sur la Bête ?

Malheureusement, les louvetiers furent rappelés par le roi qui envoya à leur place son arquebusier, Antoine de Beauterne, accompagné de quinze gardes-chasses royaux et de gros chiens spécialement dressés pour la chasse aux loups. En trois mois ils ne virent pas la Bête une seule fois ! Où se cachait-elle donc ? Un sixième sens l'avait-elle avertie du danger ?

Mais Antoine de Beauterne ne voulait pas quitter la région sans toucher la prime promise à qui tuerait la Bête. Le 21 septembre 1765, il abattit un très grand loup près du village des Chazes et déclara solennellement qu'il s'agissait de la Bête. La dépouille de l'animal fut envoyée à Versailles où les curieux s'extasièrent sur sa taille en faisant semblant de frissonner de peur. Antoine de Beauterne empocha la prime de 10 000 livres.

Pendant ce temps-là, en Gévaudan, on n'osait pas encore croire au miracle, et on avait raison : à la fin de l'année, les agressions reprirent, encore plus violentes. « Y avait-il une ou plusieurs Bêtes ? » se demandait-on avec inquiétude.

Le 19 juin 1767, une grande battue fut organisée dans les bois de la Ténazeyre : trois cents hommes répondirent à l'appel, chasseurs et rabatteurs. Si la Bête était dans le bois, elle ne pouvait s'en échapper, à moins d'un pouvoir diabolique. C'est Jean Chastel qui la tua : le propre père de l'étrange garde avait chargé son fusil d'une balle bénite. Il s'agissait bel et bien d'un loup, mais d'une taille et d'une force exceptionnelles.

Pendant longtemps l'herbe ne repoussa pas à l'endroit où la Bête était tombée.

Le meneur de loups

L'orage

LA LOURDE chaleur qui régnait depuis plusieurs jours accablait de fatigue bêtes et gens. Passées les premières heures de la journée, où l'on pouvait jouir d'un semblant de fraîcheur, les paysans rentraient à l'ombre des fermes aux toits pentus ; dans les prés, les animaux se groupaient autour des arbres, fuyant le soleil de plomb. Nul bruit, nul mouvement n'animait plus la campagne. Seul l'air brûlant vibrait au-dessus des chemins empierrés, chargé de menaces.

Un soir enfin, d'épais nuages s'accumulèrent à l'ouest, effaçant le soleil. Ils enflèrent comme un énorme champignon et roulèrent leur masse sombre dans le ciel surchauffé. La nuit s'installa avec plusieurs heures d'avance, tandis que les cimes des arbres se courbaient sous les premières rafales de vent.

L'orage qui éclata fut effroyable. Des bourrasques arrachèrent des arbres dont les branches se brisaient avec des craquements secs ; des tourbillons de grêlons hachèrent menu feuilles et fleurs, et recouvrirent le sol d'un épais tapis blanc. Apeurés, les animaux que l'on n'avait pas eu le temps de rentrer se serraient les uns contre les autres. D'aveuglants éclairs blancs déchiraient le ciel, aussitôt suivis du fracas assourdissant du tonnerre. Une boule de feu roula autour d'une meule de paille, et de longues flammes allumèrent dans l'obscurité une tache rougeoyante où semblaient danser les démons de l'Enfer.

Puis l'orage s'éloigna, aussi brusquement qu'il était né. Les roulements du tonnerre firent place aux cris des bêtes qui appelaient maintenant les hommes. Une à une, les maisons s'ouvrirent, et l'on vit apparaître sur le pas des portes des paysans inquiets, comme mal réveillés d'un sinistre cauchemar.

Les dégâts étaient spectaculaires : dans les vergers, les arbres dressaient des silhouettes amputées, la récolte de fruits était perdue. « Seigneur ! qu'avons-nous donc fait pour mériter cela ? » murmurèrent quelques femmes. Ce à quoi certains répondaient : « C'est l'œuvre du Démon ! »

L'air restait chargé d'électricité. La lune était levée, mais sa pâle lumière perçait difficilement la brume épaisse qui noyait maintenant le paysage, cernant toute chose d'un halo blanchâtre. Les hommes restaient près des maisons, n'osant s'aventurer dans ce décor incertain.

Des visiteurs diaboliques

C'est alors qu'ils les aperçurent : trois silhouettes grises, qui glissaient lentement en ombres chinoises derrière le rideau de brouillard... Trois grands loups sombres, marchant l'un derrière l'autre, vers on ne savait quel but... Rêvaient-ils, effrayés, encore sous le choc de l'orage ? Étaient-ils les jouets d'une illusion ? Une brusque déchirure du brouillard dissipa leurs doutes : les fauves étaient bien là, farouches, muets, sinistres. Ils passèrent au milieu des troupeaux de chèvres, de vaches, de moutons, mais sans toucher aux proies qui leur étaient offertes. Seul le dernier loup sembla hésiter : revenant sur ses pas, il s'approcha d'un cabri hypnotisé par la peur ; saisissant le petit animal dans sa gueule, il le traîna sur quelques mètres avant de l'abandonner sans lui avoir fait aucun mal.

Face à cette conduite anormale, la terreur des hommes redoubla :

« Regardez, ils n'ont pas de queue ! souffla l'un d'eux à ses voisins.

— Des garous ! ce sont des loups-garous ! s'écria un autre, d'une voix étranglée par la peur.

— Mon Dieu ! » gémit une femme en se signant ; un enfant se mit à pleurer, qu'on fit taire d'une chiquenaude. Un silence angoissé s'installa, chacun retint même sa respiration.

A plusieurs reprises, les trois créatures passèrent et repassèrent dans les prés et les vergers dévastés par l'orage.

« Ma parole, on dirait qu'ils inspectent les dégâts ! dit un homme avec colère. A croire qu'ils en sont fiers ! M'est avis que ce sont des sorciers, et qu'ils ont commandé à l'orage de ruiner notre travail ! »

Tous furent alors convaincus que le village venait d'être la victime du Démon. D'ailleurs, le loup de tête, qui était plus grand que les deux autres et semblait les guider, était certainement le Diable en personne ! Chacun sait qu'il affectionne particulièrement la forme du loup pour terroriser les humains...

Ces événements se passaient en 1603, dans un hameau du Jura, dont les habitants n'oublièrent pas de sitôt « l'orage des loups ».

De l'histoire aux légendes

Les loups n'ont jamais laissé les hommes indifférents : leur regard luisant capable de percer l'obscurité, leur habitude de partir chasser à l'aube, leurs crocs acérés, leurs lugubres hurlements nocturnes ont fait naître de nombreuses légendes et des superstitions qui remontent parfois à la nuit des temps. Ils n'en occupent pas moins dans l'histoire et la mythologie une place à part.

Les loups et la guerre

Les peuples guerriers enviaient aux loups leur puissance et leur adresse. Certains soldats gaulois recouvraient leur casque d'une tête de loup, trophée qui symbolisait la force et la virilité. La légende des Nibelungen rapporte que les guerriers germains faisaient rôtir la chair des loups pour s'en nourrir et s'attribuer ainsi les qualités de l'animal. Dans la mythologie scandinave, très imprégnée de valeurs guerrières, les loups tiennent une grande place : ils témoignent à la fois de la fascination qu'ils exerçaient sur les hommes et de la crainte qu'ils leur inspiraient. Lorsque Odin, dieu de la guerre et de la sagesse, préside l'assemblée des dieux, deux grands loups sont couchés à ses pieds, dociles ; le dieu les a dominés, ils sont le symbole de sa puissance. Au contraire le loup géant Fenrir se montre indomptable : livré à ses cruels instincts, il incarne la destruction sauvage, la violence.

Le dieu Mars, qui avait envoyé une louve au secours des jumeaux Rémus et Romulus et permis ainsi la fondation de Rome, devint le protecteur de cette ville. Mars, dieu de la guerre, était à l'origine un dieu protecteur de la nature et de la jeunesse : chaque année, pendant le mois qui porte son nom, il était célébré en grande pompe par les habitants des villes voisines de Rome, qui le remerciaient de favoriser le renouveau de la nature. Au cours de ces fêtes du « printemps sacré », des jeunes gens étaient désignés pour partir chercher fortune ailleurs : ils quittaient leur ville, guidés par les deux animaux consacrés au dieu Mars, le pivert et le loup. Le printemps était la saison où les guerriers abandonnaient aussi leurs quartiers d'hiver pour entreprendre de nouvelles campagnes militaires, Mars et le loup étaient donc les protecteurs de tous les conquérants, qu'ils soient civils ou militaires. Le loup fut d'ailleurs,

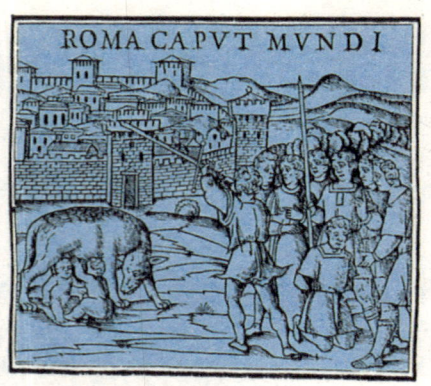

La louve romaine (gravure du XVᵉ s.)

avec le cheval, l'aigle et le sanglier, l'un des emblèmes de la légion romaine.

Au cours de l'Histoire, on trouve fréquemment associés le loup et la guerre. Au XVᵉ siècle fut fondé un ordre de chevalerie appelé l'Ordre du Loup. Du Moyen Age à la fin de l'Ancien Régime, les habitants de Bruyères, en Picardie, qui avaient constitué une milice pour défendre les armes à la main les libertés de leur commune, se nommaient fièrement « les leus (= loups) de Bruyères » ; enfin, plus près de nous, les soldats allemands qui occupaient la France pendant la dernière guerre furent plus d'une fois comparés à des loups. Quant à l'alliance entre les loups et la jeunesse, elle survit dans l'appellation de « louveteaux » donnée aux jeunes scouts.

Le loup et la lumière

Comme tous les animaux nocturnes, le loup était entouré de mystères inquiétants. Pourtant il fut souvent associé au culte de la lumière, et à celui du soleil, peut-être en raison de son regard flamboyant, capable de percer les ténèbres. Les premiers conquérants de la Haute-Égypte prétendaient avoir été guidés par un dieu loup qui devint le protecteur de la ville d'Assiout, appelée Lycopolis (ville du loup) par les Grecs. Ce dieu Oupouaout, dont le nom égyptien signifiait « celui qui ouvre le chemin », devint ensuite le guide de la barque solaire pendant son voyage nocturne.

En Grèce, les loups étaient considérés comme les animaux du dieu solaire Apollon, auxquels on les offrait en sacrifice. On croyait que ce dieu rencontrait les loups durant son séjour hivernal dans les lointaines régions du Nord.

Ainsi pour ces deux peuples méditerranéens le loup évoquait-il, non pas la lumière éclatante, mais plutôt la lumière inquiétante et froide de la nuit ou de l'hiver. Dans la langue grecque primitive les deux termes désignant la lumière et le loup étaient si proches qu'ils finirent parfois par se confondre : « Apollon Lycien », selon les interprétations, désigne soit le dieu de la lumière soit le dieu destructeur de loups. De même, on a pu rapprocher le nom du dieu gaulois de la lumière, Belen ou Belenos, du terme « bleis » qui désigne le loup dans la langue celtique.

Le loup maudit

L'image la plus répandue du loup dans les légendes est cependant celle d'un prédateur dangereux pour l'homme et le bétail. En Europe, les loups étaient avec les ours les fauves les plus puissants ; mais plus nombreux que ces derniers, ils étaient plus redoutés qu'eux.

En Grèce, les bergers de l'ancienne Arcadie honoraient la déesse de la chasse Artémis et l'invoquaient parfois sous le nom d'Artémis Lycoctone (qui tue les loups) en lui demandant de protéger les troupeaux. Dans cette même région s'élève le mont Lycée, qui doit son nom aux loups qui vivaient en abondance sur ses pentes boisées et giboyeuses. Là est née la légende de Lycaon, roi mythique métamorphosé en loup par Zeus auquel il avait osé servir lors d'un repas les membres d'un enfant.

Pour les Hébreux aussi, les loups étaient une manifestation concrète de la toute-puissance divine. Selon les textes bibliques, Dieu aurait en effet créé tous les fauves qui peuplent la Terre dans le but de punir les hommes qui seraient coupables d'impiété : aux ha-

Le loup et l'agneau (gravure du XIXᵉ s.)

DE L'HISTOIRE AUX LÉGENDES

Traces comparées du loup et du chien (gravure du XVIᵉ s.)

bitants de Jérusalem qui avaient refusé de se convertir, il aurait envoyé « le loup du désert » pour les ravager. Plus tard, l'Église chrétienne tenta de reprendre cette explication. Au XVIIIᵉ siècle, les prêtres catholiques affirmaient que la Bête qui ensanglantait le Gévaudan avait été envoyée par le Seigneur pour châtier les hommes impurs.

Cependant pour les habitants des campagnes, le loup passait plutôt pour un envoyé du Diable. Sa prédilection meurtrière pour les agneaux en faisait l'ennemi des bergers ; or le Christ était souvent représenté sous les traits d'un berger chargé de surveiller un troupeau de brebis symbolisant l'ensemble des chrétiens. De même que la brebis égarée devenait la proie du loup, le chrétien infidèle devenait la proie du Diable. Le loup représente le Diable, car celui-ci éprouve constamment de la haine pour l'espèce humaine... Les yeux du loup qui brillent dans la nuit, ce sont les œuvres du Diable », peut-on lire dans un Bestiaire du Moyen Age. A la même époque, les acteurs qui jouaient les rôles de diables dans les spectacles se revêtaient de peaux de loups. Et l'on croyait que le Diable prenait de préférence l'apparence d'un loup lorsqu'il venait sur Terre jouer quelque mauvais tour aux humains !

Ainsi le loup fut-il pendant des siècles un animal maudit, contre lequel les hommes luttèrent parfois à l'aide de prières et de formules magiques.

L'ombre des fléaux

La réputation des loups, ces mal-aimés des campagnes, a souffert de circonstances aggravantes. En effet leur abondance dans une région coïncidait souvent avec l'apparition de fléaux redoutables : la famine, l'épidémie et la guerre.

Quand s'installait un hiver particulièrement long et froid, quand les récoltes étaient insuffisantes, tous en souffraient, les hommes comme les animaux. Désertant les bois où le gibier se faisait rare, les loups alors s'approchaient des villages : affaiblie et souvent malade, la population avait moins d'énergie pour lutter contre eux. Pendant le terrible hiver de 1709, qui fit plusieurs milliers de victimes, des cas d'agressions par les loups furent mentionnés dans la France entière ; dans l'Est, les hommes devaient entretenir des feux pour les tenir à distance la nuit.

Un fait divers tragique (Journal d'Orléans, XVIIIᵉ s.)

Les guerres offraient également aux loups la possibilité de proliférer : occupés à se battre, les hommes négligeaient de les chasser ; les broussailles, qui regagnaient du terrain sur les champs abandonnés, leur procuraient des abris. Des meutes suivaient les armées, se nourrissant de carcasses de chevaux et même de corps abandonnés sur les champs de bataille. Pour limiter les ravages, pendant le règne de

---

La fondation légendaire de Rome

Remus et Romulus étaient les enfants du dieu Mars et d'une prêtresse, Rhéa Silva, nièce du roi d'Albe. Ce roi, qui avait usurpé le trône, craignit d'être à son tour destitué par Remus et Romulus : aussi les fit-il abandonner dans un panier sur le Tibre, mais une louve envoyée par Mars les recueillit au pied du mont Palatin et les nourrit. Plus tard, ils furent découverts par un berger.
Ayant enfin appris le secret de leur naissance, Remus et Romulus tuèrent l'usurpateur et rétablirent sur le trône d'Albe le roi légitime. Puis il décidèrent de fonder une ville au pied du mont Palatin, là même ou la louve les avait sauvés. Pour savoir lequel des deux en serait le roi, les jumeaux consultèrent le vol des oiseaux : le sort désigna Romulus. Alors qu'il traçait un sillon sur le sol pour marquer les limites de la future cité, Remus, jaloux, sauta par-dessus cette frontière symbolique ; Romulus tua son frère sur-le-champ, pour le punir d'avoir violé l'enceinte sacrée de la ville à laquelle il donna son nom : Rome.

Louis XIV, après que la guerre eut fait rage en Lorraine, on tua en quelques semaines plus de trois cents loups dans la périphérie de Nancy. Une des dernières vagues de prolifération des loups en France se produisit pendant la Première Guerre mondiale : en 1918, quatre-vingt-huit loups tués furent déclarés aux services préfectoraux.

Croyances et superstitions

Tout cela explique que les loups aient été considérés dans les campagnes comme des animaux de mauvais augure. Au contraire des anciens Grecs, des Romains ou des Scandinaves qui tenaient l'apparition d'un loup pour un heureux présage, nos ancêtres la redoutaient comme un fléau maléfique.

« Quand on parle du loup ou en voit la queue ! » dit un proverbe populaire qui dissuade de prononcer le nom de l'animal, de peur d'attirer le malheur. Au siècle dernier, si un marin pêcheur parlait de loup sur un bateau breton, le capitaine s'empressait de regagner la côte, persuadé que cette imprudence allait provoquer un naufrage ! On croyait aussi que l'haleine et la chair du loup étaient empoisonnées, à cause des vermines et des serpents dont il était censé se nourrir. « Il a vu le loup », disait-on d'un homme enroué ou aphone, car on pensait que l'animal avait le pouvoir de rendre muet celui vers lequel il dirigeait son souffle fétide.

Pour se préserver d'un tel animal, on avait donc recours à des pratiques et des formules magiques. Les paysans clouaient sur la porte des étables et des bergeries des pattes de loup pour en éloigner leurs semblables. Parfois ils pendaient à un arbre l'animal qu'ils venaient de tuer ou de prendre au piège : on trouve dans les campagnes des « carrefours du loup pendu » qui rappellent cette pratique. Les bergers récitaient des « prières du loup », sortes d'incantations destinées à protéger leurs troupeaux. En Sologne, ils évitaient de compter les brebis le vendredi, jour néfaste. Certains faisaient au contraire carrément le sacrifice d'un agneau par an qu'ils abandonnaient aux loups, pensant verser ainsi un tribut qui devait les contenter. A cause de son nom, saint Loup, évêque de Sens au VIIe siècle, devint le patron des bergers en même temps que le protecteur des moutons : on distribuait aux pauvres un « gâteau de saint Loup » qui, disait-on, préservait leurs enfants de la peur. Par une ironie du sort, les dents de loups étaient également employées comme amulettes pour chasser les peurs nocturnes qui tenaient les enfants éveillés !

Sorcier chevauchant un loup (XVe s.)

Homme-loup ou lycanthrope (gravure du XVe s.)

Sorciers et loups-garous

Dominer les loups et s'en faire obéir relevait de la sorcellerie. On croyait, dans les campagnes, à l'existence d'hommes capables d'imposer leur volonté à ces fauves, pourtant réputés indomptables : c'étaient les « meneurs de loups ». Il fallait éviter de les contrarier, de peur qu'ils ne lancent leur troupe contre les bergeries ! Ces « meneurs », qui vivaient le plus souvent à l'écart des villages, étaient charbonniers ou même bergers solitaires et taciturnes. En Gévaudan, beaucoup pensèrent que la terrible Bête qui ravageait la région au XVIIIe siècle obéissait à Antoine Chastel, homme étrange et redouté, ou du moins qu'il devait la connaître très bien. Au XIXe siècle, l'écrivain George Sand entendit dans sa province du Berry une histoire de meneurs de loups racontée par des gens si sérieux qu'elle-même ne savait qu'en penser !

En réalité, les loups, fauves au caractère très indépendant et supportant

La chasse aux loups (*Le Livre de la chasse* de Gaston Phoebus, XVe s.)

mal la captivité, se dressent difficilement : ceux qui furent employés dans les cirques servaient pour des spectacles de combats, au cours desquels on les opposait aux ours, avant que ce genre de divertissement sanglant soit heureusement interdit.

Les loups-garous, quant à eux, causaient une frayeur bien plus grande que les loups véritables. C'étaient des hommes condamnés à errer la nuit sous la forme d'un loup. On pensait que cette malédiction frappait les criminels livrés au Diable. Pour les guérir, il fallait les obliger à avouer leur crime et les blesser d'une balle bénite. Cette croyance à la transformation d'hommes en loups n'était pas seulement répandue dans le peuple : jusqu'au XVIIe siècle, des hommes d'Église et des savants la tenaient pour possible. Malheureusement, il existait aussi des gens atteints d'une forme de folie particulière appelée « lycanthropie » ou « folie louvière » : victimes d'hallucinations provoquées en général par la faim, ils se prenaient pour des loups et étaient sujets à des crises de furie dangereuse. Ainsi la réalité et la fiction se combinèrent-elles pour donner naissance à ces légendes.

seul loup pour causer d'énormes ravages : quand l'animal était atteint de la rage.

En 1590, dans les environs de Belfort, une louve enragée mordit dans la même journée une dizaine de personnes avant d'être abattue par des moissonneurs aidés de leurs chiens. A la fin du XVIIIe siècle, plusieurs loups enragés semèrent la terreur, car un seul animal suffisait à provoquer la mort de plusieurs personnes. Comme tous les mammifères, le loup peut être un vecteur de la rage : mais un loup enragé est évidemment bien plus dangereux qu'un écureuil atteint de la même maladie !

Jusqu'à la découverte du vaccin contre la rage par Pasteur (1885), on ne savait pas se protéger de ce mal qui entraînait la mort dans d'atroces souffrances. Leur cerveau atteint, les loups enragés avaient tendance à perdre leur habituelle crainte de l'homme et pouvaient donc devenir redoutables. La lutte contre la rage fut une des causes principales de la détermination avec laquelle fut mené le combat des hommes contre les loups à partir du XIXe siècle.

La bête du Gévaudan

De juillet 1764 à juin 1767, 101 personnes, dont 80 femmes ou jeunes filles, trouvèrent la mort dans la région du Gévaudan, au sud de l'Auvergne, victimes d'agressions attribuées à un seul loup d'une taille supérieure à la normale. Ces forfaits furent probablement accomplis par plusieurs loups, et peut-être même par quelques hommes, mais la répétition de ces attaques, pendant trois ans, a favorisé la naissance du mythe de la « Bête », créature diaboliquement cruelle. Au-delà du folklore, cette croyance traduisait l'angoisse de populations désarmées face aux loups, nombreux dans cette région.

La chasse aux loups (*Le Livre de la chasse* de Gaston Phoebus, XVe s.)

La chanson du meneur de loup en Berry

Cent agneaux vous aurez
Courant dedans la brande ;
Belle avec moi venez,
Cent agneaux vous aurez.

Les agneaux qu'ous avez
Ont la gueule trop grande ;
Sans moi vous garderez
Les agneaux qu'ous avez.

Les bêtes et la rage

Toute agression par un loup portait en elle le germe de la légende, surtout si les circonstances étaient de nature à frapper l'imagination. Le loup qui, en 1753, osa emporter la petite Marie-Vérité alors qu'elle marchait en tête d'une procession dans un village de la Sarthe, devint rapidement un animal mythique. D'autres faits divers tragiques alimentèrent des récits légendaires. Il exista malheureusement dans l'Histoire plusieurs « Bêtes », qui, pour être moins célèbres que celle du Gévaudan, n'en étaient pas moins redoutables. Il suffisait en effet parfois d'un

Une chasse au loup (gravure du XIXᵉ s.)

La chasse aux loups

Sous l'Ancien Régime, les nobles et le roi s'étaient réservé le monopole de la chasse au gros gibier. Lorsque des loups étaient signalés, les paysans devaient donc demander à leur seigneur d'organiser des battues, eux-mêmes étant passibles des galères s'ils les chassaient.

Bien qu'elle soit très sportive, la chasse aux loups était souvent négligée au profit des gibiers jugés plus nobles, comme les cerfs ; si bien que sur certains domaines seigneuriaux les loups proliféraient malgré les plaintes répétées des paysans qui, n'étant pas armés, en souffraient quotidiennement. Pour remédier à cette négligence, François Iᵉʳ organisa en 1520 un corps d'officiers chargés spécialement de la chasse aux loups : la louveterie. Les louvetiers étaient choisi parmi les notables qui entretenaient déjà une meute de chiens dressés contre les loups. Ils organisaient des battues, devaient préparer des pièges et utiliser tous les moyens jugés nécessaires pour la destruction des loups. Ils prélevaient sur les habitants vivant à proximité des taxes pour chaque loup tué. Beaucoup ne se montraient pas très consciencieux, et les rois durent les rappeler à l'ordre à plusieurs reprises. De plus, la population redoutait leur arrivée : les louvetiers réquisitionnaient sous peine d'amende les paysans pour effectuer des battues, et se nourrissaient aux dépens des villages.

En 1789, le monopole de la chasse fut aboli. Passé le premier enthousiasme, les événements politiques et les guerres de la Révolution freinèrent le zèle des nouveaux chasseurs : bientôt le gouvernement chercha à encourager la destruction des loups qui proliféraient sur l'ensemble du territoire. On eut alors recours à un système de primes par tête de loup, plusieurs fois réévaluées pour stimuler l'activité des chasseurs.

Ce système, qui est encore en usage de nos jours, accéléra la disparition des loups. C'était d'ailleurs de cette façon que les Anglais avaient au XIIIᵉ siècle définitivement éliminé les loups de leur île.

Les méthodes de chasse

Pour chasser les loups, les hommes utilisèrent de nombreuses méthodes, depuis le piège le plus simple jusqu'au poison. Il faut faire la différence entre l'ancienne protection contre les loups, la chasse, et l'extermination systématique dont ils furent les victimes au XIXᵉ siècle.

Pour se garantir contre les attaques des loups, les habitants des campagnes creusaient à proximité des villages des fosses profondes, dans lesquelles quelque carcasse servait d'appât. Ces pièges, appelés « louvières », donnèrent leur nom à certaines localités (Louviers, La Loubière, etc.). Des pièges plus complexes furent imaginés, comme ceux que décrit au XIVᵉ siècle Gaston Phébus dans son *Livre de la Chasse* : des labyrinthes au cœur desquels était attachée une chevrette, ou des systèmes élaborés de cordes qui étranglaient l'animal. Pour attirer les loups, les bergers avaient inventé de curieuses lanternes en métal percées de multiples ouvertures qui imitaient les yeux des moutons !

Les véritables chasseurs, ceux qui aimaient la difficulté, chassaient le loup à courre. C'est un animal difficile à prendre, infatigable. D'après un récit légendaire datant de l'époque du roi Henri IV, trois gentilshommes bretons

---

Sauvons les loups !

Victimes de la peur qu'ils ont inspirée pendant des siècles, les loups ont presque disparu d'Europe occidentale, pourchassés impitoyablement au moyen d'armes et de méthodes de plus en plus meurtrières.

Ils étaient, avec les lynx et les ours (eux aussi en voie de disparition), les plus puissants carnassiers de nos contrées et leur présence y assurait de façon naturelle l'équilibre de la faune sauvage.

De nos jours les loups auraient certainement bien du mal à recoloniser des territoires sillonnés par les routes à grande circulation, parsemés de constructions et pauvres en gibier. Pourtant il suffit que l'un d'entre eux se montre aux hommes pour que joue chez ces derniers le vieux réflexe de méfiance : le malheureux animal est traqué sans répit, jusqu'à ce que mort s'ensuive...

Il subsiste environ 1 000 loups en Espagne, un peu plus de 200 en Italie (grâce à une politique active de protection de l'espèce), mais en France aucune population de loups n'est actuellement recensée en dehors de quelques réserves privées comme celle de Sainte-Lucie en Gévaudan.

Il est donc nécessaire de prendre des mesures concrètes si l'on veut éviter que les loups ne soient plus que des animaux légendaires, héros de fables et de contes...

DE L'HISTOIRE AUX LÉGENDES

Lanterne-piège à loups

qui avaient débusqué un loup aux environs de Rennes l'auraient seulement rattrapé au bout de plusieurs jours de chevauchée... dans la cour du palais du Louvre à Paris ! Ce sport physiquement difficile n'a, hélas ! rien à voir avec la volonté d'extermination dont les loups furent victimes au siècle dernier : on utilisa alors contre eux le poison, on ordonna la destruction systématique des portées. La généralisation des armes à feu rendit l'entreprise plus facile, en même temps que l'industrialisation et le développement des villes limitaient leur territoire naturel.

Les loups aujourd'hui

Alors que les loups ont pratiquement disparu de nos contrées, les louvetiers existent encore : de leur propre aveu, ils aimeraient aujourd'hui défendre contre les hommes les quelques survivants de cette espèce trop longtemps maudite. Pauvres survivants ! En Europe occidentale, ils sont prisonniers d'espaces restreints limités par des villes ou des autoroutes, impitoyablement chassés dès qu'ils se montrent, victimes de la peur ancestrale qu'ils inspirent. Si quelques loups jouissent encore de grands espaces en Espagne ou en Yougoslavie, certains aux environs de Rome sont devenus de véritables « clochards », trouvant une maigre pitance sur les décharges qui fleurissent dans la périphérie des villes ! Leurs cousins d'Amérique ou de Sibérie bénéficient encore de larges espaces giboyeux ; mais là, des hommes les traquent parfois en hélicoptères, pour le commerce de la fourrure.

Des hommes cependant ont tenté de venir au secours des loups, conscients de ce qu'ils jouaient un rôle important dans l'équilibre de la nature en se nourrissant par exemple d'animaux faibles ou malades. Les loups n'étaient pas responsables de tous les maux dont on les a accusés : ils ont presque disparu, mais pas la rage !

En France, on a tenté sans succès de lâcher des loups dans les forêts des Landes, détériorées par une population de chevreuils trop importante : les loups ont parfois préféré s'attaquer aux moutons ou aux volailles, provoquant la colère des bergers qui ne furent pas longs à sortir les fusils. En revanche, des expériences réalisées dans le Massif Central sont reçues par la population avec plus de sympathie, malgré le souvenir de la Bête du Gévaudan. Aux États-Unis et au Canada, des associations pour la défense des loups se sont créées. Grâce à l'observation des loups vivant en liberté dans leur milieu naturel, les hommes ont appris à respecter ces animaux trop souvent calomniés.

P. Darmageat-Jacana

159

Les dragons

Texte de Gilles Ragache
Illustrations de Francis Phillipps

Krak et le dragon Pologne

UN RUGISSEMENT TERRIBLE retentit dans l'air glacé. Toute la colline de Wawel trembla sur ses bases : comme tous les soirs, le dragon avait faim !

Le monstre poussa son mufle baveux hors de la grotte, bâilla, s'étira puis, pataud, se mit en route vers le village. Quand ils le virent approcher, se dandinant lentement d'une patte sur l'autre, les paysans s'enfuirent affolés en poussant leur troupeaux devant eux. Pourtant le dragon fut le plus vif. En dépit de sa masse énorme, il accéléra, fit un bond prodigieux par-dessus la Vistule et s'empara de trois moutons qu'il croqua aussitôt. Il se lécha minutieusement les babines, passant sa longue langue fourchue sur ses poils de moustache, puis il repartit digérer au fond de son antre nauséabond.

Depuis des années, ce dragon terrorisait toute la région, dévorant veaux, vaches, moutons, parfois femmes ou enfants ! Las de vivre continuellement dans la peur, les hommes tinrent conseil. Après de longues discussions, ils résolurent de se débarrasser du dragon et firent donc appel à un courageux chevalier appelé Krak.

Celui-ci accepta sans hésiter cette dangereuse mission. Sous son commandement, tous les hommes valides s'armèrent et, un matin, alors que le dragon digérait tranquillement une nouvelle proie, ils passèrent à l'attaque. Krak chargea en tête, en lançant son cri de guerre. Le dragon, surpris dans une douce somnolence, reçut une terrible volée de coups de lances, épées, haches...

Le monstre aurait dû mourir sur-le-champ, mais les hommes constatèrent que même les chocs les plus violents ébréchaient à peine ses épaisses écailles visqueuses. Furieux d'être ainsi dérangé, le monstre poussa un hurlement effroyable. Souple, le coup de griffe rapide en dépit de son aspect balourd, il cracha un rideau de feu sur ses adversaires et chargea à son tour. Aveuglés, brûlés, Krak et ses hommes durent reculer en désordre, laissant plusieurs corps dans la grotte.

A midi, le moral au plus bas, ils tinrent à nouveau conseil sur la colline de Wawel. Sous leurs pieds ils entendaient un sifflement rauque et régulier : la respiration du monstre ! Des vapeurs acres s'échappaient au sol…

Toute nouvelle attaque frontale était vouée à l'échec. Alors Krak demanda qu'on lui apporte la peau du plus beau bélier de la région ainsi qu'une forte quantité de salpêtre, de soufre et de gros sel… Sans donner d'explication, il emplit complètement la peau de ce mélange détonant, puis la fit soigneusement recoudre de manière à lui donner l'apparence d'un véritable bélier. A la tombée de la nuit, Krak chargea le faux animal en travers de son cheval et avança vers la grotte. Seul.

D'une voix forte, il lança un défi.

"Sors de ton antre, brute sanguinaire ! Bats-toi si tu l'oses !"

Stupéfait d'être ainsi dérangé, le monstre se précipita hors de son repaire afin de voir à qui il avait affaire. Alors Krak éperonna son cheval, fonça vers lui au galop et lui jeta le bélier de toutes ses forces, juste devant la gueule. Glouton et peu subtil comme tous les dragons, le monstre saisit cette proie inattendue au vol et l'avala sans hésiter. Quelques minutes plus tard, son estomac commença à gonfler et une épaisse fumée jaunâtre lui sortit de la gueule. Il fut pris de terribles brûlures et d'une soif inextinguible. Sans plus réfléchir, il se précipita vers la Vistule, plongea la tête dans le fleuve et but, but, but… Il but tellement qu'il périt noyé !

La région était enfin débarrassée de ce monstre. Pour fêter l'événement, Krak et les paysans organisèrent une grande fête puis ils bâtirent une puissante et belle ville sur la colline de Wawel. En l'honneur du chevalier Krak on l'appela… Cracovie !

Krak jeta le bélier de toutes ses forces, juste devant la gueule du dragon.

Les dents du dragon

Agénor, souverain du pays de Canaan, se considérait comme le meilleur des rois et le plus heureux des pères. Il se réjouissait certes de la santé et de la prestance de ses cinq fils, mais, par-dessus tout, il adorait son unique fille, la princesse Europe. Il est vrai que la beauté de cette sublime créature éblouissait tous les mortels, et Zeus lui-même, le roi des dieux, l'avait remarquée. Décidé à la séduire, il prend la forme d'un splendide taureau blanc et se mêle au troupeau d'Agénor qui paît, comme d'habitude, sur le rivage de Tyr. Sur la plage, la princesse fait sa promenade quotidienne, escortée par ses suivantes. Dès qu'elle aperçoit le taureau, Europe est frappée par son air de tranquille majesté. Elle s'approche de l'animal, tend la main et commence à le caresser, surprise de trouver si douce et si docile une bête qui, d'ordinaire, passe pour dangereuse. S'enhardissant, elle joue avec lui, suspendant des guirlandes de fleurs à ses cornes. L'animal se laisse faire. Audacieuse, Europe se juche sur le dos du taureau qui, paisiblement, se met à arpenter la plage.

Soudain, l'animal prend son galop, et, dans un jaillissement d'écume, se jette dans les flots qu'il fend avec vigueur et rapidité. Europe, terrifiée, se cramponne à la corne droite, tenant encore, de son autre main une corbeille de fleurs. Elle n'a que le temps de jeter un dernier regard aux rivages de son pays natal. Zeus l'emporte dans l'île de Crète.

Cependant, au palais d'Agénor, la consternation s'est abattue. Fou de douleur à la nouvelle de l'enlèvement d'Europe, le roi fait appeler ses fils et leur ordonne : "Partez ! Retrouvez Europe ! Qu'aucun d'entre vous ne reparaisse devant mes yeux sans elle." Ignorant où a fui le taureau, les cinq frères prennent la mer. L'un deux, Cadmos, entreprend d'explorer les nombreuses îles qui entourent la Grèce. Ses recherches restent vaines. C'est pourquoi il décide de se rendre à Delphes où se tient le plus célèbre oracle de toute l'Hellade. Après s'y être purifié, il approche la Pythie, la prêtresse d'Apollon, dieu du soleil. Lisant dans l'avenir, elle dit à Cadmos : "Ne cherche plus Europe car tu ne la retrouveras jamais. Cherche une vache portant sur chaque flanc une tache en forme de pleine lune. Quand tu l'auras trouvée, suis-la et fonde une ville là où elle s'arrêtera." Pensif, Cadmos quitte Delphes avec son escorte. Sur son chemin, il avise une génisse répondant à la description de la Pythie. Il l'achète aux paysans qui la gardent, puis, la laissant déambuler, la suit. Elle l'emmène vers la Béotie où, épuisée, elle s'effondre. A l'endroit même où l'animal est tombé, Cadmos dresse une statue de la déesse Athéna. Ensuite, il envoie ses hommes chercher de l'eau.

Or, il y a, non loin de là, aux abords d'une sombre grotte, une source consacrée au dieu de la guerre, Arès. Les compagnons de Cadmos se précipitent vers les eaux jaillissantes, sans imaginer que la caverne sert de repaire à un redoutable dragon. Ils commencent à peine à emplir leurs outres que le monstre surgit, sifflant horriblement. Paralysés par l'épouvante, les hommes ne peuvent s'enfuir et le dragon les tue. Pendant ce temps, Cadmos, ne voyant pas revenir ses hommes, résout de partir à leur recherche. Couvert d'une peau de lion, armé d'une lance et d'un javelot, Cadmos s'enfonce dans la forêt. Un affreux spectacle l'attend tout près de la source : le monstre s'est endormi sur les corps de ses fidèles compagnons. Ivre de rage, Cadmos arrache du sol un énorme bloc de pierre et le jette avec vigueur sur le crâne du dragon. Ecumant de fureur, le reptile tente de se redresser et de se défendre, mais, plus prompt, le héros l'achève d'un seul coup de javelot.

Alors que Cadmos contemple la dépouille du monstre, Athéna lui apparaît et déclare : "Fils d'Agénor, arrache les dents de ce dragon. Trace un sillon dans cette terre et sème les dents dans le sol !"

Cadmos s'exécute aussitôt. Tandis qu'il sème la dernière dent, il voit avec stupeur la terre tressaillir, bouger, s'ouvrir en de multiples endroits. Du sol jaillissent des casques puis des visages surmontant des bustes cuirassés.

*Cadmos s'apprête à lancer son
javelot sur le monstre*

L'endroit tout entier foisonne bientôt d'une foule d'hommes en armes. Cadmos saisit un gros rocher et le lance au milieu des guerriers. Une panique folle s'empare d'eux. Avec des cris perçants et dans le vacarme de leurs glaives, ils se jettent les uns sur les autres et se mettent à s'entre-tuer. Cinq hommes sortent vivants de ce massacre. Ils discutent entre eux, puis, allant vers Cadmos, lui proposent leurs services. Avec ces cinq hommes nés de la terre, le héros bâtit la ville de Thèbes.

La cité devient puissante et Cadmos y règne avec justice. Il civilise les Grecs en leur faisant découvrir l'alphabet. Favorisé des dieux, il épouse Harmonie, fille d'Arès et d'Aphrodite. Leurs noces sont magnifiques et les douze grands dieux de l'Olympe s'y rendent, comblant les époux de somptueux cadeaux.

SIEGFRIED

L'épée brisée

LE LOURD marteau du nain Régin tintait à intervalles réguliers sur l'enclume, modelant peu à peu une lame parfaite. De fines gouttes de sueur perlaient sur la peau de son visage, ridée par les ans et tannée par les braises. Soucieux d'accomplir un travail parfait, Régin travaillait lentement, sous l'œil de son protégé, le jeune Siegfried, à qui il transmettait volontiers ses secrets de forgeron. Il y avait déjà bien des saisons que le nain avait recueilli la mère de Siegfried, Sieglinde, perdue dans cette contrée déserte et sauvage, juste avant qu'elle ne donne naissance à son fils. Il les avait abrités, protégés, nourris, et comme un père, il avait donné au jeune homme une éducation complète, digne des grands guerriers de ce monde ; outre ses secrets de forge, il lui avait enseigné l'art du combat, les mille et une ruses de la chasse, comment apprivoiser un chevreuil, dominer des loups ou dompter un ours. Il lui avait trouvé pour ami et compagnon de tous les instants un fougueux étalon gris sur lequel Siegfried, lancé à plein galop, effectuait de folles chevauchées dans les forêts et sur les landes immenses.

Ce matin-là, au retour d'une course lointaine, Siegfried se montrait moins attentif que de coutume aux enseignements de Régin. Il semblait préoccupé. Comme le nain lui en fit la remarque, il lui dit avoir entendu d'étranges bruits sur la lande, de lointains feulements, sourds et rauques ; une sorte d'appel inquiétant... Régin eut un air soucieux, et il demanda à Siegfried de ne jamais retourner dans cette région maudite. Pourtant, dès le lendemain, le jeune homme

*Lancé à plein galop,
Siegfried effectuait de folles chevauchées
sur les landes immenses...*

*Cette épée étincelante,
avant d'être celle de son père,
avait appartenu au puissant dieu Wotan.*

reprit ses courses vers le pays interdit et, cette fois, les grondements furent plus nets encore que la veille. Rien ne permettait d'expliquer leur origine et, lorsqu'à son retour Siegfried en parla à Régin, ce dernier comprit qu'il ne pourrait cacher longtemps la vérité à son protégé : ces cris sinistres étaient ceux d'un redoutable dragon qui régnait sur cette lande déserte !

Ce dragon, nommé Fafnir, veillait sur un fabuleux trésor, dont un anneau d'or et un heaume magiques conféraient à ceux qui les possédaient richesse et immortalité. Cependant Régin mit solennellement Siegfried en garde : tous ceux qui avaient voulu affronter ce monstre avaient disparu à tout jamais. Cela ne fit qu'augmenter la détermination de Siegfried, aussi Régin décida-t-il de lui confier un autre secret : cette épée brisée en trois tronçons sur laquelle il travaillait depuis des mois était en réalité... celle de son père Siegmund ! L'arme avait été brisée lors d'un terrible et ultime combat, livré par Siegmund peu avant la naissance de Siegfried. C'est pourquoi Siegfried n'avait jamais connu son père, mort lors de cette lutte sans merci.

Alors, les larmes aux yeux, Siegfried prit le marteau des mains de Régin et acheva son ouvrage, réunissant les tronçons du glaive en un ensemble plus robuste encore qu'à l'origine. Cette épée étincelante, avant d'être celle de son père, avait appartenu au puissant dieu Wotan. Douée de pouvoirs magiques, l'arme avait pour nom Nothung. Elle serait prête dans quelques jours.

Le lendemain, Siegfried s'approcha un peu plus du repaire du monstre ; il ne le vit toujours pas mais entendit des rugissements qui auraient glacé le sang du chevalier le plus courageux. Comme il voulait pousser plus avant, son cheval sentit un danger mortel ; il se cabra et refusa d'aller plus loin.

Siegfried donna raison à son fidèle compagnon : une telle bataille ne pouvait s'improviser. Il reviendrait avec Régin et Nothung. A contrecœur, il prit le chemin du retour, mais sa décision était prise : dès que possible, il affronterait Fafnir le dragon, et il s'emparerait de l'anneau d'or !

Ce moment, Régin le redoutait depuis longtemps ; il avait toujours su que Siegfried et Fafnir se rencontreraient. C'est pourquoi, depuis sa naissance, il avait préparé le jeune homme à ce combat décisif. Pourtant, une angoisse affreuse grandissait dans le cœur du vieux nain : Nothung, l'épée magique, serait-elle aussi robuste qu'à l'origine ? Siegfried sortirait-il vainqueur de ce duel mortel ?

167

SIEGFRIED

Fafnir, gardien de l'anneau magique

TAPI au fond de son repaire, Fafnir observait la lande en silence ; son instinct de dragon l'avait averti d'une présence, d'un danger imminent. Effectivement, un cavalier monté sur un fougueux cheval gris apparut peu après sur le sentier qui menait à la caverne. Il paraissait jeune mais sûr de lui et tenait à la main une épée étincelante ; une curieuse épée, telle que Fafnir n'en avait jamais vu... A côté du cavalier marchait un vieux nain roux : « Cette vieille connaissance de Régin... Je le tiens enfin ! » grogna Fafnir quand il le reconnut.

Le dragon s'ennuyait au fond de sa caverne. A son goût, trop peu de gens osaient s'aventurer sur ses terres. « Enfin un beau combat en perspective ! Autant faire durer le plaisir... » marmonna-t-il, l'œil animé d'une lueur cruelle. Il étira sa longue carcasse puis, de sa langue fourchue, lissa sa peau flasque. Une peau qui, lui donnant une apparence trompeuse de lourdeur, avait coûté la vie à tous ses adversaires. Simulant l'indifférence, Fafnir laissa approcher ses ennemis jusqu'à ce que le cavalier, descendu de sa monture, fût en mesure de lui assener de violents coups d'épée ; ces coups glissaient sur ses écailles sans lui faire bien mal, mais l'un d'eux, porté à la jointure de l'épaule, provoqua une désagréable douleur. Alors, saisi d'une effroyable colère, Fafnir prit son souffle, gonfla sa poitrine au maximum et... cracha un infernal torrent de flammes ! Engloutis par le brasier, le nain et le cheval furent tués sur le coup, sans avoir pu esquisser la moindre défense. Seul Siegfried, plus prompt, avait pu reculer à temps.

Siegfried ressentit la terrible morsure du feu sur ses bras et son visage ; mais il oubliait sa propre souffrance, car, malgré les flammes et la fumée, il avait vu disparaître ses deux compagnons dans d'horribles conditions. Une formidable colère l'envahit ; il ne pensait plus à la mort mais seulement à venger ses compagnons. Sa résolution était inébranlable, à la hauteur de sa peine : il ne reculerait pas devant le prochain assaut ! Il vaincrait ou périrait à son tour...

Fafnir approcha lentement. Parvenu à faible distance, il décida d'en finir : il prit une nouvelle fois son souffle... Des flammes pointaient déjà hors de sa gueule, quand Siegfried concentra toute sa volonté pour invoquer l'aide des dieux dans cet affrontement final. Alors, de Nothung jaillit un éclair aveuglant, une lumière intense, insupportable, destructrice qui frappa le monstre de plein fouet avant même qu'il ait pu esquisser le moindre geste de recul ! Foudroyé et aveuglé, Fafnir chancela, lança plusieurs coups de pattes dans le vide. En vain. Siegfried, plus vif que lui, frappa le premier. Fafnir s'effondra. Pour ne plus jamais se relever...

Les dieux avaient aidé Siegfried. Étourdi de sa victoire, étonné d'être encore en vie, le jeune homme trempa ses lèvres dans le sang qui maculait Nothung. Aussitôt il sentit son propre sang bouillonner et une étrange mutation s'opéra en lui : le langage des oiseaux, qui commentaient bruyamment sa victoire, lui était parfaitement compréhensible. Il devenait un fils de la nature !

Alors Siegfried s'enduisit tout le corps du sang du dragon et à ce contact sa peau commença à épaissir, se transformant en un cuir impénétrable aux armes. Toutefois, sans qu'il le sentît, une feuille de tilleul vint se coller dans son dos, isolant la peau et ménageant ainsi un endroit vulnérable. Ensuite il se rhabilla, s'empara de l'anneau d'or et du heaume magique et, conseillé par des oiseaux, il quitta ce pays maudit.

D'autres oiseaux et des poissons le guidèrent sur les mers froides et tumultueuses du Nord jusqu'à une île mystérieuse où se trouvait la walkyrie Brunehilde. Elle avait été endormie là pour toujours, par le dieu Wotan, au sommet d'une montagne encerclée de flammes. Siegfried, aidé d'un cheval sauvage, osa franchir le rideau incandescent et, en embrassant Brunehilde sur les lèvres, il lui rendit la vie ! Tous deux connurent le bonheur et de nombreuses aventures jusqu'au jour où Siegfried mourut au combat, frappé dans le dos. Juste à l'endroit où la feuille de tilleul s'était posée...

TRISTAN ET ISEULT

Deux hirondelles et un cheveu d'or

LE ROI Marc hésitait depuis quarante jours et quarante nuits : ses barons le pressaient de se marier afin qu'il eût un héritier, mais lui ne savait qui choisir pour épouse ! Cette perspective lui déplaisait, et, en pestant contre ceux qui voulaient lui faire interrompre un agréable célibat, il se remémorait les jeunes femmes bien nées qu'il connaissait, leur trouvant à toutes un défaut : il y en avait de jolies mais peu gracieuses, de rieuses mais peu instruites, d'instruites mais peu aimantes... Bref ! aucune ne lui plaisait vraiment et il regrettait de s'être engagé à donner une réponse le jour même, avant minuit.

Pensif, le roi admirait le rougeoiement du soleil sur la mer quand il fut intrigué par deux hirondelles qui, venues du large, entrèrent sans hésiter par la fenêtre. Dans un bruissement d'ailes, elles accomplirent un cercle parfait autour de sa tête, puis, laissant échapper de leur bec un long fil d'or, elles s'éloignèrent en lançant un strident cri d'adieu. Le roi Marc ramassa le fil souple et soyeux qu'il examina avec attention. « Un cheveu d'or ! » s'écria-t-il. Et il lui vint une idée...

Quand Tristan, son neveu bien-aimé, et tous les barons arrivèrent en rangs serrés, le roi afficha un sourire malicieux et leur dit : « Mes amis, j'ai reçu un présage ! J'épouserai celle à qui appartient ce cheveu... »

Surpris, les barons se passèrent le prodigieux fil d'or de main en main, sans bien sûr pouvoir avancer le moindre nom. Le roi se crut tiré d'affaire, mais Tristan s'exclama :

« Je ne connais qu'une femme au monde qui puisse avoir de tels cheveux : C'est Iseult, la fille de Gormond le roi d'Irlande ! »

A ce nom, les visages se figèrent, car Gormond était le pire ennemi du roi Marc ! Personne ne pourrait donc obtenir la main de la princesse. Plusieurs barons soupçonnèrent alors Tristan d'avoir nommé Iseult dans le but de rendre le mariage impossible et de devenir ainsi le seul héritier du royaume. Humilié de se voir prêter d'aussi noires pensées, Tristan s'écria : « Ce cheveu est bien celui de la belle Iseult et j'irai dès demain en Irlande demander sa main pour mon oncle ! »

En formulant ces paroles il relevait un défi qui pouvait le conduire droit à la mort car, un an plus tôt, Tristan avait tué en combat singulier le terrible Morholt, un oncle d'Iseult. Le combat avait été si rude que son épée en portait encore la trace. Il ne pouvait donc se rendre en Irlande à visage découvert, sous peine d'y être immédiatement exécuté. Pourtant, une mystérieuse force intérieure le poussait à accomplir cette mission. Il souhaitait tant revoir la douce Iseult à qui il avait enseigné la harpe et le chant...

Quelques barons ricanèrent et l'accusèrent de forfanterie. Alors Tristan imposa à tous le silence en affirmant qu'il ramènerait Iseult ou qu'il périrait. A contrecœur le roi Marc accepta, et le soir même on affréta un navire pour Tristan et ses plus fidèles compagnons. Quelques jours plus tard, les jeunes gens, habillés en simples marchands afin de ne pas être

Un cavalier s'enfuyait au galop, mort de peur...

reconnus, débarquaient en Irlande, à Weisefort. A peine le pied à terre, ils furent surpris par l'animation inhabituelle : des centaines d'habitants s'enfuyaient en désordre, terrorisés par un invisible ennemi.

Immobile dans le flot des fuyards, Tristan arrêta un passant qui lui apprit qu'un horrible dragon voulait, une fois de plus, choisir une proie dans la ville afin de la dévorer. Avant de s'éloigner, l'homme ajouta que le roi Gormond avait solennellement promis de donner sa fille en mariage à celui qui réussirait à détruire ce monstre, mais qu'à ce jour, ceux qui avaient tenté l'aventure avaient tous péri ! Tristan comprit aussitôt comment il pourrait mériter la main d'Iseult...

Dès le lendemain, épée au côté, lance au poing, juché sur son meilleur cheval, il se mit en route vers le marais pestilentiel où vivait le dragon. Le cœur battant, mais décidé à aller jusqu'au bout, il avançait seul dans un paysage de cauchemar quand il croisa un cavalier qui s'enfuyait au galop, vert de peur. Au même instant retentit un cri strident, un cri terrible qui glaça le sang de Tristan et fit se cabrer son cheval. Le sol trembla de plus en plus fort. Une insoutenable odeur de soufre se répandit et... l'horrible dragon apparut !

TRISTAN ET ISEULT

La langue du dragon

SANS hésiter, Tristan poussa un cri de guerre et éperonna son cheval. Sa monture frémissait de peur, mais elle se jeta tout de même sur le monstre, qui ne s'attendait guère à cette attaque, car jamais de sa longue vie de dragon on n'avait osé le défier ainsi ! Profitant de l'effet de surprise, Tristan, lancé à pleine vitesse, lui planta profondément son arme dans le cou. Blessé, le dragon rugit, cassa net la lance puis cracha un torrent de flammes.

Tristan désarçonné, encerclé par un tourbillon de feu, recula. Son cheval s'effondra sous lui, mort. Tristan suffoquait, ses poumons le brûlaient. Il dégaina son épée et se redressa, mais, aveuglé, il ne put éviter un violent coup de patte. Sous le choc, son écu vola en éclats et, à demi assommé, le bras meurtri, il s'abattit sur le sol. Inerte.

Le monstre, certain de sa victoire, s'approcha lentement de sa victime, renifla le corps, le roula avec sa patte et... ouvrit toute grande sa gueule pour l'avaler ! Alors Tristan, animé par l'énergie du désespoir, se détendit tel un arc et planta son épée au plus profond de cette gorge infernale. Mortellement atteint, le dragon s'effondra en hurlant, labourant le sol autour de lui de ses griffes puissantes.

Oubliant la douleur, enivré par sa victoire, Tristan se redressa et trancha net la langue du dragon, comme preuve de son exploit. D'un geste irréfléchi, il la glissa dans sa chausse comme le faisaient certains chasseurs après avoir tué un fauve.

Assoiffé, la peau des mains craquelée par les flammes, Tristan partit à la recherche d'un peu d'eau claire. Il fit quelques pas dans les hautes herbes, mais ressentit aussitôt une douleur violente à la jambe : au contact de sa peau, le venin de la langue agissait ! Tristan tituba. Sa vue se brouilla. Une douleur violente lui perça la poitrine. Il trébucha...

Un silence glacial s'installa sur le marais. Même les oiseaux n'osaient plus chanter. Seule une affreuse odeur témoignait du violent combat qui venait de se livrer. A bonne distance de là, Aguinguerran, le cavalier fuyard qu'avait croisé Tristan, s'était arrêté sous un grand chêne d'où, d'après les cris, il avait suivi les péripéties du combat. N'entendant plus de bruit, il revint lentement sur ses pas. Stupéfait, il découvrit le corps du dragon, celui du cheval, et, dispersés au sol, les débris de l'écu. Ne voyant pas Tristan, il en déduisit que le dragon l'avait dévoré avant de succomber à son tour. Aussi, comprenant la chance qui s'offrait à lui, il trancha la tête du monstre, l'attacha derrière sa selle et s'élança au galop vers le palais, criant à tous qu'il était vainqueur.

Cette arrivée créa la stupéfaction, car Aguinguerran était célèbre pour sa couardise. Iseult le détestait, et personne ne voulait vraiment le croire ; pourtant cette tête coupée semblait bien prouver qu'il disait vrai...

Suspectant une manœuvre déloyale, le roi demanda un délai avant de lui accorder la main de sa fille. Iseult, affolée à l'idée d'épouser le violent et vulgaire Aguinguerran, quitta discrètement le palais en compagnie de sa mère et d'une fidèle servante. Toutes trois se rendirent sur les lieux du combat, lieux maudits où personne n'osait encore s'aventurer. Devant le corps du dragon, elles découvrirent les débris de l'écu de Tristan : un écu tel qu'elles n'en connaissaient pas en Irlande ! Alors, guidée par un pressentiment, Iseult fouilla le marais avec obstination et trouva enfin Tristan ; sa jambe avait enflé et, inanimé et méconnaissable, il respirait à peine. Il fallait qu'il survive ! Les trois femmes décidèrent aussitôt de le ramener au palais par une porte dérobée afin de le soigner.

Toujours inanimé, Tristan fut installé dans les appartements d'Iseult. La reine qui le déshabillait pour le baigner, trouva la venimeuse langue du dragon, collée sur la peau de la jambe. Au moyen d'herbes magiques dont elle connaissait le secret elle élabora un ingénieux contrepoison. Nu dans un bain de plantes, Tristan retrouva peu à peu des couleurs. Il respirait plus régulièrement et revenait à la vie ! Iseult le trouvait très beau.

En attendant son réveil, elle avait entrepris de nettoyer l'épée souillée du sang du dragon, quand elle poussa un cri : elle avait découvert dans la lame une brèche d'une forme rare ! Prise d'un terrible doute, elle courut vers un coffret d'où elle sortit le morceau d'acier qui s'était fiché dans le crâne du Morholt. Il s'ajustait parfaitement : « Tristan ! Le meurtrier de mon oncle ! » s'écria-t-elle. Et, prises de fureur, Iseult et la reine se précipitèrent vers lui, l'épée haute, prêtes à le frapper dans son sommeil.

TRISTAN ET ISEULT
Le philtre

A L'INSTANT même où l'épée allait s'abattre sur lui, Tristan ouvrit les yeux. Iseult hésita. Elle reconnut celui qui, lors de son premier séjour en Irlande, se faisait appeler Tantris. Il était encore bien faible et vulnérable. La pitié l'emporta. Les deux femmes acceptèrent d'écouter ses explications. Persuadées de la traîtrise d'Aguinguerran, elles réussirent à convaincre le roi d'accorder sa grâce pour le meurtre du Morholt puis d'organiser une confrontation entre les deux chevaliers.

Quelques jours plus tard, Tristan, enfin guéri, pénétra dans la grande salle d'honneur du château, où étaient réunis tous les barons et ses compagnons. Aguinguerran, sûr de lui car il ignorait la présence de Tristan, entra à son tour. Il traînait derrière lui la tête du dragon et, en la déposant devant le roi, il affirma être le vainqueur. Devant une telle preuve, l'assemblée, impressionnée, commençait à murmurer, quand Tristan s'avança, sortit d'un sac la langue du dragon et la montra à tous ! Il raconta son combat difficile, la mort de son cheval, le malaise et l'aide providentielle d'Iseult. Le lâche Aguinguerran perdit aussitôt sa belle assurance et, ainsi confondu, il fut banni du royaume sous les huées des témoins.

Tristan dévoila enfin le vrai but de sa mission : obtenir la main d'Iseult pour son oncle le roi Marc. Après une brève hésitation, le roi y consentit car ce mariage pouvait amener une paix durable entre l'Irlande et l'Angleterre. Iseult pâlit. Elle eut bien du mal à dissimuler sa déception car elle avait cru pouvoir épouser Tristan et non pas ce souverain lointain et âgé dont elle ignorait tout. Déjà, secrètement, elle aimait Tristan, mais elle n'en laissa rien paraître. Elle accepta la décision de son père d'une voix blanche, sans la moindre protestation. En dépit de ses sentiments, elle ferait son devoir de princesse et aiderait ainsi à réconcilier l'Irlandais avec l'Anglais.

La reine avait tout compris de la déception de sa fille. Aussi par précaution prépara-t-elle un philtre d'amour. Si puissant était ce philtre, que rien ne pourrait plus jamais séparer l'homme et la femme qui l'auraient bu. Dans le plus grand secret, elle confia ce précieux flacon à la fidèle servante d'Iseult, avec mission d'en faire boire le contenu aux nouveaux mariés le jour des noces.

Par une belle journée d'été, ils embarquèrent pour l'Angleterre. Iseult cachait sa tristesse de quitter son pays et sa déception ; elle semblait sereine et résignée. Tristan souffrait lui aussi de ne pouvoir avouer son amour à Iseult, mais il avait prêté serment à son oncle. Lui aussi se résignait. Pendant la traversée, une forte chaleur accabla les passagers. Afin de protéger les deux jeunes gens, une tente avait été dressée sur le pont. Sous cet abri, Tristan et Iseult devisaient, jouaient de la harpe et récitaient des poèmes. Il faisait de plus en plus chaud. Dans la soirée, ils eurent soif. La servante leur prépara un breuvage rafraîchissant, mais en manipulant les flacons dans l'obscurité, elle les confondit. Et, sans le savoir, ils burent le

*Tristan s'avança,
sortit d'un sac la langue du dragon
et la montra à tous!*

philtre! Quelques heures plus tard, alors que tout le monde se reposait, ils furent attirés irrésistiblement l'un vers l'autre et sans en être vraiment conscients devinrent amants. Désormais ils étaient liés l'un à l'autre pour toujours.

A leur arrivée en Angleterre, le roi Marc, ignorant tout du sortilège, épousa Iseult. Grâce à sa victoire sur le dragon, Tristan avait déjà conquis le cœur d'Iseult, mais en raison du philtre, une vie difficile, parfois errante, commençait pour eux. Les lois des hommes n'y pourraient plus rien. Nul ne pourrait jamais les séparer.

Georges et la princesse Aïa

EN CE TEMPS-LÀ, un énorme dragon terrorisait les habitants de la ville de Sylène en Libye. Tapi dans les marais, non loin des murailles, il s'approchait souvent des portes pour mieux surprendre les passants, qu'il empoisonnait de son souffle avant de les dévorer. Peu à peu, personne n'osa plus ni sortir ni entrer ! En quelques mois, le commerce périclita et la famine menaça tout le monde. Aussi, pour tenter de calmer le monstre, on décida de lui faire quelques offrandes. On lui sacrifia d'abord une douzaine de brebis blanches. Satisfait et repu, le dragon disparut pendant trois lunes ; mais il revint...

Alors, on lui en offrit d'autres, et il y prit goût ! Il en exigea des dizaines, puis des centaines, devenant de plus en plus vorace à chaque fois. A leur tour les éleveurs furent ruinés et s'enfuirent.

Cependant, comme on ne lui fournissait plus de brebis, le dragon ordonna que des jeunes gens lui soient sacrifiés. Son appétit de chair fraîche grandissait toujours, il devenait boulimique, insatiable, contraignant même les habitants à lui livrer les plus belles jeunes filles de la région. Lâchement, tout le monde acceptait ce lourd tribut dans l'espoir que le dragon allait se lasser. Hélas, un jour, une nouvelle stupéfiante fit le tour de la ville : le monstre exigeait qu'on lui offrît... la fille du roi !

Et par un petit matin blême, la belle princesse Aïa fut livrée au dragon. Satisfait, il l'entraîna aussitôt vers son repaire, en grognant sa joie.

Le même jour, vint à passer un jeune chevalier nommé Georges, qui faisait étape à Sylène. Il y apprit la triste nouvelle. N'écoutant que son courage, Georges lança son cheval au galop en direction des marais

Elle le promenait en laisse tel un gros lézard pataud

putrides où le dragon s'apprêtait à dévorer son innocente proie. Guidé par des traces bien visibles, puis par des cris et des grognements, il les rattrapa juste à l'instant où le dragon ouvrait toute grande sa gueule pour engloutir Aïa! Georges poussa son cri de guerre. Le monstre sursauta, stupéfait que l'on ose venir le défier sur ses terres, et plus encore furieux d'être dérangé alors qu'il pensait croquer tranquillement la jolie princesse!

Sans hésiter, le dragon fit face à cet adversaire imprévu et bien téméraire. Il chercha d'abord à croiser son regard pour le pétrifier avant de l'anéantir, mais Georges déjoua le piège, évitant l'éclair de ses yeux flamboyants. Le jeune chevalier brandissait une lance au bout de laquelle flottait une bannière inconnue de la princesse Aïa : blanche marquée d'une croix rouge.

«Sans doute le blason d'un riche prince étranger...» pensa-t-elle.

Georges chargea avec vigueur et toucha le dragon. Il le blessa, mais rompit sa lance dans la peau épaisse. Puis il l'affronta à pied, l'épée au poing, avec beaucoup de hardiesse. Il blessa à nouveau le monstre, mais celui-ci paraissait indestructible. Il faiblissait à peine et lançait encore de terribles coups de patte. Le combat semblait sans issue quand Georges invoqua l'aide d'un dieu inconnu d'Aïa : le dieu des chrétiens. Alors un prodige s'accomplit : le dragon recula de quelques pas, baissa la tête, puis se coucha sur le sol en signe de soumission!

La princesse Aïa n'en croyait pas ses yeux. Clouée sur place par la peur, elle n'osait faire le moindre geste, quand Georges lui ordonna de détacher la large ceinture de soie qu'elle portait à la taille pour la passer au cou du monstre. Tremblante, Aïa obéit cependant. A sa grande surprise, le dragon, devenu inoffensif, se laissa faire. Ainsi, Georges et Aïa le ramenèrent-ils en ville où ils le promenèrent en laisse, tel un gros lézard pataud!

Les habitants de Sylène laissèrent libre cours à leur joie et le roi organisa une fête de plusieurs jours en l'honneur de Georges. Comme le roi lui demandait ce qu'il voulait comme récompense, le jeune homme déclara qu'il avait seulement abattu le monstre pour protéger la cité; mais il souhaitait que les habitants adoptent le nouveau dieu, et donc qu'ils reçoivent le baptême. Ce fut accompli dès le lendemain, et par la même occasion, Georges épousa la princesse. Il devint le protecteur de cette ville désormais prospère. Cependant, il repartit un beau matin comme il était venu, seul sur son cheval, en route vers d'autres contrées lointaines et de périlleuses aventures...

Des habitudes

Les dragons, animaux mystérieux et agressifs, ont toujours été difficiles à observer. Ils ne vivent pas n'importe où, et leurs habitudes font que vous avez de fortes chances de les rencontrer en des lieux bien précis. Par exemple, il est très improbable d'en croiser un dans le désert : trop chaud et surtout trop sec pour eux ! Il leur faut une humidité permanente, aussi vivent-ils toujours là où il y a de l'eau. C'est pourquoi ils sont les gardiens des sources miraculeuses et des vieux puits oubliés (1). En Orient, ils aiment à vivre dans les fleuves tumultueux, au fond des océans, ou au cœur de gros nuages noirs. Ainsi, certains soirs d'orage, risquez-vous d'en apercevoir un qui s'agite dans le ciel, pris d'une violente colère (2). Depuis le Moyen Age, ils se plaisent loin des villes et de l'agitation humaine, dans les landes isolées de l'Occident, au plus profond de cavernes humides et sombres (3), ou encore ils rampent lentement dans des marécages fétides (4), en guettant leurs proies... Alors un conseil : si vous traversez un de ces endroits particulièrement dangereux, ouvrez l'œil ! Un dragon veille peut-être...
Si par hasard vous croisez un dragon, il est bon que vous connaissiez quelques-unes de ses habitudes, cela vous permettra de mieux le combattre... ou de mieux vous enfuir !

Voici quelques principes de vie du dragon :

Le dragon occidental (l'espèce la plus dangereuse) mange et boit beaucoup, mais ne dort jamais (5). Il s'est donc spécialisé dans la garde des trésors qu'il surveille jour et nuit.

du dragon...

Souvent même, il n'a pas de paupières. Pour cette raison, il était associé par les Grecs à la déesse Athéna qui, comme la sagesse, doit demeurer toujours en éveil.

Le dragon oriental, lui, est moins méchant, mais c'est un grand gourmand qui ne boit pas que de l'eau (il adore l'alcool!) et un gros dormeur parfois paresseux : il lui arrive de dormir plusieurs mois d'affilée. Alors, si vous devez frôler les naseaux d'un dragon assoupi, renseignez-vous avant sur son identité : occidental ou oriental ?

Attention! face à n'importe quel dragon, même immobile, vous êtes en danger mortel sans le savoir, car un simple regard peut vous paralyser (6) immanquablement (sauf si vous êtes protégé par un talisman ou des formules magiques). Il est donc préférable de ne pas le fixer dans le blanc des yeux...

Si vous le contournez à une distance respectable, le dragon peut encore être dangereux (7) : il est capable de cracher le feu (8) et de détruire ainsi toute vie à des dizaines de mètres autour de lui. Il faut donc vous protéger (en emportant au minimum un bon bouclier et un casque).

Il y a encore pire : son haleine empoisonnée constitue une invisible source de danger en raison des vapeurs mortelles provenant de sa combustion interne, qui peuvent tuer si vous les respirez. Aussi, avant d'affronter un dragon, soyez d'une vigilance extrême, équipez-vous, ne le regardez pas dans les yeux... et bloquez votre respiration !

Le gardien de la Toison d'or

POUSSÉ par un vent favorable, l'*Argo* fendait les flots, abandonnant derrière lui un fin sillage d'écume. Debout à la proue de son navire, le plus grand du monde grec, Jason scrutait l'horizon, anxieux d'y découvrir enfin le rivage de la mystérieuse Colchide. Au cours des traversées difficiles, Jason ne s'éloignait guère de cette proue enchantée, qui avait été taillée dans un chêne sacré, car en cas de danger, elle pouvait lui parler, le guider parmi les récifs, et même... prévoir l'avenir!

Dépossédé de son royaume par son demi-frère Pélias, Jason naviguait depuis des années sur des mers inconnues et avait abordé dans bien des contrées hostiles, à la recherche de l'inaccessible Toison d'or cachée en Colchide. En effet, l'hypocrite Pélias s'était engagé à rendre ses terres à Jason s'il lui rapportait cette Toison tant convoitée depuis des siècles ; elle était celle d'un bélier d'or consacré à Zeus, mais tous ceux qui tentaient de s'en emparer périssaient de mort violente, car le roi de Colchide, et plus encore un terrible dragon, montaient une garde vigilante. Pélias était persuadé que Jason disparaîtrait lui aussi dans cette aventure. Cependant, pour mieux relever ce défi, Jason avait constitué un équipage exceptionnel à l'aide de ses nombreux amis, les Argonautes. Ainsi les plus grands héros de toute la Grèce : Thésée, Castor et Pollux, Héraclès, Orphée le musicien et bien d'autres avaient-ils accepté d'accompagner Jason dans sa course folle. Toutefois, les Argonautes, déjà bien éprouvés par un voyage semé d'embûches et d'imprévus, n'étaient déjà plus au complet : Héraclès manquait à l'appel, et le pilote Tiphys, mort pendant la traversée, avait dû être remplacé au gouvernail par Ancée, un héros de la guerre de Troie.

« Terre ! Terre !... » s'écria Jason. Les Argonautes se bousculèrent tous pour l'apercevoir : la Colchide était en vue et la Toison d'or leur semblait à portée de main... Ou presque ! car, à peine débarqué, Jason se heurta à l'hostilité du roi Aiétès qui lui imposa de périlleuses épreuves avant de le laisser affronter le dragon. Jason dut d'abord dompter des taureaux furieux qui crachaient le feu, puis se débarrasser de géants en armes. Au cours de ces épreuves, Jason reçut l'aide efficace de la magicienne Médée, tombée amoureuse de lui. Restait à neutraliser le dragon...

Quand Jason, approchant enfin du but, aperçut la Toison d'or clouée sur un chêne sacré, il crut la partie gagnée ; mais le dragon à triple langue surgit de sa caverne et cracha de longues flammes qui l'obligèrent à reculer. Jason ne manquait pas de courage, mais comment vaincre le feu ? La partie semblait perdue, quand Médée lui proposa un onguent de sa fabrication afin de le protéger des brûlures. De plus, elle lui enseigna quelques formules magiques et lui recommanda de garder à la main pendant tout le combat un mystérieux bouquet de feuilles. Jason s'enduisit soigneusement le corps de ce baume mystérieux, empoigna ses armes et le bouquet, puis, ainsi préparé, il repartit seul pour affronter le dragon. Seul, face à son destin...

Le dragon se dressa une nouvelle fois devant lui, menaçant. Quand les premières flammes le frôlèrent, Jason réussit à dominer sa peur et ne recula pas. Il tendit le bras en avant, son arme au poing. Aveuglé, enveloppé par l'haleine brûlante du monstre, Jason prononça à plusieurs reprises les formules magiques, mais elles semblaient inopérantes car la chaleur devint effroyable. Il se crut perdu. Heureusement, les feuilles s'étaient enflammées et, en se consumant, elles dégageaient une fumée bleuâtre à l'odeur d'encens qui chatouilla les naseaux de la bête. Aussitôt, le sortilège opéra : une irrésistible somnolence gagna le dragon... et il s'effondra sur le sol en un grand fracas. Ronflant comme un bienheureux, il s'affala, provisoirement inoffensif. Sans plus réfléchir, Jason enjamba le corps, s'empara de la Toison d'or, puis courut vers l'*Argo* en compagnie de Médée.

Les Argonautes les attendaient avec anxiété ; ils appareillèrent en hâte et s'éloignèrent de la côte en ramant comme des forcenés. Médée, à qui Jason avait promis le mariage, les accompagnait. Rentré à Iolchos, après un voyage jalonné de pièges, de combats et de sortilèges, Jason retrouva son royaume et épousa Médée ; mais la Toison d'or ne leur apportera qu'un bonheur éphémère. Médée, cruelle, jalouse, aveuglée par la haine, tuera plusieurs personnes, et Jason sera entraîné dans de nouvelles aventures.

L'armure de Cléostratos

COMME tous ses amis, Cléostratos, un jeune Grec de Thespies, avait grandi dans l'inquiétude, car un monstreux dragon ravageait la contrée. A intervalles réguliers, le monstre exigeait en offrande un adolescent vigoureux. Pour les habitants, c'était un choix terrible à effectuer ; aussi, faute de mieux, s'en remettaient-ils au hasard : ils se réunissaient et, la mort dans l'âme, procédaient à un tirage au sort...

Cette fois, Cléostratos fut désigné. Tous fondirent en larmes mais ils se résignaient déjà, quand Ménestratos, son meilleur ami, refusa d'accepter docilement ce coup du sort. Les deux jeunes gens décidèrent de tout mettre en œuvre pour en finir avec le dragon et il leur vint une idée. Un plan très risqué, mais ils n'avaient guère le choix... Dans le plus grand secret tous deux passèrent des heures enfermés dans la forge. Ils utilisaient de grosses quantités de cuir et d'acier, mais personne ne devinait leur projet. Le jour fatidique, Cléostratos revêtit discrètement d'étranges lanières de cuir bardées de crochets et de pointes d'acier puis, avant de sortir, enfila une ample tunique de toile par-dessus pour camoufler l'ensemble.

Assemblés sur les murailles de la cité, les habitants virent Cléostratos marcher d'un pas ferme et résolu vers son destin. Un cri terrifiant glaça l'assistance quand le dragon apparut. Cléostratos, parfaitement immobile et sans arme, n'offrit aucune résistance. Il domina sa peur et évita tout mouvement brusque afin

Il pouvait se déplacer à une vitesse prodigieuse grâce à un attelage de dragons ailés.

que le dragon ne crache pas de flammes. Heureusement, celui-ci était du genre glouton, impatient d'avaler sa proie. Sûr de sa force, il l'engloutit tout rond ! Alors, les spectateurs entendirent le dragon hurler, puis le virent se tordre de douleur et se rouler au sol, ce qui fit pénétrer les pointes d'acier plus loin encore dans sa panse. Aussitôt, Ménestratos et quelques audacieux jeunes gens munis de haches et d'épées se précipitèrent sur le monstre pour lui ouvrir le ventre... Grâce au courage de Cléostratos, jamais plus un dragon ne vint inquiéter les habitants de Thespies.

Le char de Triptolème

DÉMÉTER, déesse de la fertilité, parcourait inlassablement le monde à la recherche de sa fille Perséphone, quand elle fit escale à Eleusis. Là, on lui offrit généreusement aide et hospitalité. Déméter s'installa au palais où elle se prit d'amitié pour le jeune Triptolème. Il devint son protégé et elle lui enseigna plusieurs de ses secrets. Puis, au moment de son départ, elle lui offrit un superbe char et lui confia une mission importante : répandre l'opulence dans les différentes régions du monde grec, en enseignant aux hommes la culture du blé.

Pour transporter les grains dans les régions les plus lointaines, Triptolème disposait de son char qui pouvait se déplacer à une vitesse prodigieuse grâce à un attelage de dragons ailés, puissants et dociles. Bon cavalier, il n'avait jamais conduit des dragons, qui surclassaient les meilleurs chevaux en rapidité et en souplesse. Triptolème devint cependant le pilote le plus célèbre du moment, et son char fabuleux fit bien des envieux. Des princes voulurent le lui acheter, ou se montrèrent jaloux de lui.

Une nuit, le roi Lyncos de Scythie (à qui il avait appris l'agriculture) voulut attenter à la vie de Triptolème. Il pénétra dans sa chambre, une arme à la main. Cependant, Déméter veillait : elle détourna le bras de Lyncos et, pour le punir, le transforma... en lynx ! Une autre fois, Carnabon, roi des Gètes, offrit à son tour l'hospitalité à Triptolème, mais il l'attaqua par surprise, et au cours du violent combat qui s'ensuivit, il tua un des dragons. Alertée par les cris, Déméter accourut et propulsa Carnabon dans les cieux pour le neutraliser. A Patras, enfin, le fils du roi Eumélos s'empara du char, mais, incapable de piloter les dragons, il fut jeté au sol. Triptolème et ses fougueux dragons purent continuer leur course sous l'œil bienveillant de Déméter.

La chasse

Tuer un dragon n'est pas chose facile, même pour les plus courageux des hommes, aussi est-il plus prudent de recourir à la ruse. Le moyen le plus sûr consiste à jouer de sa voracité : le dragon est tellement glouton qu'il avale pêle-mêle tout ce qui peut apaiser son insatiable appétit.

Au Pays Basque.
Un dragon doué d'un souffle fantastique aspirait des troupeaux entiers pour mieux les digérer au fond de son antre. Ruinés, les paysans firent appel à un astucieux chevalier. Celui-ci observa le monstre quelques jours, puis fit coudre par les femmes du village plusieurs outres de peau l'une à l'autre de telle manière qu'elles prennent l'allure d'un énorme bœuf (1).
Une nuit, il bourra les peaux de poudre à canon, puis adapta une longue mèche à l'ensemble. Il rampa sans bruit dans la forêt pour déposer l'outre à l'entrée de la caverne. Il alluma la mèche, tira un coup de feu puis s'éloigna au galop sur son cheval. Intrigué par le bruit, le dragon passa la tête hors de sa caverne, aperçut l'outre et, sans plus réfléchir, l'avala d'une bouchée ! Explosion. Blessé, le dragon s'envola vers la mer, sa longue queue traînant au sol arrachant arbres et toitures, et se jeta dans les flots où il disparut à tout jamais.

Dans le Val d'Aoste.
Un homme du village de Perloz camoufla une longue épée dans un énorme pain frais (2) qu'il plaça non loin du pont de Morettaz : glouton, le dragon avala le tout et en mourut.

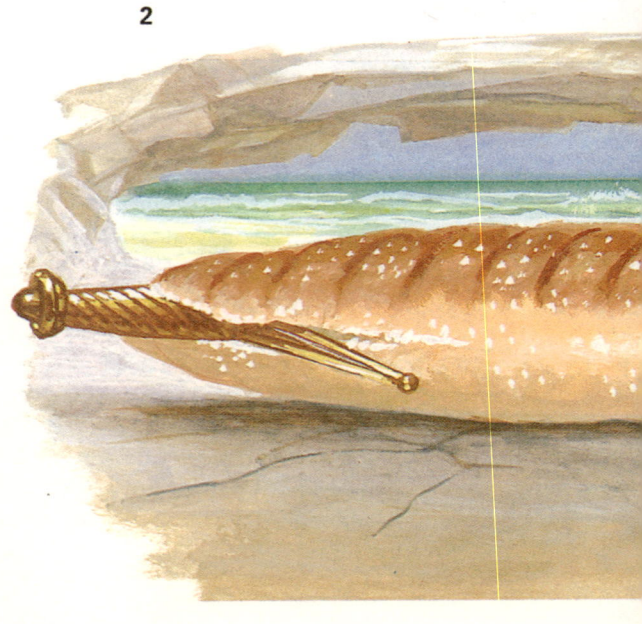

au dragon

En Anatolie orientale.
La déesse hittite Inara prit l'apparence d'une belle princesse et invita un redoutable dragon à une fête. Gourmand et aimant les belles femmes, il accepta aussitôt. Au cours du banquet elle lui proposa toutes sortes de boissons par amphores entières : le dragon but tellement qu'il s'effondra ivre mort (3), incapable de regagner sa caverne.

En France.
Au Moyen Age, un bandit décidé à racheter ses fautes se laissa enfermer dans un énorme tonneau percé de trous (4). Le tonneau fut roulé devant le dragon par plusieurs hommes qui s'éloignèrent aussitôt. Glouton comme tous ses congénères, il l'avala sans plus réfléchir. Tout rond ! Alors le bandit, à demi asphyxié et suffoquant (il fait chaud dans l'estomac d'un dragon !), réussit à glisser une lance, puis plusieurs autres par les fentes du tonneau. Pris de violentes douleurs, le monstre recracha sa proie, puis s'enfuit à tire-d'aile au fond d'une épaisse et obscure forêt...

En Chine.
Lors des fêtes consacrées aux dragons, il est de coutume de faire beaucoup de bruit : gongs, tambours, pétards, feux d'artifice, cris... tout est mis en œuvre pour réveiller la nature endormie après un long hiver. Ainsi les dragons, maîtres de la pluie, des sources et des rivières vont-ils à nouveau se manifester pour le plus grand bien de la terre. Tout ce tintamarre — qui permet aussi d'effrayer divers mauvais génies — accompagne des cortèges dans lesquels hommes, femmes et enfants portent des lampions ou des dragons de papier mâché. (5)

4

5

SUSANOO

Le dragon à huit têtes

SANS BRUIT, le cavalier s'approcha de la ferme nichée au creux de la vallée, derrière un rideau d'arbres. Les bâtiments étaient propres et entretenus, mais personne ne semblait plus y vivre. Pourtant, l'homme entendit quelques cris étouffés et des sanglots. Intrigué, sabre au poing, il poussa son cheval en avant et pénétra dans la cour où il découvrit deux vieillards éplorés et une belle jeune fille.

« Pourquoi toutes ces larmes ? » leur demanda-t-il.

Surpris par la présence de ce fier guerrier, les paysans hésitèrent un instant puis, après avoir échangé les rituelles formules de politesse, le vieil homme se confia. La voix étranglée de sanglots, il présenta sa femme et sa fille qui s'appelait Kunisada ; surtout, il précisa qu'elle était la dernière de ses huit filles, les autres ayant toutes été dévorées, l'une après l'autre, par un horrible dragon à huit têtes :

« Et demain à minuit, le dragon doit venir chercher Kunisada ! »

Les deux vieillards ignoraient que le beau chevalier s'appelait Susanoo, et qu'il était en réalité... le dieu des tempêtes ! Au cours de sa vie turbulente, Susanoo ne s'était pas toujours montré généreux ou sociable, et il avait même été chassé des Cieux par sa sœur Amaterasu pour y avoir créé trop de désordre ! Cependant, Susanoo fut sensible à la tristesse des parents... et plus encore à la beauté de Kunisada. Courageux et valeureux combattant, il ne pouvait se résoudre à passer simplement son chemin et à laisser de pauvres gens seuls face au danger. Pourtant, affronter ce monstre redoutable comportait des risques sérieux, même pour lui. Il hésitait encore quand un rugissement lointain, suivi d'un sourd et angoissant roulement d'orage, résonna à ses oreilles : « Le dragon se réveille ! Demain il viendra exiger sa proie... » murmura la mère en pleurant.

Alors le regard de Susanoo croisa celui de Kunisada, et il put y lire une immense détresse. Susanoo avait le cœur endurci, mais il se sentit ému comme jamais dans sa vie mouvementée. Sa décision fut aussitôt prise : il prendrait la défense de Kunisada, dût-il y laisser sa vie !

Un sourire illumina le visage de la jeune fille quand il demanda l'hospitalité au père, pour une nuit... Au cours du repas du soir, Susanoo parla peu, mais il réfléchit intensément, ne levant les yeux que pour regarder la fraîche Kunisada qui avait revêtu ses plus beaux atours. Avant de gagner sa chambre, il demanda à son hôte la permission de visiter les bâtiments et en particulier les réserves de nourriture... Le vieil homme lui montra volontiers toutes les pièces, y compris les nombreux tonneaux d'alcool dont il disposait. Il faisait confiance à Susanoo, et ne fit aucun commentaire, même quand celui-ci lui demanda de convoquer tous les habitants de la région pour le lendemain, munis de leurs outils. Énigmatique, Susanoo ne dévoilait rien de son plan.

Au petit matin, le soleil perçait à peine la brume quand les paysans formèrent un cercle dense autour de la maison. Anxieux, tous discutaient à voix basse, leurs outils à la main, attendant des ordres. Quand Susanoo apparut sur le pas de la porte, calme, très sûr de lui, un silence complet s'établit. A ce moment, avant qu'il eût parlé, ils entendirent un premier et terrible rugissement, suivi de sept autres tout aussi retentissants : le monstre approchait ! Il avait faim !

Un frisson parcourut l'assemblée et certains s'enfuirent, mais Susanoo, d'une voix ferme rallia les plus courageux et leur donna des ordres précis. Tous entreprirent alors d'abattre les arbres pour construire une étrange barrière : une gigantesque et robuste palissade percée de huit portes, dont Susanoo ajustait lui-même les éléments les plus lourds. Une heure plus tard, elle barrait tout le fond de la vallée, ne ménageant que huit passages face à la maison de Kunisada. Quand tout fut terminé, Susanoo se dirigea vers la réserve, en sortit huit lourds tonneaux, puis en plaça un derrière chacune des huit portes.

De plus en plus proches, les rugissements devenaient insupportables. Les plus peureux des paysans s'enfuyaient en courant, abandonnant leurs outils sur place ; les autres criaient leur inquiétude : certes la palissade paraissait solide, mais elle semblait bien insuffisante pour arrêter longtemps le monstre !

« Que va donc faire Susanoo ? Quel peut être son plan ? » se demandaient-ils tous anxieusement. Personne ne trouvait de réponse satisfaisante...

*La fraîche Kunisada
avait revêtu
ses plus beaux atours*

SUSANOO

L'épée magique des empereurs

GRIMAÇANTE, la première tête du dragon apparut au-dessus de la palissade, et ce fut la panique ! Les derniers paysans s'enfuirent en désordre tandis que Kunisada et ses parents se réfugiaient dans leur maison. Debout dans la cour, Susanoo demeurait seul, une hache à la main, son sabre au côté. Sans hésiter, il courut vers les portes et, en quelques coups de hache, il fit sauter les couvercles des tonneaux. Une forte odeur de saké se répandit aussitôt.

Susanoo recula promptement et se dissimula derrière une charrette pour ne pas éveiller la méfiance du monstre. Pourtant le dragon flairait un piège. Cette barrière — qu'il ne connaissait pas — lui déplaisait. Il la secoua violemment avec ses pattes griffues, mais elle résista. Énervé par cet obstacle imprévu, il cracha quelques flammes avec la ferme intention de réduire ces troncs en cendres, mais il s'arrêta aussitôt car le feu et la fumée masquaient une douce odeur qui depuis un moment effleurait ses naseaux... Curieux de vérifier cette impression fugitive, il inspira à fond, de ses seize narines en même temps, ce qui provoqua une violente bourrasque dans la cour et arracha quelques tuiles !

« Pas d'erreur ! je connais cette odeur ! gronda la première tête.

— C'est du saké ! J'adore... » répondit la cinquième tête.

Toutes babines baveuses, le dragon secoua de nouveau la barrière. Elle tenait bon. Il hésitait sur la conduite à suivre. Il ne voulait pas tout brûler, car cela provoquerait une horrible puanteur sulfureuse, et surtout cela pourrait enflammer le saké.

« Il y a bien une solution : on pourrait passer par les portes... dit timidement la troisième tête.

— Attention ! lui crièrent toutes les autres.

— On nous tend peut-être un piège. Qu'une seule d'entre nous aille donc voir ce qui se passe de l'autre côté, et les autres monteront la garde ! » décida la huitième, plus réfléchie que les sept autres.

Méfiante, la première tête se glissa par une ouverture

« Quel délice ! Je n'ai jamais rien bu d'aussi bon ! » s'exclama-t-elle peu après, reprenant à peine son souffle avant de replonger goulûment dans le baril, tendant son cou le plus en avant possible. Alléchées par l'odeur, parlant toutes en même temps, les sept autres têtes discutèrent vivement sans savoir que faire. Les unes conseillaient toujours la prudence, certaines proposaient qu'une ou deux montent la garde pendant que les autres boiraient.. mais lesquelles choisir ? Déjà, profitant de la confusion, une deuxième, puis une troisième tête cédaient à la tentation... puis, y prenant goût, toutes ensembles elles burent abondamment en un bruyant et torrentiel gargouillis !

Deux minutes plus tard, les tonneaux étaient vides, et déjà une tête se redressait, l'œil mauvais, quand, vif comme l'éclair, Susanoo bondit hors de sa cachette. Son sabre bien en main, il trancha net cette première tête, d'un coup précis. Sous l'effet de la douleur le monstre se releva, brisant en partie la barrière et poussant des cris terribles qui furent entendus jusque dans les îles les plus lointaines du Japon. Sept têtes menaçantes se dressèrent alors au-dessus de Susanoo, mais le dragon tardait à l'attaquer ; il titubait, tanguait sous l'effet de l'alcool. Il mordait hargneusement mais ne réussissait pas à coordonner toutes ses têtes. Susanoo se montrait le plus rapide. Il bougeait sans cesse, esquivait les jets de flamme, parait les coups de pattes. Décidé à vaincre, il frappait, frappait et frappait encore... prenant des risques fous. Et une à une, les têtes tombèrent au sol. Kunisada était sauvée !

Dans la queue du monstre, Susanoo découvrit une superbe épée magique, une épée sacrée qu'il offrit aux premiers empereurs du Japon. Après sa victoire, il épousa Kunisada, puis ils s'établirent à Suga. Il exerçait toujours ses fonctions redoutables de dieu des tempêtes, mais au fil des siècles, il s'assagit et devint aussi le dieu de la fertilité. Kunisada lui donna un fils : Okuminushi. Ce dernier, vif et intelligent, deviendra le dieu de la médecine et de la magie ; mais comme son père, il se montrera bien turbulent !

Yu et le dragon ailé

LE GROS ours jaune se dandinait d'une jambe sur l'autre, debout sur le promontoire rocheux d'où il contemplait d'immenses étendues d'eaux boueuses. Sa fourrure épaisse et fine lui conférait l'aspect d'un gentil lourdaud, mais, en l'observant plus attentivement, on devinait en lui une puissance colossale, bien supérieure à celle d'un ours ordinaire. En réalité, il réfléchissait à la meilleure manière de faire cesser ces tragiques inondations, car sous l'apparence de ce majestueux ours jaune se cachait... le grand empereur Yu lui-même !

Ce jour-là, Yu hésitait. Rude tâche que de domestiquer les eaux tumultueuses ! Pour ce faire, il disposait bien de la précieuse « terre qui enfle », cette terre magique qui pouvait occuper plusieurs milliers de fois son volume initial. Avec elle il avait pu édifier d'immenses digues et même réussi à boucher 233 559 sources ! Cette fois, pourtant, beaucoup trop d'eau recouvrait toute la région... Yu ne voyait donc d'autre solution que de percer les montagnes qui barraient l'horizon afin de permettre aux eaux de s'écouler jusqu'aux océans. Depuis des lunes, il brisait et déplaçait des rocs, sans faiblir... mais ce travail de titan avançait bien lentement ! Comment venir à bout d'un tel ouvrage ?

Yu cédait au découragement, quand il perçut un bruissement soyeux en provenance du ciel : un grand dragon ailé volait droit vers lui. Yu ne bougea pas d'un pouce. Le dragon décrivit un cercle complet autour de l'empereur, puis il vint se poser doucement à ses côtés. Yu le reconnut alors et le salua cordialement : c'était un esprit des eaux, un de ceux qui habitent au sein des gros nuages d'orage. Ces dragons se montraient parfois coléreux, distraits ou paresseux, mais celui-là paraissait sympathique. Yu engagea la conversation et confia son problème au dragon, qui lui répondit aimablement. Ils devinrent rapidement amis et le dragon ailé, comprenant l'embarras de Yu, lui proposa même son aide.

« Tu es bien gentil, Dragon ! mais comment peux-tu m'aider ? lui demanda Yu.

— Comme ceci ! » répondit le dragon en frappant un roc d'un violent coup de sa queue, plus dure que l'acier et plus souple qu'une liane : le roc vola en éclats ! Pulvérisé.

« Voilà une aide efficace ! s'exclama Yu très impressionné, mais auras-tu la patience de m'aider ainsi jusqu'au bout ?

— Bien sûr, puisque je suis ton ami ! » répondit Dragon Ailé. Et ils se mirent aussitôt au travail. Dragon Ailé fendait les plus gros rocs, puis Yu les déplaçait. En dépit de leur force prodigieuse, tous deux durent travailler pendant treize années ! Quand ils eurent ôté le dernier roc, les eaux s'engouffrèrent en grondant dans la brèche, dégageant de vastes espaces de terres fertiles. Yu remercia son ami le dragon, puis il chassa les serpents et les mauvais esprits qui occupaient encore les marais, afin que les hommes puissent cultiver en paix. Ensuite, il reprit apparence humaine et organisa sagement son nouveau royaume. Un jour, désireux de connaître les limites du monde, il ordonna à deux arpenteurs de le mesurer : l'un marcha d'est en ouest et l'autre du nord au sud, et tous deux trouvèrent la même distance : 233 575 pas ! C'était normal car en ce temps-là, la Terre était carrée.

Devenu jeune homme, son fils, nommé Qi, s'allia à deux dragons ailés pour explorer les contrées les plus reculées des Cieux. Ainsi il découvrit la Science et la Musique qu'il rapporta aux hommes encore ignorants. Ils en avaient bien besoin !

Le phénix et le dragon blanc

Un dragon blanc et un phénix qui parcouraient les cieux trouvèrent une pierre éblouissante. Fascinés, les deux amis décidèrent de la garder et de la tailler pour lui donner encore plus d'éclat. Après plusieurs années d'un patient labeur, ils obtinrent une perle délicate et scintillante. Elle possédait même des vertus magiques et les endroits atteints par ses rayons devenaient aussitôt verdoyants et fertiles. La reine de l'Empire céleste, éblouie par cette merveille, la déroba. Désolés, le phénix et le dragon blanc la cherchèrent en vain parmi les étoiles ; ils la retrouvèrent par hasard au cours d'une fête donnée au palais de la reine. Il s'ensuivit une violente dispute au cours de laquelle la perle roula des Cieux vers la Terre. Le phénix et le dragon réussirent à freiner sa chute, mais elle s'écrasa sur le sol de la Chine, donnant naissance à un lac limpide : le lac de l'Ouest. Amoureux de leur perle, les deux amis se sont assoupis en montant la garde près d'elle. Vous pouvez encore les voir : l'un est devenu le majestueux mont du Dragon, l'autre la verdoyante colline du Phénix. Peut-être un jour se réveilleront-ils ?

Une fête au Palais céleste

DRAGON Doré approchait en volant du Palais de l'Empereur céleste. Il entendit d'abord de la musique puis des éclats de voix, échos d'une grande fête célébrée pour l'anniversaire de l'Empereur. Des immortels et des dragons étaient déjà réunis, qui chantaient, dansaient, mangeaient... et surtout buvaient plus que de raison! Trois jours et trois nuits plus tard, la réception durait toujours, mais le petit dragon doré s'ennuyait car il n'aimait pas ces beuveries; aussi, à la fin du troisième jour, retourna-t-il discrètement sur Terre. En survolant la grande plaine de Chine, d'habitude si fertile, il fut surpris de découvrir un paysage de fin du monde : plantes grillées, arbres morts, champs déserts! Comment une telle catastrophe avait-elle pu se produire en trois jours?

Au-dessus d'une ferme, Dragon Doré entendit des sanglots. Une petite fille pleurait dans la cour. Il se posa à côté d'elle et, d'une voix la plus douce possible, lui demanda des explications :

« Depuis trois ans, il n'est pas tombé une seule goutte de pluie! » lui dit-elle en pleurant; et elle précisa que son grand-père venait de mourir d'épuisement en creusant un puits pour trouver de l'eau.

Alors Dragon Doré comprit tout : une journée passée au Cieux par un dragon correspondait à un an sur Terre! Or le Dragon de la Pluie avait dansé trois jours de suite au Palais sans se préoccuper de son travail. C'est-à-dire trois ans pour ces malheureux paysans... Dragon Doré consola la petite fille et il lui promit d'intervenir en sa faveur. Sans perdre de temps, il frappa le sol d'un violent coup de patte et se volatilisa, laissant derrière lui un petit étang d'eau douce.

Dragon Doré revint à tire-d'aile au Palais céleste, où personne ne dansait plus. Il aperçut le Maître des Pluies affalé sur un siège, à moitié ivre, et lui expli-

dessus de la Chine, tandis que jaillissaient des éclairs et que tonnait l'orage. Pourtant, il manquait toujours la pluie. Aussi Dragon Doré décida-t-il d'avoir recours à la ruse ; il s'approcha du Maître des Pluies qui ronflait toujours et lui cria brusquement dans l'oreille :

« L'Empereur t'ordonne de faire immédiatement tomber la pluie ! Qu'attends-tu, fainéant ? » L'effet fut immédiat : le Maître sursauta et, encore tout ensommeillé, il empoigna la jarre magique et versa la pluie en abondance sur la Terre. Les paysans furent sauvés.

Peu après, l'Empereur apprit l'incident et, furieux qu'un simple dragon ait osé donner un ordre en son nom, il le fit... condamner à mort ! Le Maître du Tonnerre et la Maîtresse de l'Éclair implorèrent en vain la clémence de l'Empereur. Les Maîtres du Vent et des Nuages répandirent cette nouvelle sur Terre où les habitants révoltés manifestèrent leur colère : pendant plusieurs jours, ils firent exploser des pétards, et frappèrent tous ensemble sur des tambours ou des gongs de cuivre. Il en résulta un vacarme impressionnant dont les échos parvinrent jusqu'au palais ! Inquiet et contrarié par tout ce chahut, l'Empereur accepta de transformer sa sentence ; Dragon Doré fut condamné à la vie terrestre... puis à être brûlé ! Sur Terre régnait la consternation, mais les habitants acceptèrent la décision et allumèrent un gigantesque feu autour de Dragon Doré. L'Empereur, depuis la fenêtre de son palais, vit les flammes et se dit satisfait. En réalité, sain et sauf, Dragon Doré dormait paisiblement, caché parmi les hommes, car les flammes n'avaient été que celles d'un gigantesque feu d'artifice tiré en son honneur ! L'Empereur n'y avait vu que du feu...

Des immortels et des dragons étaient déjà réunis...

D'une voix douce, Dragon Doré demanda pourquoi la petite fille pleurait

qua aussitôt le problème. Le Maître lui répondit en grognant qu'il ne pouvait faire pleuvoir sans ordre de l'Empereur et se rendormit aussitôt. Alors Dragon Doré demanda à voir l'Empereur, qui lui aussi avait beaucoup bu, mais les gardes l'en empêchèrent : il dormait à poings fermés et ne voulait en aucun cas être dérangé. Il risquait de dormir ainsi pendant plusieurs jours, et Dragon Doré redouta le pire pour les hommes... Dans un couloir, il rencontra le Maître du Tonnerre et la Maîtresse de l'Éclair qui rentraient chez eux.

« Ayez pitié de ces malheureux ! Faites quelque chose pour eux... » leur dit-il. Tous deux se laissèrent facilement convaincre, mais la foudre et le tonnerre ne suffisent pas, il faut aussi les nuages... et surtout la pluie ! A ce moment vinrent à passer le Maître des Nuages et celui du Vent. Ils donnèrent volontiers leur accord, et aussitôt le Vent poussa de gros nuages au-

Nie Lang et le lièvre blanc

IL Y A plusieurs siècles, une sécheresse catastrophique ravagea une province du centre de la Chine, le Sichuan. A cette époque, le jeune Nie Lang vivait seul avec sa mère dans une petite ferme isolée où, chaque jour, il coupait de l'herbe pour nourrir les chevaux du seigneur Zhou. Un matin, il marcha longtemps dans les cailloux sans trouver le moindre brin vert. Tout était désespérément brûlé par le soleil! Aussi, malgré sa peur, osa-t-il dépasser une limite que de coutume personne ne franchissait : la cime du mont Dragon. Sur l'autre versant, il fut déçu, car il découvrit une région aussi sèche que la première. Il s'apprêtait à rebrousser chemin quand il aperçut un lièvre blanc qui le regardait, assis sur son postérieur. Nie Lang s'approcha doucement. Le lièvre ne semblait pas le craindre, mais il s'éloigna d'un bond puis s'arrêta de nouveau, comme pour inviter Nie Lang à le suivre. Son beau pelage soyeux, son air vigoureux, montraient qu'il mangeait à sa faim. « Il connaît certainement un endroit secret où pousse encore de l'herbe », pensa Nie Lang. Et il suivit le lièvre jusqu'au fond d'une étroite vallée. Là, non loin d'un temple en ruine, le lièvre s'arrêta au centre d'un cercle d'herbe fraîche et tendre. Fou de joie, Nie Lang en coupa le plus possible. Il chargea sa besace, remercia le lièvre et repartit chez lui.

Le lendemain, Nie Lang revint et, heureuse surprise, l'herbe avait repoussé, aussi haute et tendre que la veille! L'étrange phénomène se reproduisit plusieurs jours de suite.

« A quoi bon me déplacer si souvent. Il serait plus simple d'arracher l'herbe magique et de la replanter devant ma maison », se dit alors Nie Lang. Au moment où il arrachait la dernière touffe, apparut une flaque d'eau claire au centre de laquelle brillait... une perle! Il la ramassa, l'observa, la mit dans sa poche et rentra chez lui en hâte.

Au soir, après une longue marche, il montra la perle à sa mère; elle devint plus resplendissante que la lune et illumina toute la maison. Impressionnés, Nie Lang et sa mère cachèrent la perle au fond d'une grosse jarre de riz — hélas presque vide — puis ils plantèrent l'herbe près de la maison, et s'endormirent épuisés.

Le lendemain, Nie Lang découvrit l'herbe jaunie et pensa que tout était perdu; mais en revenant dans sa maison il vit que le pot débordait de riz :

« Une perle magique! C'est une perle magique! » s'écria-t-il. De ce jour, ce fut l'abondance, car la perle remplissait jarre après jarre. Généreux, Nie Lang distribua du riz à tous ses voisins en difficulté; hélas, la nouvelle parvint aux oreilles du tyrannique seigneur Zhou.

Avec quelques hommes, Zhou retourna les meubles et cassa tout dans la maison afin de s'emparer de la perle. En vain, car Nie Lang, prévenu par un jeune gardien de chevaux, avait eu le temps de la cacher. Furieux de ne rien trouver, Zhou ordonna de fouiller Nie Lang. Se sentant perdu, le jeune garçon avala la perle, sans hésiter. Les soldats le frappèrent, mais ils durent s'éloigner car, alertés par le bruit, des voisins accouraient au secours.

Toute la nuit, Nie Lang rêva puis délira. La perle le brûlait et il réclamait sans cesse à boire. Sa mère le veillait, de plus en plus inquiète. Au petit jour, Nie Lang se leva et courut jusqu'au fleuve pour tenter d'apaiser cette brûlure intense. Il but, but et but encore ! Alors, sous les yeux de sa mère il commença à grossir et à se transformer : peu à peu, Nie Lang devenait un dragon ! A ce moment, Zhou, entouré d'une petite armée, reparut au bout du chemin. Nie Lang rassura sa mère puis il plongea dans le fleuve.

Zhou et ses soudards commençaient à maltraiter les malheureux paysans, les accusant d'avoir caché Nie Lang, quand un énorme dragon surgit des eaux et leur dit : « Je suis Nie Lang ! Lâchez ces innocents ! » Et le dragon frappa violemment la rivière de sa queue, provoquant une vague déferlante qui engloutit Zhou et ses soldats. Aussitôt éclata un orage terrible, au cours duquel Nie Lang s'éleva dans le ciel parmi les éclairs. Une pluie abondante fertilisa le sol. Avant qu'il ne disparaisse dans les Cieux, sa mère l'appela vingt-quatre fois, et chaque fois il répondit d'un signe de tête. De nos jours, le dragon Nie Lang veille toujours sur le Sichuan.

*Un lièvre blanc
bondissait de place en place...*

*En revenant dans sa maison,
il vit que la jarre
débordait de riz.*

195

Le dragon paresseux

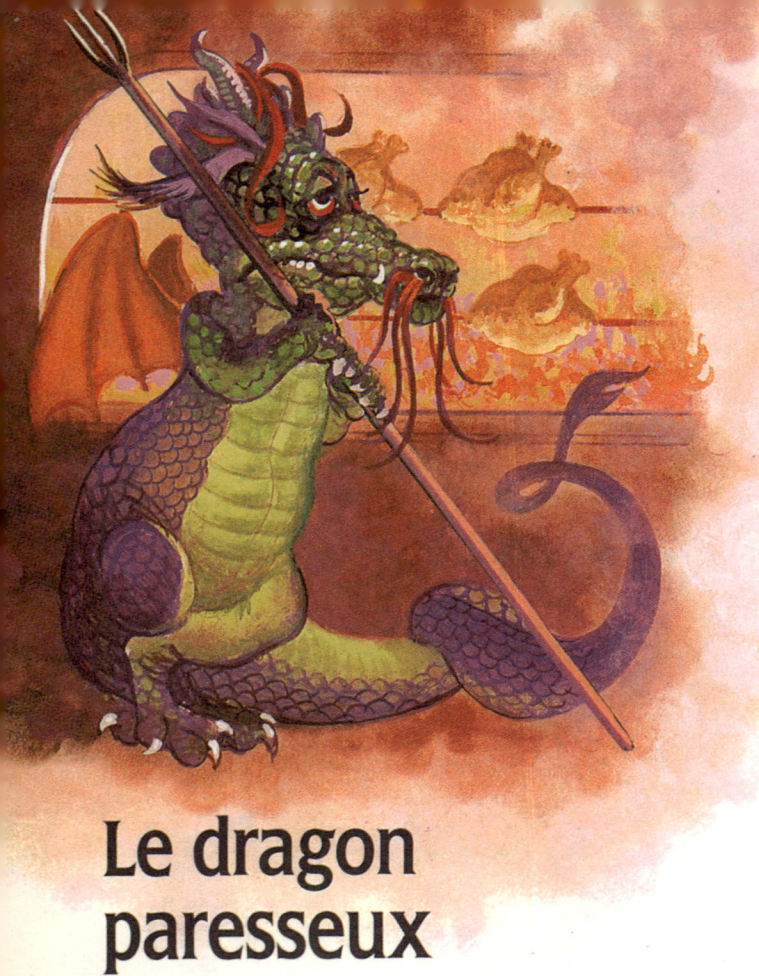

AU PALAIS céleste, Dragon Paresseux avait été chargé de s'occuper des fourneaux de l'Impératrice. Sa seule tâche consistait à surveiller les feux des cuisines : au moment des repas il devait souffler sur les braises pour raviver la flamme. Peu courageux mais orgueilleux, il trouvait ce travail monotone... et indigne de lui. Un soir qu'il préparait un mouton grillé, Dragon Paresseux s'endormit, en laissant retomber le feu. Ainsi des plats à peine cuits parvinrent-ils au Palais. L'Impératrice, dont l'estomac était fragile, mangea donc cette viande indigeste et fut très malade. Furieuse, elle se précipita aux cuisines en criant, pour corriger Dragon Paresseux à coups de bâton. Il passa un mauvais quart d'heure, puis, le dos tout endolori, il tenta de se justifier :

« Cette tâche est trop facile pour moi ! Je suis capable d'accomplir des exploits. Confiez-moi une mission plus intéressante — à la hauteur de mon talent ! — alors je la remplirai sans faiblir. » L'Impératrice, peu convaincue par ce raisonnement, décida cependant de le faire remplacer aux cuisines, afin de lui donner une chance :

« J'ai du travail pour toi. Tu vas descendre sur la Terre pour entretenir les montagnes, mais sois attentif, car la vie des hommes en dépend ! » lui dit-elle.

Enthousiasmé, Dragon Paresseux la remercia vivement et se précipita vers la Terre. A son arrivée, il fut surpris par le désordre qui régnait : il ne vit que crevasses, rochers éboulés, poussière... Le sol venait de trembler, et pendant plusieurs jours le dragon dut pousser des cailloux pour tout remettre en ordre. Après cette rude besogne, harassé et courbaturé, il regrettait déjà son ancien emploi. Il avait décidé de s'accorder un peu de repos quand l'Impératrice le fit réveiller brusquement. Elle lui demandait d'intervenir d'urgence pour consolider le mont Taishan. Il entama cette besogne en bougonnant, poussant les cailloux avec sa queue, mollement, sans y croire. Cela ne l'intéressait déjà plus, et le soir il s'endormit profondément sans avoir vraiment terminé son ouvrage. Or il s'agissait d'un point sensible du monde, car le mont Taishan soutenait le coin nord-est du Ciel ! Inconscient du danger, Dragon Paresseux dormit plusieurs jours d'affilée. Ronflant comme un bienheureux, il n'entendit même pas les craquements sinistres en provenance de la montagne et se réveilla après la catastrophe... tout couvert de poussière. Le mont Taishan, mal consolidé, venait de s'écrouler! Au Palais céleste, ce fut l'affolement car, en ce temps-là, le Ciel était carré — tout comme la Terre — et soutenu par quatre grandes montagnes, situées au quatre coins du monde. Privé d'un de ses piliers, le Ciel penchait donc dangereusement et l'Impératrice avait été jetée hors de son lit par la secousse. En proie à une violente colère, elle fit jeter Dragon Paresseux au cachot.

Plus tard, les dégâts une fois réparés, elle lui donna une deuxième chance en lui confiant la surveillance des mers orientales. Les premiers jours, Dragon Paresseux prit son rôle au sérieux. Il calma les tempêtes, contrôla les marées... puis, trouvant cela monotone, il donna l'ordre aux poissons de lui construire un immense palais sous-marin. Là, il joua avec de jolies filles, abusa de l'alcool et, bien entendu, oublia son travail. Il s'ensuivit des tempêtes et des inondations catastrophiques. A tel point qu'un matin, sur les marches de son palais, l'Impératrice eut les pieds dans l'eau! Elle comprit aussitôt et fit arrêter le coupable: «Incapable! Fainéant! Tu as laissé se mélanger la Mer et les Cieux! Tu as noyé une foule de gens par ton inconscience!» Elle le fit battre comme plâtre, au point que des écailles se détachèrent de son dos. Pourtant, Dragon Paresseux était solide. Il fut vite guéri et dormit longtemps au fond de son cachot. Aussi l'Impératrice lui trouva-t-elle une nouvelle tâche: Dragon Paresseux devint gardien de nuages, mais, cette fois, sous la surveillance vigilante du coléreux Maître de la foudre. Depuis cette époque, Dragon Paresseux réunit inlassablement les nuages au-dessus de la Chine avant l'orage, puis les disperse — en soupirant — après la pluie. Cependant il n'oublie jamais de le faire, car le grognon Maître de la foudre veille, et si Dragon Paresseux s'endort en rêvant à son palais sous-marin, un éclair vient lui fouetter l'échine... pour lui rappeler qu'il est temps de s'occuper de la pluie!

Anbo et les sources miraculeuses

AUTREFOIS, sur une longue plage de sable gris, au pied de la montagne du Coq, vivait une paisible famille de pêcheurs. Un matin, assise sur une barque, la femme allaitait son fil Jinniu, sans se douter qu'elle était observée par le roi des dragons. En effet ce dernier vivait non loin de là, au fond de la mer, dans un palais bien abrité des regards indiscrets. Il y était entouré d'une armée de pieuvres ou de crabes géants qui montaient une garde vigilante. L'orgueilleux roi des dragons venait lui aussi d'avoir une fille, une jolie princesse d'apparence humaine. Il aurait donc dû être satisfait, mais une vieille gouvernante, une langouste, lui avait prédit que la fille serait plus belle encore si elle était allaitée par une vraie femme. Aussi le roi des dragons vint-il rôder sur la côte à la recherche d'une nourrice... Quand il aperçut la maman de Jinniu, il surgit des flots tel un démon, arracha l'enfant des bras de sa mère, le jeta au loin dans le sable... puis entraîna la jeune femme au fond de l'océan.

La maman de Jinniu pleura longtemps, puis elle accepta d'allaiter la princesse Anbo. Les années passèrent. Elle pensait souvent à son mari et à son fils, pourtant elle s'attachait à la petite Anbo, affectueuse et souriante. Elle lui décrivait souvent la vie sur terre, plus difficile mais plus variée qu'au palais. Anbo, devenue une belle et saine jeune fille, apprit un jour la vérité sur sa nourrice et fut attristée de savoir que, pour elle, Jinniu avait été privé du lait maternel. Un jour, elle profita d'un banquet donné au palais pour s'éclipser et se rendre sur terre. Là, elle fut bien déçue : poussière, chaleur, misère des habitants... rien ne correspondait aux récits de sa nourrice.

Près d'une pauvre cabane, elle aperçut un jeune homme qui soignait de mauvaises plaies sur le dos d'un pêcheur. Le plus jeune avait un grain de beauté sur l'oreille droite : pas d'erreur possible, c'était bien Jinniu! Anbo s'approcha, prétendit s'être égarée et demanda l'hospitalité. Le père accepta et lui fit offrir du poisson. Comme la jeune fille semblait très bien élevée, il lui proposa de prolonger son séjour et même de devenir sa belle-fille. Anbo accepta tout de suite car Jinniu lui plaisait beaucoup et de plus elle espérait ainsi réparer une injustice.

Après le mariage, la prospérité apparut dans la famille car Jinniu, grâce aux conseils de sa femme, effectuait des pêches miraculeuses; mais la région demeurait désespérément sèche et les plaies du père ne cicatrisaient toujours pas... Ils vécurent ainsi un an.

Le jour de l'anniversaire de leur mariage, la sincère Anbo préféra dire la vérité à son mari et lui avoua tout. Jinniu entra dans une colère terrible. Le roi des dragons avait enlevé sa mère, et de plus il avait blessé son père ! Anbo apprit que Jinniu, pour venger l'enlèvement de sa mère, avait détruit un temple dédié au roi des dragons. Furieux, ce dernier était sorti des flots pour le punir ; mais le père qui s'était interposé avait été gravement griffé. Depuis, les plaies ne s'étaient jamais cicatrisées et, pour punir les pêcheurs, le roi des dragons refusait de faire tomber la pluie.

Anbo éclata en sanglots. Sous l'empire de la colère, Jinniu se montra intraitable et chassa sa femme. Le cœur brisé, Anbo retourna au palais. Son père s'était à peine aperçu de son absence car une journée sous la mer équivalait à un an sur la terre. Alors elle décida d'agir. Profitant d'un voyage de son père, elle lui déroba les bouteilles magiques qui permettaient de répandre la pluie. Sans perdre de temps, elle remonta sur terre en compagnie de sa nourrice et provoqua aussitôt une pluie abondante.

Jinniu retrouva sa femme. Il regrettait sincèrement son geste quand, dans un grondement d'enfer, le roi des dragons surgit de son palais en provoquant d'énormes vagues déferlantes. Il criait, et tapait du pied sur le sol, si fort qu'une crevasse béante s'ouvrit au flanc de la montagne. Alors pour punir sa fille, il l'attrapa par le bras et la précipita dans l'abîme ! Comme le sol continuait de trembler, Anbo demeura prisonnière malgré tous les efforts de Jinniu et des habitants pour la dégager... Personne n'a jamais revu la princesse Anbo, mais elle vit probablement encore car, depuis cette journée tragique, des sources miraculeuses dont l'eau cicatrise toutes les plaies et guérit de bien des maladies, jaillissent de la montagne du Coq.

La maman de Jinniu s'attachait à la petite Anbo, affectueuse et souriante...

LA FILLE DU DRAGON

Le bel oiseau multicolore

IL Y A bien longtemps, dans un petit village de Chine, vivaient deux orphelins : Gelu l'aîné et Geshan le cadet. Gelu, fainéant et autoritaire, épousa une mauvaise femme qui rudoyait souvent le petit Geshan. Un jour, le couple indigne toucha discrètement une forte somme d'argent pour accomplir une mauvaise action : ils obligèrent Geshan, qui était devenu un solide jeune homme, à s'enrôler dans l'armée impériale afin de remplacer le fils d'un riche négociant ! Geshan ignorait tout de ce marché et il s'apprêtait à partir quand une vieille paysanne lui apprit la vérité. Révolté par tant d'injustice, il décida de s'enfuir et, la nuit suivante, avec pour tout bagage un couteau glissé dans sa ceinture, il gagna la forêt voisine.

Personne n'osa le poursuivre, car cette forêt profonde, peuplée de créatures mystérieuses, effrayait tous les habitants. La première nuit, il se réfugia au sommet d'un grand arbre, puis au moyen de son couteau, il se confectionna un arc et une lance. Ainsi pourrait-il se défendre ou chasser. Au matin, il construisait un piège quand il perçut un sifflement menaçant dans les broussailles. En écartant doucement des branches, il aperçut un monstrueux serpent qui s'apprêtait à dévorer un oiseau. Le bel oiseau multicolore frémissait de toutes ses plumes ! Paralysé par le regard du reptile, il demeurait figé sur sa branche, incapable d'esquisser le moindre geste. Sa mort était certaine quand Geshan brisa volontairement une branche. Surpris par le bruit, le reptile tourna aussitôt la tête. Alors l'oiseau, libéré du sortilège, s'envola d'un coup d'ailes pour se réfugier sur l'épaule de Geshan. Furieux le monstre s'attaqua à Geshan, qui, à plusieurs reprises, dut esquiver la langue fourchue et venimeuse. Il lui fallait surtout ne jamais croiser le regard glacial de son adversaire sous peine d'être pétrifié. Pendant le combat, le bel oiseau s'envola brusquement puis se posa non loin de là. Le serpent l'observa un instant et, profitant de cette brève inattention, Geshan lui transperça le cou. Poussant un grand cri de victoire, Geshan se retourna. Il s'immobilisa stupéfait : une jolie jeune fille était apparue ! Pâle d'émotion, elle tremblait de tout son corps, comme si elle avait assisté au combat. Que faisait-elle là ? Sa belle prestance, son élégance, dénotaient son appartenance à une famille noble. Intimidé, Geshan la salua simplement et il s'apprêtait à passer son chemin quand elle l'appela :

« Attends ! Ne pars pas si vite... Je voudrais te remercier !

— Pourquoi donc ? Nous ne nous sommes jamais vus...

— Si ! A l'instant... Je m'appelle Perle et tu viens de me sauver la vie !

— Mais je ne comprends pas ! J'ai tué ce monstre pour sauver un oiseau...

— Cet oiseau, c'était moi. J'avais pris cette apparence pour me promener à mon aise quand cet horrible serpent m'a surprise. Son regard me paralysait. Je ne savais plus voler ! C'était terrible ! Heureusement, tu es intervenu à temps... Je ne sais comment te remercier. »

Geshan apprécia le compliment, mais il rougit de confusion. Cette princesse était si belle ! Il bredouilla :

« Je... Je resterais bien un peu avec toi... mais je suis pauvre... et sans famille...

— Oui, mais tu es courageux ! »

Geshan regarda mieux la jeune fille. Elle était fine, souple, souriante. Il y avait quelque chose d'étrange en elle : elle ne semblait pas tout à fait réelle. Par quel sortilège avait-elle donc capacité à se transformer en oiseau ? Geshan retrouva son assurance et lui dit :

« Mais qui es-tu donc ?

— Peu importe qui je suis ! je serais très heureuse de rester à tes côtés... » répondit-elle joyeusement.

Geshan, fou de joie à l'idée d'avoir une aussi jolie compagne, battait des mains. Pourtant Perle souleva une objection : « Mon père, dont les colères sont terribles, m'interdit de demeurer une nuit avec un inconnu. En aucun cas je ne pourrais le faire avant mon mariage.

*Geshan se retourna :
une jolie jeune fille
était apparue !*

— Mais la nuit approche ! Tu vas donc devoir t'en aller bientôt ?

— Oui ! mais... » Elle le prit par la main et l'entraîna au plus profond de la forêt, jusqu'à un curieux temple de pierre. Là, à minuit précise, ils devinrent mari et femme... après avoir pris les dieux du Ciel et de la Terre pour témoins de leur union.

LA FILLE DU DRAGON

Un fabuleux palais sous-marin

PERLE et Geshan vécurent joyeux et insouciants dans ce temple sacré, se nourrissant de fruits et de gibier. Geshan n'avait jamais connu un tel bonheur. Cependant, un soir, il insista :
« Mais qui es-tu vraiment ? et qui donc est ton père ?
— Je ne peux encore te le dire, mais tu vas bientôt comprendre. Ne me lâche pas la main et suis-moi ! » répondit-elle avec un sourire énigmatique. Ils traversèrent l'immense forêt en courant, mais sans effort apparent, comme transportés jusqu'aux plages sauvages de la mer Orientale. Là, Geshan, qui n'avait jamais quitté ses montagnes, découvrit un spectacle féerique : la lune luisait haut dans le ciel étoilé, projetant ses reflets argentés sur d'insondables eaux noires...

Discrètement, Perle frappa à trois reprises sur le tronc d'un arbre millénaire, tout en prononçant à haute voix trois formules magiques. Elle reprit alors la main de Geshan, et, au même instant, elle se transforma en un petit dragon doré !

« Maintenant, je peux te le dire... je suis la fille du roi des dragons », déclara-t-elle, et sans laisser à Geshan le temps de comprendre, elle ajouta : « Viens ! nous allons au Palais ! » Alors s'accomplit un autre prodige : Geshan nageait sous l'eau sans difficulté, et même il y respirait normalement ! Ils parvinrent ainsi devant un fabuleux palais sous-marin. De gigantesques portes de bronze, gardées par une armée de crabes géants, s'ouvrirent devant eux. Dans un dédale de salles immenses, où cristal, or et jade scintillaient de mille feux, circulaient une foule de dragons. Certains semblaient sympathiques à Geshan, d'autres plus inquiétants...

Au travers des fenêtres de cristal, Geshan apercevait des poissons qui les observaient. Perle avait repris son aspect de jolie femme. Elle expliqua sa longue absence à son père très courroucé ; mais il se calma quand il apprit la conduite courageuse de Geshan, et afficha une franche bonne humeur quand il comprit qu'ils s'étaient bien mariés... dans un temple ! Certes, le gendre du roi des dragons n'était pas noble, mais il était honnête et courageux, ce qui comptait tout autant.

Geshan et sa femme vécurent au palais plusieurs saisons. Il était difficile à Geshan de dire combien, car pour les dragons le temps s'écoule beaucoup plus lentement que pour les hommes ; de plus, sous les flots, rien ne distinguait le printemps de l'automne... Ils étaient heureux et eurent plusieurs enfants, mais Geshan s'ennuyait un peu. Le rythme du jour et de la nuit lui manquait, et il désirait avoir des nouvelles de la terre. Il réussit donc à obtenir du roi l'autorisation d'y effectuer un court séjour. A la surface, une grosse déception l'attendait : une terrible sécheresse ravageait son pays depuis plusieurs années ! Geshan rentra rapidement au palais, résolu à venir en aide aux habitants. Il plaida leur cause avec beaucoup de chaleur auprès du roi des dragons, qui fut ému par la générosité de Geshan, car les hommes n'avaient pas tous été tendres avec lui. En bougonnant, et à contre-cœur, il autorisa sa fille à remonter sur terre avec son mari, mais à la condition qu'ils reviennent souvent lui rendre visite. Avant le départ, il leur offrit un vase richement décoré. Un vase magique...

Geshan et Perle marchèrent plusieurs heures dans une campagne sèche et poussiéreuse. Le sol fendillé, entrecoupé de crevasses, les arbres morts, tout concourait à rendre le paysage méconnaissable. Les habitants, qui souffraient de la faim, venaient leur demander du riz. Hélas, ils n'en avaient pas ! Au soir, ils s'installèrent au flanc de la plus haute montagne, loin vers l'Occident. Là ils enterrèrent soigneusement le vase magique, comme le leur avait conseillé le roi des dragons, et Perle prononça plusieurs formules secrètes. Au cours de la nuit, ils perçurent un léger frémissement en provenance du vase ; une première source venait de naître ! Au fil des jours, d'autres sources jaillirent de la montagne, si abondantes et régulières que la prospérité revint dans tout le pays. Grâce à Geshan, à Perle et... au roi des dragons, la Chine était sauvée !

Avec beaucoup de conviction, Geshan plaida la cause des paysans auprès du roi des dragons.

La perle du dragon

Sur les rives d'un grand lac aux eaux mortes, vivaient le jeune Tchang et sa mère. Ils cultivaient depuis longtemps un sol ingrat qui ne leur donnait que de maigres récoltes. Aussi, un beau matin, trouvant le sort trop injuste, le jeune homme décida d'aller demander au Grand Dieu de l'Ouest pourquoi tant de misère résultait de tant de travail.

Il embrassa sa mère en larmes, réunit quelques provisions, et s'éloigna vers les contrées hostiles de l'Ouest. Il marcha quarante-neuf jours d'affilée dans des forêts épaisses puis, à bout de forces, il parvint dans une ferme habitée par une vieille femme et sa fille. Tchang trouva la jeune fille très belle. Hélas, ils ne purent se parler car elle était muette depuis sa naissance. La vieille femme offrit l'hospitalité à Tchang. Quand elle apprit le but de son voyage, elle lui dit : « Je suis trop âgée pour y aller moi-même, mais peux-tu demander au Grand Dieu de l'Ouest pourquoi ma fille n'a jamais parlé ? »

Tchang accepta volontiers et repartit pour quarante-neuf autres jours de marche dans les montagnes. Épuisé, il trouva enfin une maison. Un vieillard y vivait qui le réconforta. Comme Tchang lui exposait le but de son voyage, il lui dit : « J'ai des jambes trop faibles pour me porter jusque-là, mais peux-tu demander pourquoi mon verger ne donne plus de fruits ? » Tchang accepta et repartit vers l'Ouest ; le soir même il se heurta à un large fleuve tumultueux. Pas de pont, pas de gué : infranchissable ! Son voyage risquait de se terminer là, quand, dans un bouillonnement argenté, un grand dragon apparut sur les flots. Tchang remarqua qu'il avait de petites ailes mais qu'il portait une perle étincelante sur le front. Le dragon s'approcha et lui demanda pourquoi il voulait franchir le fleuve. Tchang s'en expliqua et le dragon lui répondit : « Ton motif me paraît bon. Monte sur mon dos, je vais te conduire sur l'autre rive, mais demande donc au Grand Dieu de l'Ouest pourquoi je ne peux voler comme tous les autres dragons ! »

Tchang parvint enfin au terme de son voyage : un palais de mille pièces protégé par de très hautes montagnes et de vertigineux précipices. Après avoir parlementé avec les gardes, il obtint une entrevue avec le Grand Dieu de l'Ouest. C'était un vieillard sévère, aux cheveux argentés, vêtu comme un empereur, qui lui déclara : « Un aussi long et périlleux voyage t'autorise à me poser trois questions, mais trois seulement ! sinon je ne pourrais répondre à aucune. »

« Monte sur mon dos,
je vais te conduire sur l'autre rive ! »
lui dit le dragon

Tchang ressentit une vive déception, car il avait promis de poser trois questions, en dehors de la sienne, bien sûr ! Après une brève hésitation il décida de rester fidèle à sa parole. Il abandonna donc sa question, et posa les trois autres. Dès le lendemain, il repartit avec trois réponses pour ses amis, mais sans en avoir obtenu pour lui...

De retour au bord du fleuve, il revit le dragon qui l'attendait, frétillant d'impatience : « Le Grand Dieu de l'Ouest a affirmé que si tu accomplissais une bonne action, tu pourrais ensuite voler », dit Tchang. Alors, le dragon fit traverser le fleuve à Tchang et sans hésiter lui dit : « A toi qui es généreux et démuni de tout, je vais offrir ce que j'ai de plus précieux : la perle qui est fixée sur mon front. » Et aussitôt il l'arracha pour la lui donner. A peine Tchang l'avait-il remercié, que le dragon s'envolait !

Quarante-neuf jours plus tard, Tchang dit au vieillard qui l'avait hébergé qu'il devait creuser sous la citerne, comme l'avait ordonné le Grand Dieu de l'Ouest. A l'emplacement indiqué, ils découvrirent neuf jarres d'or, d'où jaillirent neuf sources fertilisantes, et les arbres se couvrirent de fleurs. Tchang accepta une des jarres magiques, puis se hâta jusqu'à l'étape suivante. Là, dès que Tchang vit la jeune fille, celle-ci réussit à lui adresser la parole ! Folle de joie, elle embrassa Tchang. « Prends-la pour femme, toi qui es honnête et courageux », proposa la mère ; et Tchang repartit neuf nuits plus tard avec sa jeune compagne.

De retour chez lui, il revit sa mère, aveugle d'avoir trop pleuré ! Il n'osait pas avouer qu'il n'avait pas obtenu de réponse pour lui, mais il pensa à offrir la perle. Quand il la prit dans sa main, une lueur fulgurante en jaillit qui frappa les yeux de la vieille femme. Celle-ci recouvra aussitôt la vue ! Grâce à cette perle magique, l'eau du lac devint poissonneuse et les récoltes abondantes. Tchang et ses proches vécurent heureux, et chaque année le généreux dragon vint leur rendre visite.

De l'histoire aux légendes

L'origine du dragon, animal mythique, demeure mystérieuse. Aucune filiation sérieuse n'est possible à établir avec les grands reptiles préhistoriques, car des dizaines de millions d'années séparent les premiers hommes des derniers dinosaures redécouverts il y a peu (sous forme de squelettes) par les paléontologues. Les auteurs des légendes médiévales ou chinoises ignoraient donc tout de ces grands monstres préhistoriques, et une sorte de mémoire collective — inconsciente — paraît bien improbable en raison du décalage chronologique. Il faut donc chercher ailleurs, dans l'imaginaire des hommes...

Par leur caractère reptilien, les dragons sont liés à la terre, mais pourvus de pattes, ils n'appartiennent pas complètement au domaine des rampants ; pourtant, ils s'apparentent aussi au monde aérien, car tous sont pourvus d'ailes. Ceci les distingue nettement des grands serpents (plus ou moins malfaisants) que l'on retrouve dans la plupart des mythologies orientales ou occidentales.

Les dragons peuvent donc se définir comme reptiliens, mais pourvus de pattes, d'ailes et souvent d'écailles. Les cornes sont facultatives mais fréquentes (constituent-elles une référence au diable ? ce n'est pas certain). On attribue à la plupart d'entre eux un aspect verdâtre ou gris, comme à la plupart des reptiles, mais certains sont rouges, blancs ou même chamarrés, surtout en Orient. Presque tous crachent le feu, signe de puissance tellurique ou infernale. Même s'ils ne sont pas toujours hostiles à l'homme (comme en Orient), tous sont puissants, et potentiellement redoutables.

Une des plus anciennes représentation de dragons a été retrouvée en Chine dans un tombeau (à Xishuipo dans le Henan en 1987). Vieille d'environ 6 000 ans, elle est constituée d'un montage de coquillages fixés dans le sol. En Mésopotamie, le dieu Mardouk, qui aurait combattu pour structurer le chaos primitif, est censé avoir affronté (entre autres forces du désordre) un dragon. On a pu en retrouver une repro-

Miniature médiévale : Dragon, ange et Vierge. Musée de l'Escorial - Madrid © Roger-Viollet

---

La constellation du Dragon

Dans le ciel nocturne, entre la Petite Ourse et la Grande Ourse, se déploie la constellation du Dragon. Peut-être l'avez-vous déjà observée, mais savez-vous comment est né ce dragon d'étoiles ? Et bien, c'est tout simple ! La clé du problème se trouve en Grèce.

Dans l'Antiquité, un dragon veillait sur les pommes d'or du jardin des Hespérides jusqu'au jour où il fut occis par l'infatigable Héraklès. Alors la déesse Héra transforma le corps en une poussière d'étoiles et... les dispersa dans le ciel ! Pourtant, on donne parfois une autre explication, tout aussi poétique : un jour, comme Zeus poursuivait deux superbes nymphes, son épouse Héra, encore elle, furieuse, les transforma en ourses. Alors, Zeus les plaça dans le ciel et, pour demeurer près d'elles, il prit la forme de la constellation du Dragon !

DE L'HISTOIRE AUX LÉGENDES

duction (vieille de plus de 2 500 ans) constituée de briques de couleurs, ornant la porte d'Isthar, une des portes monumentales de Babylone.

Dans la Grèce antique apparaît très tôt le thème du « dragon-gardien » : gardien de la Toison d'or, des pommes d'or du jardin des Hespérides et de diverses fontaines ou lieux sacrés. Déjà, des héros, le plus souvent solitaires, doivent affronter un dragon soit pour en débarrasser leur cité, soit pour s'emparer d'un trésor, soit pour protéger un homme ou une femme. Ces thèmes seront abondamment développés et enjolivés au Moyen Age dans tout l'Occident.

Le guerrier et le dragon.
Gravure de la Renaissance italienne de Jacopo Bellini - (XVᵉ siècle)
© Explorer/Archives

Dragon marin :
gravure japonaise du XIXᵉ siècle
© Explorer/Archives - J.-L. Charmet

Quelques lieux habités par des dragons

Au Japon : dans l'île d'Enoshim, près de Yokohama, une grotte a été habitée par un dragon marin, dragon marié ensuite à une déesse bienfaisante.

En Chine : de nombreux lieux (montagnes, sources, fleuves, lacs...) incluent dans leur nom la notion de dragon. C'est une appellation très fréquente pour cet animal lié aux eaux mouvantes.

En Allemagne : la ville de Worms est au cœur de l'épopée de Siegfried.

En France : dans toutes les provinces on trouve trace de saints qui ont terrassé des dragons (par exemple saint Victor, saint André et saint Armentaire en Provence). Dans tout le pays, des églises et des chapelles sont consacrées à saint Michel. Des grottes (comme la célèbre Caverne du dragon dans l'Aisne) ont été peuplées de dragons. Il est impossible de citer tous les endroits où les dragons ont laissé leur marque. Cherchez bien ! il y en a certainement un près de chez vous...

DE L'HISTOIRE AUX LÉGENDES

Dragons occidentaux

Dans les mythologies occidentales, le dragon, être hybride (mi-serpent, mi-oiseau), évoque bien l'idée du chaos dans lequel il est né. Plusieurs dieux devront d'ailleurs l'affronter (en Scandinavie par exemple) quand ils tenteront de remettre de l'ordre. Les dragons sont donc parfois de même nature que les « géants », êtres rudimentaires apparus sur la terre avant les dieux et les hommes.

Fafnir que l'on retrouve dans de nombreux récits germaniques (sous le nom de Fafner) est un géant métamorphosé en dragon pour mieux garder un trésor. Les nains, apparus en même temps que les géants, vivent habituellement sous la terre. C'est pourquoi ils connaissent tous les secrets de la mine, des métaux et de la forge ; parfois quelques nains (comme Régin) aident le héros, et s'aventurent à la surface, dans des endroits semi-déserts (landes, forêts profondes...). Pour les hommes, il est donc bien rare de rencontrer des nains ou des géants.

Siegfried serait un héros dont les aventures s'inscrivent dans un cycle (auquel appartient aussi Sigurd) qui prendrait racine dans la lutte menée par les anciens rois Burgondes contre des envahisseurs. Siegfried-Sigurd symboliserait les peuples germaniques, et le dragon incarnerait les agresseurs.

Pourtant, en Occident, le chevalier matérialise surtout le courage face aux forces maléfiques que représente le dragon. Avec la généralisation du christianisme le dragon sera associé au diable, aux catastrophes, aux épidémies. Au Moyen Age, les habitants

L'Apocalypse : tapisserie de Nicolas Bataille - XIVe siècle

Procession de la Tarasque : Tarascon début du XIXe siècle

La « Grand' Goule » de Poitiers

Noms de dragons...

Le dragon est affublé de noms différents suivant les régions de France. En voici quelques exemples : la Tarasque à Tarascon, la Lézarde à Provins, la Gargouille à Rouen, le Graouilly à Metz, la Galipote en Poitou, le Drac à Beaucaire, le Sarpant dans l'île de Batz, la Coulobre à Bagnols-sur-Cèze, la Kraulla de Reims, la Bête Ro à Aytre, le Basilic dans la Vienne...

DE L'HISTOIRE AUX LÉGENDES

de bien des villes organisèrent des processions. Une fois l'an, ils promenaient une bannière en forme de dragon pour conjurer la peste, la guerre et la famine, grandes dévoreuses d'hommes !

Les dragons sont donc devenus un produit de la peur et de l'imagination. C'est pourquoi tuer un dragon s'apparentait à un rite initiatique : il s'agissait de vaincre ses propres terreurs, de devenir un homme au sens plein du terme ; et souvent mériter par la même occasion le cœur d'une belle !

De nombreux récits associent donc un dragon, une princesse et un héros. La princesse y est toujours jeune et belle, incarnant aussi la pureté et l'innocence. Le dragon diabolique, souvent laid et vieux, aimerait bien la croquer ! Ainsi Roland délivre-t-il de justesse la blonde Angélique rivée par les poignets à un rocher pour y être livrée à l'Orca. On retrouve le même thème dans l'histoire de Georges et d'Aïa.

Les dragons sont aussi des gardiens de trésors. Dans tout l'Occident médiéval, ils possèdent au fond de leurs cavernes d'inaccessibles et fabuleux trésors qui constituent probablement le symbole de l'immortalité. Ces trésors ne sont cependant pas synonymes de bonheur. Bien au contraire, s'en emparer revient le plus souvent à devenir victime d'une malédiction.

Dans les textes christianisés (la majorité de ceux qui nous sont parvenus) le dragon est assimilé au serpent biblique, aussi maléfique et tentateur que lui, mais encore plus difficile à combattre. Dans l'Apocalypse, l'archange saint Michel et ses milices célestes doivent d'ailleurs combattre « le dragon roux et ses troupes infernales ». Les récits de saints triomphant d'un dragon abondent. Ils présentent des côtés fastidieux car répétitifs : seul le nom du héros et celui du lieu changent. Pour le reste, l'aide divine ôte un peu de mérite à ces évangélisateurs d'un genre nouveau. L'exploit de Georges en Libye est bien représentatif de ces récits où l'aide divine suffit amplement à soumettre le dragon. Notons que Georges, dont l'existence est loin d'être certaine, a été rayé du calendrier des saints par Jean XXIII. Ce qui ne l'empêche pas de demeurer le protecteur de l'Angleterre.

Du bon usage du dragon

Dans les textes anciens on prête volontiers des vertus spécifiques à chaque partie du dragon. Ainsi :
le cœur permet de comprendre le langage des animaux ;
le sang, répandu sur la peau d'un homme, le rend invulnérable ;
les dents (portées sur un vêtement de peau de chèvre) protègent de tous les maléfices ;
la graisse qui enrobe le cœur permet de gagner tous les procès ;
les yeux fournissent un onguent qui rend les hommes courageux ;
enfin, dans la tête se trouve une pierre magique. Elle est assimilable à « la perle du dragon », une perle d'abondance qui (en Orient) donne à celui qui la possède le pouvoir de multiplier les récoltes.
Voilà un animal bien utile (une fois mort !), mais le plus difficile est d'en trouver un qui veuille bien se laisser occire...

« La femme et le dragon » - miniature du IXe siècle. Valenciennes © c G. Dagli Orti

209

DE L'HISTOIRE AUX LÉGENDES

Dragons de Chine

Les dragons orientaux sont assimilés à des forces de la nature, forces dangereuses mais pas vraiment hostiles à l'homme. Ils sont parfois les amis d'un simple paysan, et peuvent se montrer généreux, sensibles à la détresse humaine et même désintéressés. Ils n'ont donc pas du tout le caractère violent et maléfique de leurs cousins occidentaux. Dans la mythologie chinoise, c'est plutôt le tigre qui est un animal terrifiant et très difficile à vaincre.

Les dragons chinois sont presque toujours associés à l'eau qui joue un rôle fondamental dans l'agriculture. En tant que gardiens des eaux, ils sont plutôt bienfaisants, mais ils peuvent être maladroits (ils s'endorment ou se trompent de tâche...) ou inconscients (ils boivent et font la fête!). Dans ce cas, ils deviennent dangereux car ils négligent leurs obligations. En effet les grands fleuves, les océans, les gros nuages d'orage et mêmes les sources sont tous confiés à la surveillance d'un dragon. Qu'il rêve, s'absente ou se distraie et aussitôt le fleuve déborde, la tempête ravage l'océan, la sécheresse menace, les sources se tarissent. Les dragons chinois apportent donc la misère ou l'abondance. Cette abondance est symbolisée par une perle que possède chacun d'entre eux. Parfois elle devient provisoirement la propriété d'un humain qui, dans ce cas, peut multiplier les richesses autour de lui. C'est le thème de plusieurs légendes chinoises. La perle du dragon est aussi un symbole de sagesse et de maîtrise des connaissances.

Les dragons font partie des mythes fondateurs de la civilisation chinoise. Le cycle des exploits de Yu montre comment cet empereur mythique organise son empire avec l'aide décisive d'un dragon ailé. On lui attribue les premiers travaux d'irrigation et de drainage dans des régions soumises aux crues catastrophiques des grands fleuves. Les noms de plusieurs montagnes et défilés évoquent encore l'action bienfaisante des dragons.

Tous les empereurs de Chine ont régné sous le signe du dragon. Leurs vêtements de parade comme les murs de leurs palais en étaient abondamment décorés. Les empereurs eux-mêmes étaient parfois assimilés à des dragons et, comme eux, ils possédaient des pouvoirs redoutables.

Les dragons ne sont pas tous les gardiens des eaux : la déchirure faite dans

Dragon gardien de temple en Birmanie
© c G. Dagli Orti

L'art de chasser le dragon

Zhu Pingman se rendit auprès de Zhi Liyi pour y apprendre l'art de chasser les dragons. Cet apprentissage difficile lui demanda trois années complètes et il y consacra la totalité de son immense fortune!
Hélas, il ne rencontra jamais le moindre dragon, et son art, acquis au prix de tant d'efforts, s'avéra inutile...

Fable chinoise.

DE L'HISTOIRE AUX LÉGENDES

le ciel par le monstre Gong-Gong est occupée depuis par un immense dragon rouge, dragon du feu dont les humeurs conditionnent toute la vie de la Chine : s'il ouvre les yeux c'est le jour ; s'il les ferme c'est la nuit ; son souffle provoque les tempêtes et les saisons. On trouve aussi de nombreux dragons dans le ciel de Chine. Certains d'entre eux poursuivent inlassablement la lune et le soleil pour tenter de les dévorer : cela explique les éclipses périodiques. Heureusement, pendant ces éclipses, les Chinois frappent violemment sur des instruments de cuivre et font sauter des pétards. Ce vacarme effraie les dragons, qui lâchent leur proie. Pour mieux recommencer !

Les dragons vivent longtemps : une journée pour eux vaut un an pour les humains ! mais ils ne sont pas éternels. Ils ont souvent une famille et leurs enfants, en particulier les filles, aiment à prendre un aspect humain. De nombreux récits reprennent ce thème : un paysan ou un artisan pauvre mais honnête rencontre la fille du roi des dragons qui lui propose son aide...

Dragon de bois de Bali. Protecteur des enfants, il était suspendu au-dessus des lits
© Musée de l'Homme, José Oster

« L'écran aux dragons ». Pékin - XVe siècle.

Les dragons chinois circulent dans les airs, mais leurs palais se trouvent le plus souvent sous les mers. Dans les océans vivent quatre roi-dragons principaux, gouvernant chacun une des quatre mers qui entouraient la Chine ancienne. Les gens du peuple les considèrent souvent comme quatre frères : Ngao Kouang, Ngao Chen, Ngao Jouen et Ngao Kin. Ngao Kouang est en principe le chef.

Pendant des siècles, les paysans chinois ont organisé des processions pour se concilier les faveurs des dragons de la pluie, et des milliers de temples (dont certains minuscules) ont été élevés en leur honneur. Parfois, si la pluie tarde malgré les prières et les cérémonies, les habitants se fâchent : ils sortent la statue du dragon de son temple, et l'exposent en plein soleil... pour le punir ! Généralement, il pleut au cours des jours qui suivent, car il est bien connu que les dragons n'aiment pas trop le soleil.

211

La mer

Texte de Alain Quesnel
Illustrations de Marcel Laverdet

L'archipel du Kouei Hi Chine

DEBOUT DANS LA NUIT NOIRE, Chang tenait ferme la barre malgré les vagues déferlantes et la peur grandissante qui le gagnait. À bord de sa vieille jonque, il approchait enfin du Kouei Hi et il ne pouvait plus reculer. Une semaine auparavant, son frère Wang avait livré du poisson au palais de l'empereur. Là, il avait entendu parler d'une expédition qui se préparait dans le plus grand secret vers le mystérieux archipel du Kouei Hi. Aussi les deux frères s'étaient-ils lancés les premiers dans l'aventure.

Comme tous les marins de Chine, Wang et Chang rêvaient de trouver ces étranges îles flottantes qui dérivaient sur l'Océan au gré des vents. Beaucoup d'hommes les avaient furtivement aperçues mais seul un petit nombre d'élus avait réussi à les aborder avant qu'elles ne s'évanouissent à l'horizon. Devenus des "Bienheureux", ils ne connaissaient ni la faim, ni les affronts de l'âge. Jamais leurs cheveux ne blanchissaient. Jamais ils ne vieillissaient. Ils se drapaient d'amples vêtements de plumes multicolores grâce auxquels ils pouvaient voler. Légers comme le vent, ils se déplaçaient ainsi, à leur guise.

Naguère, cinq îles flottaient sur l'océan, comme d'immenses blocs de liège, et non pas trois comme maintenant. Ballottées par les flots, elles bougeaient trop, s'entrechoquaient et parfois même dérivaient à proximité des côtes de l'Empire du Milieu, au risque de s'échouer sur des récifs. Les "Bienheureux" trouvaient cela bien inconfortable. Ils obtinrent donc de l'Empereur Céleste qu'il fixât un peu mieux leur domicile.

Après mûre réflexion, l'Empereur dépêcha cinq tortues géantes dans les eaux du Kouei Hi, des tortues de mer nageant à merveille, et leur donna ordre de porter les îles sur leur dos. Mais porter une île était un exercice bien fatigant. Aussi l'Empereur désigna-t-il d'autres tortues pour les aider. Au total elles se regroupèrent à trois par île, qui se relayaient jour et nuit ; l'une d'entre elles portait la charge pendant que les deux autres se reposaient en nageant tranquillement.

Chang connaissait bien cette histoire mais un point demeurait obscur pour lui : "Au palais, as-tu appris pourquoi il ne reste plus que trois îles sur l'Océan ? demanda-t-il à son frère.

-Oui ! Un mandarin affirma qu'un jour, un géant, appelé Long Po, est venu du continent en quelques enjambées. Sans crier gare, il a pêché six tortues d'un coup et les a mangées aussitôt. Dès le lendemain les deux îles dont elles avaient la garde ont dérivé au gré des vents…

-Jusqu'où ?

-Jusqu'aux glaces éternelles du Grand Nord. Peu à peu elles ont été recouvertes de givre et sont devenues inhabitables…"

Chang pensait à tout cela quand, aux premières lueurs de l'aube, il sentit son bateau tanguer fortement sous la poussée d'un puissant courant. À l'instant, le ciel s'obscurcit et un grondement sourd s'amplifia : "Attention !" hurla Wang.

Un gouffre insondable, terrifiant, s'ouvrait devant la jonque. Tous les fleuves de la Terre s'y déversaient en grondant, et chaque nuit les eaux écumantes de la Voie lactée[1] les rejoignaient ! Pendant des heures, avec l'énergie du désespoir, les deux frères luttèrent contre le courant et la tempête, pour ne pas être aspirés dans cet abîme bouillonnant où s'étaient déjà engloutis tant de navires.

Le lendemain, épuisés, Wang et Chang, dérivaient encore sur une mer houleuse mais un brouillard épais les enveloppait. Ils naviguaient à l'aveuglette quand, dans une trouée, ils aperçurent enfin les trois îles !

Elles flottaient au-dessus des vagues, légères, immatérielles… Le cœur battant, ils firent voile vers elles !

La première semblait bien à portée de main, quand elle bascula brusquement dans les flots et… disparut ! Seul son reflet demeura visible dans la clarté indécise de l'aube. Déçus, les deux frères se dirigèrent alors vers la deuxième, mais à l'instant où ils allaient l'aborder, elle s'effaça à son tour ! La dernière se profilait encore sur la brume. Il leur fallait l'atteindre avant qu'il ne fût trop tard. Hélas, elle s'éloignait au fur et à mesure que la jonque s'en approchait. Un fort vent du nord et des vagues déferlantes freinaient leur avance. Toutes voiles dehors, les deux frères se lancèrent à la poursuite de la troisième île, droit vers le Levant. Personne ne les revit jamais.

(1) Les Chinois considéraient la Voie lactée comme un grand fleuve céleste.

LA QUÊTE DE L'IMMORTALITÉ
L'île interdite Sumer

DEPUIS DES SEMAINES ET DES JOURS, Gilgamesh, le souverain d'Uruk, courait à perdre haleine. Une brisante fatigue courbait sa haute stature et, malgré son exceptionnelle musculature, il était à bout de forces. Lorsque son ami le plus cher, Enkidu, était décédé, écrasé par le chagrin, il s'était juré de triompher de la mort.

Quittant le luxe plein de douceur et les splendeurs de son palais, il s'était jeté sur les routes, à la recherche d'Utanapishti, le seul homme, disait-on, à avoir obtenu l'immortalité. Jusqu'à présent, l'aventure de Gilgamesh, longue, pénible et vaine, lui laissait au cœur un sentiment d'amertume. Descendant une colline boisée, il découvrit un jour, au détour d'un sentier, un océan immense et sombre qui, en contrebas, déroulait puissamment ses flots devant lui. Sur la plage désolée, une modeste cabane se dressait.

Surmontant son épuisement, le héros dévala la pente et gagna ce foyer solitaire. Il fut aimablement accueilli par une nymphe nommée Sidouri qui, respectueuse des lois de l'hospitalité, lui offrit de quoi se restaurer et dormir. Rassasié et reposé, Gilgamesh expliqua pourquoi il courait ainsi les chemins, cherchant en vain Utanapishti. Sidouri soupira et murmura :

"A quoi te sert, grand roi, cette course effrénée vers un but impossible à atteindre. Tu n'auras pas l'immortalité : sois un homme et tâche de vivre convenablement le temps qui t'est mesuré. Toutefois, si tu t'obstines dans ta folie, apprends que Urshanabi, le batelier d'Utanapishti, est en ce moment dans les parages. Peut-être pourra-t-il t'aider."

Gilgamesh remercia son hôtesse et partit à la recherche du marin. Après une longue errance, il remarqua un curieux individu qui chargeait un bateau aussi étrange qu'inquiétant. Gilgamesh s'approcha de l'homme et l'aborda tranquillement. Il lui expliqua son désir de rencontrer Utanapishti et sa ferme volonté de vaincre la mort. Urshanabi, car c'était bien lui, grommela. Il n'avait aucune envie de prendre quelqu'un à son bord. Du reste, cela lui était interdit par son maître et le voyage était proprement impraticable pour un simple mortel.

"Ne sais-tu pas, roi Gilgamesh, dit-il, qu'autour de l'île interdite où vit Utanapishti, s'étendent les eaux de la mort ? Une seule goutte sur ta peau te ferait mourir. Ce serait pure démence de t'embarquer avec moi." Le souverain, las d'avoir parcouru tant de distances et subi tant d'épreuves, se montra prêt à monter à bord, par la force, s'il le fallait. Voyant sa détermination, le marin finit par l'accepter pour passager. Cependant, avant le départ, il demanda à Gilgamesh d'aller tailler, dans la forêt avoisinante cent vingt perches destinées à lui permettre de traverser sans encombre les eaux mortelles qui baignaient l'île. Gilgamesh partit sur-le-champ et, au prix d'un effort surhumain, revint quelques jours plus tard avec son lot de perches solides et longues.

Le vaisseau gagna le large, laissant derrière lui un mince sillage d'écume blanchâtre qui contrastait avec le bleu noirâtre des eaux. La mer était d'un calme plat, mais ses profondeurs insondables suscitaient une sourde angoisse. La traversée atteignait son quarante-cinquième jour, quand brutalement, Urshanabi hurla : "Attention, Gilgamesh ! Nous entrons dans les eaux de la mort. Rappelle-toi que le moindre contact avec elles te serait fatal !"

Se saisissant d'une immense perche, Gilgamesh la plongea dans les eaux sombres, et, s'arc-boutant, entreprit de pousser le vaisseau. Dès qu'il risquait de recevoir la moindre goutte d'eau, il lâchait sa gaffe et, s'emparant de la suivante, poursuivait son épuisant travail de colosse. Urshanabi, quant à lui, immortel comme son maître, n'était pas concerné par ce problème. Il se contentait de tenir ferme son gouvernail.

Dans le lointain brumeux, les contours indécis d'une île commençaient à apparaître. Gilgamesh allait crier victoire quand il s'aperçut qu'il venait de lâcher sa dernière perche ! La provision de bois était épuisée et le navire, immobile, se trouvait toujours dans les eaux de la mort. Une idée jaillit soudain de son fertile cerveau : il retira ses vêtements, les attacha à l'avant du navire. Les vents qui par bonheur s'enflaient, gonflèrent cette voile improvisée, amenant avec sûreté le bateau vers le rivage.

Du haut d'un promontoire, un imposant vieillard regardait Urshanabi et Gilgamesh débarquer. Il descendit à leur rencontre et dit au héros : "Salut à toi, Gilgamesh ! je suis Utanapishti. J'attendais ta venue. C'est en vain que tu cherches l'immortalité. Néanmoins, ton courage mérite récompense et je t'accueille volontiers sur ce sol que jamais un mortel n'a foulé."

LA QUÊTE DE L'IMMORTALITÉ
Le déluge

UTANAPISHTI installa confortablement Gilgamesh dans sa propre demeure, puis quand le héros eut repris ses esprits, l'interrogea : "Pourquoi grand roi es-tu venu jusqu'ici ? Qu'est-ce qui te fait croire que je puis t'aider ?"

Gilgamesh expliqua au noble vieillard qu'afin de pouvoir acquérir le secret de l'immortalité, il était prêt à subir toute épreuve qu'on lui imposerait. Utanapishti soupira : "Tu te trompes, Gilgamesh. Je ne peux pas te donner ce que tu demandes, tout simplement parce qu'il n'existe aucun secret de ce genre. Laisse-moi te raconter mon histoire."

Après un bref silence, le vieillard reprit la parole : "Il y a bien longtemps de cela, des siècles sans doute car j'ai perdu l'habitude de compter le temps, les êtres humains étaient devenus méchants, vicieux et corrompus. Ils ne respectaient plus les lois, ne vénéraient plus les divinités. Ea, celui qui sait tout, le terrible Mardouk et tous les autres dieux en conçurent une grande colère. Ils décidèrent de détruire cette race impie et dévoyée. Cependant, laissant tous les autres hommes dans l'ignorance, le Seigneur Ea m'envoya un avertissement. Sur son ordre, je rassemblais les plus belles planches de cèdre que je pus trouver. Me mettant à la tâche, avec l'aide d'Urshanabi, je construisis une grande barque. Tu peux imaginer que ce pénible labeur me prit bien des jours ! Les gens se moquaient de moi, mais, indifférent aux sarcasmes, je travaillais sans relâche. Lorsque le bateau fut achevé, suivant les conseils d'Ea, je le calfatais avec du goudron de bois. J'y fis monter tous les animaux de ma ferme, puis nous prîmes place, mon épouse et moi, Urshanabi tenant la barre. Nous attendîmes.

Soudain, de lourds nuages gris emplirent les cieux. En un instant, ils furent si nombreux qu'ils voilèrent la lumière du soleil. Nous étions en plein jour et pourtant on se serait cru au cœur de la nuit. Alors les nuages crevèrent, laissant se déverser en cataractes toutes les eaux du ciel. Je sentis l'aile de l'Oiseau des Tempêtes qui volait au-dessus des vents sifflant rageusement. Sous l'effet des eaux, les mers se mirent à monter, déchaînées, en vagues plus hautes que des montagnes. Chaumières et palais étaient emportés comme des fétus de paille. Rien ne résista au cataclysme et toute l'humanité périt noyée.

Durant six jours et sept nuits, le monde fut la proie de l'ouragan et les eaux ne cessèrent de grossir. Notre barque fut prise dans d'effroyables tourbillons, chahutée par le tangage et le roulis que provoquaient des lames toujours plus puissantes. Néanmoins, par la grâce d'Ea, elle réussit à flotter.

À l'aube du septième jour, le soleil se leva dans un ciel serein. Autour de nous, à perte de vue, l'immensité marine avait recouvré son calme. Nous fîmes une grande fête pour remercier les dieux. Les eaux descendirent peu à peu et nous sentîmes enfin que la barque n'était plus portée par l'océan qui nous avait déposés au flanc d'une montagne.

Nous nous apprêtions à débarquer lorsque, fondant du ciel, apparut le puissant dieu des vents. Il nous ordonna de ne pas descendre, puis poussant notre navire sur les flots, il nous guida à une vitesse surnaturelle vers cette île de l'autre monde. Là, nous connûmes la volonté des dieux : ils nous rendaient immortels pour que, vivant à tout jamais dans ce lieu inaccessible, nous soyons un témoignage de l'ancienne humanité.

Voilà pourquoi, Gilgamesh, je ne puis te donner le secret de l'immortalité. On m'en a fait le don, mais je ne sais comment on peut l'acquérir."

Gilgamesh hocha pensivement la tête. Malgré ce récit, il se refusait à abandonner sa quête. S'entêtant, il demanda au vieillard : "Que puis-je faire, Utanapishti ?"

Ce dernier sentit que le héros ne voulait pas comprendre la vérité. Aussi, bien que la sachant parfaitement inutile, lui proposa-t-il une épreuve : "Va sur la grève, Gilgamesh. Mets-toi en prière durant sept jours et sept nuits. Sans t'endormir, supplie les dieux. Peut-être que ton courage saura les fléchir."

Gilgamesh se rendit sur la plage et, durant des heures, implora les dieux avec ferveur. Cependant, épuisé par toutes ses aventures, il s'endormit au soir du premier jour. Son sommeil dura tout le temps de l'épreuve. Chaque jour, l'épouse d'Utanapishti déposait à son côté un pain qu'elle avait fabriqué.

Lorsque le héros s'éveilla, le vieillard se tenait près de lui et déclara : "Tu as échoué Gilgamesh. Le sommeil a eu raison de toi." Le roi d'Uruk s'apprêtait à nier avec véhémence, mais il vit près de lui les six pains rassis et le dernier encore frais. Il baissa les yeux et reconnut sa défaite. Utanapishti récompensa sa vaillance en lui rendant sur-le-champ sa jeunesse et sa beauté. Il lui donna un ultime conseil : "Cesse de penser à ta mort, roi. Efforce-toi de bien vivre le temps qui t'est donné."

Sur la nef qui le ramenait vers le monde des hommes, Gilgamesh songeait à ces paroles, et tout à coup une bouffée de joie gonfla sa poitrine : certes, il n'avait pas conquis l'immortalité, mais il avait atteint ce que l'homme peut souhaiter de plus haut : la sagesse.

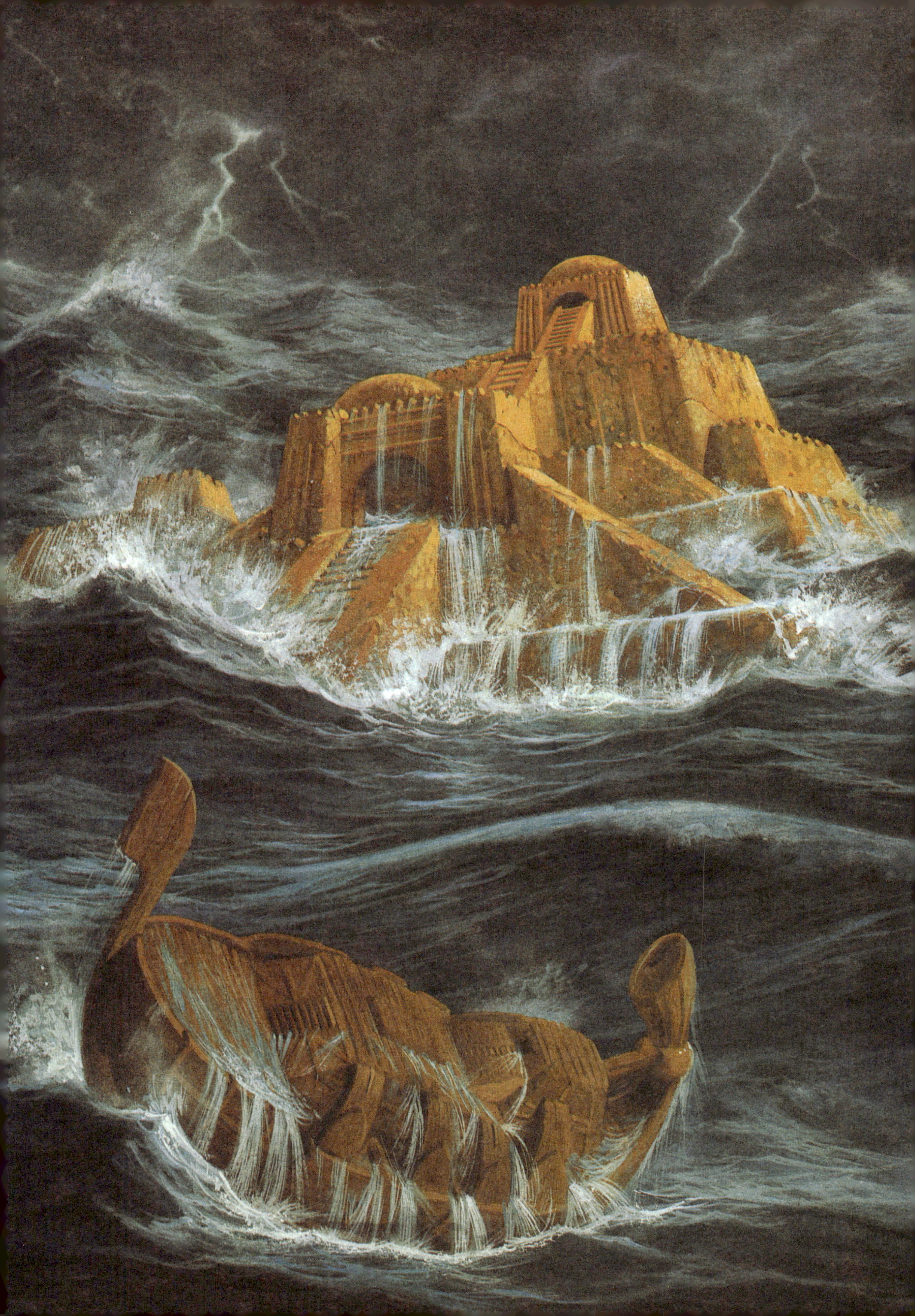

LE ROI DES SINGES
Sous la mer orientale Chine

BONDISSANT LESTEMENT de branche en branche, quatre vieux singes se rendaient à la hâte vers le trône de leur roi, Sun Wu Kong. Ces deux mandrils à fesses rouges et deux singes sans queue, tous conseillers du monarque, montraient une belle diligence car l'affaire qui les occupait était d'importance. Quand ils furent près de lui, le roi leur dit :

"Vieux sages, je suis inquiet... Enfin n'exagérons rien, un peu soucieux. Au cours de mes nombreuses aventures, j'ai acquis toutes sortes d'armes. Nous disposons aujourd'hui de troupes bien équipées et bien entraînées, mais les rois des Hommes, des Oiseaux et des Bêtes pourraient en prendre ombrage et nous attaquer. Il me faut donc une arme si puissante qu'elle les en dissuadera."

Les conseillers se consultèrent, puis l'un deux déclara :

"Sire, vous êtes un immortel. Aucune arme terrestre ne peut convenir. Si vous voulez l'arme suprême, il faudra aller la quérir au fond de l'océan. En êtes-vous capable ?"

Sun Wu Kong éclata d'un rire franc : "Je peux me métamorphoser de soixante-douze façons, chevaucher des nuages, l'eau ne peut me noyer, ni le feu me brûler. Il faudrait que toutes les puissances sous-marines s'allient pour avoir raison de moi. Que voulez-vous que je craigne ? Dites-moi plutôt comment je puis gagner le monde sous les eaux."

Les quatre sages le renseignèrent et aussitôt il se mit en marche pour rejoindre un pont de fer sous lequel passait l'onde qui menait au palais du dragon de la mer Orientale. Là, Sun Wu Kong piqua dans les flots. Il se laissa porter par le courant et parvint rapidement au large. Il plongea alors au plus profond de l'océan.

Soudain, émanant d'un buisson d'algues, une voix forte retentit. Un Yaksa, un de ces lutins à tête de batracien, le hélait : "Qui es-tu, Tu dois me donner ton nom."

Sun Wu Kong rétorqua : "Je suis le roi des Singes. Je viens rendre une visite de courtoisie au grand dragon."

Le Yaksa disparut précipitamment pour aller transmettre cette nouvelle à son souverain. Intrigué, Aoguang, le roi dragon fit à l'instant préparer son équipage et partit à la rencontre du singe. Ses enfants et petits-enfants l'accompagnaient et une puissante escorte armée, composée de soldats-crevettes et d'officiers-crabes, l'entourait.

Il s'avança vers le singe et le salua avec cérémonie. Sun Wu Kong répondit sur le même ton, montrant une politesse un peu exagérée, car le dragon lui paraissait fort ridicule à vouloir jouer ainsi les importants. Puis ils se rendirent dans le palais de Aoguang et, au milieu d'une foule attentive où ne manquaient ni poissons ni coquillages, se firent face, assis sur des trônes surélevés.

"Que voulez-vous, roi des Singes ?" demanda le dragon.

Sun Wu Kong fit une grimace qu'il voulait empreinte de respect, se gratta le crâne puis affirma d'une voix assurée :

"Vous savez bien sûr que je suis immortel. J'ai obtenu l'illumination réservée aux sages et je pratique les arts magiques. J'ai besoin d'une arme qui me convienne et je sais que vous la possédez. Vous n'aurez pas le cœur de la refuser à quelqu'un de ma qualité qui, en outre, vous offre son amitié. Du reste, comme dit le proverbe : on trouve tout ce que l'on désire chez un dragon."

Aoguang lissa sa barbe. Il trouvait le singe bien audacieux, mais il risquait de perdre la face et d'être la risée des immortels s'il ne lui donnait pas satisfaction. Il appela un poisson blanc, une perche, et lui ordonna d'aller chercher son meilleur sabre. Quand le singe l'eut en main, il le mania avec dextérité et dit : "Ce n'est pas un instrument pour moi. Je ne suis pas fait pour l'escrime."

Le roi de la mer envoya alors un silure et une anguille géante qui rapportèrent un trident. Le singe le soupesa et fit la moue : "C'est trop léger pour moi !"

Aoguang dépêcha immédiatement une brême qui revint haletante avec une grosse hallebarde. "Plaisantez-vous ? lança Sun Wu Kong, je vous ai demandé une arme véritable et non un engin qui m'est comme une plume dans la main."

Le dragon ressentait une gêne grandissante : le singe le dérangeait et il l'aurait volontiers fait jeter dehors par ses crevettes et ses crabes. Le respect qu'il devait aux immortels l'emporta pourtant. D'une voix geignante il dit : "Sire singe, je n'ai malheureusement rien de mieux dans mes modestes entrepôts. Peut-être devriez-vous aller faire un tour chez l'un de mes trois frères qui règnent sur les autres mers. Je suis sans doute le plus pauvre de tous, mais l'un d'eux pourra vous satisfaire."

Sun Wu Kong ricana intérieurement : si Aoguang cherchait à se débarrasser de lui, c'est parce qu'il avait quelque chose à cacher. Il fallait maintenant l'obliger à révéler son secret. Un grand silence s'était établi. Le dragon boudait tandis que le singe, tout en se livrant à quelques facéties, méditait la ruse propre à faire céder son interlocuteur. Il n'eut pas à chercher trop longtemps.

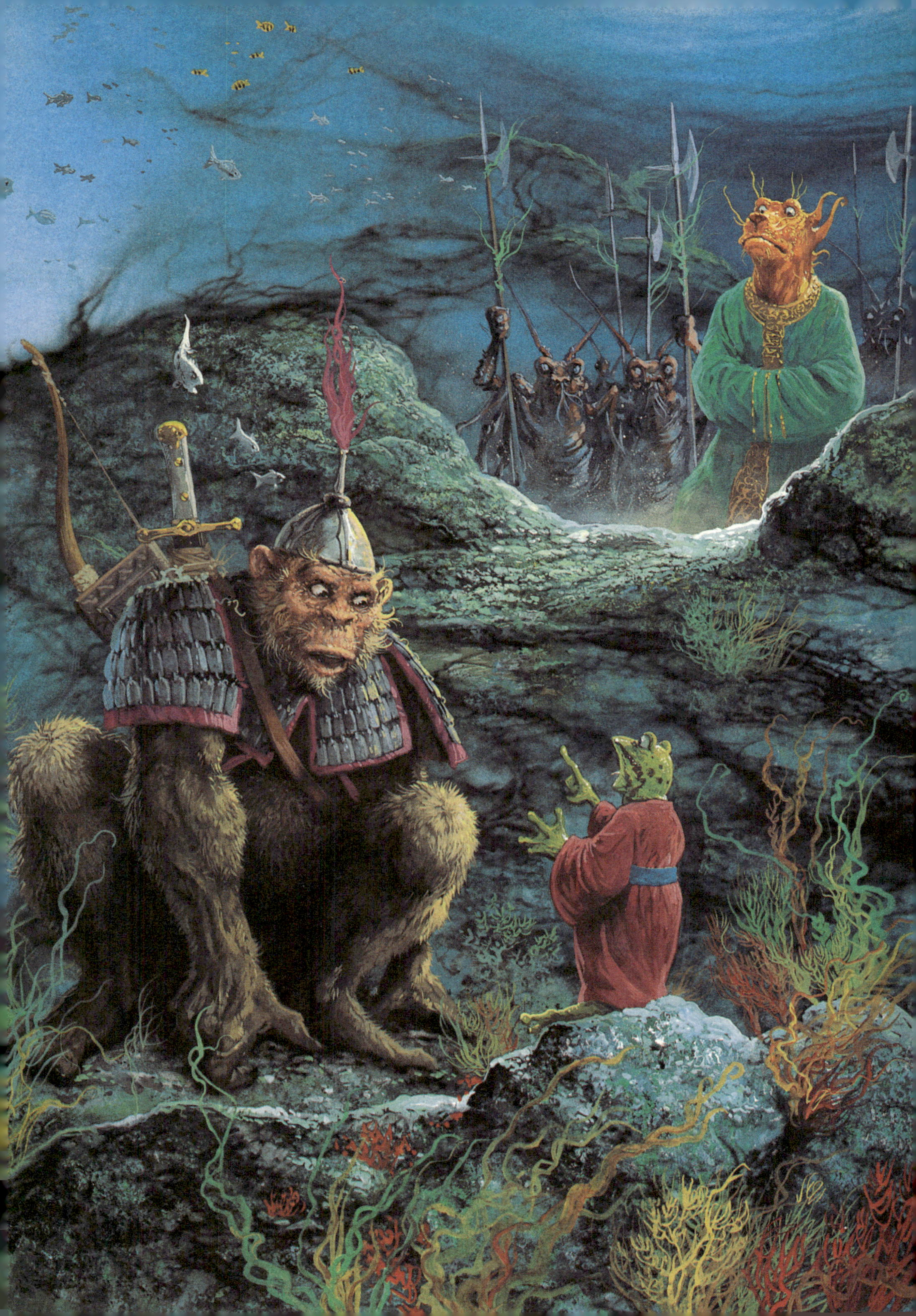

LE ROI DES SINGES
Le trésor du dragon Chine

LE ROI DRAGON tirait pensivement les poils de sa longue barbe, attendant que le singe veuille bien prendre congé. "Qu'il regagne ses montagnes et ne revienne plus..." pensait-il, lorsqu'un coup de gong retentit.

Le portail de la salle du trône s'ouvrit et la mère des dragons entra suivie de ses filles. La colère éclatait sur le visage de cette noble dame et elle houspilla son fils :

"Es-tu assez sot pour ne pas avoir remarqué que ce singe immortel est un véritable sage ? Il ne te demande qu'un petit présent et tu oses le lui refuser ? Pourtant tu sais fort bien que, dans le magasin du Trésor, se trouve la barre de fer sacrée qui a jadis servi à niveler la Voie lactée. Depuis quelques jours, cette barre émet une lueur étrange. C'est un signe des dieux. Le roi des Singes est venu en prendre possession et tu vas me faire le plaisir de lui donner satisfaction."

Aoguang manifesta une tremblante nervosité. Il redoutait sa mère et allait se trouver en devoir de montrer et peut-être de donner au singe cette barre magique à laquelle il tenait si fort. De son côté, Sun Wu Kong tout bondissant réclamait déjà qu'on lui apporte cette arme merveilleuse. "Elle est trop lourde, répondit le dragon ; je vais vous conduire à elle. Si vous pouvez la soulever, ce dont je doute, prenez-la et, de grâce quittez mon royaume !"

Ils se rendirent donc dans les salles où Aoguang conservait ses trésors. En chemin, le singe égayait tout un chacun par ses pitreries. Seul le dragon se montrait renfrogné. Bientôt, dans les profondeurs du palais, le singe discerna une lumière. Un gigantesque pilier de métal émettait des rayons dorés qui éclairaient les ténèbres marines. Il s'approcha de cette chose et la souleva un peu. "Trop longue et trop épaisse", dit-il. Aussitôt, comme par magie, la barre se raccourcit et s'affina. À chaque bout, un pommeau d'or la garnissait. Sun Wu Kong la prit et la contempla. "Voilà ce qu'il me faut !"

jubila-t-il et il se mit à manier le bâton avec l'adresse d'un combattant expérimenté. Il le faisait tournoyer, frappait, pointait comme seul un grand maître peut le faire. Le roi dragon en tremblait et se félicitait en même temps de n'être pas entré en conflit avec un guerrier si redoutable.

Quand il eut fini de montrer ses talents, le singe dit au dragon : "Merci pour ce don généreux, honorable Aoguang. Je ferai merveille avec ce morceau de ferraille. Toutefois, si ce n'est abuser de votre bienveillance, je vous demanderais bien autre chose."

Un frisson de crainte parcourut l'échine du dragon. Sun Wu Kong reprit : "Vous comprendrez qu'avec cette arme, il me faudrait un vêtement élégant. N'auriez-vous pas cela dans vos coffres ?" Aoguang soupira : "Je ne peux rien pour vous, Sire singe. Il n'y a rien dans mon trésor qui puisse vous convenir." Comme le singe insistait, il finit par ajouter : "Mes frères, les dragons des trois autres mers possèdent ce que vous désirez. Allez donc les voir." Le roi des singes répliqua : "Faites-les donc venir ici !"

Aoguang héla un crocodile muni d'un lourd tambour et une tortue qui tenait un gong. Les deux animaux frappèrent à tout rompre sur leurs instruments et les trois dragons ainsi prévenus arrivèrent au palais, s'enquérant de la raison pour laquelle on les dérangeait. Aoguang leur narra la visite du singe et souligna ses nouvelles exigences.

Aoqin, le dragon de la mer du Sud, au caractère violent et emporté, fut pris de rage et hurla : "Je ne me laisserai pas détrousser par ce singe de malheur ! Attrapons-le et débarrassons-nous de lui !" Aoguang hocha tristement la tête et déclara : "C'est impossible ! D'abord il est immortel ; de plus, il possède le bâton magique et je t'assure qu'il sait en user."

Le sage Aoslun, dragon du Nord, proposa : "Nous trouverons facilement quelques habits dans nos trésors. Donnons-les à Sun Wu Kong. Ensuite, nous nous plaindrons aux dieux de ses mauvaises manières."

Ce plan parut bon et les trois frères offrirent au singe une cotte de mailles en or jaune, un chapeau d'or rouge orné de plumes et une paire de chaussures permettant d'escalader les nuées. Vêtu avec magnificence, le singe salua plaisamment les dragons, remonta à la surface et tout rutilant de l'or de son costume, brandissant son bâton, jaillit sur le pont de fer où l'attendaient impatiemment ses quatre conseillers.

Ils demeurèrent ébahis de voir leur souverain en si bel équipage, et plus encore de constater qu'il n'avait aucune goutte d'eau sur lui.

Petit Marsouin Grand Nord

MALGRÉ LA BANQUISE TOUJOURS GLACIALE, les icebergs dérivant aux alentours, la baie d'Arhuartulik aurait été un endroit idéal pour les Inuits qui vivaient sur ses bords. Rien n'y manquait : ni les phoques, ni les nombreuses espèces de poissons, ni même occasionnellement, les baleines. Pourtant, quand sur sa baïdarka, son canot cousu de peaux de phoques, un intrépide chasseur prenait la mer, il était rare qu'il ramène la nourriture tant convoitée. Il était même rare qu'il revienne et qu'on le revoie jamais au village. En effet, cette baie giboyeuse et poissonneuse était hantée en permanence par de mauvais esprits rusés et pervers. Plus aucun homme n'osait s'embarquer sur ces flots maudits, et, naturellement, les familles mouraient de faim.

Dans un igloo, à la lueur de la lampe à graisse, Mangaq, surnommé Petit Marsouin, rêvassait. À une question de ses parents, inquiets de son silence prolongé, il finit par répondre : "Il faut faire quelque chose ! Dès demain, à bord de ma baïdarka, je partirai combattre ces esprits malfaisants, de façon que tout notre peuple puisse vivre tranquille et heureux." Son père et sa mère le mirent en garde, mais rien n'y fit car il était courageux, mais aussi entêté. Après un bref repos, il mit son canot à l'eau, et, pagayant avec vigueur, gagna le large.

Aux hurlements du vent, il sut qu'il pénétrait dans une zone périlleuse. En effet, quelques pierres et blocs de glace tombèrent aux alentours du bateau, lancés par une main invisible. C'était l'œuvre du terrible Kapushushnik, esprit qui aimait à lapider les humains. Armé de son harpon à pointe de cuivre, tout exprès fabriqué pour tuer les esprits, Mangaq se débarrassa en un clin d'œil de ce monstrueux personnage.

Il savait que maintenant l'attendait la femme, Akatageli, plus méchante et rusée que son époux. Elle glissait sous les flots et prenait plaisir à fendre les canots avec un couteau effilé. Dès qu'il sentit que les vagues secouaient sa barque trop violemment, Petit Marsouin sut qu'elle était proche. Il observa la mer, le mouvement du bateau, et devina où se trouvait l'affreuse créature. D'un jet de harpon bien ajusté, il perça les ondes et la toucha mortellement.

Il reprit sa pagaie et navigua jusqu'à une sinistre pointe de rochers que hantait Shuigrilik, le chef suprême de tous les esprits maléfiques. La rencontre fut brève et violente, mais une fois de plus le harpon magique toucha son but. Shuigrilik gisait sur un rocher, transpercé. Quand Mangaq vint reprendre son arme, son adversaire eut le temps de dire, avant d'expirer : "Tu te crois fort, mais sur ton chemin le retour t'attend une baleine qui te tuera." Mangaq rit et remonta sur son embarcation.

La mer était bonne et Petit Marsouin pagayait avec courage. Il doublait les dangereux icebergs qui auraient pu faire couler son embarcation. Soudain, il aperçut des vagues d'une hauteur prodigieuse, encore lointaines, mais se déplaçant avec une effrayante vitesse. Au sommet de ces vagues un puissant jet d'eau jaillissait… Une monstrueuse baleine fonçait vers son petit bateau ! Jamais un Inuit n'en avait vu de si énorme. Rageusement, elle frappait l'océan de sa queue gigantesque, faisant bondir l'eau haut dans le ciel.

Mangaq comprit immédiatement qu'elle l'attaquait et, dans l'incapacité de combattre efficacement un pareil animal, il se résolut à mourir avec courage. Fièrement, il brandit son harpon en direction du cétacé que sa course avait amené tout près. Le choc fut effroyable : dans un bruit d'enfer, la frêle embarcation s'éleva dans les airs et fut brisée d'un formidable coup de queue. Sans ajuster son tir, Mangaq avait eu le temps de lancer son harpon. Il perdit conscience un instant, puis se mit à nager de toutes ses forces. Le rivage était lointain, et, désespéré, Petit Marsouin pensa qu'il ne l'atteindrait jamais. Usé par les combats, les membres gourds, le corps glacé, il s'apprêtait à mourir, quand une haute lame le prit et le déposa sur la banquise. Épuisé, il demeura là, couché sur la glace. Par bonheur, son aventure avait eu des témoins : des pêcheurs l'avaient vu alors que la baleine l'agressait. Ils avertirent ses parents qui partirent aussitôt à sa recherche et finirent par le retrouver, affaibli, presque mort. Ils le ramenèrent à l'igloo familial et lui donnèrent les plus grands soins. Très vite Mangaq recouvra ses forces et sa santé. Il apprit que l'on avait retrouvé le cadavre de la baleine, et que son harpon, lancé au jugé, avait touché au but. Quant aux mauvais esprits, on n'en entendit plus parler dans la baie d'Arhuartulik. Petit Marsouin fut célébré comme un grand héros, sauveteur du peuple inuit.

Le mariage du dragon Japon

Au premier coup d'œil, la mer paraissait paisible. Quand le soleil levant l'irisait de ses splendeurs, on aurait eu envie de s'y promener en bateau, en toute tranquillité. Cependant, les pêcheurs des îles à l'entour ne manquaient jamais de mettre en garde l'innocent voyageur qui aurait eu l'inconscience de se risquer sur ces flots tentateurs. En effet, sous leur calme apparence se dissimulait un péril sans nom, une inimaginable horreur. Au plus profond des flots, dans une sombre et vaste grotte, un abominable dragon avait élu domicile.

Il aurait pu s'agir d'un de ces sympathiques et bienveillants dragons comme on en voit tant au Japon, mais celui-ci était d'un tout autre genre. Son aspect hideux inspirait la terreur. Écailleux et souple, son corps immense était surmonté d'une tête hirsute au milieu de laquelle s'ouvrait une énorme gueule meublée d'innombrables rangées de dents acérées.

Le monstre raffolait de chair humaine, tout particulièrement de celle des jeunes enfants. Quand à la surface des vagues, pêcheurs ou paysans voyaient se dessiner un sinueux sillage, le cœur rempli d'épouvante, ils se hâtaient de ramener toute la famille sous le toit protecteur du logis. Néanmoins le dragon nageait avec puissance et il était capable de courir à grande vitesse sur la terre ferme. De ce fait, il arrivait souvent qu'il dévore un enfant attardé sur la plage. La désolation frappait toutes les îles et les pleurs des familles ne cessaient pas de monter vers le ciel.

En désespoir de cause, les populations adressèrent leurs prières à Benten, la bienfaisante et belle déesse du bonheur.

Elle avait le cœur le plus grand et le plus sensible de l'univers. Lorsqu'elle connut les malheurs et les angoisses de ces pauvres gens, elle crut qu'elle allait pleurer. Mais elle était déesse et se ressaisit. Elle promit aux malheureux de s'occuper d'eux et de les libérer du danger qui les menaçait. Ensuite, elle se retira pour réfléchir aux moyens de triompher du dragon.

Benten était bonne, aussi l'idée de lutter contre la maléfique créature par la violence lui répugnait. De plus, pensait-elle, nul n'est méchant volontairement, et si ce dragon est cruel, sans doute est-ce parce qu'il est malheureux. Sur cette pensée, elle s'employa à mettre au point un plan susceptible de ramener le dragon à de bons sentiments.

Ignorant tout cela, le dragon dormait lourdement dans sa grotte sous-marine. Son sommeil était parfois agité de cauchemars et il se sentait profondément insatisfait : d'une part, les gens protégeaient de mieux en mieux leur progéniture et il lui devenait difficile de trouver de quoi se nourrir ; d'autre part, il se savait unanimement détesté, et, au fond, il en ressentait de la peine.

S'il avait eu l'idée de remonter à la surface en un étrange spectacle se serait offert à ses yeux : dans le ciel jusqu'alors serein d'un superbe après-midi, les nuages venaient se masser. Blancs, gris puis noirs, ils arrivaient par nappes successives avec une inquiétante rapidité. Plus curieux encore, ils se rassemblaient en un unique point au-dessus de la mer, juste à l'aplomb de la grotte. Au sommet du plus haut nuage, le sourire aux lèvres, se tenait Benten.

La déesse se pencha vers l'océan et concentra tous ses pouvoirs magiques sur l'antre du monstre. Aussitôt, un mince frisson parcourut les fonds sous-marins. Venant de partout et se dirigeant vers la grotte, des ondes de plus en plus fortes soulevaient le sol. La terre trembla, tirant le dragon de son sommeil. Ebahi, il chercha à comprendre ce qui arrivait. Il n'eut pas le temps de trouver un début de réponse : la grotte sembla s'arracher du fond de la mer et se mit à monter vers la surface à une vitesse impressionnante.

Comme fou, le monstre se jeta à la hâte hors de son repaire, nagea vers la surface, et, de loin, contempla ce qui se passait. Dans un épouvantable fracas, la grotte aux parois couvertes d'algues émergea au milieu d'un tohu-bohu d'immenses déferlantes. Tandis que peu à peu les eaux se calmaient, le dragon, incrédule, contemplait sa demeure devenue une île. Il croyait avoir tout vu, mais Benten lui réservait encore des surprises. En effet, le sol rocheux de la nouvelle île se mit à remuer faiblement. De loin, on aurait dit qu'un halo de poussière se formait. Tout à coup, apparut ici, puis là, puis encore ailleurs une petite tête verte. Des milliers de petites têtes vertes se mirent à grandir, si vite qu'en un clin d'œil l'île fut couverte de forêts. Par la volonté de Benten, l'île d'Enoshima venait de surgir des flots.

Ahuri, le dragon chassé de chez lui regardait partout avec de larges yeux. Il faillit tomber à la renverse, quand du haut des cieux, il vit descendre Benten, magnifiquement parée, qui lui souriait gentiment. Personne n'avait jamais souri au dragon, si bien qu'il se sentit tout ému. D'une voix douce et caressante la déesse lui parla. Charmé par la musicalité de cette voix céleste, le monstre mit quelques instants à comprendre le sens de ce que disait la divinité. Quand il l'eut saisi, il crut défaillir : Benten lui proposait le mariage, à la condition expresse qu'il renonçât à ses mauvaises et cruelles habitudes. Le dragon, pleurant de joie, accepta. Les épousailles eurent lieu sur-le-champ, et quelque temps après, le dragon connut la joie de voir naître de nombreux enfants.

Heureux mari et père d'une famille prospère, il n'eut plus jamais l'idée de s'attaquer aux humains. Au contraire, poussé par sa femme, il les voyait maintenant comme d'agréables voisins et se montrait courtois et serviable avec eux. Certains disent même qu'il devint végétarien ! Quant à Benten, adorée dans toutes les îles de l'archipel, elle s'aperçut vite que son époux, sous des dehors peu avenants, possédait un cœur d'or. C'est ainsi que la déesse qui dispense le bonheur le connut enfin elle-même.

Les îles flottantes Grèce

A LA PROUE DU NAVIRE *ARGO*, Jason, tendu à l'extrême, scrutait l'horizon. Depuis un moment, le ciel s'alourdissait d'épais nuages noirs, et le vent s'était mis à siffler avec fureur. Une sévère tempête menaçait. Les cinquante Argonautes, tout l'équipage du vaisseau, étaient les plus grands héros de toute la Grèce. Ils avaient affronté les pires dangers, mais ce qui les attendait là pouvait susciter leurs craintes. En effet, Phinée, le roi devin qui leur avait offert l'hospitalité quelques semaines auparavant, leur avait signalé cette passe, à l'entrée du Bosphore, comme particulièrement périlleuse. Soudain la bourrasque s'amplifia et, hurlante, devint une véritable tornade. "Carguez la voile !" cria Jason. Aussitôt, on replia l'unique voile qui menaçait de se déchirer sous la violence des vents et les hommes gagnèrent leurs bancs où ils se mirent à ramer avec vigueur. Les cieux se firent d'un noir d'encre, si bien que l'on n'y voyait plus rien, sauf à la faveur des éclairs qui rageusement déchiraient l'horizon.

Tout à coup, un cri ! De son poste de vigie, Lyncée, l'homme au regard si perçant qu'il voyait sous les mers et au-delà des montagnes, hurla : "Attention droit devant !" Sous les éclairs qui redoublaient, les Argonautes furent saisis par un spectacle fascinant et épouvantable. Devant eux se dressaient deux énormes rochers bleus qui alternativement se rapprochaient l'un de l'autre jusqu'à se toucher, se séparaient puis se rejoignaient de nouveau. C'étaient les fameuses îles flottantes, les redoutables Cyanées qui gardaient le détroit du Bosphore et écrasaient entre elles, de toute leur masse imposante, les navires qui s'aventuraient dans ces flots. La distance la plus grande séparant les deux îles représentait, au mieux, dix fois la longueur du bateau, et, la vitesse impressionnante des rochers, la mer houleuse qui ballottait l'*Argo* rendaient le passage presque impossible. C'est alors que les conseils de Phinée revinrent à l'esprit de Jason.

Sur son ordre, on apporta une colombe. Il prit l'oiseau dans ses mains, attendit que le navire fût à une distance correcte des îles. Lorsque, à grand fracas, les deux montagnes marines s'entrechoquèrent, Jason lâcha la colombe. Elle fila et atteignit l'entrée du passage alors que celui-ci n'était déjà plus qu'un étroit corridor, les îles s'étant de nouveau rapprochées avec une grande célérité. La colombe pénétra dans cet espace de plus en plus restreint. Chacun s'attendait à la voir écrasée par ces deux masses titanesques. Pourtant, lorsqu'elles s'écartèrent, les Argonautes purent crier de joie : elle était passée, tout juste, y laissant deux plumes de sa queue !

Typhis, le pilote, remit immédiatement les rameurs au travail, et fit foncer le navire vers les îles qui continuaient à s'éloigner. La déesse Athéna guida l'*Argo* dans cette passe dangereuse. L'un des membres de l'équipage, le musicien Orphée, tirant de sa lyre une divine mélodie, aida les rameurs de son chant. Bientôt, le bateau se trouva au milieu de la passe. Cependant, les Cyanées se rapprochaient maintenant avec une inquiétante vélocité, comme si elles eussent été vivantes et eussent pris plaisir à broyer le navire et son équipage. Si les rameurs, regardant droit devant eux, n'avaient été entièrement absorbés par leur pénible tâche, ils auraient vu, à bâbord et à tribord, grandir les deux murailles de pierre prêtes à se refermer sur eux comme les mâchoires d'un effroyable étau.

Suant à grosses gouttes, sous l'orage battant, ils tiraient sur leurs avirons de toutes leurs forces. Déjà, ils apercevaient le jour radieux, là-bas, encore au loin, mais à chaque instant plus près. Enfin la proue de l'*Argo* franchit la sortie. Rien n'était pourtant joué, car les Cyanées n'étaient plus qu'à quelques coudées des bords du vaisseau. Dans un ultime effort, bandant leurs énergies, avec un cri unanime et surhumain, les Argonautes poussèrent sur les rames. Un formidable vacarme éclata, mêlant le choc des rochers et celui du bois écrasé. L'*Argo* avait perdu, comme la colombe ses plumes, l'ornement de sa poupe... Mais il était passé !

Un courant d'une rare violence l'entraîna au loin, vers la mer Noire, but du voyage de Jason. Sur des flots plus calmes, les Argonautes purent se reposer avant de reprendre leur grande aventure : la conquête de la Toison d'or. Quant aux îles flottantes, Athéna, les jugeant vraiment trop dangereuses, les souda de chaque côté du Bosphore et les sépara à jamais.

Nerrevik, la fée de la mer — Grand Nord

LE GOÉLAND RÉFLÉCHISSAIT : depuis qu'il avait vu la jeune fille, il ne rêvait que de l'épouser. Un problème se posait pourtant, il le savait : son regard était d'une laideur repoussante et nul être au monde n'aurait voulu passer sa vie auprès d'une créature dotée d'yeux aussi horribles. Il résolut donc d'avoir recours à une ruse simple, mais qu'il imaginait efficace : se transformant en homme, il se vêtit d'une peau de phoque superbement tannée et jucha sur son nez une de ces épaisses paires de lunettes que portent les Inuits durant leurs longues navigations en kayak.

Ainsi dissimulé, il se présenta à Nerrevik et à sa famille, et, sans grand préambule, la demanda en mariage. Comme il paraissait riche et bien fait et comme sa fille semblait séduite par l'inconnu, le père accepta. Bientôt la jeune fille et son époux partirent vivre sur une île éloignée. Quand le goéland revenait de la chasse, il trouvait, dans l'igloo, sa femme affectueuse préparant le repas ou tannant des peaux avec son couteau rond. Cependant, quand il reprenait forme humaine, il n'ôtait jamais ses lunettes, ce qui ne manqua pas d'intriguer Nerrevik.

Un jour qu'il se croyait seul et qu'il se dévêtait, sa femme s'approcha doucement. Brutalement, il se retourna et elle vit ses yeux ! Ce regard atroce, effroyable, inhumain la glaça d'épouvante. Elle poussa un cri déchirant et éclata en sanglots. Pour toute réponse, le goéland lança un rire crissant et sardonique puis, se rhabillant, tourna le dos et partit à la chasse. De longs jours, Nerrevik attendit son retour en tremblant à l'idée de revoir un être aussi affreux. Durant cette absence, ses parents et ses frères vinrent la visiter. La trouvant en larmes, ils lui demandèrent ce qui se passait. Elle leur apprit la vérité. Fort en colère contre son gendre, le père dit à sa fille : "Reviens avec nous ! Notre barque est petite, mais ta mère se serrera pour te faire une place. Quant à tes frères, ils rameront vigoureusement pour nous ramener à la maison." À la hâte, Nerrevik rassembla ses quelques affaires, puis le fragile esquif prit la mer.

À peine était-il au large que le goéland rentra et trouva son igloo vide. Ivre de fureur, il s'élança dehors. Si ses yeux étaient laids, ils possédaient une redoutable précision. Il n'eut donc aucun mal à repérer la barque qui s'éloignait à l'horizon. Sur-le-champ, il redevint oiseau, prit son essor et, battant follement des ailes, se jeta à la poursuite de la fugitive. Il eut tôt fait d'atteindre la barque. Il ne cessait de l'attaquer en piqué, la frôlant de ses larges ailes, menaçant de la faire chavirer.

Soudain, une attaque plus violente que les autres fit pencher la barque et jeta Nerrevik à la mer. Elle eut le réflexe de saisir le rebord du bateau et de s'y cramponner. Hélas, ceci fit pencher davantage l'esquif, tandis que le goéland continuait son manège infernal. Épuisée, Nerrevik sombra. Cependant, elle ne se noya pas : les êtres surnaturels la recueillirent et firent d'elle la fée de la mer. Ses mains devinrent des nageoires.

Depuis, elle règne en bienveillante souveraine sur les phoques, les poissons et tous les animaux marins. Si les Inuits connaissent la famine, s'il n'y a plus un phoque à l'horizon, si des enfants au ventre creux pleurent au fond des igloos, ils s'adressent à la bonne Nerrevik. Pour cela, l'angakoq, le magicien de la tribu, plonge au plus profond de l'océan. Il nage courageusement en évitant les lourds rochers qui s'entrechoquent pour l'empêcher de passer. Il rejoint Nerrevik dans son igloo sous-marin, près du feu liquide. Il prie la fée que l'on appelle aussi Takanakapsâluk ou Sedna, la mère des phoques. Comme elle n'a plus de mains, elle ne peut faire grand-chose. L'angakoq nettoie donc son igloo, coiffe ses longs cheveux entremêlés d'algues et refait son chignon. Avec un radieux sourire, elle le remercie. Avant qu'il ne reparte, elle envoie des phoques là où les hommes en ont besoin. Les Inuits la couvrent de bénédictions, car sans elle la vie serait bien rude dans ce pays où la mer même est souvent couverte de glaces.

Les îles paradisiaques

L'Homme de Man (Irlande)

Cormac tient la barre, tandis que sous la poussée des lames ravageuses, le bateau tangue au point de se coucher parfois au ras des flots. De lourds paquets de mer balaient le pont. Le naufrage semble assuré et chacun des membres de l'équipage se recommande aux dieux. Soudain, l'homme de vigie crie : "À bâbord ! Tir na n'og, l'île de Man !" Un frisson d'espoir parcourt le cœur des marins. Dans la terrible mer d'Irlande, cette île est le refuge idéal pour échapper à la tempête dévastatrice.

C'est le domaine du dieu Mannanan Mac Lir, que l'on appelle aussi l'Homme de Man. Là règne la sérénité et toute forme de mal est inconnue. Doué du pouvoir de métamorphose, capable d'être en plusieurs lieux en même temps, le dieu protège les habitants de l'île qui vivent dans une perpétuelle allégresse. Il offre aussi les anses et les

baies protectrices des côtes de Man aux navigateurs en péril. De temps à autre, on croit le voir, debout sur son char, lancé à toute allure à la surface des eaux qu'il regarde, dit-on, comme une verte prairie parsemée des fleurs les plus exquises.
Cormac sourit. Malgré les flots qui mugissent, il met le cap vers l'île. Bientôt, lui et ses compagnons sont à l'abri. Ils rient des dangers maintenant écartés et attendent l'accalmie pour reprendre la mer.

Ultima Thulé (Grèce)

Éblouissant, Apollon, le dieu du Soleil, s'avance et surveille de près l'armement de son char. L'heure est venue pour lui de quitter la Grèce et les jours vont s'y faire plus courts et plus froids. Il se prépare à partir, en cette fin d'été encore chaude, vers l'ultime Thulé, la terre qui se situe au-delà du vent du nord, dans le pays des Hyperboréens. Apollon connaît cette lointaine région depuis sa plus tendre enfance, lorsque des cygnes l'y conduisirent. Il est né a Délos, une île au large de la Grèce, où enfantent les phoques et les monstres marins. La mer lui est une amie familière.
Il va, comme chaque année, passer la moitié de son temps à Thulé. En cette île d'une blancheur parfaite et virginale, résident les grands prêtres du Soleil. La mer y est libre et personne n'y connaît la souffrance. Les gens, en pleine santé, y sont beaux, bons et joyeux. Leur courage est insurpassable et leur gaieté sans égale. Apollon vit avec eux, dans de grandes réjouissances, tandis que la Grèce grelotte ; puis vient le moment de quitter Thulé. Apollon revient alors de par-delà les mers glaciales du Nord vers la Grèce et son sanctuaire de Delphes. La végétation renaît, les fleurs montrent timidement le bout de leurs pétales : c'est le printemps, et pour six mois Apollon sera présent avant de repartir vers sa lointaine Thulé.

Les îles Fortunées (Grèce)

Aux confins de la Terre, là-bas, à l'ouest, les îles Fortunées se dressent, inaccessibles au milieu de l'onde écumante. On dit que Rhadamante, l'un des juges des Enfers, y règne et qu'il accueille les âmes de ceux, bons et glorieux, que comble la faveur des dieux. Après leur mort, et pour l'éternité, ils se reposent en ces lieux sans hiver et sans neige, où le pénible labeur est inconnu, au milieu des senteurs les plus exquises. Selon certains, là se situeraient les Champs Elysées, le royaume des bienheureux. D'autres ajoutent que ces îles seraient peut-être le fameux jardin des Hespérides d'où jadis Héraklès, sans avoir pu y entrer, rapporta trois pommes d'or. Mille propos grandioses et fabuleux entourent ces étranges îles, mais comme nul navigateur ne les a abordées, comme personne ne peut se flatter d'en être revenu, le mystère reste entier.

Le Pays de la pureté (Indiens Guarani, Brésil)

Il a fallu à la tribu des jours et des jours de marche pour atteindre cette plage. Les femmes fatiguées, les enfants geignant et les hommes hors d'haleine touchent au bout de leurs efforts. Ils ont quitté le plateau du Matto Grosso, aride et désertique, parce que, depuis des générations, les anciens affirment que là-bas, de l'autre côté de l'océan, se tient le Pays de la pureté. Il suffisait d'arriver à la plage et maintenant, le dieu Nanderykey va apparaître et les guider à travers les eaux, vers l'île où ils souhaitent ardemment aborder.
Cette contrée, leur a-t-on dit, ressemble plus au ciel qu'à la terre. En son centre, s'étend un grand lac. Voilà qui les changera de la sécheresse de leur terre natale ! Là, les fruits poussent d'eux-mêmes : nul besoin de s'échiner à cultiver une terre ingrate, il suffit de les cueillir et ils renaissent sur-le-champ. Les journées s'y écoulent sans que le temps semble passer. Ayant retrouvé leur jeunesse, les Indiens en liesse ne cessent de danser. Ce n'est pourtant pas le royaume des Morts. Ceux-ci ne font qu'une escale dans l'île puis partent s'installer plus loin sur le vaste océan.
Les semaines passent et sur la plage, les Guarani se désespèrent. Aujourd'hui encore, Nanderykey n'est pas apparu. Certains se rappellent ce qu'un vieux sage du village disait : "Jadis, la voie pour gagner l'île était facile à trouver, mais en cette époque le dieu ne veut plus se montrer et le chemin est à jamais perdu."

Le poisson volant — Nouvelle-Zélande

OROU, UN JEUNE GUERRIER, se dirigeait l'air soucieux et le pas volontaire vers la cabane du sorcier. Il en avait assez de se heurter en permanence à son rival, Atii, qui le surpassait parfois à la nage ou à la course et menaçait de lui enlever le cœur de la fille du chef. Il devenait urgent d'accomplir un exploit si grand que personne ne pourrait jamais le dépasser ou même le contester. C'est ce qu'Orou expliqua au sorcier : il voulait entreprendre l'impossible recherche de la pierre magique qui gisait sous les mers et séparait le royaume des vivants de celui des morts.

Quand il eut entendu Orou exprimer son projet, le vieux magicien resta ébahi. Il usa de toute sa sagesse pour mettre en garde l'audacieux jeune homme. Rien n'y fit. Orou était décidé, obstiné, et rien ne le ferait changer de voie. Le sorcier s'inclina donc, indiqua la route à suivre et offrit au téméraire Orou un talisman pour le protéger.

Dès l'aube, Orou mit sa barque à la mer, non sans avoir d'abord promis monts et merveilles à sa belle et nargué son adversaire, Atii. Ramant vigoureusement, il navigua longtemps sur un océan calme où jouait un soleil radieux, faisant éclater sur l'écume des vagues une féerie de couleurs. Puis, le vent se leva et peu à peu se mit à mugir, à hurler. La petite embarcation, secouée au gré des flots, tenait le choc d'une tempête qui faisait rage sous un ciel de plus en plus sombre. Lorsque les éléments se calmèrent, Orou put regarder sereinement autour de lui. À quelques encablures, se dressait une île montagneuse où il décida d'aborder. Après avoir mis son canot à sec, il visita l'île, soucieux avant tout de se ravitailler. Au cours de ses pérégrinations, il parvint devant une grotte. Quelle ne fut pas sa surprise d'en voir sortir un vieillard aux cheveux blancs mais puissamment bâti qui, s'approchant amicalement de lui, lui offrit l'hospitalité. Durant le repas, le vieil homme dit s'appeler Tauna et s'enquit de ce qui amenait son hôte dans les parages de cette île peu fréquentée. Orou expliqua le but de son entreprise. Tauna hocha la tête et dit :

"Ton projet est périlleux. Cependant, je veux t'aider car tu me sembles un bon garçon. Je sais comment découvrir le pays du Corail où se trouve la pierre magique. Toutefois, avant de t'y rendre, il faut te préparer, car il est difficile de demeurer longtemps au fond de la mer."

Des jours entiers, conseillé par Tauna, Orou plongea dans les flots bouillonnants. Il devait chercher de minuscules coquillages. Certains d'entre eux contenaient un petit caillou blanc et rond. Tauna lui avait dit d'en rapporter suffisamment pour se faire un collier. Les jours passèrent et nombreuses furent les nuits où la pleine lune resplendit dans les cieux. Sans désemparer Orou plongeait, nageait sous les eaux, fouillait les rochers pour trouver un de ces coquillages. Quand par bonheur il en découvrait un, il l'ouvrait de son couteau et avait parfois la chance de voir briller un caillou blanc. Aussi longue que fut cette épreuve, il finit par posséder assez de cailloux pour s'en faire un collier. Ce jour-là, Tauna lui remit une plume rouge, lui en indiqua l'usage et, du doigt, lui montra la direction vers laquelle voguer.

Orou fit ses adieux au bon vieillard, poussa sa barque à l'eau et, ramant avec force, gagna le large. Se jugeant assez éloigné de l'île, il jeta la plume rouge au vent. Elle virevolta, puis fila presque en ligne droite. À grands coups d'aviron, Orou le suivit. Soudain, la plume s'arrêta et se posa sur les flots. Avec un cri de victoire, Orou se jeta à la mer, et, se frayant un chemin parmi les poissons de toutes les couleurs, les algues, les poulpes, il fila au plus profond qu'il était possible d'aller. Là, un incroyable spectacle s'offrit à ses yeux : de magnifiques rochers parés de toutes les nuances de rouge se dressaient devant lui. Il était face au monde du Corail.

Il n'eut guère le temps de jouir de cette splendeur qui s'étalait devant lui. En effet, une voix retentit, celle du gardien des lieux, un immense poisson volant. Gravement, celui-ci dit à Orou :

"Je sais que tu viens chercher la pierre magique. C'est ton droit, mais il te faut d'abord subir une épreuve : tu dois te prosterner trois fois en signe d'adoration."

Orou, un peu intimidé, fit signe de la tête qu'il acceptait l'épreuve. Aussitôt, le poisson volant se changea en une redoutable et horrible araignée de mer. Le jeune homme se prosterna. Il en fut de même lorsque le poisson se transforma en une gigantesque anémone. Orou se prosterna. La peur n'habitait pas son cœur. Le terrible gardien se métamorphosa à nouveau : cette fois, il ne présenta plus à Orou l'aspect d'un monstre, mais le visage souriant d'Atii, le rival détesté. Orou recula... Cela ne dura que l'espace d'un instant, mais c'était beaucoup trop. Le poisson déclara simplement : "Tu as perdu !"

Aussitôt, Orou sentit que la surface de son corps durcissait, il se couvrait d'écailles peu à peu et bientôt, il fut à son tour un poisson volant ! Pour avoir été trop orgueilleux, il s'était condamné à nager au fond des eaux, ou voler à leur surface pendant quelques siècles, avant de pouvoir un jour, peut-être, reprendre forme humaine...

LES MYSTÈRES DE L'ILE DU LOC'H
La sorcière Bretagne

HOUARN, ASSIS SUR LES GALETS de la grève, était attentif au moindre ressac de l'océan. Sa décision était prise : puisqu'il était trop pauvre pour épouser Bellah, il lui fallait s'armer de tout son courage et partir pour le monde au-delà des flots afin d'en rapporter toutes les richesses qui lui permettraient de fléchir les parents de sa belle amie. Dans l'autre monde, disaient les vieux sages, il y avait des îles où vivaient les fées. Elles gardaient jalousement leurs trésors et bien audacieux serait le mortel qui oserait en approcher.

Mieux valait tenter l'aventure, pensa Houarn, que de passer sa vie sur la terre ferme à cultiver un pauvre seigle noir ! Il se leva et, à la lueur du soleil levant, jeta sa barque à la mer. Il avançait sans encombre, sous l'effet d'un vent puissant qui enflait sa voile. Au fil du temps, ses craintes s'apaisaient car il ne rencontrait aucun de ces monstres fabuleux qui, selon les anciens, hantaient la mer. Au terme d'une paisible traversée, il entrevit, perdus dans le lointain, les rivages d'une île verdoyante. Après quelques manœuvres, il y aborda et comprit aussitôt qu'il se trouvait sur la fameuse île du Loc'h.

Il marcha dans un décor riant et parvint, au centre de l'île, sur les rives d'un lac. Là, sur la berge, une barque se balançait au gré des flots nonchalants. Houarn monta dessus sans hésiter, mais aussitôt, l'embarcation fut prise d'un tremblement d'abord léger, puis de plus en plus violent. Sous les yeux du jeune Breton, le vieux bateau se transforma brusquement en un gigantesque cygne d'une blancheur immaculée. Houarn n'eut que le temps de s'accrocher au cou de l'oiseau qui se mit à filer avec une surprenante célérité. Avant que le jeune homme ait pu comprendre ce qui lui arrivait, l'animal avait gagné le milieu de l'étang et, emportant le voyageur, plongeait vers les profondeurs.

L'eau emplissait le nez et les oreilles de Houarn, mais ce que ses yeux découvrirent lui fit oublier ces désagréments : devant lui, entouré d'algues, se dressait un palais de verre ! Le cygne le déposa à l'entrée où une femme blonde d'une beauté surnaturelle l'accueillit de façon fort aimable. Elle l'invita à entrer et lui servit à boire, lui murmurant d'une voix chaude : "Beau jeune homme, ta gentille visite me cause bien du plaisir. Si tu veux rester avec moi pour toujours et m'épouser, toutes mes richesses seront à toi." Houarn ne songeait plus aux richesses. Tout ébloui par la belle inconnue, enivré par le charme musical de ses paroles, il avait même oublié Bellah !

La fée le fit asseoir, tandis qu'elle s'activait à la cuisine. Elle revint et posa devant lui un appétissant plat de poissons frits, puis, l'invitant à se régaler, se retira. Le jeune homme sortit son couteau et entreprit de découper un poisson. À peine la lame l'eut-elle effleuré que ce dernier, bien que parfaitement frit, bondit dans l'assiette en disant : "Attention à toi Houarn de Bretagne ! Cette belle fée est la Gwrac'h de l'île du Loc'h. Jadis, je suis arrivé comme toi, jeune et téméraire, et voici ce qu'elle a fait de moi : un poisson frit. Tous ceux qui sont devant toi sont dans mon cas. Ils ont accepté d'épouser cette trop belle sorcière et les voilà en bien misérable état."

Houarn, hébété, écoutait ce stupéfiant discours, sans s'apercevoir que la Gwrac'h, revenue dans la pièce, l'entendait elle aussi. Il fut brutalement tiré de ses réflexions par un lugubre éclat de rire. D'un bond, il se dressa sur ses pieds, serrant fort son couteau. Jouant de l'effet de surprise, la sorcière avait déjà jeté sur lui un ample filet de pêcheur qui l'emprisonnait. Il se débattit tant et tant que bientôt, comme noué autour de lui, le filet l'emprisonna. Couché sur le sol, incapable du moindre mouvement, il crut sa dernière heure venue.

La Gwarc'h se pencha vers lui. Ses yeux, tout à l'heure emplis d'amour, jetaient des éclairs de rage. "Alors, on ne veut pas m'épouser ? siffla-t-elle. Tant pis, mon petit bonhomme, tu ne seras pas poisson !" D'un geste, elle lui jeta un sort : Houarn sentit son corps se resserrer et rétrécir, sa peau s'humidifier, ses bras tomber devant lui et devenir des pattes aux pieds palmés... Il était maintenant une petite grenouille verte. Alors, il pensa à Bellah. Il aurait voulu pleurer, mais les grenouilles ne pleurent pas.

LES MYSTÈRES DE L'ILE DU LOC'H
La fin des sortilèges Bretagne

BELLAH NE CESSAIT DE SE TOURNER et retourner dans son lit. Elle ignorait où se trouvait Houarn et de sombres pressentiments l'agitaient. Elle se doutait que, pour obtenir sa main, il ne reculerait devant aucun danger. Bellah, comme toutes les femmes de sa famille depuis l'aube des temps, possédait des dons magiques. Elle sauta du lit, sortit silencieusement de la maison et se dirigea à la pâle clarté de la lune vers la pierre levée, à l'extérieur du village. Nul n'entendit les incantations qu'elle prononça ; nul n'observa ses danses ni ne la vit préparer un philtre. Toujours est-il que la belle magicienne revint dans son foyer en sachant où était Houarn et quel triste sort il subissait.

Dès le matin, elle sella elle-même son cheval enchanté, bondit sur son dos, lui pressa les flancs de ses genoux et le lança au galop. L'animal, courant à une vitesse fulgurante, se précipita en direction de l'océan. Il atteignit bientôt le haut sommet d'une falaise tombant à pic sur l'océan. Bellah l'éperonna. Le cheval, continuant sa course dans le vide, se changea en oiseau et, tantôt planant, tantôt battant vigoureusement l'air de ses ailes, survola l'océan.

Regardant droit devant elle, elle cherchait les rivages de l'île maudite. Soudain, un tressaillement de joie parcourut tout son corps. À ses pieds, s'étendait l'île du Loc'h.

L'oiseau se posa délicatement sur une plage et redevint cheval. Bellah mit pied à terre et regarda le paysage qui l'entourait : ce n'était qu'un amoncellement d'énormes rochers noirs, dépourvus de végétation... un vrai désert. Seul un vent froid déchirait l'air... À bien écouter ce vent, on entendait de curieux sons, presque humains, ressemblant étrangement à des sanglots ou à des gémissements.

Bellah prêta l'oreille, puis ayant découvert l'origine de ce bruit, se dirigea vers un gros trou entre deux rochers. Là, elle trouva dans un nid, un tout petit être qu'elle reconnut comme un de ces lutins qu'on nomme Korrigans. Il semblait plongé dans une profonde tristesse. Bellah lui en demanda la raison.

"Noble dame, je suis un Korrigan, époux de la méchante Gwarc'h qui gouverne ces lieux, dit le lutin. Elle m'a condamné à couver les sept œufs de pierre qui sont dans ce nid. Je ne serai délivré de cette malédiction que si quelqu'un parvient à libérer les malheureux qu'elle attire et transforme en de pauvres animaux." Bellah lui promit de faire tout ce qui serait en son pouvoir pour l'aider.

D'un sac suspendu à sa selle, elle tira un costume de jeune homme et s'en vêtit. Ainsi déguisée, elle gagna le lac et, le cygne aidant, se trouva rapidement devant le palais de verre. La Gwarc'h, toujours avenante, lui fit mille grâces, et, la prenant pour un homme, lui proposa le mariage. Bellah ne dit rien et ne broncha pas non plus quand la sorcière lui présenta le plat de poissons frits. D'un œil, elle avait remarqué une petite grenouille verte enfermée dans une cage. C'est Houarn, pensa-t-elle.

Comme la Gwarc'h était sortie, la jeune fille, ne touchant pas au repas, se leva et se dissimula dans un angle de la pièce. Sur ces entrefaites, la Gwarc'h revint brandissant son grand filet. Stupéfaite, elle s'arrêta sur le pas de la porte en voyant qu'il n'y avait plus personne à table. Croyant la pièce vide, elle s'avança. Bellah bondit et arracha sèchement le filet des mains de la sorcière, sans se préoccuper de ses cris. D'un mouvement vif, élégant et adroit, elle emprisonna la Gwarc'h. Ensuite, il lui suffit d'un simple geste pour transformer la détestable créature en un horrible champignon vénéneux. De sa ceinture, Bellah tira un couteau. Elle ouvrit la cage, en sortit la grenouille et la toucha de la pointe de son arme. Houarn redevint lui-même et se jeta dans les bras de son amie. Après ces retrouvailles, la jeune magicienne toucha un à un tous les poissons frits qui reprirent forme humaine. Chacun put retourner chez soi. Bellah et Houarn, montés sur le cheval enchanté, s'en allèrent préparer leur mariage. À la lueur du soleil se couchant sur cette heureuse journée, sur une plage déserte, un petit être chantait et dansait de joie : c'était le Korrigan enfin libre ! Les sept œufs étaient éclos, chacun donnant naissance à l'un des vents qui soufflent sur le vaste océan.

La fille de la mer Irlande

La fête donnée par le roi Conn dans la salle principale du château battait son plein. Depuis fort longtemps on n'avait vu à la cour des réjouissances aussi réussies. Au comble de la gaieté, les convives dansaient, conversaient, mangeaient, admiraient les nombreuses distractions dont le monarque les avaient régalés.

Tout en participant à cette liesse générale, le roi était tourmenté. Il lui arrivait parfois de faire semblant d'écouter son interlocuteur et de glisser un regard inquiet vers son fils, Conlé. Le prince paraissait absent de la fête, négligeant les divertissements qui, il y a peu de temps encore, le ravissaient, et ne répondant pas à ceux qui lui adressaient la parole. Le regard fixe, immobile, Conlé vivait visiblement dans un autre monde. Il lui arrivait même de remuer les lèvres, comme s'il parlait seul.

Depuis plusieurs semaines déjà, le vieux Conn avait remarqué ce curieux changement chez son fils : ni la chasse, ni les activités physiques, ni la compagnie des plus jeunes filles ne semblaient l'intéresser. Conn avait consulté le vieux druide qui lui servait de conseiller. Ce sage vieillard s'était contenté de hocher pensivement la tête.

Sans doute ignorait-il qu'une mystérieuse rencontre était à l'origine de la transformation de Conlé. Un jour que le prince parcourait le pays à cheval en compagnie de son père, une ravissante jeune fille lui était apparue. Elle portait d'étranges vêtements faits d'une étoffe comme il ne peut en exister sur Terre. Elle se présenta et dit qu'elle venait d'une lointaine île de l'Ouest, appelée l'île de Vie. Là, disait-elle, on ne connaissait, ni la mort, ni la souffrance, ni les mille maux qui enlaidissent la vie : l'existence n'était qu'un perpétuel plaisir toujours renouvelé. La jeune fille avait remarqué Conlé pour sa grande beauté, son adresse, et souhaitait l'épouser. Le prince répondit en faisant à la demoiselle compliment de sa merveilleuse beauté. Interloqué, le roi Conn dit à son fils : "Mais à qui parles-tu?" Le prince se tut : il venait de comprendre que lui seul voyait et entendait la mystérieuse jouvencelle.

À la suite de cette première rencontre, elle lui rendit de fréquentes visites, jusque dans le palais, l'invitant à la suivre dans son île éloignée et à y couler avec elle une éternité de bonheur. Le soir de la fête, elle était là, invisible à tous, sauf à Conlé.

Le lendemain des festivités, Conn surprit son fils en train de parler seul dans un coin du palais. Il sut alors qu'il y avait là quelque magie et fit sur-le-champ appeler Coran, le druide. "Vénérable prêtre, aide-nous, dit-il. Conlé est la proie de sombres maléfices et seuls tes pouvoirs magiques peuvent l'en délivrer." Coran acquiesça et se rendit immédiatement auprès du jeune homme.

Quand il fut assez près, le druide sentit dans l'atmosphère qui entourait Conlé, la présence étrange et invisible de la fille venue de la mer. Élevant les bras, il se mit à psalmodier des incantations et des formules magiques. Surprise, la demoiselle cessa sa conversation avec le prince et blêmit. Elle essaya de résister, mais le druide disposait d'une impressionnante puissance. Elle disparut donc. Toutefois, avant de partir, elle lança une pomme en direction de Conlé. Le souverain et le druide virent le fruit jaillissant du vide tomber aux pieds de l'adolescent. Celui-ci ramassa la pomme et y mordit à belles dents. Le fruit entamé se reconstitua aussitôt. Un mois durant, Conlé ne se nourrit que de cette pomme, refusant de prendre tout autre repas. Toutes ses pensées étaient vouées à l'étrange jeune fille.

Un matin, le prince fut incapable de se lever : la fièvre engourdissait ses membres. Malgré ses connaissances médicales, le druide dut admettre qu'il ignorait tout de cette bizarre maladie. Elle était, selon lui, l'œuvre de la fée de la mer. Cependant, Conlé dépérissait et son père voyait venir le moment où il mourrait. C'est alors qu'un guetteur, posté sur la plus haute tour, vint annoncer un prodige : venu de l'Occident, un bateau extraordinaire cinglait vers le royaume de Conn. Le gigantesque vaisseau était fait de pur cristal et les rayons du soleil, jouant sur sa coque, l'irisaient de toutes les couleurs de l'arc-en-ciel. Il aborda, et la fée en descendit. Reçue au château, elle exigea de voir tout de suite Conlé.

Le malheureux prince se trouvait alors à l'article de la mort. Conduite par Conn, le druide maugréant à ses côtés, la demoiselle se pencha au chevet de l'agonisant. "Beau Conlé, murmura-t-elle d'une voix charmeuse, viens vivre avec moi dans l'île de Vie." Le jeune homme se dressa sur sa couche. Les couleurs de la vie brillaient de nouveau sur ses joues. Il fut vite debout, et, se tournant vers son père, lui déclara : "Sire mon père, j'ai pour vous une immense tendresse et un respect parfait. Pourtant, je ne puis vivre sans l'amour de cette belle demoiselle. Aussi me faut-il partir ou mourir."

Les larmes aux yeux, Conn étreignit son fils, puis le laissa suivre l'inconnue. Le prince monta sur le bateau au bras de la fée. Les amarres larguées, le vent gonfla la voile et la nef de cristal disparut bientôt à l'horizon, là-bas, vers l'île de Vie, à l'Ouest.

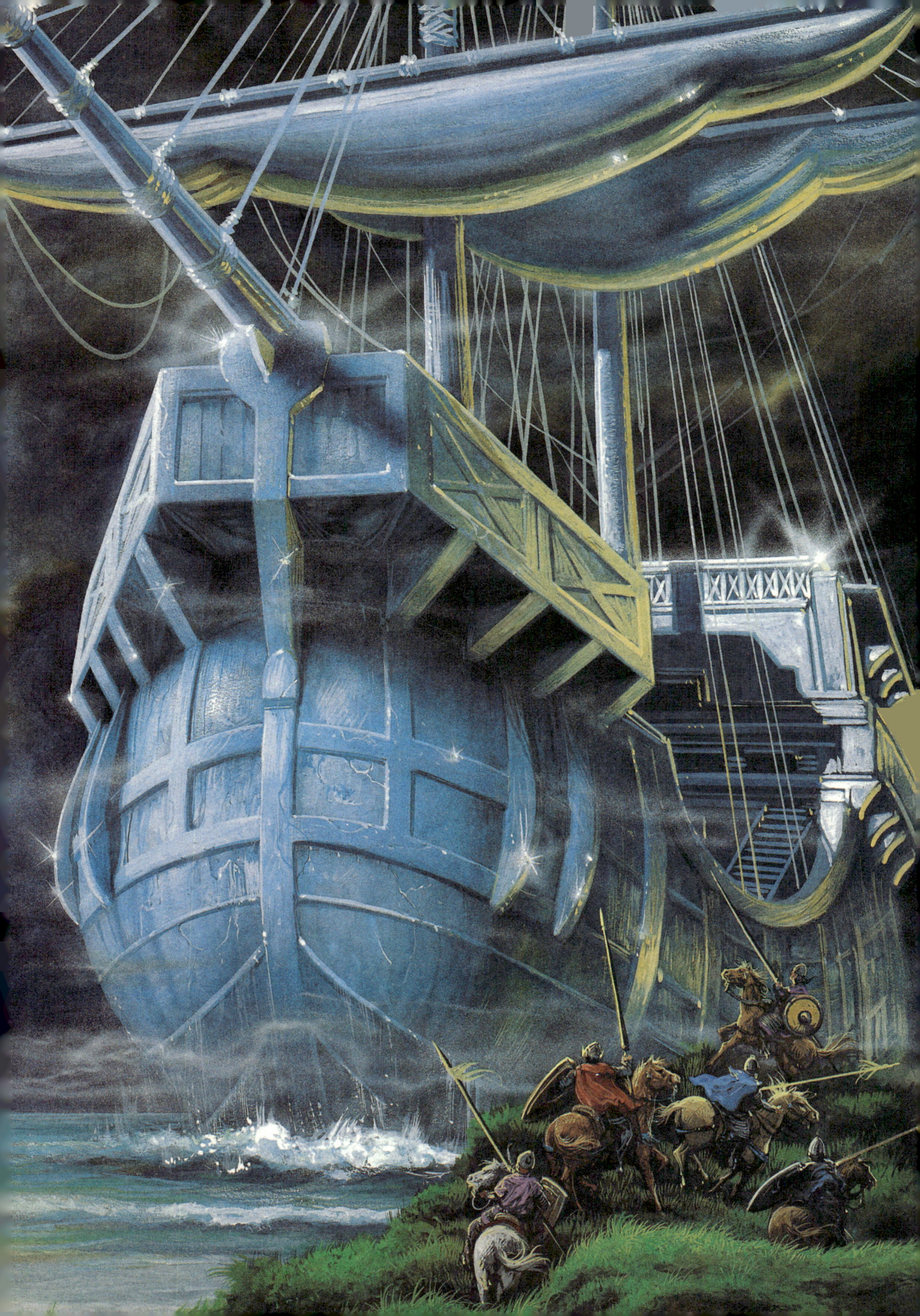

Terres submergées

Une encombrante visiteuse (Nigeria)

En ce temps-là, le Soleil et la Lune vivaient sur Terre comme mari et femme. Ils coulaient des jours paisibles dans une case spacieuse et confortable et tiraient grand plaisir de leurs fréquentes promenades à la plage où ils allaient rendre visite à leur amie la mer. Quand, après de passionnantes conversations, venait l'heure de rentrer chez eux, ils ne manquaient jamais d'inviter la mer à venir les voir. " Impossible ! disait-elle. Je suis bien trop immense ! jamais je ne pourrais tenir dans votre demeure." Chagrinés de ces refus répétés, la Lune et le Soleil bâtirent une maison si vaste qu'on eût dit un palais. Devant tant de bonne volonté, la mer fut obligée d'accepter l'invitation, sous peine de passer pour malpolie.

Au jour dit, elle se présenta donc et frappa à la porte : "C'est moi, la mer ; puis-je entrer ?" susurrèrent ses flots. "Mais bien sûr !" répondit le Soleil en ouvrant. En un instant, la marée couvrit toute l'étendue de la maison. Avec elle entraient les poissons, des poulpes et d'autres animaux marins. L'eau grossissait sans arrêt et atteignait déjà la hauteur du genou. Le Soleil et la Lune montèrent donc à l'étage, mais leur visiteuse les suivit ! Il devenait impossible de rester dans la maison. Ils coururent alors se jucher sur le faîte du toit. Impétueuses, les vagues qui enflaient les rejoignirent. Ils furent contraints de s'envoler dans les cieux, tandis que l'océan submergeait complètement leur logis. Depuis ce temps, le Soleil et la Lune tournoient au-dessus de la Terre, à la recherche d'une nouvelle demeure.

La mer, fort désolée de ce malentendu, ne reçoit plus jamais leur aimable visite.

Le pêcheur (Tahiti)

Ruahata, le puissant dieu des Mers, faisait tranquillement la sieste au fond de l'océan. Les flots qu'il avait trop souvent tendance à agiter furieusement étaient donc, ce jour-là, parfaitement calmes. Cette mer d'huile incita un pêcheur à sortir sa barque et à venir tremper sa ligne dans les eaux diaphanes d'un lagon peu fréquenté. Par malchance, le dieu avait justement choisi cet endroit retiré pour s'y reposer. Lançant sa ligne au hasard, notre pêcheur accrocha son hameçon dans la longue chevelure mêlée d'algues de Ruahata. Certain d'avoir fait une bonne prise, il se mit à tirer de toutes ses forces pour l'amener à la barque.

Réveillé en sursaut, Ruahata, qui n'était guère réputé pour sa bonhomie, entra dans une violente colère. Un impudent osait lui tirer les cheveux ! Il allait voir ce qu'était la fureur d'un dieu. Jaillissant devant le petit bateau, le gigantesque Ruahata rugit. Il ordonna au pauvre pêcheur terrifié d'aller chercher sa famille et de gagner Toa Manama, une île montagneuse. Le malheureux obéit et, lorsqu'ils eurent tous gagné le plus haut sommet de l'île, ils virent les lames s'amplifier en grondant dans le déchaînement des bourrasques et de l'ouragan. Un raz de marée balaya le monde. Seule la pointe de l'île était encore émergée. Tout se calma, et, avec une infinie lenteur, les eaux commencèrent leur décrue. Le pêcheur contempla sa famille, seule survivante du désastre qu'il avait provoqué sans le vouloir. Il comprit la tâche que leur donnaient les dieux : repeupler le monde.

L'île de la Grande Tortue (Indiens Delaware)

Nanabush, le grand Manitou, avait bien fait le monde et les hommes rouges y auraient vécu dans la joie si un grand reptile particulièrement malfaisant ne leur avait livré une guerre incessante et sans merci. Ce reptile était en outre un puissant magicien. Au fond des mers, il créa un monstre

hideux et le lança sur les eaux bondissantes. Les mouvements frénétiques de cet être innommable firent monter le niveau de l'océan qui envahit la terre et menaça bientôt de noyer toutes les créatures.
Face à ce cataclysme, les Indiens et leurs frères animaux tinrent conseil. Ils résolurent de quitter le monde qui allait disparaître pour gagner l'île de la Grande Tortue où vivait le grand-père Nanabush. Courageusement, ils avancèrent vers les eaux, y pénétrèrent et marchèrent. Sans se soucier du danger, ils allaient, repoussant les attaques de poissons gigantesques et féroces qui en voulaient à leurs vies.
Emue par leur détresse et leur bravoure, la fille de Nanabush implora son père, demandant la permission de les aider. Il acquiesça. Elle lança alors sur les flots mugissants son canoë de peau et, à grands coups de pagaie, partit à la rencontre des hommes. Ils se hissèrent, avec les autres créatures dans la divine embarcation. Ainsi arrivèrent-ils sur l'île de la Grande Tortue, ce lieu enchanteur que, bien plus tard, des hommes blancs nommeraient Amérique.

LA PRINCESSE ET LE MUSICIEN
Le palais de cristal Chine

ASSIS SEUL SUR LA PLAGE, dans la tiédeur d'un soir d'été, San Lang tirait de sa flûte des sons étrangement beaux qui se mêlaient harmonieusement au doux murmure des vagues. Les bêtes de la terre et de la mer et même les rochers étaient émus aux larmes par la musique qu'il jouait et qui semblait venir d'un autre monde.

Entièrement absorbé par l'œuvre qu'il exécutait, le jeune homme n'avait pas remarqué deux silhouettes qui, traîtreusement, s'approchaient de lui. Sa céleste musique avait, sans qu'il le sût, touché le cœur d'une jeune fille de la ville. Courroucé, le père de celle-ci avait résolu de se débarrasser de San Lang et pour ce faire avait payé deux bandits.

Quand ces gredins bondirent sur lui, le musicien eut le réflexe de cacher sa flûte dans sa manche. Avant qu'il eût compris ce qui lui arrivait, il se trouva ficelé et jeté au fond d'une barque qui aussitôt appareilla. Parvenus au large, les brigands s'apprêtèrent à noyer leur victime. À la blême clarté de la lune, ils ne remarquèrent pas de puissants tentacules qui venaient de s'agripper au rebord du bateau. Ils s'enroulèrent autour de leurs chevilles, les contraignirent à lâcher San Lang et les précipitèrent dans les flots.

Le musicien avait assisté à cette scène sans la comprendre. Soudain, il vit monter à bord une gigantesque seiche qui défit ses liens, s'inclina et déclara : "Seigneur flûtiste, je suis Madame la Seiche, envoyée par le roi des dragons. Il a entendu vos sublimes mélodies et vous invite dans son royaume." Abasourdi, San Lang n'eut pas le temps de répondre, déjà la seiche l'entraînait.

Éclairé d'une lueur étrange, le monde sous-marin était un enchantement : pierres rutilantes, poissons aux couleurs irisées, animaux insolites, tout attirait l'œil du jeune homme et le stupéfiait. Son émerveillement fut à son comble quand il atteignit le palais du grand dragon. Entièrement faite de cristal, l'immense demeure reposait sur des piliers de corail rouge. Divers animaux marins s'y ébattaient jusque dans la salle du trône. Là, le roi dragon siégeait, l'air maussade. Lorsque San Lang lui eut été présenté, il lui ordonna de jouer de la flûte. Le musicien s'exécuta.

Dès les premières notes, le dragon cessa de tripoter nerveusement son ample barbe et sa mine revêche fit place à un sourire épanoui. Le plus grand ravissement se lisait sur son visage. San Lang acheva son morceau et le souverain le couvrit d'éloges. Il fit appeler ses filles pour qu'elles profitent de cette divine musique. Aussitôt entrèrent trois demoiselles, toutes fort jolies, mais dont l'une avait un air si charmant qu'elle troubla profondément l'âme de San Lang. Chacune tenait une flûte à la main. San Lang régala l'assemblée d'une nouvelle mélodie, puis le roi invita ses filles à montrer leur talent.

Tour à tour, les deux aînées jouèrent, mais leurs dons artistiques étaient si médiocres que le dragon, profondément ennuyé, s'assoupit. La plus jeune, cette jolie personne dont la beauté avait ému San Lang, prit alors sa flûte. Elle en tira des sons si harmonieux que, arraché à son sommeil, le roi, fou d'enthousiasme, applaudit frénétiquement. Il déclara ensuite : "Ma fille, vous possédez un très estimable talent, moindre cependant que celui de cet humain. Je vous le donne donc pour professeur. Tâchez de profiter de ses leçons."

San Lang vécut donc dans le palais de cristal. Madame la Seiche veillait à ce qu'il ne manquât rien à son confort et à ses plaisirs. Chaque jour, il avait le bonheur de rencontrer la ravissante princesse et de lui enseigner son art. Elle ne cessait de faire des progrès et égala bientôt son maître. Leurs duos charmaient le roi dragon. Pourtant, au fil des jours, les leçons se faisaient moins strictes : de tendres sentiments étaient nés dans le cœur des deux jeunes gens. De plus en plus souvent les flûtes se taisaient et de doux entretiens leur succédaient.

Les amoureux ne remarquèrent pas qu'ils étaient constamment épiés. Les sœurs aînées, malades de jalousie, ne perdaient rien de ce qu'elles pouvaient entendre. Quand elles furent bien certaines de leur fait, elles coururent chez leur père : "Notre sœur est éprise de la créature terrestre. Si vous n'agissez pas, elle risque de fuir."

Le dragon entra dans une violente colère car cette princesse était sa fille préférée : il eût été prêt à endurer mille maux plutôt que de la voir partir. Il la fit donc convoquer dans la salle du trône et l'interrogea. Avec une désarmante sincérité, la belle confessa son amour pour San Lang. Hors de lui, le souverain appela Madame la Seiche et tonna : "Enfermez ma fille dans sa chambre et qu'elle n'en sorte sous aucun prétexte !" Il fit venir ensuite un général crabe, lui confia une escorte de soldats et ordonna qu'on lui amène le flûtiste pieds et poings liés. Ainsi fut fait.

Contemplant son prisonnier, le dragon arracha un long poil de sa barbe et lui fit coudre les lèvres afin qu'il ne puisse plus, grâce à son instrument, attirer et charmer la princesse. Enfin, le crabe l'emmena sur une lointaine île déserte où il l'abandonna à une muette et sinistre solitude.

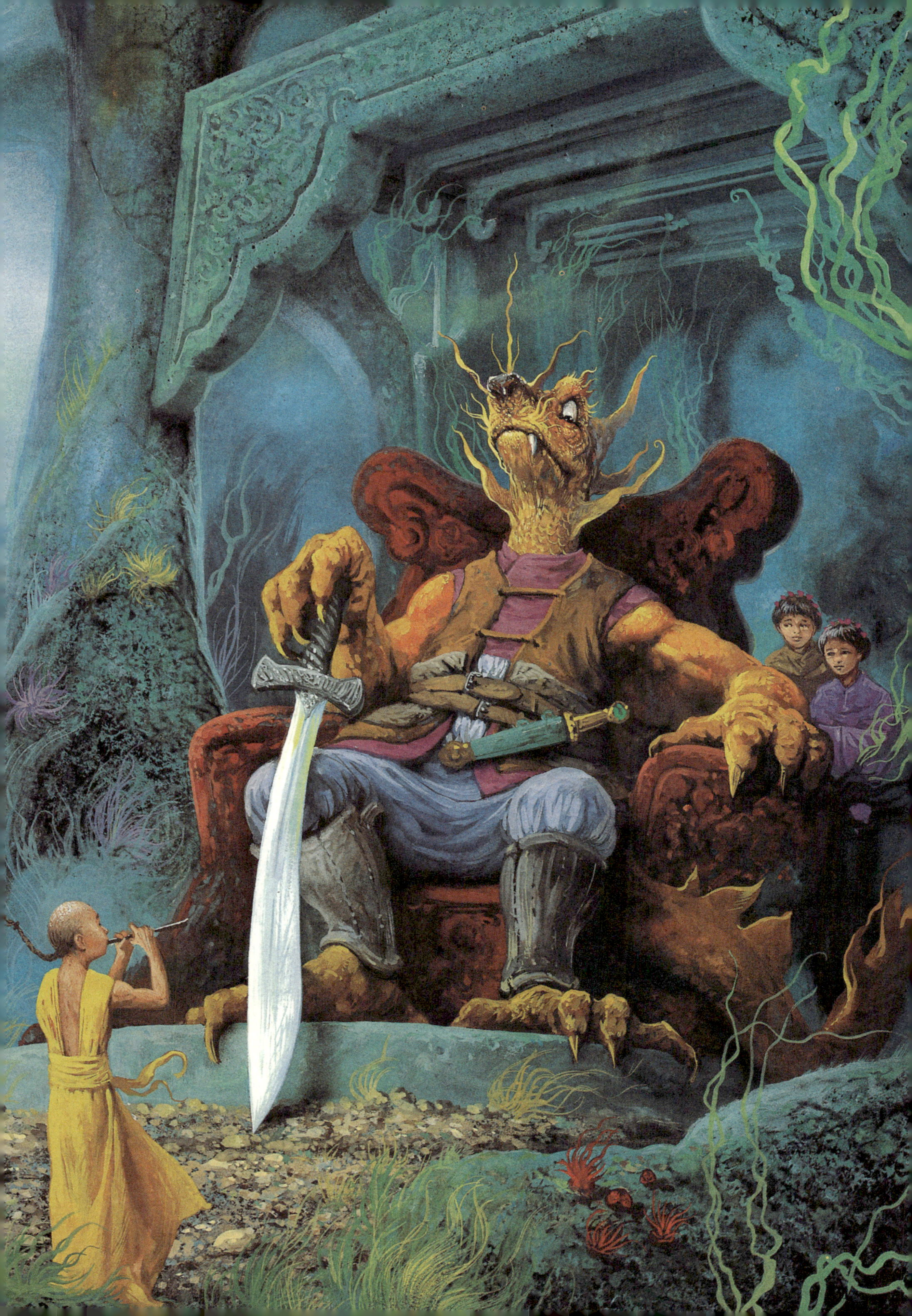

LA PRINCESSE ET LE MUSICIEN
Madame la Seiche   Chine

ALORS QUE SAN LANG se désolait sur le sol rocailleux d'une île lugubre et inaccessible, la princesse passait ses journées dans sa chambre somptueuse à verser des larmes… dans les tentacules de Madame la Seiche ! Avec une attention presque maternelle, celle-ci consolait la jeune fille et lui promettait, sans trop y croire elle-même, des jours meilleurs. Soudain, un soldat se fit annoncer, porteur d'un message royal. Il demanda à la seiche d'amener la princesse dans la salle du trône pour une communication de la plus haute importance. Elle s'y rendit toute tremblante pour entendre son père lui dire, d'une voix qu'il s'efforçait d'adoucir mais où perçait encore sa colère :

"Ma fille, votre ridicule histoire d'amour m'a fortement déplu. Pourtant, je suis bon père et je veux bien tout oublier si vous le faites aussi. En revanche, puisque vous semblez pressée de vous marier, je veux accéder à votre désir. Je vous ai donc choisi un mari selon mon cœur : ce sera mon cher ami, le dragon Nan Zi Han."

À ce nom, la princesse faillit s'évanouir. Il fallut que Madame la Seiche la raccompagne à sa chambre et lui dispense des soins attentifs.

Revenue complètement à elle, la jeune fille redoubla de sanglots. Ce Nan Zi Han qu'on voulait lui donner pour époux était un être parfaitement répugnant. Laid et contrefait, il ne se rachetait pas par des qualités morales élevées : sa vantardise et sa lâcheté étaient proverbiales. Faisant toujours grand bruit de ses prétendus exploits, il courait vite se cacher à la moindre ombre de danger. De plus, sa cruauté féroce se manifestait dans ses mœurs barbares : il se nourrissait exclusivement de seiches et de poissons d'or, ce qui, comme chacun sait, est abominable. À l'idée de vivre plusieurs siècles auprès d'un être aussi odieux, la princesse se sentait révoltée jusqu'à la nausée. En outre, son cœur appartenait à San Lang et elle n'envisageait pas de changer de sentiments.

Madame la Seiche, quant à elle, voyait d'un mauvais œil ce mariage. Elle haïssait Nan Zi Han, qui sacrifiait la noble race des seiches à son appétit d'ogre. Elle attendit donc que sa maîtresse fût endormie pour se glisser hors du palais. Elle nagea longtemps et gagna le pays des seiches. Réunissant tous ces animaux, elle leur expliqua l'affaire :

"Mes sœurs, réagissons. Nous ne pouvons laisser l'immonde Nan Zi Han s'installer dans ce royaume. L'heure est venue, il faut nous révolter !"

Le peuple des seiches approuva chaudement ce discours. Un état-major fut constitué à la hâte et, jusqu'à une heure assez tardive, s'employa à mettre au point un plan de combat. À quelque temps de là, Nan Zi Han, suivi d'un imposant cortège, arriva en grande pompe au palais de cristal. Armés jusqu'aux mandibules, de lourds crabes l'escortaient car il était fort poltron et redoutait une attaque. Au moment même où il allait pénétrer dans le palais, de toutes les anfractuosités, de derrière les rochers, de sous les algues jaillit une multitude de seiches qui encercla l'armée. Soudain, toutes en même temps, elles ouvrirent les poches à encre qui, d'habitude, leur servent à se défendre. D'épaisses ténèbres emplirent la mer, recouvrant Nan Zi Han et ses sbires, le palais de cristal et les fonds marins jusqu'à une impressionnante distance.

Tandis que l'affreux dragon et ses soldats se perdaient dans l'obscurité, Madame la Seiche nagea vivement vers la chambre de la princesse. Elle la serra contre elle puis, à travers le vacarme et les ténèbres, l'emmena au loin, sur une île de corail d'elle seule connue. Elle l'y déposa et partit chercher San Lang qu'elle parvint à ramener près de sa belle. Les retrouvailles furent émouvantes mais point trop bavardes, le musicien ayant encore la bouche cousue. En outre, un sérieux problème se posait : comment survivre sur cette île où rien ne poussait ?

L'esprit fertile de Madame la Seiche résolut cette épineuse question. Avec minutie, elle décousit le poil de barbe qui fermait la bouche du flûtiste. Elle ne lui fit pas trop mal : il put aussitôt converser avec sa bien-aimée et jouer de son cher instrument. Les laissant à leurs amours, la seiche gagna le continent tout proche et s'y procura une cuve de bois qu'elle ramena sur l'île. Sous les regards étonnés des jeunes gens, elle la remplit d'eau salée et y jeta le poil de barbe du dragon. L'eau se mit à bouillonner, se couvrit d'écume puis redevint limpide. Des centaines de poissons d'or y frétillaient.

"Voilà pour votre subsistance, dit Madame la Seiche ; je vais procurer une barque à San Lang et il ira vendre ces poissons porte-bonheur à la ville. Ainsi pourrez-vous payer votre nourriture. Pour moi, la mer me suffit."

San Lang épousa la princesse et ils vécurent de ce prospère commerce des poissons d'or. Ils eurent des enfants que la seiche éleva comme une bienveillante nourrice. On dit qu'à l'exemple de leurs parents, ce sont d'excellents musiciens.

Le monstre de Troie   Grèce

DE LA PLUS HAUTE TERRASSE de son palais, le roi Laomédon contemplait sa belle ville de Troie. De quelque côté qu'il portât son regard, d'épaisses murailles, toutes neuves, entouraient la cité qui se présentait maintenant comme une forteresse imprenable. Pour bâtir ces fortifications, il avait bénéficié du travail de deux ouvriers hors pair. En effet, Poséidon, le dieu de la Mer, et son neveu Apollon, qui commandait au char du Soleil, avaient édifié ces murs infranchissables. Des mois durant, les deux divinités avaient arraché au sol de gigantesques pierres, et, les entassant, les liant, avaient érigé la muraille. Laomédon, ravi, ne pouvait cependant s'empêcher de ressentir un petit pincement au cœur. En effet, le labeur achevé, il allait falloir payer les dieux... Et le souverain était fort avare.

Lorsque les deux ouvriers se présentèrent devant lui pour percevoir leur salaire, le roi leur fit apporter deux sacs d'or. Apollon ouvrit le sien et se mit à compter : "Ce n'est pas la somme promise !" s'écria-t-il. Poséidon hurla : "Roi de Troie, tu nous voles indignement !"

Laomédon répondit : "Prenez ce que je vous donne, gueux, et quittez promptement mon royaume ou je vous fais corriger par mes gardes !" La rage au cœur, les dieux partirent.

Le maître de Troie venait de commettre une bévue : quand on vit dans une ville en bord de mer, il vaut mieux ne pas voler Poséidon, l'insulter ou le menacer. Le dieu des Mers regagna son empire sous les flots, ivre de rage.

Laomédon, lui, avait déjà oublié l'incident, trop content d'avoir préservé une partie de ses immenses richesses. Un jour, cependant, du haut des remparts, il aperçut une multitude de paysans affolés qui couraient vers la ville. Scrutant les lointains, il vit clairement la cause de leur terreur : sur les flots écumeux, un énorme serpent marin déroulait ses horribles anneaux. Il se dressait sur la mer démontée et vomissait d'impressionnantes quantités d'eau de mer sur les champs, les inondant. De temps en temps, ses crocs féroces lacéraient un malheureux.

Le roi trembla. Il se savait responsable de ce désastre. Quand les fugitifs eurent été mis en sécurité, il appela ses devins, ceux qui lisent l'avenir. Les sages vieillards affirmèrent : "Une seule chose apaisera Poséidon et renverra le monstre dans son antre sous-marin : le sacrifice d'une jeune fille. Il faut tirer au sort une victime."

Le destin désigna la princesse Hésioné, la propre fille du souverain. Le roi voulut recommencer ce funeste tirage au sort, car il adorait son enfant, mais les dieux avaient parlé. Dès l'aube, Hésioné fut conduite sur la grève et enchaînée à un rocher.

Comme Laomédon se morfondait sur son trône, on annonça un visiteur. Aussitôt, Héraklès entra. Il salua le monarque et demanda la raison de l'émoi qui régnait dans la ville. Quand on lui eut tout appris, il déclara :

"Roi, je libérerai ta fille. Pour prix de cet exploit, tu me donneras tes deux juments blanches, celles qui sont immortelles et peuvent galoper à la surface des flots." Laomédon accepta ce marché.

Immédiatement, Héraklès courut à la plage. La malheureuse Hésioné, terrorisée, sanglotait à chaudes larmes et se tordait vainement dans ses chaînes. Devant le rocher, le héros édifia un mur de terre, puis se calant derrière, il brandit sa massue et attendit.

Bientôt, une sinistre ride parcourut la calme surface des eaux. Puis la mer se mit à bouillonner dans un fantastique tumulte... Par moments, Héraklès voyait surgir et replonger d'abominables anneaux. Soudain, il y eut un grand choc : le serpent venait de se heurter au mur. Rageur, il leva haut sa terrifiante gueule béante. Héraklès bondit sans trembler sur la crête du mur, et, alors que le mufle du monstre s'abattait sur lui, saisit les deux mâchoires, les écarta de force, et pénétra tout armé dans le corps de l'immonde créature. Il y régnait d'insondables ténèbres et une odeur pestilentielle. Usant de ses armes, massue et glaive, le héros entreprit de blesser le reptile marin. Quand ce vaste corps ne fut plus agité d'aucun mouvement, Héraklès, épuisé, revint sur ses pas. Il sortit enfin de la gueule du monstre mort : le combat avait duré trois jours et trois nuits ! ...

Après avoir délivré la princesse, le héros la ramena chez son père. Laomédon serra sa fille contre son cœur et remercia Héraklès. Celui-ci lui rappela sa promesse. Laomédon se dit que, le danger définitivement écarté, il serait dommage pour lui de se séparer des surnaturelles juments. Il offrit donc à Héraklès deux autres juments. Usé par la terrible lutte qui lui avait brûlé la peau, les cils et les cheveux, le héros retrouva toute son énergie sous l'affront : "Roi, tiens ta parole ! Paie-moi le prix convenu !" Gonflé d'orgueil, oubliant la leçon donnée par Poséidon, Laomédon menaça Héraklès. La riposte vint : un coup de massue qui mit fin aux jours du souverain parjure.

La colère passée, après avoir remis le sceptre entre les mains de Priam, fils de Laomédon, Héraklès quitta la cité, désormais à l'abri de la colère du dieu des Mers.

249

La cité engloutie
Bretagne

AU BORD DE LA MER D'ARMORIQUE, la prospère cité d'Ys dressait ses tours hautes et fières, ses maisons cossues qui se pressaient autour d'un splendide palais. Le roi Gradlon veillait sur les destinées d'un peuple heureux, et pourtant, à cette heure, assis sur son trône, il montrait un visage renfrogné et son entourage sentait qu'une idée noire le dévorait.

Cette intuition était juste : le souverain s'inquiétait de la conduite de sa fille. Une bien curieuse personne que la princesse Dahut ! Jadis, au cours d'une expédition dans le Nord, le roi avait épousé une fée. Elle était morte en lui donnant Dahut, une splendide petite fille. Celle-ci grandit, souvent rebelle aux volontés de son père qui lui pardonnait tout, car elle avait une façon exquise et mutine de le regarder qui l'émouvait. Devenue une superbe jeune femme, Dahut la

Blanche, comme on l'appelait à cause de sa peau éblouissante, commença à révéler de bien bizarres penchants.

Son beau visage et ses cheveux d'un blond d'or attiraient les jeunes gens. Elle-même, sensible à la beauté de celui-ci, au charme de tel autre, invitait parfois un jouvenceau à la visiter dans ses appartements. Le jeune homme accourait, avait droit deux ou trois jours aux attentions de la belle, qui se lassait ensuite de lui et en choisissait un autre. Cependant, nul ne revoyait jamais le précédent et certains disaient qu'elle l'avait fait jeter à la mer... À l'exemple de leur princesse, les habitants d'Ys se laissaient eux aussi aller à leurs plus mauvais penchants, au mépris de la loi et des convenances.

Gradlon avait donc les meilleures raisons d'être soucieux. Du moins un ennui lui était-il épargné : construite au-dessous du niveau de la mer, protégée par la digue d'une épaisse muraille, Ys était inaccessible à tout envahisseur. Gradlon sourit à cette idée tout en caressant la clé pendue à son cou, clé qui verrouillait la porte de la mer.

Un jour pourtant, un étranger se fit annoncer à la cour. Il entra, tout de rouge vêtu, dans la salle du trône, salua le roi et lui demanda l'hospitalité. Il s'appelait, dit-on, Alain de Carnac. Le roi lui fit donner un siège et, sitôt assis, le bel étranger plongea ses yeux de braise dans ceux de Dahut. La belle ressentit un frisson. Pour la première fois, l'amour véritable venait d'entrer en son cœur. Quand il fut l'heure pour chacun de regagner ses appartements, Dahut proposa à l'homme en rouge de la suivre. Alain la regarda d'un air doux mais déclina son offre. Dépitée, elle regagna sa chambre, mais tous ses rêves lui présentèrent l'image du jeune homme. Les jours suivants, ils se promenèrent souvent ensemble, main dans la main, en devisant tendrement. Jamais à Ys on n'avait vu couple si magnifique. Pourtant, quand la nuit venait, Alain partait seul, laissant Dahut à la porte de chez elle.

Un soir, au moment de la quitter, il lui murmura : "Mon âme, vous dites sans arrêt que vous m'aimez. Je veux bien vous croire, mais vous ne me l'avez guère prouvé." Tremblante, Dahut demanda : "Que puis-je faire ?" Avec un sourire charmeur, l'homme en rouge dit : "Seriez-vous, par amour, capable de m'apporter la clé que votre père conserve si précieusement à son cou ?" Dahut tressaillit et courut à sa chambre. Elle aimait cet homme et résolut d'agir. Elle attendit le milieu de la nuit pour se glisser dans la chambre du roi. Il dormait profondément. La princesse s'approcha de sa couche et de ses fines mains délia le cordon qui maintenait la clé. Le cœur battant, elle vola vers son ami. "Tenez, Seigneur, voici l'objet que vous désiriez. Croirez-vous maintenant que je vous aime follement ?"

L'homme en rouge partit d'un éclat de rire sardonique. Il repoussa la belle et, la clé en main, se précipita vers la porte de la mer.

Il n'eut pas de mal à l'ouvrir, et, tandis qu'il disparaissait, les flots bouillonnants et écumeux pénétrèrent en trombes dans la ville, détruisant tout sur leur passage, noyant bêtes et gens. De la terrasse du palais, Dahut, effarée, contemplait le désastre dont elle était la cause. Sortant soudain de sa torpeur, elle comprit que les dieux punissaient ainsi sa mauvaise conduite. Elle courut alors vers la chambre de son père et le tira de son sommeil.

Gradlon n'eut pas besoin d'explication : un seul coup d'œil sur sa cité disparaissant dans l'océan lui suffit. Il courut seller son étalon noir, et, prenant sa fille en croupe, le lança au galop vers les toutes proches collines, lieu sûr où la mer ne pourrait les atteindre. Mais, derrière lui, les vagues se firent rugissantes et furieuses. Il se retourna et vit que, de plus en plus violentes, elles se jetaient à sa poursuite. Déjà elles atteignaient les pattes du cheval qui, se cabrant de terreur, désarçonna Dahut. Elle tomba à l'eau et fut emportée par la mer qui aussitôt se retira. Gradlon, demeura seul sur le rivage, pleurant sa fille et sa ville, tout ce qu'il aimait le plus au monde et que la mer avait repris.

Si vous passez quelque jour en Bretagne, une femme âgée ou un pêcheur plus bavard que les autres vous montreront peut-être, entre Quiberon et Belle-Île, l'emplacement où gît, dit-on, la cité engloutie. Ils vous diront aussi que Dahut la Blanche n'est pas morte. Dans les grondements de la tempête et les sifflements des vents, sa plaintive voix de fée chante encore pour appeler les pêcheurs et les attirer à leur perte.

Le navire enchanté Grèce

MARCHANT LES PIEDS NUS sur le sable chaud du rivage, le jeune homme laissait bercer son imagination par le tumulte des flots. Sa haute stature, son regard altier lui donnaient une beauté surnaturelle. Il s'arrêta pour observer un navire qui mouillait à proximité de la plage. Soudain, cinq hommes de l'équipage plongèrent par-dessus le bastingage et, fendant les flots, se dirigèrent vers lui. Il les regarda venir et ne comprit qu'ils lui voulaient du mal que lorsqu'ils eurent mis le pied sur la grève. Ils le cernèrent, se jetèrent brutalement sur lui, puis, l'étreignant de leurs bras musculeux, le lièrent avec des cordes d'osier. Ils ramenèrent leur captif au bateau où ils laissèrent éclater une bruyante joie.

"Ce jeune homme est superbe, cria l'un d'eux. Nous en tirerons un bon prix sur le marché aux esclaves." Le prisonnier sut alors qu'il était tombé aux mains d'impitoyables pirates. Pourtant, aux visages haineux qui l'entouraient, il ne répondit que par un calme sourire qui semblait moqueur. Visiblement, il ne ressentait aucune crainte. Les brigands discutaient déjà du prix auquel ils le vendraient et de l'usage qu'ils feraient de l'argent, quand, sans qu'un seul de ses muscles ait tressailli, le prisonnier se libéra de ses liens. Les cordes tombèrent à ses pieds comme des feuilles d'automne.

Nullement impressionnés par ce prodige, les pirates s'avancèrent, l'air féroce, pour l'entraver de nouveau.

"Que faites-vous ? lança le timonier à l'adresse de ses compagnons. Ne voyez-vous pas que ce garçon n'est pas humain ? Il s'agit sans doute de quelque dieu ! Croyez-moi, il vaut mieux le relâcher. Il ne nous arrivera rien de bon si nous le gardons contre son gré."

Des rires accueillirent cette sage mise en garde.

Un pirate plus grand que les autres et qui paraissait être

le chef, rétorqua : "Contente-toi de bien tenir la barre, timonier. Laisse-nous à nos affaires. Ce garçon ne nous fait pas peur. Si les liens se sont rompus, c'est qu'ils étaient trop fragiles. Levez l'ancre ! Hissez la voile et souquez ferme ! Il est temps d'aller vendre notre bonne prise." Les marins s'affairèrent et bientôt, le vaisseau prit le large.

Gardé par quelques matelots, le jeune homme souriait toujours. Tout à coup, l'un des bandits attira l'attention de ses complices sur un phénomène bizarre : un mince filet de liquide pourpre commençait à courir sur le pont. Il s'enfla et devint un véritable ruisseau. Ébahis, les marins constatèrent que c'était du vin pur. Un parfum capiteux emplit l'atmosphère, tandis que le ressac des vagues résonnait d'une étrange musique qui, s'amplifiant, devint une lancinante mélopée. Un hurlement déchira l'air, suivi de dizaines d'autres. Les rameurs épouvantés voyaient leurs avirons se mettre à vibrer comme matière vivante, perdre leur raideur et se muer en d'énormes serpents aux couleurs bariolées qui déroulaient avec violence leurs anneaux hideux. Sur tout le pont du navire, des craquements se firent entendre et d'imperceptibles fissures apparurent. Il en jaillit de minuscules pousses vertes qui grandirent à une vitesse prodigieuse. En un instant le mât et les vergues furent enserrés dans les branches d'une vigne luxuriante d'où pendaient de lourdes grappes vermeilles. Des lierres montèrent à l'assaut des cordages et les étreignirent.

Sidérés et incrédules, les matelots contemplaient leur bateau transformé en un exubérant jardin sauvage flottant sur les eaux amères. Le vertige les saisit et, instinctivement, ils se blottirent derrière le bon timonier qui seul conservait son sang-froid. Un terrible rugissement retentit. Surgi on ne sait d'où, un gigantesque lion bondit, suivi par un féroce ours brun. Se léchant les babines, les deux fauves se dirigèrent vers les pirates. Le lion se jeta sur le chef et le happa de ses crocs acérés. Fous d'épouvante, les brigands sautèrent par-dessus bord. Ils plongèrent, firent surface et plongèrent de nouveau : en effet, à peine avaient-ils touché l'eau qu'ils avaient cessé d'être humains, et ces cruels écumeurs des mers étaient devenus des dauphins, sympathiques animaux, amis de l'humanité !

Debout face au timonier, le jeune homme fut alors entouré d'un halo de lumière étincelante. D'une voix ferme, il déclara : "Ne crains rien, ami. Tu as voulu me porter secours et je t'en suis reconnaissant. Je suis le dieu du vin, des fêtes et de la nature sauvage, Dionysos, fils du grand Zeus. Puisque tu m'as défendu dans le péril, ma puissance sera toujours sur toi et te protégera du mal." Le dieu appela ensuite Borée, le vent du nord, qui gonfla la voile avec énergie. Le timonier tenant habilement la barre, le bateau fila dans la direction indiquée par Dionysos, là-bas, au-delà de l'horizon, vers les étranges pays où naît le soleil.

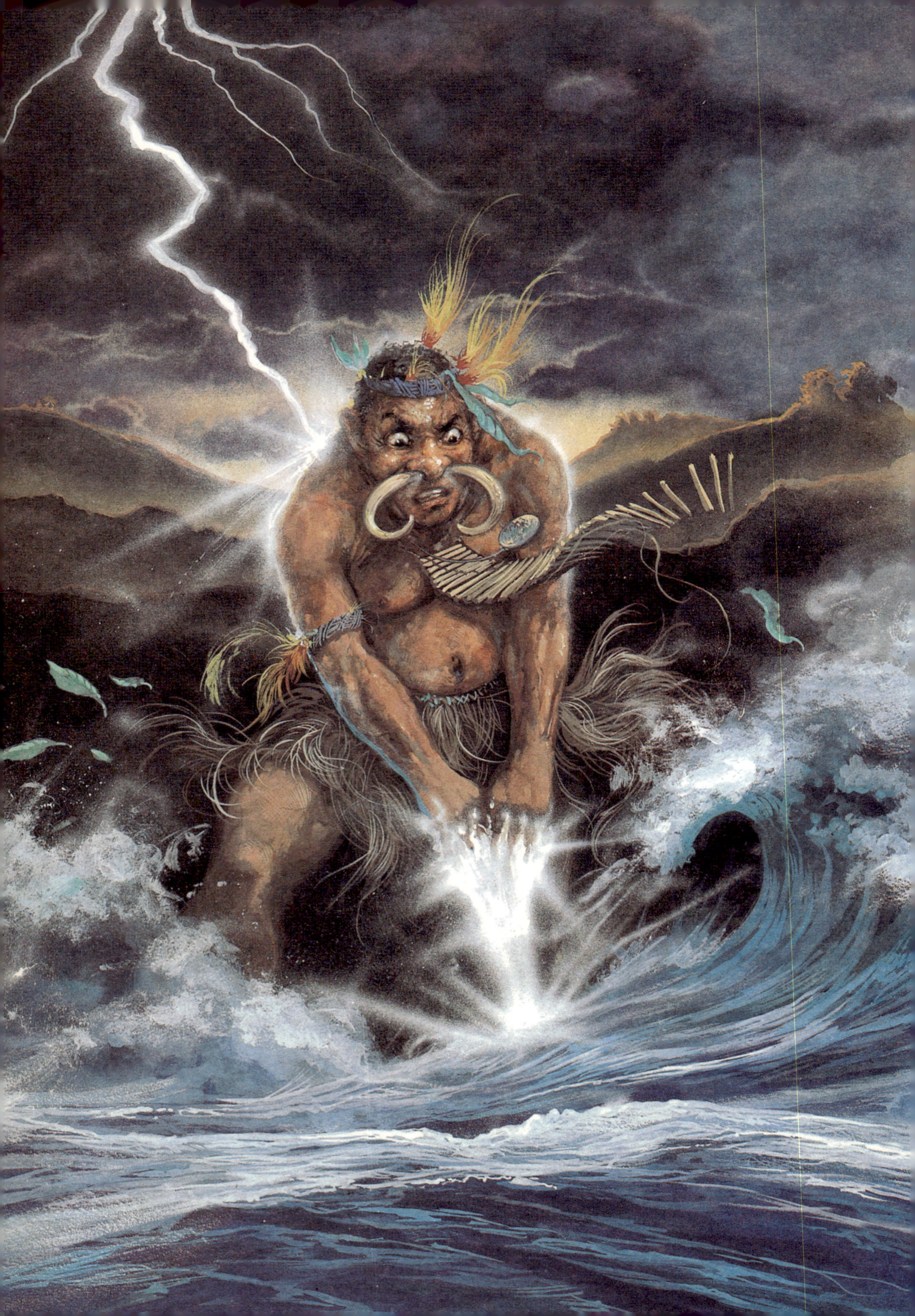

La naissance des vagues — Nouvelle-Zélande

IL FUT UN TEMPS, très loin de nous, où le monde était d'une parfaite symétrie. En effet, Ta'aroa, le créateur, l'avait partagé en deux parties égales : sur un grand bloc de terre ferme, les pierres, les arbres, les animaux et les hommes menaient une existence sans souci ; le reste était le domaine de la mer. À cette lointaine époque, la mer ne ressemblait pas à ce que nous connaissons aujourd'hui. Elle se présentait comme un grand bloc d'eau, compact et immobile, qu'aucune ride ne venait jamais strier. Sa surface paraissait un immense miroir. Ainsi vécut le monde, dans une parfaite harmonie entre la terre et la mer, toutes deux sans mouvement.

Pourtant, l'égalité entre les deux n'était pas parfaite : la terre pouvait se distraire avec tous les êtres qui peuplaient sa surface, mais la pauvre mer à la surface déserte s'ennuyait fermement. Son inactivité lui laissant le temps de réfléchir, elle mit au point une ruse : bien sûr, elle ne pouvait bouger pendant le jour, car, éclairée par le soleil, les dieux l'auraient vue et châtiée... Cependant, la nuit lui appartenait. Elle pouvait en faire ce qui lui plairait, à condition d'agir à l'insu des divinités, et de respecter les lieux tabous, les lieux interdits où celles-ci avaient leur domaine.

C'est ainsi que, chaque nuit, le soleil à peine disparu au couchant, la mer mouvait lentement sa lourde masse et se mettait en marche, avançant peu à peu sur les terres, y creusant des vallées, noyant des champs cultivés, et quelquefois des hommes. Elle prenait toutefois soin de ne pas troubler le sommeil des dieux, contournant silencieusement les endroits tabous où ils demeuraient. Elle en faisait des îles puis continuait à se répandre à l'entour. Sournoisement, elle ne cessait d'avancer, mais, dès le lever du soleil, elle s'immobilisait. De cette façon, les dieux ignoraient son manège. Quant aux hommes, ils n'avaient rien remarqué au début. Néanmoins, quand il s'avéra que l'océan leur volait leurs terres et menaçait leur vie, ils s'émurent et prirent peur. Ils ne savaient pourtant que trembler face au danger qui pesait sur eux. Cependant, l'un d'eux, nommé Arai, jugea qu'il était grand temps de réagir. Bien bâti, courageux, il possédait surtout un don d'observation particulièrement aigu, une sagacité exceptionnelle et une volonté aussi dure que la pierre. Il avait remarqué, en observant les mouvements de la mer, que celle-ci évitait certains lieux où séjournaient les dieux. Sans doute craignait-elle de les envahir. Arai tenait la solution à son épineux problème. Il ne lui restait plus qu'à faire preuve d'une imperturbable détermination, car seule une prodigieuse audace pourrait venir à bout de ce péril.

Repérant une montagne qu'il savait taboue et que le flot montant n'avait pas encore isolée, il résolut de s'y rendre. Il savait qu'il allait ainsi violer la tranquillité d'un dieu qui se fâcherait peut-être, mais il ne voyait pas d'autre issue ! À l'aube du jour suivant, il partit et gravit la montagne sacrée. Quand il arriva au sommet, il découvrit un gigantesque autel dédié à la divinité. Cet autel était fait de pierres de dimensions et de couleurs diverses. Tremblant à l'idée de troubler le dieu, Arai s'avança avec respect puis s'empara d'une de ces pierres. Une douleur fulgurante traversa son corps : la pierre lui avait cruellement brûlé la main. Il eût été cependant ridicule de la lâcher maintenant que le plus difficile était accompli. Il ramena donc le précieux caillou chez lui et attendit le soir.

À l'ouest, le soleil commençait à décliner et à passer du jaune d'or à des teintes qui variaient du rouge à l'orangé. Arai se rendit sur la plage, à quelques pas de l'océan encore immobile. Il creusa un trou dans le sable, y posa délicatement la pierre sacrée, et ensuite la recouvrit. Il se retira derrière un rideau d'arbres, s'assit et patienta. Bientôt, la nuit tomba et le monde ne fut plus qu'épaisses ténèbres. Tendant l'oreille, Arai entendit un léger clapotis qui devint un flux mugissant, puis le ressac de l'eau qui va et vient, avançant imperceptiblement sans que rien puisse l'arrêter.

La mer, qui avait dormi tout le jour, ne savait rien du subterfuge d'Arai. Elle allait, tranquille, sûre d'étendre son royaume et de triompher de la terre et des hommes. Enfin, elle passa à l'endroit où gisait la pierre, réveillant ainsi le dieu endormi. Il s'empourpra de fureur et zébra le ciel d'un éclair rougeoyant accompagné d'un assourdissant coup de tonnerre. Sous le choc, la mer se figea : jamais elle n'irait plus loin. Cependant, le mouvement qu'elle s'était imprimé ne pouvait cesser. C'est depuis lors que la mer fait des vagues...

Il ne faut pas croire pourtant qu'elle a renoncé à engloutir la terre et les êtres vivants. De temps à autre, elle revient à l'assaut, sous forme d'une tempête ou d'un raz de marée. Cependant, les vagues existent, maintenant, et à leur seul bruit, les hommes savent quand la mer se prépare à attaquer.

De l'histoire aux légendes

Un astronome extraterrestre qui, du fond du cosmos, observerait notre planète avec un sommaire télescope imaginerait difficilement qu'il existe des terres émergées qui forment des continents : il n'y verrait que de l'eau. En effet, les mers et les océans représentent environ 361 300 000 km², soit un peu plus de 70% de la superficie totale de notre globe. La récente formule désignant la Terre comme "la planète bleue" reflète donc une indiscutable vérité.

Très tôt dans sa longue évolution, l'humanité a été confrontée à l'océan, élément bienfaisant car source de nourriture, mais aussi parfois effrayant lorsqu'il se déchaîne jusqu'au cataclysme. La mer a ainsi suscité chez l'homme des sentiments variés et même contradictoires qui se sont exprimés jadis dans les mythes et légendes, voire les contes, et qui continuent à se manifester dans le monde moderne à travers la littérature et le cinéma.

Tantôt la mer fascine par son immensité qui promet d'étranges et enrichissantes aventures ; tantôt elle terrifie quand s'abattent rageusement les tempêtes ou le raz de marée dévastateur. Elle inquiète aussi par les secrets que recèlent ses profondeurs longtemps insondables. Si les moyens scientifiques modernes nous permettent de la connaître davantage, de savoir, par exemple, que sa profondeur maximale avoisine 11 034 mètres, il s'en faut de beaucoup que nous maîtrisions parfaitement cet élément capricieux. De trop fréquentes catastrophes nous prouvent que la mer, pour l'homme, ne saurait se réduire à un simple et paisible lieu de baignades estivales. Néanmoins, elle nous est absolument vitale.

Au commencement était la mer

Les données les plus récentes de la recherche scientifique tendent à prouver que l'océan a jadis recouvert la quasi-totalité de notre planète. Ainsi, sur les plus hauts sommets montagneux, les géologues trouvent des fossiles d'animaux marins venus de notre lointaine préhistoire. De même, les théories biologiques les plus couramment admises font de la mer la source de toute vie. Il est frappant de constater que les savants modernes retrouvent, sur les solides bases de leurs recherches, une intuition qu'ont exprimée de nombreux peuples antiques ou prétendument primitifs.

Les plus anciennes civilisations connues voyaient dans la mer la mère du monde et des hommes. Pour les Égyptiens, le monde n'était à l'origine qu'un océan infini, nommé le Noun, d'où peu à peu émergea une île. Le dieu du Soleil, Ré, y naquit et de lui émanèrent l'ensemble des êtres. À Sumer, en Mésopotamie, le récit se fait plus dramatique : Mardouk, le dieu bienfaiteur, affronte en un violent combat Tiamat le dragon océanique et le tue ; du corps du monstre, il tire le monde. En Amérique du Nord, chez les Indiens Hurons, la déesse Ataentsic, chassée du ciel, cherche à se poser sur notre planète qui n'est alors qu'un immense océan. Une tortue lui prête momentanément son dos, tandis qu'un rat musqué lui construit à la hâte une île où, par la suite, elle engendrera les autres créatures vivantes.

Les mythes selon lesquels la vie est ainsi venue de l'élément marin abondent dans toutes les régions du globe. Il en va de même des récits du déluge : on trouve sur tous les continents, dans les civilisations les plus diverses, des récits portant sur des terres brutalement submergées. Sans que l'on sache pourquoi, ils sont très rares en

---

Divinités marines

Dans presque toutes les civilisations anciennes, la mer passe pour un lieu privilégié, où naissent maints dieux et créatures surnaturelles. Chez les Celtes, l'enchanteur Merlin et la fée Morgane, tout comme le Gallois Dylan Eil Ton (Dylan fils de la vague), sont issus des flots amers. Il en va de même en Grèce où Aphrodite, déesse de l'amour, jaillit de l'écume marine, tandis que son demi-frère, Apollon, le dieu solaire, serait né dans l'île de Délos, où nidifient et se reproduisent les monstres marins. En Mésopotamie, Oannès, gigantesque poisson possédant un visage humain, serait sorti de l'océan pour apporter aux hommes les bienfaits de la civilisation. Les mers chinoises et japonaises abriteraient d'immortels rois dragons, tantôt sanguinaires, tantôt bienfaisants. Chez les anciens Mexicains, le grand Serpent à plumes, Quetzacoatl, serait venu par la mer afin de recréer l'humanité anéantie par un déluge. Il aurait donné aux hommes la connaissance des arts nécessaires à leur existence, puis, sa mission accomplie, serait reparti vers l'orient sur un radeau constitué de serpents entrelacés. De tels récits montrent la fascination exercée sur les esprits humains par l'élément marin.

Chez les Celtes, la surface des eaux dormantes et les reflets qui s'y forment marquaient la frontière entre deux mondes. Photo G. Ragache.

frique, mais partout ailleurs, on les rencontre sous des formes variées ayant souvent des parentés les unes avec les autres. L'un des premiers textes écrits de l'Histoire humaine, *Épopée de Gilgamesh*, poème sumérien, narre le déluge d'Utanapishti dans des termes voisins du récit biblique concernant Noé. Chez les Grecs aussi, la colère divine provoque le déluge dont Deucalion est le seul rescapé. Certains déluges sont plus étranges, tel celui des mythes mexicains qui dure 52 ans. D'autres ne concernent pas le monde entier, mais un endroit limité et précisément localisé, comme dans de nombreuses légendes celtiques. Toutefois, dans la presque totalité des récits, le cataclysme est d'origine divine et vient mettre fin à une situation insupportable, généralement causée par la méchanceté des hommes. L'humanité est ensuite recréée par un homme bon et sage, tel Noé ou Deucalion, ou par l'intervention d'un dieu pacifique, comme Quetzalcoatl, le serpent à plumes des Aztèques de Mexico.

Il n'est pas possible de dire si tous ces récits reflètent, même de façon déformée et exagérée, une quelconque réalité historique. Dans le cas de déluges très localisés, comme ceux des légendes bretonnes, on peut imaginer qu'un fait réel, tel qu'un raz de marée, a pu donner naissance à une histoire

Autrefois, les tempêtes étaient associées à des manifestations de colère des dieux marins. À gauche, la côte irlandaise. Ci-dessus, en Bretagne à Ouesssant. Photo G. Ragache et A. Weiss (Explorer).

enrichie au fil du temps de toutes sortes de détails déformant la réalité. Lorsqu'il s'agit, en revanche, de catastrophes présentant un caractère universel, il convient peut-être d'y voir la représentation poétique d'une destruction suivie d'un renouveau : dans une société, quelque chose a brutalement changé et les hommes ont représenté ce changement par un déluge. Quoi qu'il en soit, ces mythes témoignent de la profonde impression qu'a pu causer sur l'esprit humain la violence ravageuse de l'océan.

Le terrible royaume des dieux

Les Anciens ne pouvaient croire une seconde que la tempête qui détruisait leurs maisons, disloquait les bateaux, tuait les hommes, pût être un phénomène météorologique aisément explicable par des raisons d'ordre physique. Ils y voyaient l'expression de l'intention malveillante ou de la colère plus ou moins justifiée d'une puissante divinité. Dieux et déesses de la mer apparaissent dans la plupart des mythologies. Ils présentent des caractéristiques communes. Le Poséidon grec, armé d'un menaçant trident, la chevelure entremêlée d'algues, irascible et capricieux, est quelque peu le cousin du Susanoo japonais, comme lui coléreux et vindicatif, responsable des séismes et des raz de marée. Le géant Aegir et sa cruelle épouse Ran, chez les Vikings, ne sont pas plus accommodants que le Ruahula des Maoris. Les peuples qui les ont imaginés n'ont pu entretenir aucune relation entre eux. Partout pourtant, la divinité des mers se manifeste comme une puissance fort susceptible qu'il ne faut ni provoquer, ni braver, sous peine de terribles représailles.

Dans nombre de civilisations, il existe néanmoins des divinités marines moins malveillantes à l'égard des humains. Il en va ainsi de Nérée, le "Vieillard de la

DE L'HISTOIRE AUX LÉGENDES

mer" selon les Grecs. Son apparence physique est d'autant plus mystérieuse qu'il est insaisissable et se métamorphose à volonté. Cependant, il lit l'avenir et parfois, de mauvais gré, accepte d'aider un héros en quête de quelque renseignement. Ses cinquante filles, les Néréides, les vagues, peuvent aussi bien déposer un malheureux naufragé sur un rivage accueillant que briser furieusement la coque d'un navire.

Les divinités océanes présentent ainsi un double visage. C'est pourquoi les hommes les vénèrent et les redoutent, d'autant plus que leur colère ne se révèle pas seulement dans le déchaînement des éléments, mais quelquefois dans les désastres causés par des monstres issus des profondeurs.

D'étranges créatures

Les plus gros animaux de notre planète vivent dans l'océan. Baleines, cachalots, orques peuvent peser un poids que n'atteint aucune créature terrestre. Il est fort probable que le spectacle de ces êtres imposants a été en partie à la base de la croyance, très répandue, en l'existence de monstres marins mal disposés à notre égard. Il n'est guère de mythe de la mer qui ne mentionne un animal démesuré, plus ou moins anthropophage, causant sur son passage sinueux cataclysmes et désolation. Parfois, la créature est amphibie et attaque l'homme jusque sur la terre ferme ; parfois elle se contente de guetter du fond des eaux le marin téméraire qui viendrait troubler son repos. Plus bizarrement, dans de nombreux récits, le monstre est représenté par un reptile, serpent ou dragon. Or, s'il existe des serpents marins, ils n'atteignent jamais la taille fantastique que les mythologies leur prêtent. L'ondulation sans cesse renouvelée des vagues, le mouvement du flux et du reflux ont pu suggérer à d'antiques poètes l'image d'un gigantesque serpent de mer. Par ailleurs, presque partout, le serpent revêt un caractère sacré, parfois associé au Mal absolu. Le thème du monstre marin, cher aux Anciens, n'est pas mort dans le monde moderne. Les pieuvres géantes mises en scène par Victor Hugo (*Les Travailleurs de la Mer*) ou Jules Verne

---

Animaux marins

Les monstres marins, si nombreux dans les légendes, ne sont pas entièrement issus de l'imagination des hommes. En effet, de gigantesques et terrifiants animaux peuplent et sillonnent les océans. La peur qu'ils inspirent leur a parfois valu une réputation injustifiée. Tel est le cas des baleines. Les mythes en font souvent des mangeuses d'hommes, alors que ces pacifiques cétacés ne pourraient, même s'ils le voulaient, avaler une créature de taille humaine. Ils se contentent pour se nourrir de plancton et de petits poissons. Les requins suscitent une inquiétude plus légitime. Toutefois, si quelques espèces de requins sont agressives et dangereuses, la plupart d'entre eux présentent le caractère le plus inoffensif qui soit. À Tahiti, on en avait même fait des divinités, les Atua Ma'o, protecteurs des marins. Lors de son couronnement, le roi tahitien descendait dans les flots où les requins venaient, paraît-il, le laver et le caresser, lui donner le "baiser de la mer". À côté de ces animaux injustement critiqués, il en est au moins un qui jouit d'une excellente réputation : le dauphin, célébré, de la Chine à la Grèce, comme un grand ami de l'homme. De nombreux récits mettent en scène des dauphins sauvant des naufragés de la noyade. Si aucun fait historiquement vérifié ne confirme ces légendes, il semble pourtant que le dauphin mérite sa réputation de mammifère sympathique.

L'affrontement entre l'homme et des animaux marins géants a donné naissance à bien des légendes. Ci-dessous, capture d'un calmar géant au XIX siècle. À droite, illustration extraite de *Moby Dick*, le célèbre roman de Melville. Photos Mary Evans Picture. Explorer.

DE L'HISTOIRE AUX LÉGENDES

(*20 000 Lieues sous les mers*), Moby Dick, l'énorme baleine blanche imaginée par Melville, et plus récemment, le sanguinaire requin des *Dents de la mer*, le prouvent. Vis-à-vis de l'immense océan, nous gardons au fond de nous-mêmes les sombres terreurs de nos ancêtres.
La mer est lourde d'autres périls, plus perfides. La violence soudaine du monstre, comme celle de la tempête, effraie mais ne surprend pas : la victime s'y attend et combat. Plus sournoises, dissimulées comme des écueils dans les flots sereins, d'attirantes créatures guettent le voyageur intrépide, avec des intentions souvent cruelles. Le mythe des sirènes est des plus répandus sous des formes très variables. Celles de la mythologie

À Copenhague, une des sculptures les plus célèbres au monde : *La petite Sirène* inspirée des contes d'Andersen. Photo G. Ragache.

Au cours des siècles, bien des naufrages ont été expliqués par les attaques d'hypothétiques monstres marins. Ci-contre, *Le Kraken*, pieuvre géante des légendes scandinaves. Ci-dessous, gravure du XVIIIe siècle montrant un serpent de mer. Photos Mary Evans Picture / Explorer.

grecque qui, par leurs chants mélodieux, fascinent les navigateurs, tels Ulysse ou Jason, et les amènent vers des récifs, se présentent comme des créatures ailées à têtes de femmes. Mi-femme, mi-poisson, la sirène scandinave n'est que rarement inquiétante. Fragile, elle peut même perdre son immortalité si elle s'éprend d'un humain. Chez les Celtes, par contre, les filles de la mer, d'une insurpassable beauté, viennent sur terre éblouir les jeunes gens qu'elles entraînent ensuite, sur une nef de cristal ou par des galeries souterraines, vers leur domaine, île lointaine ou palais sous-marin. En Haïti, la sirène, fille de la baleine, est mi-femme mi-poisson dans l'eau. À terre, devenue une coquette jeune femme, elle se soucie de sa toilette.

259

DE L'HISTOIRE AUX LÉGENDES

> ### *Le vaisseau fantôme*
>
> *Un navire dont tout l'équipage est mort erre sur les mers. Il arrive que par gros temps il surgisse, imposant et inquiétant, aux yeux éberlués de marins qui croisent dans les mêmes eaux. Cette apparition peut être un mauvais présage. On peut résumer ainsi la légende fort répandue du vaisseau fantôme, probablement d'origine nordique. Le plus célèbre de ces bateaux de la mort,* Le Hollandais volant, *sillonnait, dit-on, la mer au large du cap de Bonne-Espérance. Il a inspiré à Edgar Poe un chapitre des* Aventures d'Arthur Gordon Pym, *et à Richard Wagner, un opéra,* Le Vaisseau fantôme. *Si cette légende est en fait un pur produit de l'imagination, il a existé de véritables navires fantômes. L'un des plus connus fut la* Mary Céleste, *bâtiment complètement désert arraisonné en 1872 entre les Açores et Gibraltar.*

Le mythe de la sirène a été si fort ancré dans les esprits que Christophe Colomb lui-même déclare avoir vu des sirènes au cours de son fabuleux voyage. Le grand navigateur est déçu : elles sont moins gracieuses qu'il ne le pensait... Il est probable que les "sirènes" en question étaient des lamantins, sympathiques mammifères marins dont cependant la grâce n'est pas la qualité principale.

À l'aventure

La mer est certes un milieu rude, dangereux et inquiétant. Pourtant elle a toujours aiguillonné l'imagination de l'homme et suscité son insatiable curiosité. Qu'y a-t-il au-delà de l'horizon ? D'aussi loin qu'on le sache, cette question brûlante a toujours tourmenté l'humanité qui n'a trouvé qu'une seule réponse : aller vers cet inconnu troublant. Les mythologies en témoignent qui regorgent de récits narrant des navigations merveilleuses. Ulysse et Jason chez les Grecs, l'Irlandais Maelduin, le Bran du récit médiéval, Kiviok l'Inuit comme saint Brandan ou le Viking Leif Erickson sillonnent les mers et, au cours d'extraordinaires aventures, font de stupéfiantes découvertes. Au-delà des flots se cachent des terres étranges : îles paradisiaques où l'on ignore les maux qui ici nous affligent ; îles bizarres où les gens ne savent que rire ou pleurer ; îles maléfiques peuplées de sorcières, de monstres ou de mauvais esprits ; îles dissimulant un trésor surnaturel.
Ces périples, pour incroyables qu'ils soient, ne sont probablement pas de pures inventions. Il est souvent possible qu'ils se fondent sur une réalité historique, poétiquement embellie, grossie et déformée. C'est par exemple le cas de la Saga de Leif Erickson, qui, sur un mode fantastique, relate la découverte du Groenland et de l'Amérique par les Vikings. Certaines précisions contenues dans l'*Odyssée* permettent de penser que son auteur avait de réelles connaissances sur la géographie méditerranéenne. Des savants ont ainsi cherché, livre et carte en main, à retrouver l'itinéraire probable d'Ulysse.

Les aspects imaginaires de ces récits ne doivent pas être tenus pour une fantaisie gratuite. Au contraire, ils témoignent des désirs et des craintes des hommes qui les ont composés, mais aussi de leurs préjugés, de leurs connaissances comme de leurs ignorances, des croyances qui étaient les leurs. La preuve en est que les détails incroyables ne manquent pas non plus dans les récits de voyages dont l'historicité et la vérité ne peuvent être mises en doute. Ainsi Marco Polo, durant son long séjour en Chine, traverse la mer pour se rendre à Ceylan. Qu'y voit-il ? Des licornes galopant en liberté ! Il a amené d'Europe la croyance en cet animal fabuleux. Pour le lecteur moderne, la description qu'il en fait montre d'évidence que ce qu'il désigne comme une licorne n'est autre qu'un rhinocéros. Découvrant l'Amérique, Colomb déclare avoir vu un arbre incroyable où poussent, la tête dirigée vers le bas, des moutons ! Il s'agit de cotonniers et le navigateur décrit l'objet inconnu qui se présente à lui avec les seuls mots, les seules comparaisons dont il puisse disposer. Le monde d'outre-mer est a priori un univers où tout est possible, même l'impensable. Les récits de navigations mythiques ou légendaires ne disent pas autre chose. Il n'est pas rare que, dans l'esprit des Anciens, la traversée maritime soit considérée comme un voyage vers l'autre monde, l'au-delà, le royaume des morts. Le récit sumérien de la navigation de Gilgamesh comme les légendes celtiques peignant des îles

Les contours de la Méditerranée sont bien connus depuis l'Antiquité. Ci-dessous, carte dessinée à Marseille par Bremond, en 1664. Paris, musée de la Marine. Photo Explorer.

DE L'HISTOIRE AUX LÉGENDES

paradisiaques exposent clairement ce thème. Au cours de leurs périples, le Grec Ulysse comme le Troyen Énée découvrent l'entrée des Enfers, empire d'Hadès, et y descendent. Chez beaucoup de peuples de la mer ou vivant en familiarité avec elle, existait la coutume de placer le corps d'un chef défunt dans une barque funéraire ou un cercueil en forme de navire. Toute l'Océanie, l'Égypte ancienne, les Scandinaves, les Celtes ont pratiqué ce type de rite. Mourir, c'est traverser un océan, et réciproquement, toute traversée s'apparente à un voyage vers l'au-delà. Les lois et habitudes qui régissent notre vie sur terre n'ont plus cours dans cet autre monde. Dans ces croyances on retrouve le double visage de l'élément marin : source de vie et

Les habitants du Pacifique vivent autant sur la mer que sur leurs îles paradisiaques. Ci-contre, l'atoll de Bora-Bora. Ci-dessus, course de pirogue à Tahiti. Photos J.-P. Nacivet et S. Grandadam (Explorer).

passage vers la mort, générateur et destructeur, béni et maléfique.
L'homme actuel aimerait croire l'océan pacifié et maîtrisé par le progrès technique. De lourds bateaux sillonnent la surface et parcourent le fond des mers. Aux beaux jours d'été, les plages deviennent d'immenses terrains de détente et de jeux. On pourrait croire que l'ancestrale peur de l'océan a disparu dans un monde qui, loin de le vénérer encore comme un dieu, ne cesse de le polluer. Pourtant, nos bateaux ne sont pas insubmersibles et les loisirs en mer doivent toujours s'accompagner de prudence.

Changeante et immuable, la surface des eaux recèle toujours sinon un danger, du moins un mystère. Des mythes anciens et modernes ne cessent de nous le rappeler. L'Atlantide, ce continent englouti évoqué au Ve siècle avant J.-C. par le Grec Platon, a suscité tout au long du XXe une foule de livres, films et bandes dessinées. Le prétendu mystère du "triangle des Bermudes" reprend le vieux thème mythique des disparitions étranges et inexplicables. Le cinéma de science-fiction lui-même, quand il ne promène pas le spectateur dans les espaces intersidéraux, trouve sous la mer le décor idéal d'histoires qui font trembler. On le voit, l'imagination humaine, hier comme aujourd'hui, a toujours trouvé dans l'océan un élément propre à porter ses désirs et ses angoisses, ses rêves d'aventure et de liberté.

Relief déchiqueté de la baie d'Along au Vietnam où terre et mer s'imbriquent étroitement l'une à l'autre. Photo J. Brun (Explorer).

261

Les félins

Texte de Bernard Briais
Illustrations de Michael Welply

La peau du lion

Un rugissement d'une puissance effrayante déchire l'air. Dans la maison du berger Molorchos, un silence terrifié s'abat. Le lion monstrueux qui hante la forêt de Némée vient encore de faire une victime. Molorchos hoche tristement la tête, songeant au fils que l'abominable fauve lui a ravi.

Dans la région de Némée, ni les troupeaux, ni les hommes ne sont en sécurité, tant l'animal fait de ravages.

Soudain, une ombre gigantesque apparaît dans l'embrasure de la porte. Molorchos lève les yeux et découvre un colosse, enveloppé dans un épais manteau rouge. "Berger, je suis Héraklès, dit le nouveau venu d'une voix tonitruante. Pourrais-tu m'accorder l'hospitalité pour quelques jours, car je suis ici pour tuer le lion ?" Stupéfait, Molorchos balbutie : "Bien sûr !" Il veut bien accueillir le géant, mais il ne parvient pas à croire qu'un être humain, aussi fort soit-il, ait l'audace de s'attaquer à l'animal qui désole les campagnes. A vrai dire, Héraklès n'est pas un mortel ordinaire : fils de la reine Alcmène, il a pour père Zeus en personne. Néanmoins, même pour un demi-dieu, l'entreprise dans laquelle il se lance est des plus périlleuses. Héraklès n'a cependant pas le choix : la déesse Héra, qui le poursuit de sa haine, a fait de lui l'esclave d'Eurysthée, roi de Mycènes, réputé pour sa poltronnerie. Lorsqu'il a vu la puissante stature d'Héraklès, Eurysthée a eu un frémisssement de peur. Pour se débarrasser de son esclave, il lui a ordonné d'accomplir douze exploits, douze travaux où Héraklès risquera sa vie. La première épreuve consiste à triompher du lion de Némée. Voilà pourquoi le colosse s'installe chez Molorchos où il se prépare au combat. Un matin, prenant à part le berger, il déclare : "Je vais partir. Attends-moi trente jours. Si je reviens victorieux, nous sacrifierons un bélier à Zeus ; si je ne suis pas de retour, tu sacrifieras l'animal en mon honneur."

Parti à l'aube, Héraklès parvient au village de Némée en plein midi. Il arpente les rues désertes, pénètre dans les maisons vides : tous les paysans ont été victimes du lion ou bien se sont enfuis. Le demi-dieu se dirige alors vers la forêt, et recherche des empreintes du fauve. Un peu au hasard, il s'enfonce sous les sombres frondaisons. Plus il avance, plus ses pas se font lents et précautionneux. Soudain, il perçoit, non loin de lui, une sorte de froissement venant de buissons touffus. Caché derrière un arbre, il attend, aux aguets. Un grognement se fait entendre, puis un gigantesque lion s'avance d'un pas à la fois souple et pesant. Alors, bondissant hors de sa cachette, Héraklès bande son arc et avec une impressionnante adresse décoche une volée de flèches. Celles-ci rebondissent sur la peau du lion et se brisent. Le fauve se contente de secouer son opulente crinière et de lécher les emplacements de son corps où il a cru sentir quelques piqûres d'insectes. Jetant son arc désormais inutile, Héraklès saisit son épée, se précipite sur la bête et l'en frappe avec violence. L'arme solide, offerte au héros par le dieu Hermès, plie, sans entamer le cuir du lion. Ce dernier, furieux, bondit sur le colosse. Héraklès brandit alors sa lourde massue et en assène un coup d'une force prodigieuse, en plein sur la gueule de l'animal. La massue se brise sous le choc, mais cette fois, le lion secoue la tête et déguerpit vers sa tanière. Certes, il n'a pas eu très mal, mais il entend comme un tintement dans ses oreilles. Héraklès jette un regard de tristesse sur ses armes maintenant inutilisables, puis se lance à la poursuite du monstre. Arrivé devant l'antre de celui-ci, il examine attentivement les lieux. Le repaire du lion a deux issues. Le héros déroule un filet qu'il a apporté avec lui, avec lequel il bouche l'une des entrées. Ensuite, il pénètre dans la tanière. Le lion n'a pas le temps de faire face à son adversaire : Héraklès se jette sur son dos. En une fraction de seconde, il a saisi l'animal sous les pattes de devant, le soulève et de ses bras musclés commence à l'enserrer. Le fauve se débat avec rage, mais ses rugissements, ses coups de pattes qui fouettent l'air ne lui servent à rien. L'étreinte mortelle d'Héraklès se resserre et bientôt le lion meurt étouffé. Le vainqueur jette alors le corps sans vie sur le sol et reprend son souffle. Il charge ensuite le cadavre du lion sur ses épaules et retourne sur ses pas.

Trente jours se sont écoulés lorsqu'il arrive chez Molorchos : le berger s'apprête déjà à faire un sacrifice en l'honneur du héros qu'il croit mort. Quelle n'est pas sa joie de revoir Héraklès vivant et victorieux ! Il contemple alternativement le demi-dieu et la dépouille du monstre qui a tué son fils et si longtemps dévasté la contrée. Après avoir remercié Zeus en lui sacrifiant un bélier, Héraklès se taille une nouvelle massue, puis, saluant Molorchos, se met en marche pour Mycènes. Eurysthée, lorsqu'il voit le cadavre du lion est terrorisé. Il chasse Héraklès de sa ville. Le héros est fort embarrassé par son encombrant trophée : il voudrait écorcher le lion, mais ne sait comment s'y prendre, tant la peau de celui-ci est dure. Les dieux qui le protègent lui donnent une inspiration. D'un coup sec, Héraklès arrache une des griffes de l'animal, tranchante et acérée comme une épée. Il s'en sert pour dépouiller le lion, et de sa peau se fait une cuirasse plus résistante que le métal. Dorénavant on verra souvent sur les routes de Grèce la haute silhouette d'Héraklès, revêtue de la peau du lion de Némée.

Héraklès tente d'étouffer le lion

Le chevalier au lion

Les fêtes du mariage touchaient à leur fin lorsque, dans la forêt de Brocéliande, l'orage de la fontaine se déchaîna de nouveau. Yvain prit donc ses armes et partit combattre celui qui avait déclenché la tempête. C'était le roi Arthur, venu tenter l'épreuve, comme il l'avait annoncé quinze jours plus tôt. Il était accompagné de ses meilleurs chevaliers, et Keu réclama l'honneur d'affronter le gardien de la fontaine, en qui personne ne reconnut Yvain. Celui-ci tenait enfin l'occasion de se venger de la mauvaise langue du sénéchal qui, humilié, se trouva bientôt projeté à terre.

S'étant fait reconnaître, Yvain offrit l'hospitalité au roi Arthur : huit jours durant, de grandes fêtes furent données en son honneur. Quand vint le moment du départ, tous insistèrent pour qu'Yvain les accompagne : « Seriez-vous devenu un chevalier fainéant, qui oublie sa valeur à cause d'une femme ? » lui demanda Gauvain. Alors Yvain se laissa convaincre et quitta dame Laudine. Attristée, elle lui fit promettre de revenir d'ici un an au plus. Puis elle lui donna un anneau qui devait le protéger tant qu'il lui resterait fidèle.

Yvain et le lion terrassent un géant.

En compagnie de Gauvain, Yvain participa à tant de joutes et de tournois qu'il oublia le terme fixé par dame Laudine. Un jour que les deux inséparables chevaliers étaient à la cour du roi Arthur, une demoiselle demanda à être entendue :

« Je viens de la part de dame Laudine, dit-elle à Yvain. Vous l'avez trahie, elle a pensé mourir de chagrin. Elle vous interdit de revenir vers elle et vous somme de lui rendre l'anneau qu'elle vous avait offert. »

Si grand fut le chagrin d'Yvain qu'il en perdit la raison. Il lacéra ses vêtements, se griffa le visage, puis s'enfonça dans la forêt profonde, où longtemps, il erra sans but. Il y serait mort de faim sans la charité d'un ermite qui, chaque jour, lui offrait du pain et de l'eau.

Enfin une dame de sa parenté finit par le découvrir, endormi sous un arbre. Elle le reconnut grâce à une cicatrice qu'il portait au visage et lui rendit la raison en le frottant d'un onguent magique, cadeau de la fée Morgane. Puis elle l'hébergea dans son château. Quand il eut recouvré la santé, il remercia son hôtesse en mettant hors de combat un de ses plus terribles ennemis. La dame aurait bien voulu épouser Yvain, mais rien ne put le retenir et il reprit sa vie errante.

Alors qu'il traversait une forêt profonde, Yvain entendit un long cri douloureux. S'étant approché, il découvrit un lion aux prises avec un serpent ; celui-ci enserrait le félin de sa queue et vomissait des flammes sur son échine. Le chevalier décida d'aider le lion et de combattre le serpent. S'abritant derrière son écu, Yvain s'approcha du reptile et le trancha en plusieurs tronçons. Mais, pour délivrer totalement le lion, il dut lui couper un morceau de la queue.

Puis il s'apprêta à combattre le félin, qu'il savait être un animal dangereux. Mais celui-ci vint doucement à lui et se coucha à ses pieds. Désormais le chevalier errant et le lion furent inséparables. Ils chassaient ensemble, se nourrissaient du même gibier et, la nuit, se réchauffaient en dormant l'un près de l'autre.

Un jour Yvain et le lion se trouvèrent devant la fontaine d'orage. Tandis que le chevalier se lamentait en pensant à dame Laudine, il entendit une voix qui l'appelait, provenant d'une chapelle située à proximité. Il reconnut Luned : accusée de trahison par un sénéchal félon, elle attendait en cette prison d'être brûlée vive le lendemain, faute de n'avoir pu trouver de champion pour la défendre. En souvenir de leur première rencontre, Yvain lui promit de combattre pour elle. À l'heure prévue pour le supplice, il vint provoquer en combat singulier le sénéchal et ses deux frères, qui en rirent d'abord, sûrs de leur victoire.

Mais ils furent vite inquiets en apercevant le lion. Effectivement, avec l'aide de l'animal, Yvain réussit à mettre les traîtres hors de combat. Dame Laudine, qui avait assisté à la rencontre, ne reconnut pas Yvain et le félicita de sa victoire, lui souhaitant d'être aimé de sa dame, s'il en avait une. Alors Yvain s'en alla le cœur triste.

À partir de ce jour, Yvain se mit au service de toutes les demoiselles qui lui demandaient du secours. Et personne ne l'ayant reconnu, sauf Luned qui garda le secret, il devint célèbre sous le nom de « Chevalier au Lion ». Secondé de son fidèle animal, il délivra de pauvres jeunes filles prisonnières d'un démon qui les obligeait à tisser du matin au soir et du soir au matin des étoffes de soie brodées d'or.

Sa renommée parvint au château de dame Laudine, qui n'avait pu se résoudre à prendre un nouvel époux. À chaque instant cependant, la rusée Luned la persuadait de faire appel au mystérieux Chevalier au Lion pour garder la fontaine d'orage.

Un jour la tempête se déchaîna de nouveau, et dame Laudine partit seule au-devant du coupable. Surprise, elle découvrit que c'était le Chevalier au Lion. Elle fut bien plus étonnée encore quand elle reconnut Yvain. Alors elle lui pardonna enfin, et tous deux regagnèrent leur demeure où les attendait Luned, qui ne cachait pas sa joie.

L'enfant-lion   Afrique australe

CELA FAISAIT PLUSIEURS JOURS que Namaqua et sa femme Mutili n'avaient rien mangé. L'homme était pourtant un habile chasseur mais, dans le désert du Kalahari, où vivaient ces deux Boschimans, le gibier était plutôt rare, en particulier pendant la saison sèche.

Namaqua s'inquiétait surtout pour son épouse car elle attendait un enfant. Désespérément, il scrutait le sol afin d'y découvrir des empreintes d'animaux. La nuit, il dormait peu et tendait l'oreille, attentif aux moindres bruits...

Les jours passaient et les deux Boschimans ne trouvaient guère que quelques insectes à se mettre sous la dent.

Un matin, alors qu'ils traversaient le lit asséché d'un cours d'eau, Namaqua distingua enfin dans le sable des traces qui le réjouirent : aucun doute, un troupeau de zèbres était passé là depuis peu ! Dans les buissons alentour, il remarqua d'ailleurs des poils accrochés aux épines.

- Enfin ! dit-il avec soulagement. On va pouvoir se remplir l'estomac !

Il avança avec prudence, sa sagaie à la main et découvrit bientôt, dans une petite cuvette, le troupeau de zèbres occupé à brouter la maigre végétation qui s'y trouvait. Malgré ses précautions, Namaqua dérangea un oiseau qui s'envola en criant. Alertés, les zèbres s'enfuirent au galop.

Le chasseur n'abandonna pas et continua sa poursuite, multipliant les ruses pour surprendre les animaux. En vain ! Il n'arriva jamais à s'approcher suffisamment près. Il attendit la nuit qui permet de se dissimuler plus facilement, et renouvela sa tentative...

C'était une belle nuit de pleine lune. Une lumière froide teintait de bleu sombre tout le paysage. Namaqua, avec agilité, se déplaçait en silence. Pourtant, une fois encore, les zèbres sentirent sa présence et déguerpirent bien avant qu'il n'arrive jusqu'à eux.

- Allons-nous mourir de faim, alors que nous avons là, près de nous, de quoi manger pendant une année entière ? C'est vraiment trop stupide ! soupirait Namaqua.

Il regarda la lune, toute ronde, qui semblait si près de la Terre. Il eut alors une idée...

Chez les Boschimans, les nuits de pleine lune, les femmes ont, dit-on, le pouvoir de se transformer en lionnes. Mutili avait appris de sa mère la façon de procéder, les gestes à accomplir, les formules à réciter, mais n'avait jamais essayé. Elle savait que plusieurs femmes qui avaient osé tenter l'expérience n'avaient jamais retrouvé leur forme humaine. Pire encore : d'autres avaient dévoré leur mari et leurs enfants !

Aussi, la première réaction de Mutili, lorsque son mari lui demanda de se métamorphoser en lionne pour attraper un zèbre, fut de refuser. Le risque était trop grand !

Mais son mari insista :
- Nous sommes déjà à la limite de l'épuisement. Si cela continue, nous allons mourir de faim... tous les trois ! dit Namaqua.

Et c'est en pensant à son futur bébé que Mutili accepta de se transformer en lionne. Elle se retira à l'écart, car les femmes s'isolent toujours pour effectuer leur métamorphose. Les hommes ne doivent pas regarder ces choses-là sous peine de perdre définitivement la vue.

Namaqua attendit donc à distance, anxieux. Sa femme, depuis un moment, ne parlait plus. Un silence oppressant s'était installé tout autour de lui. Sur le sol, la lune projetait des ombres aux formes inquiétantes...

Au bout d'un certain temps, il entendit des sortes de grognements sourds. Soudain, juste devant lui, une lionne superbe surgit, le regard terrible, les crocs menaçants.

Épouvanté, Namaqua grimpa en catastrophe dans l'arbre le plus proche où, tremblant comme une feuille, il eut du mal à reprendre ses esprits.

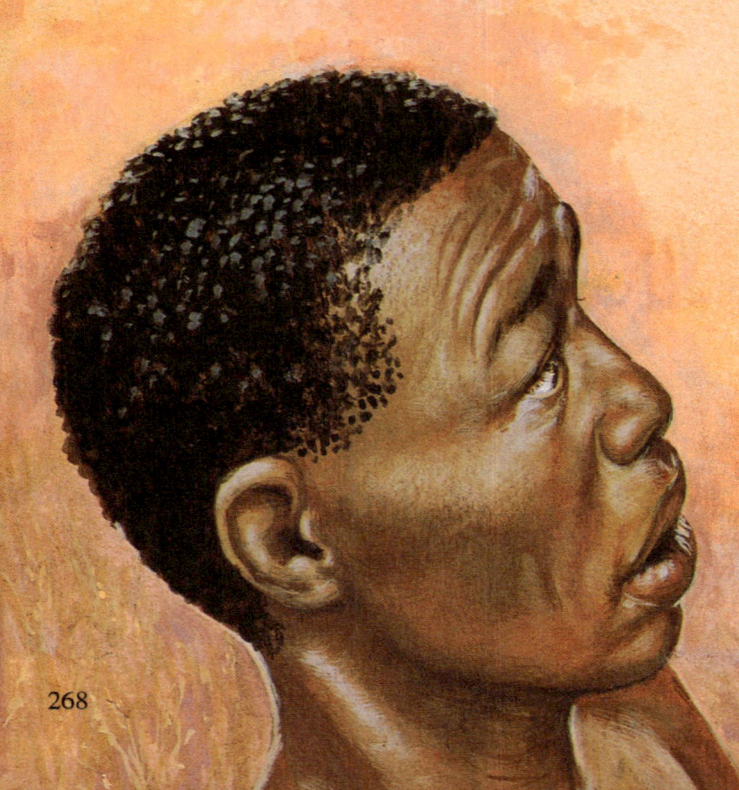

De la branche où il avait trouvé refuge, l'homme regardait sa femme-lionne qui tournait en rugissant autour du tronc. Il était fasciné par la beauté sauvage du félin au pelage luisant sous la lune, par sa démarche de princesse, par ses yeux étincelants qui lançaient des éclairs dans le noir. Il avait du mal à réaliser : était-ce vraiment sa femme ?

La lionne lui jeta un dernier regard avant de s'élancer dans la nuit...

Resté seul, Namaqua perçut bientôt dans le lointain des hennissements et le galop d'un troupeau qui s'enfuyait. Il pensa qu'il allait enfin pouvoir manger, mais il se garda bien de descendre de son arbre.

L'attente se prolongeait ; Mutili ne revenait pas. L'angoisse gagnait peu à peu Namaqua. Il se souvint de ces femmes qui n'avaient jamais repris leur forme humaine. Mutili serait-elle partie rejoindre les lions ?

La lune avait quitté le ciel ; l'aube pointait à l'horizon... Tout à coup Namaqua entendit de curieux cris. Il ne distinguait pas s'ils provenaient d'un être humain ou d'une bête.

Un instant après, Mutili apparut. Elle avait repris son corps de femme. Sur son dos, elle portait une sorte de paquet enveloppé dans une peau de zèbre et d'où s'échappaient les pleurs d'un nouveau-né.

Namaqua sauta de son arbre et se précipita vers son épouse dont les yeux laissaient couler quelques larmes.

Mutili déposa la peau de zèbre délicatement sur le sol et l'ouvrit. Alors, Namaqua découvrit avec stupeur l'enfant que Mutili venait de mettre au monde : il avait la tête d'un lionceau !

L'origine des chats — Moyen-Orient

LE VIEUX NOÉ s'arrachait les cheveux : "Pourquoi ai-je accepté à bord ce couple de rats !" se demandait-il en se lamentant. Parmi tous les animaux qu'il avait embarqués sur son arche pour les sauver du déluge, c'étaient les rats qui lui causaient le plus de soucis. Ils se multipliaient à une telle vitesse que le navire en était envahi. Des rats indisciplinés, mal élevés, qui grignotaient n'importe quoi, en particulier bois et cordages, au risque de compromettre la solidité du bateau.

"Si le déluge dure encore longtemps, soupirait Noé, l'arche ne résistera pas à leur voracité !"

Le vieux patriarche avait bien imploré le ciel, mais Dieu était resté sourd à ses prières. Alors, ne sachant plus que faire, il se résigna à demander l'aide du lion. Le félin, flatté qu'on fasse appel à lui, s'empressa d'accepter :

- Sois rassuré, Noé, ces bestioles ne te tourmenteront plus longtemps. J'en fais mon affaire. Ce sera pour moi un jeu d'enfant de les attraper, répondit-il avec une belle assurance.

Et aussitôt, il se mit en chasse... Très vite, il s'aperçut que la tâche s'avérait bien plus difficile qu'il ne l'avait imaginé. Les rats, insaisissables, disparaissaient dans les moindres trous, et le lion ne pouvait les atteindre. Le félin enrageait d'être tenu en échec par des animaux aussi petits. Sa réputation de fauve redouté risquait d'en souffrir fortement !

Au bout d'un moment, fatigué, il finit par s'assoupir sur le pont de l'arche. Les rats en profitèrent pour sortir de leurs cachettes. Plus insolents que jamais, ils venaient le narguer... tout en restant à bonne distance. Pourtant, l'un d'eux, plus téméraire, avança si près qu'avec sa queue il chatouilla les moustaches du lion.

Alors, le fauve éternua avec une telle force qu'on aurait cru que l'arche venait d'essuyer une bourrasque. Un souffle formidable balaya le navire... Des narines du lion, une petite boule de poils avait été projetée à l'autre bout du bateau... Peu à peu, cette boule se mit à remuer. On s'aperçut avec étonnement qu'elle avait des pattes, une queue, des oreilles...

- Miiââou ! Miiââou !

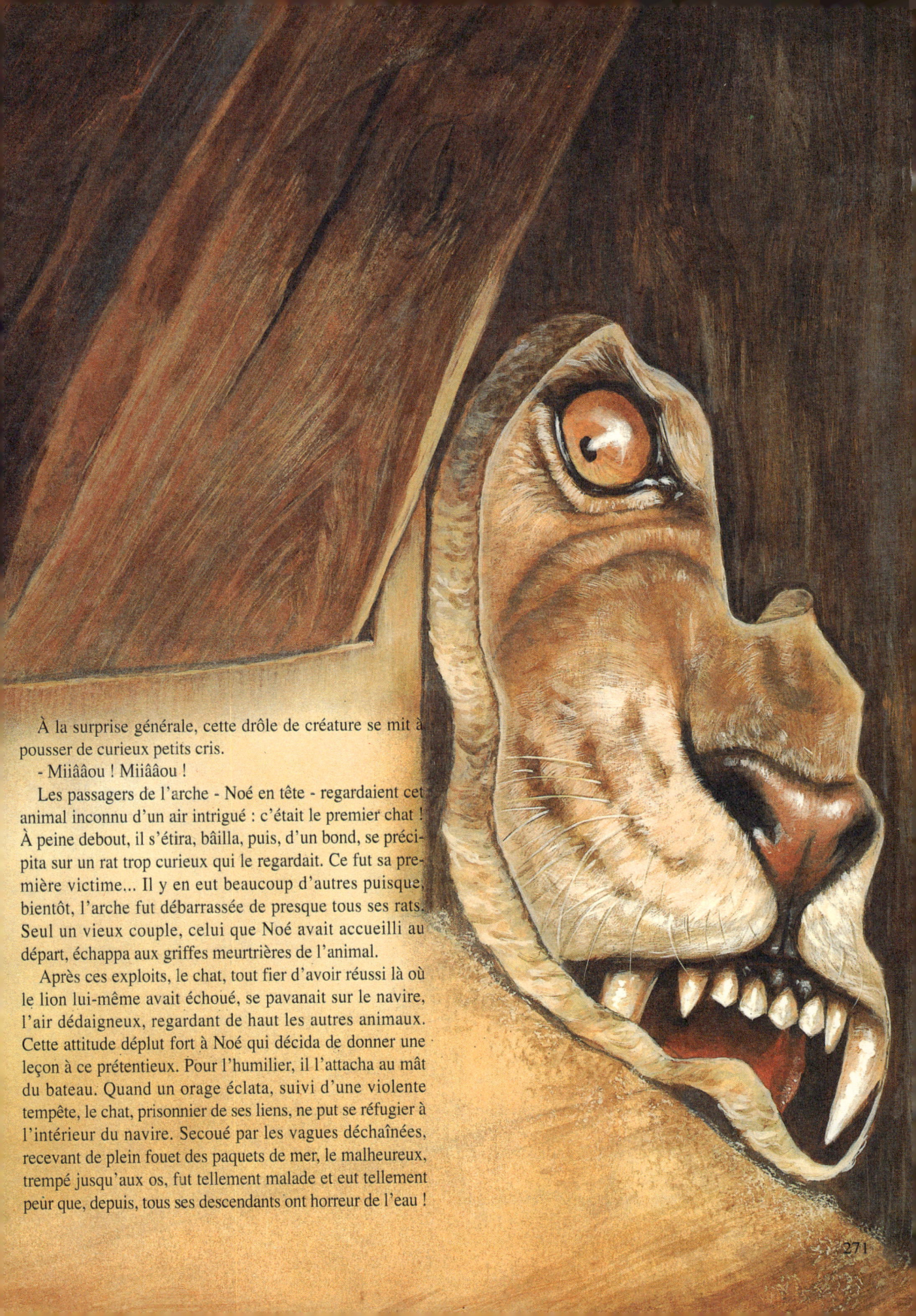

À la surprise générale, cette drôle de créature se mit à pousser de curieux petits cris.

- Miiââou ! Miiââou !

Les passagers de l'arche - Noé en tête - regardaient cet animal inconnu d'un air intrigué : c'était le premier chat ! À peine debout, il s'étira, bâilla, puis, d'un bond, se précipita sur un rat trop curieux qui le regardait. Ce fut sa première victime... Il y en eut beaucoup d'autres puisque, bientôt, l'arche fut débarrassée de presque tous ses rats. Seul un vieux couple, celui que Noé avait accueilli au départ, échappa aux griffes meurtrières de l'animal.

Après ces exploits, le chat, tout fier d'avoir réussi là où le lion lui-même avait échoué, se pavanait sur le navire, l'air dédaigneux, regardant de haut les autres animaux. Cette attitude déplut fort à Noé qui décida de donner une leçon à ce prétentieux. Pour l'humilier, il l'attacha au mât du bateau. Quand un orage éclata, suivi d'une violente tempête, le chat, prisonnier de ses liens, ne put se réfugier à l'intérieur du navire. Secoué par les vagues déchaînées, recevant de plein fouet des paquets de mer, le malheureux, trempé jusqu'aux os, fut tellement malade et eut tellement peur que, depuis, tous ses descendants ont horreur de l'eau !

Le lion qui cherchait l'homme   Sahara

SURTOUT, LES ENFANTS, prenez bien garde à l'homme !

Une fois de plus, le vieux lion répétait aux jeunes du clan ses conseils de prudence. Ce patriarche, à la crinière blanchie par les ans, était réputé pour sa grande sagesse.

- Certes, ajouta-t-il, vous êtes des fauves redoutables, plus forts que l'homme. Mais lui possède un énorme avantage sur tous les animaux, une arme imparable : la ruse !

Tous ceux qui l'entouraient écoutaient ses paroles avec respect. Seul un jeune lion, à l'air suffisant, hocha la tête en signe de désapprobation et marmonna entre ses moustaches encore frêles :

- Quels propos ridicules ! Voilà bien paroles de vieillards timorés qui n'ont jamais quitté leur désert et qui croient toutes les légendes que leur ont racontées leurs ancêtres...

Et plus le vieux lion insistait, plus le lionceau indocile avait envie d'aller se mesurer à ce fameux homme qu'il ne connaissait pas. D'ailleurs, il étouffait dans ce désert où la vie lui paraissait trop monotone...

Un matin, avant le lever du soleil, sans rien dire à personne, le lion quitta la tanière familiale sans faire de bruit.

- Enfin ! Je vais découvrir l'homme. On verra bien qui est le plus fort ! se disait-il en s'éloignant dans la nuit.

Le jeune fauve marcha longtemps avant de sortir de son désert. Il rencontra alors une créature étrange qu'il n'avait jamais vue et l'aborda :

- Bonjour, noble inconnu... Je suis à la recherche de l'homme. Est-ce toi ?

Celui à qui il s'adressait le regarda, surpris, et se mit à ricaner.

- Moi, l'homme ? Tu n'y es pas ! Je suis l'âne. L'homme

est moins gros que moi et ses oreilles sont bien plus petites.

- Alors, tu ne le crains pas. Tu peux facilement lui tenir tête !

- Ne crois pas cela ; l'homme est redoutable. Il faut le fuir comme la peste. S'il m'attrape, adieu la liberté ! Il me charge le dos jusqu'à me faire plier l'échine ou alors il m'oblige à labourer son champ. Et si je trébuche ou si je faiblis, sa trique s'abat sur moi sans ménagement... Crois-moi, parole d'âne, l'homme est le plus fort et mieux vaut l'éviter.

Le lion, bien sûr, ne prit pas l'âne au sérieux.

"Qu'il est sot, pensa-t-il ; l'homme aurait tort de ne pas profiter de sa stupidité."

- Ne t'inquiète pas, ami âne, bientôt tu n'auras plus à craindre l'homme car je vais t'en débarrasser pour toujours. Tu verras qui est le plus fort.

Et le lion continua son chemin... Plus loin, il vit une autre créature bizarre qui ressemblait un peu à la précédente mais avec des oreilles moins longues.

- Bonjour, noble inconnu. Je suis à la recherche de l'homme. Est-ce toi ?

L'autre partit d'un immense éclat de rire.

- Moi, l'homme ? Non, je suis le cheval. L'homme est plus petit que moi ; il ne dépasse guère la hauteur de mon garrot.

- Alors, tu ne le crains pas. Tu es plus fort que lui !

- Ne crois pas cela. L'homme est malfaisant. Il faut le fuir comme la peste. S'il m'attrape, adieu la paix. Il me passe un mors entre les dents, me met une selle sur le dos et je dois le porter. Et si je ne cours pas assez vite, il me pique les flancs avec ses éperons. Crois-moi, parole de cheval, l'homme est le plus fort et mieux vaut l'éviter.

Le lion se moqua du cheval comme il s'était moqué de l'âne : "C'est un niais, se dit-il, qui se laisse mener par le bout du nez."

- Ne t'inquiète pas, ami cheval, bientôt tu n'auras plus peur de l'homme. Je vais de ce pas t'en débarrasser pour toujours. Tu verras alors qui est le plus fort !

Et le lion poursuivit sa route... Au bout d'un moment, au détour d'un chemin, il se trouva face à une troisième créature mystérieuse à ses yeux.

273

- Bonjour, noble inconnu. Je suis à la recherche de l'homme. Est-ce toi ?

- Moi, l'homme ? répondit l'interpellé en riant comme un bossu. Non, moi je suis le dromadaire. L'homme est bien plus petit que moi. Quand il marche à mes côtés, je lui fais de l'ombre.

- Alors, tu ne le crains pas. Tu es bien plus puissant que lui !

- C'est le plus grand danger sur cette terre pour moi et mes semblables, et je le fuis comme la peste. Si je tombe entre ses mains, finie la vie tranquille. Je suis bon pour le transporter, lui et ses bagages, à travers des pays qui n'en finissent pas. Et pour toute récompense, seulement des coups de bâton ! Crois-moi, parole de dromadaire, l'homme est le plus fort et mieux vaut l'éviter !

"Décidément, pensa le lion, je ne rencontre que de vieux poltrons. Il était grand temps que je vienne m'occuper de l'homme."

- Ne t'inquiète pas, ami dromadaire, tu pourras bientôt cesser de te cacher. Je vais faire disparaître à jamais cette calamité. Tu verras bien qui est le plus fort !

Et le fauve reprit sa quête... Vers le soir, il aperçut un être bien plus petit que ceux qu'il avait rencontrés auparavant.

"Enfin, voilà peut-être l'homme", se dit-il. Et il lui posa sa traditionnelle question.

- Non, je ne suis pas l'homme, répondit l'inconnu. Mais je suis son meilleur ami.

- Son ami ? L'homme a donc des amis ? Jusqu'à présent, ceux qui m'ont parlé de lui m'ont conseillé de le fuir comme la peste. Aussi, je leur ai promis de les débarrasser de cette créature détestée... Qui es-tu, si tu n'es pas l'homme ?

- Je suis le chien, le fidèle compagnon de l'homme, mon maître, qui me nourrit et m'abrite sous son toit.

"Méfions-nous, se dit le lion, ce chien est sans doute le complice de l'homme et de ses méfaits."

- Ami chien, peux-tu me conduire jusqu'à ton maître. Je serais heureux de faire sa connaissance.

- Il est en train d'abattre un arbre derrière cette colline que tu aperçois là-bas. Je vais aller le prévenir de ton arrivée. Le chien partit ventre à terre tandis que le lion, un peu fatigué par son long voyage, le suivit à distance.

Quand il parvint derrière la colline, le lion vit un individu très curieux, debout sur deux pattes, le visage sans poil. Il semblait l'attendre, le chien couché à ses pieds.

- Salut à toi, l'homme ! Voilà bien longtemps que je te cherchais, s'exclama le lion.

- Je ne suis pas l'homme, répondit l'inconnu. L'homme, à cette heure tardive, est rentré dans sa maison. Si tu le veux, je te mènerai à lui car je le connais bien. Mais avant, je dois achever mon travail. Ce ne sera pas long, surtout si tu acceptes de m'aider car tu sembles posséder une force extraordinaire. Le lion, flatté, bomba le torse et fit jouer ses muscles...

- Entendu, dis-moi ce que je dois faire.

- Tu vois cet arbre. J'ai planté ma hache dans son tronc et je n'arrive plus à la dégager. Avec tes pattes, essaie d'écarter la fente afin que je puisse récupérer mon outil. Pour toi, ce sera un jeu d'enfant !

Le lion se précipita, impatient de montrer sa puissance. Il glissa ses pattes dans la fente de l'arbre. Au même moment, l'individu retira sa hache : le tronc se referma comme un étau sur les pattes du lion qui se retrouva ainsi pris au piège. La malheureuse bête hurlait de douleur. Plus elle se débattait pour se dégager, plus elle avait mal. Celui qui l'avait mise dans cette fâcheuse posture, la regardait, un sourire aux lèvres :

- Au fait ! Tu cherchais l'homme ! Que lui voulais-tu ? J'ai entendu dire que c'était pour le supprimer. Jeune prétentieux ! Regarde-moi bien : l'homme, c'est moi ! Avec ta force, tu te croyais le maître du monde. Te voilà maintenant à ma merci...Je pourrais te tuer, tu as une peau qui vaut son pesant d'or. Le lion, penaud, avait envie de pleurer. Il repensait au vieux sage de son clan et à ses conseils...

- Je pourrais te tuer, répéta l'homme. Mais qui, chez les lions, le saurait ? Je viens d'avoir une autre idée : je vais te libérer pour que tu ailles raconter ta mésaventure à tes congénères. Ils comprendront en t'écoutant qu'ils ne doivent jamais essayer d'affronter l'homme. Et pour que tes propos soient plus convaincants, avant de te laisser partir, je vais te frictionner un peu les côtes avec ce gourdin. Et, sans perdre de temps, l'homme se mit à joindre le geste à la parole... Quand il s'arrêta de frapper, le lion avait le corps tellement meurtri qu'il mit plusieurs jours pour regagner son désert natal. Sur le chemin du retour, il croisa à nouveau le dromadaire, le cheval et l'âne.

- On dirait que tu as rencontré l'homme, lui dirent-ils simplement sur un ton ironique. Le lion continua sa route sans répondre...

Le vieux Wolof et la panthère Sénégal

LA PANTHÈRE NOIRE s'étira, bâilla... et reprit sa sieste. Allongée sur la branche d'un baobab centenaire, elle ne semblait pas remarquer au-dessous d'elle le va-et-vient bruyant d'une bande de pintades qui avait élu domicile dans le tronc creux de l'arbre centenaire.

Les volatiles effrontés faisaient un vacarme épouvantable, et pourtant le fauve, impassible, ne paraissait leur prêter aucune attention.

Alerté par ce tintamarre, le vieux chef de la tribu des Wolof, qui chassait dans les parages, s'approcha du baobab. En apercevant la panthère, il s'arrêta net et se dissimula derrière un fourré. De là, il put observer la scène avec étonnement, ne comprenant nullement ce qui se passait.

"Cette panthère est-elle sourde et aveugle ?" se demandait-il en voyant les pintades se promener en toute quiétude aux pieds du fauve assoupi.

Il ne pouvait pas savoir que, quelque temps plus tôt, le félin et les volailles avaient conclu un accord, un traité en bonne et due forme : la panthère s'était engagée à protéger les pintades et, en contre-partie, celles-ci avaient accepté de lui fournir quotidiennement les œufs frais dont le fauve raffolait.

Depuis, aucun animal ne venait plus se hasarder à menacer les pintades. La panthère aux griffes pointues et aux crocs dissuasifs montait la garde !

Médusé par ce spectacle insolite, le vieux Wolof regagna sa case mais ne dit rien à personne. Il craignait qu'on ne se moque de lui ou qu'on ne l'accuse de mensonge...

Le lendemain, dans l'après-midi, il revint au baobab. La panthère dormait toujours sur sa branche tandis que les pintades, encore plus bavardes que la veille, s'égaillaient aux alentours.

"La panthère va bien finir par descendre de son arbre !" pensait le chef Wolof qui était décidé à attendre le temps qu'il faudrait.

La nuit tombait lentement. L'une après l'autre, les pintades regagnèrent le tronc du baobab. Le silence s'installa sur ce coin de savane. Le vieux Wolof n'était guère tranquille : les panthères sont des fauves redoutables... Il serrait sa lance dans sa main pour se rassurer. Mais la curiosité l'empêchait de partir.

Soudain, il vit le noir félin se dresser sur ses pattes, bondir à terre puis, avec une sveltesse admirable, s'éloigner et disparaître parmi les hautes herbes.

Le vieillard s'approcha du baobab avec l'espoir d'attraper quelques pintades. Hélas, le creux était trop vaste et son bras trop court... Il réussit cependant à ramener une bonne douzaine d'œufs.

- Tiens, criaillèrent les pintades qui, à l'intérieur du tronc, n'y voyaient goutte, voilà que la panthère a une faim subite !

Sans s'attarder, car il craignait le retour du fauve, le vieux Wolof regagna rapidement son village.

Au petit jour, lorsque la panthère, à son heure habituelle, tendit la patte dans le creux du baobab, elle eut beau chercher dans tous les coins, elle ne trouva pas un seul œuf.

De mauvaise humeur, elle interrogea les pintades d'un ton courroucé.

- Mais, panthère, crièrent-elles, affolées, vous vous souvenez bien que cette nuit, lorsque nous étions couchées, vous vous êtes déjà servie.

La panthère tombait des nues :

" Serais-je devenue subitement somnambule ? À moins

276

que ces volailles braillardes ne me racontent des histoires ? Nous verrons bien..."

La nuit suivante, l'homme revint sitôt le départ de la panthère et, une fois encore, il ramassa tous les œufs pondus dans la journée. Les pintades qui, troublées par les propos de la panthère, restaient sur leurs gardes, sortirent de leur trou pour voir ce qui se passait. Elles eurent juste le temps d'apercevoir une ombre qui disparaissait dans la nuit. Elles appelèrent, mais personne ne leur répondit. Intriguées et inquiètes, elles ne se couchèrent pas et attendirent le retour de la panthère. Quand celle-ci rentra de la chasse, quelques heures plus tard, elles lui racontèrent ce qui était arrivé... Aucun doute, quelqu'un profitait de l'absence du fauve pour dérober les œufs !

Le lendemain soir, la panthère quitta à nouveau le baobab et fit semblant de s'éloigner. En réalité, elle se cacha à proximité et attendit... Elle n'attendit d'ailleurs pas longtemps : bientôt elle vit une silhouette s'approcher de l'arbre aux pintades et elle reconnut le chef Wolof. Elle le laissa faire et lorsqu'il se pencha pour étendre le bras dans le creux du baobab, elle bondit sur lui en poussant un rugissement terrifiant. L'homme eut tellement peur qu'il s'évanouit. Quand il reprit ses esprits, la panthère était toujours près de lui, l'air menaçant. À l'écart, les pintades, à la curiosité légendaire, se demandaient comment tout cela allait se terminer.

Le chef Wolof essaya de balbutier quelques mots mais sa gorge restait nouée et aucun son ne sortait de ses lèvres...

Ce fut la panthère qui parla :

- Je pourrais te dévorer! grogna-t-elle en passant sa langue sur ses babines et en montrant ses crocs impressionnants... Mais tu es si vieux ! Tu ne dois guère être tendre... Je vais te laisser la vie, à une condition...

En entendant ces propos, le chef Wolof retrouva soudain la parole.

Il s'empressa d'accepter par avance la condition exigée par la panthère.

- Je veux que, dorénavant, continua le fauve, lorsque les hommes de ta tribu iront à la chasse, ils m'offrent une partie du gibier qu'ils rapporteront ; les meilleurs morceaux, bien sûr !

Le vieil homme jura une fois, deux fois, dix fois... trop heureux de s'en tirer à si bon compte, et regagna ventre à terre son village.

Depuis ce temps-là, la panthère noire n'a plus de soucis à se faire pour ses repas et passe la plus grande partie de ses jours et de ses nuits à sommeiller, allongée sur une branche du baobab. Si, parfois, on la voit gambader dans la brousse, c'est seulement pour se dégourdir les pattes. Peut-être aussi pour faire admirer sa démarche souple et élégante, ainsi que sa magnifique robe couleur de nuit !

Pourquoi les tigres ont-ils l'air triste ? Inde

LE ROI DES ANIMAUX, le tigre Parameçvara, le "Maître Suprême", avait des soucis. Il ne s'agissait pas de soucis financiers car son royaume, le Bengale, regorgeait de métaux précieux et de diamants... Craint de ses voisins, respecté de ses sujets, aimé de son épouse, la sage Harin, il aurait dû être le plus heureux des souverains...

Pourtant le "Maître Suprême" n'avait pas l'esprit en paix car, autour de lui, il ne voyait qu'intrigues, cupidité, jalousie. Ses ministres, ses conseillers, ses serviteurs pensaient uniquement à leurs propres intérêts et se moquaient du bonheur du peuple.

Lorsqu'il était seul avec la reine Harin, Parameçvara se laissait aller au découragement.

- Ah ! si j'avais un seul conseiller intègre, en qui je puisse avoir une confiance absolue ! soupirait le roi des animaux en hochant la tête...

Un jour, Harin fit un voyage dans le nord du pays. Sitôt rentrée, elle s'empressa d'aller trouver son mari.

- J'ai entendu parler d'un être exceptionnel aux innombrables qualités, lui dit-elle, un chacal nommé Candraka. Il s'est retiré du monde pour vivre comme un saint. La sagesse même, à ce qu'il paraît !

- C'est le ministre qu'il me faut, s'écria le roi.

- Seulement, ajouta Harin, il refuse obstinément de quitter la forêt où il se cache.

- Alors, j'irai le chercher moi-même, répliqua le roi. Je saurai bien le persuader de venir s'installer dans mon palais.

Parameçvara entreprit sans tarder le long voyage vers le nord, jusqu'à l'épaisse forêt qui abritait Candraka.

Ce chacal, qui habitait là depuis plusieurs années, n'était pas un chacal tout à fait comme les autres. Il avait un lourd secret que personne ne connaissait. Dans une première vie, il avait régné, sous forme humaine, sur un État voisin de l'Inde. Il s'était mal comporté, maltraitant ses sujets, ruinant son pays... À sa mort, pour le punir et l'humilier, les dieux avaient décidé de le réincarner en chacal, l'animal mal aimé qui ne sort que la nuit.

Candraka trouvait cette épreuve justifiée et, pour se repentir de son existence passée, il s'imposait une vie austère et de sévères privations.

En le voyant, le tigre ne put cacher totalement sa surprise devant cet animal maigre, galeux et qui sentait mauvais.

"Quel contraste avec mes courtisans si gras et toujours parfumés ! pensa-t-il... S'il existe au monde un seul être honnête, aucun doute le voici !"

Le chacal Candraka déclina d'abord l'offre du tigre :

- Vivre pauvre mais vivre libre dans une forêt vaut mille fois mieux que vivre dans le luxe d'un palais avec des chaînes dorées, expliqua-t-il pour justifier son refus. Puis, il continua :

- Je connais les caprices des rois. Je sais qu'ils sont toujours disposés à prêter une oreille complaisante à la calomnie. Ils sont changeants et congédient sans motif celui que, la veille encore, ils portaient aux nues sans plus de raison... Je sais aussi que l'entourage des grands est une véritable jungle où chacun essaie de dévorer son rival.

Parameçvara fut étonné de ces propos si clairvoyants :

- Candraka, tu es un véritable sage. Toi qui ne quittes jamais ta forêt, tu sembles plus au courant des mœurs de la cour que si tu y avais longuement vécu.

Le chacal se garda bien d'avouer au tigre qu'il avait autrefois été roi, lui aussi. Il regardait Parameçvara, ce souverain si puissant, si digne, et pourtant si malheureux. Il se rappela son propre règne et sa mauvaise conduite passée.

- Aider ce triste roi, voilà peut-être la meilleure façon de me racheter, pensa-t-il. Mon expérience lui sera d'une grande utilité.

Alors, se ravisant, il finit par accepter de quitter sa forêt pour partir avec le tigre :

- À une condition, précisa-t-il : que jamais, quoi qu'il arrive, vous ne me retireriez votre confiance !

Trop heureux, Parameçvara accepta...

L'arrivée de Candraka au palais provoqua d'abord les railleries des courtisans qui se moquaient de ce ministre si peu reluisant. Puis, voyant que le roi lui donnait des pouvoirs immenses, ils ne rirent plus, surtout que le chacal commençait à dénoncer leur corruption, leurs intrigues et qu'il faisait rendre gorge à ceux qui avaient largement puisé dans les caisses du royaume.

L'ancien premier ministre, Paurika, dont Candraka avait pris la place, et qui craignait que ne soient découverts ses multiples forfaits, décida de se débarrasser du nouveau favori. Avec d'autres courtisans, corrompus comme lui, il imagina un stratagème pour le perdre.

Ils s'arrangèrent pour dérober le coffret où la reine Harin rangeait ses bijoux les plus précieux et le cachèrent dans la chambre du chacal.

En apprenant le vol, le tigre devint furieux. Il demanda à ses gardes de fouiller de fond en comble les mille pièces du palais.

Quand on vint lui annoncer que le coffret avait été retrouvé sous le lit de son favori, le roi fut envahi d'une immense déception. Puis la stupeur fit place à la rage :

– Décidément, il n'existe au monde aucune personne honnête ! constata-t-il, plein d'amertume. L'air de la Cour corrompt même les plus purs ! Il faut pour ce chacal un châtiment exemplaire.

En attendant, Candraka avait été arrêté et jeté au fond d'un cachot bien gardé.

La sage Harin ne voulait pas admettre la culpabilité du

nouveau premier ministre. Elle essaya de calmer et de raisonner son mari :

— Comment est-ce possible, lui qui refusait tout cadeau, qui méprisait toute richesse ?

— C'était une ruse pour mieux endormir notre confiance, lui répondit Parameçvara. Quel traître ! Je ne veux plus entendre parler de cet animal. Qu'on le pende à la plus haute tour du palais ! La reine insista :

— On ne peut pas condamner sans juger. Il ne faudrait pas qu'on puisse dire que, dans votre royaume, la justice n'existe pas... Je vous demande une faveur : accordez au chacal un jour de sursis !

Le roi, qui aimait sa femme et qui ne voulait pas la contrarier, accepta :

— Après tout, il s'agit de vos bijoux ! dit-il.

Sans perdre une seconde, Harin convoqua l'ancien premier ministre Paurika. Elle le flatta, lui laissa entendre qu'il allait bientôt reprendre ses fonctions.

— Je vous ai fait appeler pour vous demander un conseil... Paurika exultait car il retrouvait son importance passée. Le plan qu'il avait imaginé réussissait.

— Voilà de quoi il s'agit, poursuivit la reine. Mon mari m'a chargée de fixer la sanction du misérable qui a dérobé mes bijoux. Or, j'hésite entre deux châtiments : ou lui crever les yeux pour qu'il ne voie plus jamais l'éclat du soleil ni celui des bijoux ; ou lui couper la langue !

Paurika fut un peu déçu ; il aurait préféré la mort du chacal... Il réfléchit : si Candraka perd la vue, pensa-t-il, il pourra toujours parler, donc se défendre. Et, comme il est habile, il finira par prouver son innocence...

— Majesté, je vous conseille de lui faire couper la langue, déclara Paurika.

Il n'avait pas compris que la reine venait de lui tendre un piège. En choisissant pour son pire ennemi la punition la moins lourde - mais qui lui enlevait toute possibilité de se défendre - l'ancien premier ministre s'était trahi. Se voyant confondu, il perdit son sang-froid, s'embrouilla dans ses explications puis, craignant pour sa vie, finit par tout avouer. Il eut la langue coupée sur-le-champ puisque c'était la peine qu'il avait lui-même proposée pour le voleur des bijoux.

Le roi se rendit en courant dans le cachot de Candraka. Il se jeta dans ses bras, les yeux pleins de larmes. Il supplia le chacal de lui pardonner et de rester à son service... Mais Candraka demeura inflexible :

— Vous avez rompu le pacte, sire. Vous aviez promis de me garder votre confiance quelles que soient les circonstances... Je ne peux pas rester. Lorsqu'une amitié est rompue, il est très difficile de la renouer. Et, de toutes façons, elle ne redevient jamais comme avant.

Le tigre n'insista pas. Il savait que le chacal avait raison. Il comprenait aussi qu'en agissant sans réfléchir il venait de perdre son meilleur serviteur.

La leçon était dure pour Parameçvara qui ne retrouva plus jamais de conseiller intègre et qui n'eut plus jamais l'esprit tout à fait tranquille.

C'est depuis cette époque que les tigres du Bengale ont des traits sombres au-dessus des yeux qui leur font comme des rides et leur donnent un air éternellement triste...

Missopejo, le dernier lynx géant

Grand Nord canadien

WAPAKESE, le renard polaire, tournait en rond sur le seuil de sa porte, très inquiet. Cela faisait trois jours que son amie, la marte Kigahoke, avec qui il partageait son terrier, était partie rendre visite à sa famille, de l'autre côté des collines, et elle n'était pas rentrée.

Le trajet n'était pas long, mais il fallait traverser le domaine du terrible Missopejo, le dernier lynx géant du Grand Nord, la terreur de tous les animaux de la région !

N'y tenant plus, Wapakese décida de partir au-devant de Kigahoke. En chemin, il croisa le martin-pêcheur. Celui-ci, juché au sommet d'un grand épicéa, riait à gorge déployée.

- Ohé, l'ami ! Que vois-tu de si drôle depuis ton perchoir ? lui lança, intrigué, Wapakese.

- J'aperçois Missopejo à l'entrée de sa grotte, répondit l'oiseau. Il porte sur la tête un chapeau ridicule ; une sorte de toque en fourrure avec une queue sur le côté !

En entendant ces paroles, le renard se sentit défaillir.

- Un bonnet en fourrure ! Et quel genre de fourrure, l'ami ? demanda-t-il, la gorge nouée par l'angoisse.

- On dirait une peau de marte...

- Kigahoke ! Kigahoke ! Ma chère Kigahoke ! s'écria le renard, des sanglots dans la voix.

Comme il ne pouvait grimper sur l'arbre, il se précipita vers l'antre du fauve. En se cachant, pour ne pas être repéré par le lynx, il s'approcha et put reconnaître, sans aucun doute possible, la fourrure de la pauvre Kigahoke. Fou de douleur et de rage, Wapakese jura qu'il vengerait son amie... Sans perdre de temps, il se rendit chez le caribou.

- Dis-moi, voisin, pourrais-tu me prêter tes bois, juste pour quelque temps, je te les rendrai ensuite ?

Le caribou fut étonné de cette demande insolite :

- Mais, sans mes bois, je serai affreux !

C'était, en effet, sa fierté, sa plus belle parure. Le renard insista et le caribou, qui était une brave bête, se laissa convaincre.

Wapakese alla ensuite trouver un jeune sapin qui poussait dans les environs et lui demanda son manteau d'aiguilles.

- C'est la belle saison, tu n'auras pas froid... Je te le rapporterai bientôt !

Le renard partit avec l'épais manteau. La nuit suivante, habillé en sapin et muni des bois du caribou, Wapakese se rendit près de la caverne de Missopejo. Le lynx vivait au sommet d'une falaise abrupte qui dominait une rivière aux eaux profondes.

Sans faire de bruit, le renard s'installa près du rocher où, dans la journée, il avait vu le lynx se reposer. Il attendit, la haine au coeur.

Le matin, quand Missopejo mit le nez dehors, son étonnement fut grand en découvrant qu'un sapin avait poussé pendant la nuit près de sa porte. Sans s'en inquiéter, il vaqua pourtant à ses occupations habituelles.

Le renard, qui ne bougeait pas, s'ankylosait peu à peu. Enfin, au milieu du jour, le lynx, après son repas, vint s'allonger sur le rocher. Lorsqu'il ferma les yeux pour somnoler, Wapakese se précipita sur lui et, de toutes ses forces, lui planta dans les flancs les bois du caribou.

Missopejo bondit en hurlant de douleur. Le renard se sauva à toutes jambes... Quand il s'arrêta pour reprendre son souffle, il entendait toujours les cris du lynx.

La nuit suivante, Wapakese retourna rôder autour de la grotte de son ennemi. Au-dessus de sa tête, il entendit bientôt des bruits d'ailes. Malgré l'obscurité, il reconnut Kwo-Kwokwo, la chouette qui, dans la région, faisait office de guérisseur. Elle lui déclara :

- Je me rends chez Missopejo. Le lynx m'a fait appeler pour soigner ses blessures. Il paraît qu'il a été attaqué par un monstre et qu'il se trouve dans un piteux état !

"Quelle aubaine !" songea Wapakese.

- Moi, dit-il à la chouette, je cherche mon couteau. Comme il fait nuit, je ne vois rien. Si tu voulais descendre un instant, tu pourrais peut-être m'aider à le retrouver ?

Kwo-Kwokwo, bonne fille et peu méfiante, s'approcha du renard. Quand elle fut à sa portée, celui-ci l'attrapa et, il lui ôta toutes ses plumes... Honteuse de se retrouver nue, la pauvre chouette s'empressa de regagner son logis.

Wapakese s'accoutra des plumes de Kwo-Kwokwo et se rendit au domicile de Missopejo. Le lynx gémissait, allongé dans un coin de son antre.

Le renard interpella le blessé :

- Il faudrait que vous sortiez un peu d'ici. Il fait trop noir dans cette caverne. Missopejo, surpris, dressa une oreille :

- Comment, murmura-t-il, une chouette qui ne voit pas dans l'obscurité !

- Oh, vous savez, répliqua le renard qui avait réponse à tout, je suis une très vieille chouette et ma vue baisse...

Le lynx souffrait tellement qu'il n'en demanda pas davantage. En se traînant péniblement, il sortit de sa grotte. Wapakese le guidait :

- Venez par ici. Avancez encore de quelques pas...

Soudain, un long cri, terrible, déchira la nuit. Missopejo venait de basculer dans le vide.

- Souviens-toi de la marte Kigahoke ! lui lança le renard.

Missopejo eut à peine le temps de l'entendre. Il venait de disparaître dans les flots de la rivière qui coulait au pied de la falaise. On ne le revit jamais...

Cependant, à l'endroit où il est tombé, on aperçoit toujours, au fond de l'eau deux points brillants comme des yeux de lynx. Les Indiens qui passent en canot les prennent pour des diamants. Malheur à ceux qui tentent de s'en emparer : d'étranges remous les entraînent irrésistiblement vers les profondeurs de la rivière.

283

Le lion et la fourmi   Afrique, pays Massaï

C'ÉTAIT PEU DE TEMPS APRÈS la création du monde. Dans ce coin d'Afrique isolé au milieu des montagnes, gens et bêtes vivaient en paix. Ils ne connaissaient ni la chasse ni la guerre. Le roi qui avait été élu, un vieux Massaï réputé pour sa grande sagesse, n'avait jamais eu à régler le moindre conflit.

Seul le lion faisait parfois sa mauvaise tête. Ce vantard, qui se prétendait le plus fort et le plus puissant, n'avait pas admis qu'on ne le choisisse pas comme roi. Mais ses rugissements n'impressionnaient personne... De temps à autre, il partait pour quelque temps et on pensait qu'il boudait. D'ailleurs, lorsqu'il revenait, il était de meilleure humeur.

Un jour, pourtant, dans cette sorte de paradis, se produisit un drame étrange. Une jeune gazelle, qui était allée faire une promenade dans la savane, ne rentra pas. Ses parents, affolés, partirent à sa recherche, questionnant ceux qu'ils rencontraient. La girafe l'avait croisée sur le chemin du fleuve. L'ibis l'avait aperçue au bord de l'eau. L'hippopotame dormait et n'avait rien remarqué. On soupçonna un instant le crocodile aux mâchoires si redoutables, mais le buffle témoigna qu'ils avaient passé la journée ensemble.

Les battues organisées à l'initiative du vieux roi restèrent sans résultat. On ne retrouva jamais la jeune gazelle.

Hélas, cette première disparition fut suivie de beaucoup d'autres, tout aussi mystérieuses. Il arriva même un temps où il ne se passait plus une semaine sans qu'on apprenne la disparition d'un ou plusieurs animaux. La peur et le soupçon s'étaient installés dans le pays...

Au bout de deux mois, pour la première fois, ce fut un petit d'homme qui ne revint pas chez lui.

Une atmosphère empoisonnée régnait désormais sur ce coin d'Afrique jadis si paisible. Tout le monde suspectait tout le monde et plus personne n'osait aller seul dans la savane...

Cet après-midi-là, comme tous les après-midi, le soleil inondait la terre de ses rayons brûlants. C'était l'heure la plus chaude, celle où la vie s'arrête, où hommes et bêtes engourdis somnolent en attendant le soir.

Même la fourmi, pourtant acharnée au travail, avait interrompu son ouvrage et prenait un instant de repos à l'ombre d'un caillou. Elle semblait dormir, mais en réalité elle ne dormait que d'un œil ! Soudain, elle crut entendre un faible bruit. Elle redressa la tête et s'aperçut que, sur sa droite, les herbes s'agitaient. "Voilà de la visite, pensa la fourmi intriguée. Qui peut bien s'aventurer en pleine chaleur dans ce coin désert ?"

Elle eut vite une réponse.

"Le lion !" La fourmi eut du mal à retenir un cri de surprise et d'horreur car le fauve, traînait derrière lui un jeune zèbre sans vie.

La fourmi venait de comprendre le mystère des disparitions qui terrorisaient le pays.

Rentrant sous son caillou, elle se fit encore plus petite.

Le lion s'était installé sous un acacia. Il regarda autour de lui pour vérifier qu'il était bien seul, puis, tranquillement, il se mit à dévorer sa malheureuse victime... Repu, il s'allongea confortablement et s'assoupit.

Il fut bientôt dérangé dans sa sieste par le pique-bœuf à bec jaune, ce petit oiseau bavard que le vieux roi massaï utilisait habituellement pour porter les messages.

Le pique-bœuf à bec jaune venait annoncer au lion que, devant la gravité de la situation, un rassemblement de toute la population, hommes et bêtes, était prévu pour le lendemain au lever du jour près de la grande termitière.

La fourmi, bien sûr, ne se montra pas mais elle avait entendu et, dès que le lion reprit son sommeil, elle se mit en route car elle avait de bien petites pattes pour se rendre au rendez-vous...

Elle marcha toute la nuit sans jamais s'arrêter. Quand elle arriva, la place était déjà remplie d'une foule nombreuse et triste. Elle gagna le centre où se trouvait le roi massaï. Elle eut un frisson lorsqu'elle aperçut tout près d'elle le lion au regard terrifiant.

Le roi prit la parole :

- Voilà trop longtemps qu'un horrible malheur nous frappe. Cela ne peut plus durer. La suspicion ronge notre communauté. Lorsque nous nous croisons, nous ne pouvons plus nous regarder en face... Or, je suis persuadé que, parmi nous, quelqu'un connaît le coupable. Toutes ces disparitions n'ont pu se dérouler sans qu'il y ait eu un seul témoin ! Je vous en supplie, mes amis, si vous savez quelque chose, dites-le. N'ayez pas peur, nous sommes tous là pour vous protéger !

La fourmi n'avait pas cessé de regarder le lion. Sûr de lui, il semblait ne craindre personne. Qui, en effet, serait assez audacieux pour le dénoncer ?

Le roi avait lancé son appel. L'assistance restait silencieuse ; les minutes qui passaient paraissaient durer des heures...

Tout à coup, une petite voix s'éleva, une voix si faible, si hésitante que bien peu l'entendirent.

- Je connais le coupable !

Le lion, qui avait l'oreille fine, sursauta et se redressa pour chercher d'où venait ce murmure.

- Je connais le coupable !

Près du chef, à une portée de patte, le lion aperçut la minuscule fourmi et la foudroya du regard pour la faire taire.

"Quoi ? Cette insignifiante créature oserait dénoncer le plus puissant des animaux ?"

Pressée de questions par ceux qui l'entouraient, la fourmi, de plus en plus troublée par les yeux du fauve fixés sur elle, balbutia :

- Je connais le coupable, en effet. Mais ma voix est si faible que je ne peux me faire entendre ici. Laissez-moi grimper sur cette termitière là-bas et je vous livrerai son nom !

La termitière n'était pas loin mais il fallut un bon moment à la fourmi pour se hisser à son sommet. La fourmi regarda la place qu'elle dominait, puis rassemblant ses forces, elle cria aussi fort qu'elle le put :

- Le lion ! C'est le lion !

Au même instant, le lion avait bondi sur la termitière afin de punir l'insolente. Trop tard ! La fourmi, qui avait prévu sa réaction, s'était déjà mise à l'abri dans un trou.

Par son comportement, le lion venait de prouver qu'il était bien le coupable. Le rhinocéros et l'éléphant se jetèrent sur lui. Un combat furieux s'engagea, suivi avec anxiété par la foule. Le lion tint tête crânement à ses adversaires puis, au bout d'un moment, comprenant qu'il allait être vaincu, il réussit à se dégager et s'enfuit...

Il avait eu tellement peur qu'il ne revint jamais dans les parages. Depuis, ses descendants savent qu'ils doivent, eux aussi, éviter de venir chasser sur le territoire des Massaï !

287

Le puma humilié par la tortue Cuba

Toc ! Toc ! Toc !
Massawe le puma, roi tout puissant du pays, frappait à la porte de la modeste demeure d'Hicotea, la tortue.
Il avait entendu dire qu'elle possédait une flûte enchantée, capable de ravir ceux qui l'entendaient. Massawe, curieux, voulait écouter ce merveilleux instrument.
- Toc ! Toc ! Toc !
La tortue entrebâilla sa porte. Épouvantée à la vue du puma, elle rentra aussitôt dans sa carapace. Elle se souvenait que, lorsqu'elle était jeune, Massawe avait essayé de la dévorer. Sa carapace, jadis lisse, conservait encore les traces profondes laissées par les griffes du félin. Le puma, quant à lui, avait oublié depuis longtemps cette vieille histoire.

Une fois le premier moment de frayeur passé, Hicotea pensa qu'elle tenait peut-être là l'occasion de se venger. Prudemment, elle allongea le cou :
- Salut à toi, Massawe-le-Grand, roi tout-puissant de ce pays ! dit-elle avec respect. Quel honneur pour un simple sujet comme moi de recevoir ta visite !
- J'ai appris, rugit le puma, que tu avais une flûte magique capable d'émettre des sons qui charment les oreilles comme aucun autre instrument de musique. Je voudrais écouter ces airs extraordinaires.

- C'est facile, grand roi, répliqua la tortue. Installe-toi confortablement et ferme les yeux.

Hicotea alla chercher la flûte qu'elle gardait précieusement dans un étui et se mit à jouer... Massawe se sentit soudain devenir léger, léger. Il avait l'impression de flotter dans l'air, de s'élever au-dessus du sol. C'était le bonheur parfait ; le félin se pâmait d'aise. La musique de la flûte avait, en effet, l'étrange pouvoir d'envoûter ceux qui l'entendaient, de les transporter dans un monde irréel et magnifique.

Quand Hicotea constata que le puma était sous le charme, elle appela les autres tortues du voisinage et, toutes ensemble, elles se mirent à sectionner les terribles griffes du fauve.

- Ainsi, tu ne pourras plus rayer les carapaces des tortues ! grommela Hicotea.

Les tortues ne s'arrêtèrent pas là. Elles coupèrent également les moustaches de Massawe, sa fierté de félin ! Puis, elles réussirent à lui casser un de ses crocs redoutables.

Estimant qu'elles avaient assez mutilé le puma, les tortues se précipitèrent - à la vitesse des tortues - jusqu'à une fontaine proche et se réfugièrent au fond de l'eau.

Massawe se réveilla lentement, ravi de son voyage au pays de cette musique de rêve. Il s'étira et voulut essayer, comme à son habitude, ses griffes sur le tronc d'un arbre.

Horreur ! Il n'avait plus au bout des pattes ses pointes acérées ! Il entra dans une colère de puma qui terrorisa tous les alentours, cherchant Hicotea pour l'étrangler sur-le-champ. Ne la trouvant nulle part, il dut se résigner à reprendre la route de son palais.

Sa femme, en le voyant, poussa un cri de stupeur :
- Qu'as-tu donc fait de tes superbes moustaches ? lui lança-t-elle d'un ton catastrophé.
- Mes moustaches ?

Massawe ne s'était pas encore aperçu de la perte de son précieux ornement. Comme il ouvrait la gueule, son épouse remarqua qu'il avait aussi perdu l'un de ses crocs.

C'en était trop pour Massawe ! Il tomba malade et dut garder la chambre pendant des mois. Selon lui, un puma sans griffes, sans moustaches et édenté, ne faisait plus un souverain crédible.

Quelle humiliation pour le roi des animaux ! Et tout cela par la faute d'une insignifiante tortue ! Il maudissait Hicotea et avait promis une énorme récompense à celui qui la ramènerait vivante au palais.

Bien sûr, la tortue, prudente, avait préféré émigrer vers des cieux moins dangereux pour elle...

Cinq années passèrent. Massawe, qui craignait les railleries de ses sujets, hésitait à sortir de son palais. Il rongeait son frein et ruminait sa vengeance, mais la tortue restait introuvable.

Depuis cinq ans, Mudubina le lapin, alléché par la récompense promise par le roi, était à la recherche d'Hicotea. Il avait déjà parcouru plusieurs fois le pays en tous sens mais jamais il n'avait rencontré la moindre trace de la tortue.

Un jour, un de ses cousins, grand voyageur, de passage dans la région, lui apprit qu'il avait croisé, au cours de ses pérégrinations, une tortue qui portait sur le dos des marques étranges.

- À coup sûr, c'est Hicotea, s'écria Mudubina en sautant de joie. Et aussitôt, il partit, ventre à terre, dans la direction que lui indiqua son cousin.

Après plusieurs jours de course ininterrompue, il découvrit l'endroit où se cachait Hicotea. Il lui restait à trouver un moyen de la faire revenir au royaume de Massawe...

Le lapin passa une semaine dans la région, s'informant sur les habitudes de la tortue, sur sa famille... Un soir, il vint frapper à sa porte. Il fit mine d'être essoufflé par une longue course et, d'un air attristé, il demanda :

- Es-tu Hicotea ? Je suis porteur d'un message pour toi, un message très urgent. Ta vieille tante, qui habite derrière la montagne, est en train de mourir. Avant de quitter cette terre, elle voudrait te revoir une dernière fois.

- La pauvre ! soupira Hicotea. Pourtant elle est à peine centenaire ! Je l'ai vue l'année dernière, elle respirait la santé.

- Un accident ! Un stupide accident ! précisa le lapin.

Hicotea ne demanda pas trop d'explications. Elle se mit en route sans tarder, n'oubliant pas d'emporter avec elle sa flûte magique.

- Si je pouvais lui procurer une dernière joie ! pensait-elle.

La tortue avait beau se dépêcher, son allure restait extrêmement lente.

- À ce train-là, nous n'arriverons même pas pour les obsèques, disait le lapin, qui avait tenu à l'accompagner.

Hicotea redoublait d'efforts, suait à grosses gouttes... mais une tortue reste toujours une tortue !

- J'ai une idée, proposa Mudubina, au bout d'un moment. Je vais te mettre dans un filet et je te porterai sur mon dos.

Hicotea avait des principes. Elle refusait, par dignité, d'être transportée comme un vulgaire paquet.

- La mort n'attend pas ! répétait le lapin. Finalement, la tortue, comprenant qu'elle n'arriverait jamais à temps, fit taire ses principes et accepta la proposition de Mudubina.

La malheureuse venait de tomber dans le piège de l'infâme lapin qui avait pris la précaution, avant de l'installer dans le filet, de lui ôter sa flûte. "Pour éviter qu'elle ne se brise au cours du voyage !" avait-il prétendu.

Sur le dos du lapin, la tortue était tellement secouée qu'elle souffrit bientôt du mal de mer, mais Mudubina refusait de s'arrêter.

Il courut jour et nuit jusqu'au palais de Massawe et jeta son fardeau aux pieds du puma. La tortue, en apercevant son ennemi, rentra instinctivement la tête au plus profond de sa carapace, attendant le coup de grâce.

Mais le cruel Massawe ne voulait pas faire périr trop vite celle qui l'avait mutilé. Avant, il souhaitait la faire souffrir afin qu'elle ait le temps de regretter son geste.

Il envoya un serviteur chercher un plant de bananier :

- Je vais le mettre en terre aujourd'hui, clama-t-il avec un rire sardonique. Quand il aura des fruits, je mangerai un succulent ragoût de tortue aux bananes... En attendant, je vais te faire jeûner un peu : tu connaîtras les tourments causés par la faim et par la soif !

Hicotea fut immédiatement enfermée dans une cage et portée dans le garde-manger du palais, la pièce la mieux surveillée.

Le lapin fut grassement récompensé par le puma. Non seulement, il avait ramené la tortue, mais il avait également offert au roi sa flûte magique. Pourtant, Massawe eut beau s'époumoner, il ne parvint pas à en tirer le moindre son...

Le bananier poussait lentement. Un régime de bananes finit par se former. Il grossit, commença à mûrir...

Un soir, Massawe, qui ne sortait guère que la nuit, décida d'aller à la chasse avec Mudubina, devenu son premier ministre.

- Demain, quand nous rentrerons, nous serons fatigués. Rien de tel qu'un ragoût de tortue pour nous remettre en forme, annonça-t-il en se léchant par avance les babines !

Et le puma quitta son palais, accompagné de son ami lapin...

Profitant de l'absence du roi, ses trois fils s'emparèrent de la fameuse flûte. Ils soufflèrent à qui mieux mieux dans l'instrument. En vain ! Ils ne réussirent pas à produire une seule note ! Alors, l'aîné proposa d'aller trouver Hicotea dans son cachot.

La pauvre bête, qui n'avait ni bu ni mangé depuis bien longtemps, agonisait dans un coin de sa cage, à moitié inconsciente. L'arrivée des jeunes pumas la fit sortir un peu de sa torpeur. Ils lui demandèrent de bien vouloir jouer un air de flûte :

- Une dernière fois, s'il vous plaît, car notre père vous mange demain !

Hicotea, dont l'esprit marchait beaucoup plus vite que les pattes, réalisa qu'elle n'avait plus de temps à perdre si elle voulait échapper à Massawe. Elle rassembla ses dernières forces. Une musique, faible mais enjôleuse, s'échappa de la flûte. Subjugués, les jeunes pumas écoutaient, bouche bée.

- Je ferais beaucoup mieux, hoqueta la tortue, si je pouvais tremper ma flûte dans une cruche d'eau. Voilà trop longtemps qu'elle n'a pas servi ; son bois est tout sec.

Aussitôt, un des jeunes fils du roi alla chercher de l'eau. Hicotea reprit sa musique, encore plus exquise, encore plus envoûtante.

- Je jouerais beaucoup mieux, continua la tortue, si je pouvais tremper ma flûte dans de l'eau courante...

Les pumas hésitèrent un peu. Ils pensaient à leur père...

Ils finirent par se dire qu'il n'était pas près de rentrer et qu'il ne s'apercevrait de rien.

Ils emmenèrent donc la tortue dans la rivière la plus proche en la cachant dans un sac.

Les fils de Massawe, en extase, n'auraient jamais imaginé musique aussi mélodieuse.

Cependant l'aîné, qui redoutait la sévérité de Massawe, ramena tout le monde à la raison :

- Il se fait tard, dit-il. Il est temps de remettre Hicotea dans le garde-manger.

- J'arrive, cria la tortue, qui s'était arrêtée de jouer. Avant, je vais récupérer ma flûte qui vient de tomber au fond de l'eau.

La tortue plongea et disparut dans la rivière. Elle ramassa un cailloux arrondi qui était à peu près de sa taille. Il faisait sombre ; les pumas étaient pressés. Ils se dépêchèrent de mettre la pierre, qu'ils prenaient pour la tortue, dans le sac et ils regagnèrent en courant le palais...

Le lendemain, Massawe se réjouissait en pensant au ragoût de tortue qu'il allait déguster. Le lapin faisait déjà chauffer l'eau dans la marmite...

Le roi fit amener la cage d'Hicotea. Il prit la prisonnière dans sa patte. Il trouva qu'elle était bien rabougrie après son long jeûne et il la jeta avec rage dans l'eau bouillante :

- Misérable tortue ! Tu vas enfin payer tes épouvantables forfaits !

Un peu plus tard, à table, quand Massawe voulut casser avec sa puissante mâchoire la carapace de la tortue, il se brisa les crocs qui lui restaient sur le caillou ramené de la rivière par ses fils.

Depuis cette mésaventure, Massawe le puma, privé de ses dents les plus pointues, est devenu végétarien !

Quant à Hicotea la tortue, elle court toujours... à la vitesse à laquelle courent les tortues !

Pourquoi les chats pourchassent les rats Madagascar

Depuis des semaines, un chat et un rat naviguaient sur le même bateau. Ces deux amis d'enfance avaient quitté leur île natale un beau jour d'été afin d'aller à la découverte du monde. Ils rêvaient d'atteindre ces contrées fabuleuses dont leur parlaient parfois des oiseaux de passage.

Au début, la traversée s'était déroulée sans problème. La mer était calme ; un vent régulier gonflait la voile et poussait le navire...

Mais les deux aventuriers n'avaient pas imaginé l'océan aussi vaste. Ils scrutaient de plus en plus souvent l'horizon avec l'espoir d'y voir enfin apparaître une terre. Plus le voyage se prolongeait, plus l'atmosphère à bord s'alourdissait. Le chat, qui n'avait nullement le pied marin, commençait à s'impatienter. Il dirigeait sa mauvaise humeur contre son compagnon qu'il accablait de reproches totalement injustifiés. Heureusement, le rat avait un caractère paisible et s'abstenait de répondre. Cependant, lui aussi finit par trouver le temps bien long et la nourriture peu variée. Alors, la nuit, quand il était de quart, il se laissait aller à grignoter des bouts de cordage enduits de suif. Un délice !

Un jour, le vent s'amplifia. Une tempête se leva. Le bateau fut soumis à rude épreuve. Des vagues énormes se déchaînaient contre la coque qui gémissait et faisait entendre d'inquiétants craquements. Soudain, les haubans qui maintenaient le mât et qui avaient été grignotés ici et là par le rat, cédèrent. Le mât s'effondra sur le pont dans un vacarme épouvantable, avant d'être emporté avec sa voile dans l'océan.

Quand le calme fut revenu, le chat inspecta le navire et s'aperçut que les cordages avaient été rongés. Il n'eut pas beaucoup de mal pour découvrir le coupable. Penaud, les oreilles basses et la queue entre les pattes, le rat se faisait tout petit dans son coin. Le chat, furieux, eut d'abord envie de le manger sur-le-champ mais il se ravisa. Il calcula qu'il avait encore besoin de lui, surtout maintenant puisque, privés de voile, ils allaient être obligés de continuer leur périple à la rame.

"Je l'avalerai plus tard, se dit le chat, quand nous arriverons à terre. D'ailleurs, la vengeance est un plat qui se mange froid !"

La traversée se poursuivit dans une ambiance exécrable. Les deux compères ne se parlaient plus et s'évitaient au maximum. Le rat avait deviné les noires intentions du chat mais il ne pouvait fuir le bateau en pleine mer. Il restait sur ses gardes et dormait peu, guettant sans cesse l'horizon.

Un matin, à l'aube, il aperçut enfin une côte. Le chat, occupé à ramer, n'avait rien vu, étant tourné vers la poupe du bateau.

Sans perdre une seconde, le rat dégringola dans la cale et, avec ses dents pointues, perça un trou au fond de la coque. Puis, remontant sur le pont, il se jeta à l'eau.

Le chat, en entendant le plongeon de son compagnon, comprit que celui-ci s'enfuyait. Il réalisa alors qu'il avait été berné.

Le rat, en effet, était un excellent nageur, ce qui n'était nullement le cas du chat. Ce dernier rama avec toute son énergie pour gagner au plus vite la côte.

C'est alors qu'il s'aperçut qur le navire coulait ! Le malheureux s'agrippa tant bien que mal à une planche et recommanda son âme au dieu des chats.

Le rat, qui avait déjà atteint la terre ferme, le regardait se débattre comme un beau diable au milieu des flots et se moquait de lui, espérant le voir disparaître pour de bon au fond de l'eau.

Mais le dieu des chats veillait... Après bien des efforts, le chat réussit à gagner le rivage. Bien sûr, le rat ne l'avait pas attendu et se trouvait déjà loin !

C'est depuis ce jour, dit-on à Madagascar, que les chats vouent une haine mortelle aux rats et qu'ils les pourchassent sans relâche avec acharnement !

Le lion berné Maghreb

LA FÊTE BATTAIT SON PLEIN. Pour le dixième anniversaire de son règne, le roi Yakoub, un lion dans la force de l'âge, avait invité ses sujets à la cour. Tous les animaux des montagnes du Djurjura se pressaient autour des mets succulents préparés à leur intention.

Sidi Mhemmed, le chacal, qui n'aimait guère son souverain, arriva le dernier, tout essoufflé :

- Excusez mon retard, Sire, dit-il en s'inclinant bien bas, mais j'arrive tout droit d'Abyssinie où je suis allé vous chercher ces deux paires de mocassins en peau de buffle. Ce ne sont pas des chaussures ordinaires : celui qui les met à ses pieds ne marche pas mieux, ne court pas plus vite... Mais il s'élève dans les airs et vole comme un oiseau !

Le lion ne voulait pas en croire ses oreilles. Comment cela était-il possible ? Il avait hâte d'essayer ces "merveilles" !

- Demain, Sire, je reviendrai et je vous aiderai à les chausser car il faut les ajuster à vos pieds et procéder à certaines préparations.

Le lendemain, à l'aube, Sidi Mhemmed se présentait à nouveau au palais. Le roi, impatient, l'attendait déjà. Ils allèrent dans les montagnes et s'arrêtèrent sur une petite éminence, au bord d'un précipice.

Yakoub enfila les chaussures. Avec une aiguille et du fil, le chacal les fixa solidement au bout des pattes du lion.

- Ce serait dangereux si elles se détachaient en plein vol ! prétendit Sidi Mhemmed.

Puis, il demanda au roi de s'étendre, les pattes en l'air :

- Il faut que le soleil sèche parfaitement le cuir !

Yakoub resta dans cette désagréable position un bon moment. Ses pieds gonflaient, le cuir des mocassins durcissait. Le lion souffrait le martyre mais il avait une telle envie de voler qu'il ne se plaignait pas.

À ses côtés, le chacal somnolait, allongé à l'ombre d'un figuier, et regardait, de temps à autre, avec malice, Yakoub qui suait à grosses gouttes.

Lorsque le soleil commença à décliner, Sidi Mhemmed se leva :

- C'est le moment, dit-il, approchez-vous du ravin, Sire, et lancez-vous dans le vide en agitant légèrement vos pattes... Pour vous guider, il vous suffira d'utiliser votre queue comme un gouvernail ! Vous verrez, vous volerez dans le ciel tel un aigle.

Le lion, naïf, sauta dans le vide sans hésiter... et s'écrasa au fond du précipice. Heureusement pour lui, un buisson de figuiers de barbarie amortit sa chute, mais il était à moitié assommé et couvert de blessures.

Quand le chacal s'aperçut que Yakoub respirait encore, il s'enfuit au plus vite, redoutant la colère du fauve.

Le lion reprit peu à peu ses esprits. Cependant, il ne pouvait se tenir sur ses pattes tant les maudites chaussures le faisaient souffrir. Une colonie de perdrix vint à passer. Elles virent le malheureux roi et eurent pitié de lui. Elles allèrent chercher de l'eau qu'elles ramenèrent dans leur bec et la versèrent sur les mocassins. Le cuir, mouillé, finit par se détendre et Yakoub put enfin libérer ses pieds meurtris !

En boitant, il se traîna vers son palais, pestant contre le chacal...

Dès qu'il fut guéri, il partit à la recherche de l'abominable Mhemmed afin de lui donner la correction qu'il méritait. Mais l'animal futé se méfiait et ne sortait plus qu'en prenant mille précautions.

Le lion comprit qu'il n'arriverait jamais à l'attraper de cette façon. Il changea de tactique et décida, lui aussi, d'utiliser la ruse. Pendant un certain temps, il fit mine d'oublier le chacal et reprit ses activités comme avant, recevant les ambassadeurs, visitant ses provinces, organisant des fêtes à la cour...

Un jour, le bruit courut dans le massif du Djurjura que le roi était tombé gravement malade. Puis les nouvelles de la santé du lion devinrent de plus en plus alarmantes. Bientôt, on raconta qu'il était moribond.

Cette rumeur fut confirmée par un courrier qui parcourut le pays. Il annonçait à tous les animaux que le roi Yakoub, leur cher et bon maître, était à la dernière extrémité. Avant de mourir, il souhaitait, une dernière fois, revoir ses sujets afin de se faire pardonner les torts qu'il avait pu avoir envers eux.

Le défilé des animaux commença. Sur sa couche, le lion, le souffle court et l'œil vitreux, geignait faiblement. Ceux qui le voyaient dans cet état le plaignaient et repartaient émus et affligés.

Sidi Mhemmed, réjoui par la nouvelle et poussé par la curiosité, vint à son tour.

- Dépêchez-vous, lui dit-on, vous allez peut-être arriver trop tard ! Le chacal entra au palais, tout en restant sur ses gardes.

- J'ai apporté un dernier cadeau au roi, répondit-il, des sanglots plein la voix, aux gens de la cour qui s'étonnaient de le voir porter un gros paquet sur son dos...

Dans le corridor qui menait à la chambre royale, Mhemmed ouvrit son paquet et sortit un grand miroir. Il s'avança prudemment sur le bout des pattes jusqu'au seuil de la pièce. Il posa son miroir debout près de la porte, face à la couche du mourant. Quant à lui, il se mit à l'écart de telle sorte que le roi, de son lit, puisse voir l'image du chacal reflétée dans la glace...

Le piège étant tendu, Mhemmed commença à parler :

- Comment allez-vous, très cher souverain ?

Quand le lion entendit la voix de fausset du chacal, il sursauta légèrement. Enfin, la visite qu'il attendait !

Sidi Mhemmed continuait :

- Faisons la paix, Majesté. Si un jour vous avez pu, par inadvertance, me causer quelque tort, je vous pardonne bien volontiers.

"Quel toupet !" pensait Yakoub. Le lion retirait doucement la couverture qui lui cachait une partie du visage ; il entrouvrit un œil. Lorsqu'il aperçut son ennemi à la porte de sa chambre, il bondit pour l'attraper et assouvir enfin sa vengeance...

Dans le palais, on entendit un bruit de glace brisée accompagné d'un rugissement de douleur : le lion venait de se fracasser la tête contre le miroir !

On n'eut pas beaucoup de chemin à faire pour le transporter jusqu'à son lit ; cette fois il était souffrant pour de bon !

Quant au chacal, qui avait profité de l'affolement général pour s'enfuir, il jugea plus prudent de quitter définitivement le pays...

Aujourd'hui encore, dans cette région d'Afrique du Nord, lions et chacals restent les pires ennemis. Lorsque, la nuit, on entend des chacals glapir, c'est, dit-on, qu'aucun lion n'est dans les environs. Par contre, lorsque le silence règne dans la campagne, prudence ! Le roi des animaux rôde dans les parages !

Le tigre jaloux d'un kaki séché

Corée

PAEKHO, LE TIGRE BLANC, vivait sur le mont Taebaek, le plus haut sommet de la Corée.

C'était un brave tigre, majestueux comme tous les tigres, mais un peu balourd.

Il s'ennuyait sur sa montagne et aurait voulu découvrir le vaste monde. Mais, dès qu'il s'aventurait à l'orée des forêts, il déclenchait la panique parmi les populations. Les paysans, affolés, se sauvaient et se barricadaient dans leurs maisons, ou bien prenaient les armes pour le chasser. Aussi, lorsque Paekho voulait quitter sa montagne, il attendait toujours la nuit afin de passer inaperçu...

Un soir sans lune, il s'approcha à pas feutrés d'une maison isolée où brillait encore une lumière. Il entendit les pleurs d'un jeune enfant. Sa mère essayait de le faire taire. Elle le berçait en lui fredonnant une chanson. L'enfant ne se calmait pas. À bout de patience, la femme changea de ton et le gronda :

- Si tu ne dors pas, cria-t-elle, j'irai chercher le loup !

Nullement impressionné par cette menace, l'enfant continua de plus belle à pousser des hurlements.

- Si tu n'arrêtes pas, j'irai chercher l'ours qui vit dans la montagne ! continua la mère.

Le braillard ne se calma pas davantage.

De plus en plus en colère, la mère finit par brandir la menace suprême :

- Dors ou bien je vais appeler le tigre ! lança-t-elle avec force.

Paekho dressa l'oreille. Le tigre ! La terreur de tous les paysans ! L'animal le plus craint du pays ! Cette fois, aucun doute, l'enfant allait se taire. Paekho tomba de haut : l'enfant continuait de pleurer. Vexé, le tigre blanc s'apprêtait à entrer dans la maison pour donner une leçon à ce petit insolent. Il entendit la mère excédée crier :

- Tais-toi ! Je vais chercher un "kaki séché" !

Aussitôt, comme par miracle, les pleurs cessèrent. Le tigre s'arrêta sur le seuil de la porte, stupéfait. Il ignorait ce qu'était un "kaki séché".

Il s'interrogeait : "Comment ? L'enfant n'a pas peur du loup, ni de l'ours, ni même du tigre... et il s'arrête immédiatement de pleurer en entendant parler du "kaki séché"! Quel est donc cet animal si puissant ?"

Paekho qui s'était toujours considéré comme le roi des animaux, se trouva quelque peu humilié. Cachant mal sa jalousie, il décida de partir sur-le-champ à la recherche de ce rival, ce fameux "kaki séché"...

Il paraît qu'il le cherche encore !

297

Les félins gardiens du feu

Comment le feu échappa au jaguar (Bolivie)

Le petit cobaye avait bien du mal à traîner l'énorme poisson qu'il venait de pêcher. Certes, il aurait pu le manger sur place. Mais avaler du poisson cru ne le tentait guère.

Aussi, préférait-il le tirer jusqu'à la tanière de son ami le jaguar. Ce fauve était le seul dans la région du Gran Chaco à posséder le feu et il le surveillait jalousement, craignant qu'on ne le lui dérobe...

Dès que le jaguar souffla sur les braises du foyer, des flammes jaillirent, vives et claires. Bientôt, une alléchante odeur de poisson grillé planait sur la pampa.

Les deux amis se régalèrent, arrosant leur délicieux repas avec force cruches de maté.

Le petit cobaye, qui n'était pas habitué à de tels excès, se sentit soudain la tête un peu lourde. Il avait l'impression qu'autour de lui le paysage tournait. Il pensa qu'il était temps de regagner ses pénates. Avec quelques difficultés, il se mit sur ses pattes et essaya de marcher. Il titubait, n'arrivait pas à avancer droit...

En passant près du feu, le cobaye perdit l'équilibre et roula vers les braises encore rouges. Aussitôt, ses poils s'enflammèrent. Affolée, la malheureuse bête s'enfuit en hurlant...

Dans sa course éperdue, le cobaye embrasa les herbes sèches de la pampa, déclenchant un gigantesque incendie qui dura plusieurs jours... C'est de cette façon que les Indiens Matacos, qui vivaient dans les environs, entrèrent en possession du feu, au grand dépit du jaguar.

Quant au cobaye, il s'était précipité dans la rivière la plus proche et en avait été quitte pour une bonne peur... Et pour quelques poils roussis, comme on peut toujours le voir sur sa fourrure.

Le tigre trompé par les femmes (Thaïlande)

Depuis des semaines, la mousson déversait des trombes d'eau sur la Thaïlande. Les fleuves sortaient de leur lit, les champs disparaissaient sous l'eau...

Malgré les précautions prises, le feu que les hommes conservaient avec soin, s'était éteint. Ils allèrent en demander au tigre, le seul de tout le pays à connaître la façon d'en produire à volonté, un secret qu'il refusait absolument de révéler. Cependant, lorsqu'il était de bonne humeur, il acceptait parfois de donner un tison à ceux qui venaient le solliciter.

Mais, depuis quelques jours, le tigre était malade et ne voulait voir personne. Les paysans de la région ne pouvaient plus cuire leur riz, leur principale nourriture.

Au lieu de se lamenter avec les autres habitants de leur village, deux jeunes femmes décidèrent d'aller trouver le tigre :

- Nous connaissons les tisanes qui guérissent les tigres !

crièrent-elles au fauve qui refusait de leur ouvrir sa porte.

Le tigre dressa l'oreille. Il hésitait. La prudence lui conseillait de ne pas répondre mais il se sentait si mal en point qu'il finit par laisser entrer les visiteuses.

Les deux femmes s'efforcèrent de le mettre en confiance. Elles lui mijotèrent de succulents petits plats, le dorlotèrent comme un enfant...

- Dormez un peu. Nous allons vous préparer une infusion qui vous remettra sur pied ! proposèrent-elles au malade, peu habitué à être traité avec autant d'égards.

Au bout d'un moment, le tigre, heureux de se sentir en de si bonnes mains, s'assoupit. Il fut réveillé en sursaut par un énorme vacarme : la marmite qui contenait l'infusion venait de se renverser, noyant le feu sur lequel elle chauffait !

Les femmes jurèrent, d'un air désolé, qu'elles ne l'avaient pas fait exprès.

Avec effort, le tigre se leva ; il lui fallait rallumer le foyer. Auparavant, il demanda aux femmes de sortir. Il ne voulait pas qu'elles surprennent son secret.

Il ne savait pas que, durant son sommeil, les mâtines avaient percé un petit trou dans sa porte. Elles purent ainsi observer le fauve tout à loisir. Elles le virent prendre un court bâton qu'il frotta vigoureusement entre ses griffes, la patte posée sur un tas d'herbes sèches. Bientôt, une légère fumée s'éleva, des flammes jaillirent...

Le tigre regagna son lit et appela ses gardes-malades qui purent, enfin, préparer la tisane bienfaisante.

Dès le lendemain, le tigre allait beaucoup mieux. Les femmes repartirent chez elles, refusant tout cadeau de la part du félin, qui ne savait comment les remercier. Il ignorait qu'elles emportaient avec elles un bout du bâton dont il s'était servi pour allumer son feu...

Depuis cette époque, les habitants de la Thaïlande connaissent l'art de faire du feu à volonté et les tigres ne font plus aucune confiance aux humains !

Le lion trop hospitalier (Sud-Ouest africain)

-C'est décidé ! Cette nuit, je traverserai le fleuve et j'irai chercher du feu là-bas, au village du lion, déclara Lilala-Humba, un homme de la tribu des Bergdamara.

Affolée par ces propos téméraires, son épouse essaya de

l'en dissuader. Elle craignait la colère du fauve, redoutait sa férocité. Lilala-Humba ne l'écoutait pas. Bien sûr, il connaissait les dangers de son entreprise, mais il savait aussi que la possession du feu donne de grands pouvoirs.

Il voulait donc tenter sa chance et rien ne pourrait le faire changer d'avis, pas même les lamentations de sa femme.

En fin de soirée, Lilala-Humba sauta dans sa pirogue et pagaya fermement jusqu'au domaine du lion. Le fauve, respectant les lois sacrées de l'hospitalité, accueillit le visiteur avec courtoisie. Il l'invita dans sa hutte où la lionne et les lionceaux étaient déjà assis autour d'un feu pétillant.

Lilala-Humba fut installé à la place d'honneur, face à la porte d'entrée, mais de l'autre côté du feu. Il dut partager le repas de ses hôtes et, pour la première fois de sa vie, il mangea de la viande cuite ! Il n'avait jamais rien goûté d'aussi délicieux et cela ne pouvait qu'accroître son désir de s'emparer du feu...

Après le repas, les lionceaux se dispersèrent, allant jouer aux quatre coins de la hutte.

Lilala-Humba conversait avec le lion. Sans en avoir l'air, il se déplaçait peu à peu vers la sortie. Lorsqu'il fut à proximité de la porte, il bondit jusqu'au lionceau le plus proche et le jeta au milieu du foyer. Puis, sans perdre une seconde, il saisit un tison enflammé et s'enfuit vers la rivière.

Le lion et la lionne, surpris, s'étaient précipités au secours de leur enfant qui hurlait de douleur. Ils réussirent à éteindre le feu qui commençait à brûler sa fourrure. Quand ils voulurent poursuivre l'homme pour le châtier de son acte ignoble, il était trop tard ! Il avait déjà traversé le fleuve dans sa pirogue. Ainsi, Lilala-Humba possédait le feu.

Le puma égoïste (Panama)

Les animaux protestaient. Ils en avaient assez de grelotter pendant la saison des pluies ! L'infâme puma refusait obstinément de partager avec eux le feu qu'il avait reçu du ciel, un jour de grand orage. Retiré sur une île, au milieu du fleuve, le fauve ne relâchait jamais la garde de son précieux trésor.

Les animaux s'étaient rassemblés pour trouver un moyen

de tromper sa vigilance. En vain... Vraiment, la tâche paraissait impossible !

C'est alors que le caïman, qui se tenait silencieux à l'écart, s'avança en se dandinant.

- Laissez-moi faire, grommela-t-il entre ses dents. Je vous promets que bientôt le feu nous appartiendra !

Les autres animaux, étonnés, le pressèrent de questions, mais le caïman refusa d'en dire davantage.

De son allure pataude, il gagna la rive du fleuve et descendit dans la rivière. Il se laissa porter par l'eau, remuant à peine. Très doucement, il s'approcha de l'île du puma.

Le fauve, toujours aux aguets, l'avait aperçu sans le reconnaître : il regardait, intrigué, cette forme allongée qui semblait flotter sur le fleuve. Il s'interrogeait...

Quand le caïman arriva près du bord, le puma, de sa patte, toucha son dos écailleux :

- Ce n'est qu'un vulgaire morceau de bois mort ! constata le félin. Et, rassuré, il poursuivit ses occupations, oubliant complètement le caïman.

Celui-ci attendit patiemment sans bouger...

La nuit tomba. Le puma s'était couché dans son hamac non loin du feu. Quand le caïman s'aperçut qu'il s'était endormi, il s'approcha sans bruit. Avec sa queue, il éteignit le feu, épargnant seulement quelques braises qu'il plaça sur son large crâne. Sa peau était tellement épaisse qu'elles ne le brûlaient pas.

De son pas lent, le caïman regagna le fleuve et s'éloigna à la nage, en prenant bien soin de toujours garder la tête hors de l'eau.

Quand il aborda sur l'autre rive, ses amis les animaux l'accueillirent triomphalement.

Désormais, ce serait au puma égoïste de grelotter pendant la saison des pluies !

Androclès et le lion   Rome

SOUS LE SOLEIL BRÛLANT D'ÉGYPTE, un esclave avançait à grand-peine vers le désert. Il s'appelait Androclès et venait de s'enfuir de la maison de son maître, le proconsul d'Afrique, un homme puissant mais cruel, qui le maltraitait.

Androclès avait donc décidé d'aller se réfugier loin de la vallée du Nil, au milieu des sables et des rochers.

De plus en plus fatigué, il se traînait maintenant, plutôt qu'il ne marchait. Cependant, il n'osait s'arrêter de peur d'être rattrapé. Tout à coup, il découvrit l'entrée d'une grotte creusée dans une falaise.

"Enfin de l'ombre et un peu de fraîcheur ! soupira-t-il. Je vais pouvoir me cacher là un moment."

À peine entré, il se laissa tomber sur le sol, exténué. Il n'eut guère le temps de se reposer car il entendit bientôt des pas : aucun doute, quelqu'un venait vers la grotte. L'esclave voulut se dissimuler dans une anfractuosité du rocher. Trop tard ! Un lion énorme se tenait sur le seuil. Androclès, sans le savoir, s'était réfugié dans l'antre du fauve !

L'homme et la bête restèrent un instant immobiles, face à face. Androclès pestait intérieurement contre sa malchance et contre les dieux, responsables de son destin :

"Jupiter et ses acolytes ont voulu me punir, pensait-il. Pourquoi les dieux se mettent-ils toujours du côté des plus forts ?"

Le lion poussa un léger grognement et s'avança vers Androclès. Celui-ci s'aperçut alors que la bête marchait difficilement. Elle n'osait s'appuyer sur sa patte avant gauche.

Au fur et à mesure que le lion approchait, l'esclave se recroquevillait, pétrifié par la peur. Pourtant, le fauve n'avait nullement l'air menaçant. Au contraire, il baissait humblement la tête et regardait l'homme avec bonté...

Arrivé tout près de lui, l'animal leva péniblement sa patte blessée. Androclès, qui croyait sa dernière heure venue, ne put retenir un cri.

Le lion fit un pas vers l'arrière puis, à nouveau, leva sa patte et la posa sur l'homme avec délicatesse, toutes griffes rentrées.

Androclès comprit enfin que le fauve ne lui voulait aucun mal et qu'il sollicitait son aide. Prenant entre ses mains la patte douloureuse, il put voir, plantée entre deux doigts, une grosse épine. Non sans peine, il réussit à l'extraire. Soulagé, le lion frotta sa grosse tête contre la poitrine de son bienfaiteur. Puis il se coucha à ses pieds et s'endormit.

Androclès voulut d'abord en profiter pour se sauver. Mais les émotions qu'il venait de vivre lui avaient enlevé ses dernières forces : lui aussi s'endormit !

À partir de ce jour, l'homme et le lion, devenus amis, vécurent ensemble dans le désert...

Plusieurs années s'écoulèrent. Androclès finit par s'ennuyer, et, un jour, profitant de l'absence de son compagnon parti à la chasse, il quitta la grotte.

Malheureusement pour lui, une troupe de soldats qui patrouillait dans le désert l'aperçut et s'empara de lui.

En levant les yeux vers le ciel, Androclès murmura entre ses dents d'un ton rageur :

"Jupiter ! Jupiter ! Tu ne me laisseras donc jamais en paix !"

Comme le proconsul avait quitté l'Égypte, l'esclave fut mis dans la cale d'un bateau en partance pour Rome. Après une traversée épouvantable, il se retrouva devant son ancien maître. Celui-ci, impitoyable, jugea qu'il méritait la mort. Il le condamna à être livré aux fauves lors de prochains jeux du cirque. En attendant, on le conduisit dans les prisons romaines.

Androclès languissait dans un obscur cachot depuis plusieurs mois quand, un matin, on vint le chercher... Quelques instants après, il se retrouvait au beau milieu de l'arène, sous le regard d'une foule nombreuse et hostile qui paraissait s'impatienter.

Le pauvre homme n'avait même plus peur. Il attendait la mort comme une délivrance :

"A quoi bon regretter une vie qui ne m'a apporté que tristesse et ennuis ! Puisque les dieux avaient décidé de mon sort dès ma naissance, que pouvais-je espérer ?"

Une clameur s'éleva soudain des gradins, arrachant Androclès à ses sombres pensées. Un lion avait surgi sur la piste, une bête d'une taille inhabituelle.

Excité par les cris des spectateurs, le fauve rugissait furieusement. Quand il aperçut, à l'autre bout de l'arène, une silhouette humaine, il se précipita vers elle, crinière au vent.

Androclès avait fermé les yeux et attendait, résigné, le coup de grâce. Le lion s'apprêtait à bondir sur sa victime... Au dernier moment, il s'arrêta net. Il venait de reconnaître celui qui, quelque temps plus tôt, avait été son compagnon. C'est d'ailleurs en essayant de le retrouver qu'il était tombé dans un piège tendu par des chasseurs de fauves.

Le lion vint se frotter contre les jambes d'Androclès, lui lécha les mains. L'esclave entrouvrit les yeux : lui aussi reconnut son ami. En pleurant, il lui serra la tête dans ses bras.

À cet instant, un brillant éclair zébra le ciel, accompagné d'un formidable coup de tonnerre. C'était Jupiter qui se manifestait :

"Incrédule ! murmura-t-il à l'oreille d'Androclès. Douteras-tu toujours de la justice des dieux ?"

La foule, médusée, se taisait. Tous ces gens, venus là pour assister à un spectacle sanglant, étaient apitoyés par la scène insolite qui se déroulait sous leurs yeux.

L'Empereur, présent dans les tribunes, fit venir Androclès pour l'interroger. Celui-ci lui raconta son histoire. Ému, l'Empereur fit aussitôt savoir qu'il accordait la grâce à l'esclave et, qu'en outre, il lui faisait présent du lion. Des applaudissements nourris saluèrent cette décision.

Par la suite, on put voir se promener dans Rome un curieux couple : un homme suivi comme son ombre par un énorme lion d'Afrique. En le croisant, certains passants, nullement effrayés, disaient : "Voici l'homme qui a soigné le lion". D'autres ajoutaient : "Voici le lion qui a sauvé l'homme !"

La chatte reconnaissante

Japon

MAENOBU ÉTAIT L'UN DES HOMMES les plus riches du pays, mais aussi l'un des plus avares. Par économie, il vivait seul dans sa vaste maison et, s'il avait accepté la compagnie d'une chatte, c'était uniquement pour qu'elle le débarrasse des souris et des rats qui dévastaient ses provisions. Cette chatte, qu'il appelait Anigu, avait la fourrure entièrement noire, excepté une touffe de poils blancs dessinant une sorte de croissant au milieu du front.

Un soir qu'il faisait ses comptes, Maenobu, voyant Anigu qui dormait paisiblement allongée sur une natte, réfléchit. "Après tout, se dit-il, maintenant que cette chatte m'a débarrassé des rats et des souris qui infestaient la maison, elle ne m'est plus d'aucune utilité. Pire, il me faut la nourrir chaque jour. Voilà une dépense que je pourrais facilement éviter..."

Et, sans plus attendre, Maenobu se leva, saisit la chatte par la peau du cou et, sans le moindre remords, la jeta par la fenêtre...

Il était près de minuit. Dehors, la tempête faisait rage ; des bourrasques de vent accompagnées de trombes d'eau soufflaient sur la campagne. Un temps à ne pas mettre une chatte dehors !

La malheureuse bête, trempée jusqu'aux os et tremblant comme une feuille, se précipita vers la plus proche habitation, la cabane du vieil Inumatsu.

Malgré l'heure tardive, celui-ci, enfoui sous ses couvertures, n'arrivait pas à trouver le sommeil.

Lui aussi vivait seul dans sa pauvre demeure. Il atteignait la cinquantaine mais, à son grand regret, il avait toujours été trop pauvre pour fonder une famille...

Au milieu des hurlements du vent et des craquements de sa cabane malmenée par la tempête, Inumatsu crut soudain entendre des cris désespérés :

"Comment est-ce possible ?" se dit-il.

Et, sautant de son lit sans hésiter, il se précipita pour ouvrir sa porte.

"Anigu ! Ma petite Anigu ! Que fais-tu dehors par un temps pareil ? s'écria-t-il en découvrant la chatte toute mouillée.

Il la fit entrer, la frictionna et lui donna un peu de lait.

Inumatsu et Anigu devinrent vite d'excellents amis. L'homme avait enfin trouvé une compagne et une confidente à qui il racontait ses peines, ses difficultés... Bien sûr, la chatte ne pouvait répondre. Elle se contentait de le regarder avec des yeux si expressifs qu'Inumatsu avait l'impression qu'elle le comprenait.

- Ah ! Quel bonheur, si au lieu d'être une chatte, tu étais une femme ! soupira-t-il un soir.

Le lendemain matin, Anigu avait disparu. Inumatsu eut beau l'appeler, la chercher à travers la campagne, la chatte resta introuvable. Il s'imagina qu'il l'avait vexée par ses paroles imprudentes et en fut très chagriné.

Le temps passa. Inumatsu avait repris sa triste vie de solitaire, n'ayant plus personne à qui se confier...

Une nuit de pleine lune, au début du printemps, il fut réveillé par des coups frappés à sa porte. Méfiant, il n'ouvrit pas immédiatement :

- Qui va là ? Qui êtes-vous ?

Une voix de femme répondit :

- N'aie pas peur, Inumatsu. Je suis Anigu, la chatte que tu avais recueillie un soir de tempête !

Inumatsu pensa d'abord qu'il rêvait. Il se pinça pour s'assurer qu'il était bien éveillé. Prudemment, il entrebâilla sa porte, craignant quelque piège. Il eut un mouvement de surprise. Sur le seuil se tenait une jeune femme au regard de jade. Dans sa chevelure, noire comme l'ébène, Inumatsu aperçut, au milieu du front, une mèche blanche, semblable à la tache que sa chatte avait sur la tête.

- Anigu ! murmura le vieil homme en essuyant une larme...

- Tu souhaitais avoir une femme auprès de toi pour partager ta solitude. Me voilà !

Et comme Inumatsu la regardait d'un air hébété, Anigu alla s'asseoir dans le coin où elle avait l'habitude de se pelotonner autrefois et lui raconta son aventure...

- Quand j'ai compris que la compagnie d'une chatte ne suffisait pas à ton bonheur, j'ai décidé de tenter quelque chose. Alors, sans perdre un instant, je suis partie pour la forêt d'Isé, dans l'île d'Honsu, ce lieu où s'accomplissent tant de miracles. Ce fut un pèlerinage long et dangereux mais, grâce aux dieux, j'ai pu éviter tous les obstacles : les chiens, les renards, les hommes...

Arrivée à la forêt d'Isé, j'ai respecté scrupuleusement les rites. Après avoir, par trois fois, formulé mon vœu, je me suis couchée au pied du "Dashika", l'arbre au pouvoir magique. J'y suis restée plusieurs jours et plusieurs nuits, sans boire ni manger.

Un matin, en me réveillant, mon vœu avait été exaucé : je m'étais métamorphosée en femme !

Cher Inumatsu, je n'ai à t'offrir que mes bras et mon cœur... Si tu veux bien les accepter.

Inumatsu, qui n'en espérait pas tant, laissa éclater sa joie. Le mariage eut lieu avant l'été... À force de travail, les nouveaux époux finirent par amasser une petite fortune qui, bien sûr, n'atteignit jamais celle de leur voisin Maenobu. Mais, ils avaient un trésor sans prix que le grigou ne posséderait jamais : le bonheur !

Le chat d'Anglesey — Pays de Galles

COLL, LE PORCHER, s'agrippait désespérément aux oreilles de sa truie, une bête hors du commun, aussi grosse qu'un bœuf mais plus rapide qu'un pur-sang. Elle courait tellement vite que Coll, qui la chevauchait, avait les pires difficultés à rester sur son dos.

Chaque jour, la truie de Coll parcourait ainsi, ventre à terre, le Pays de Galles, allant du nord au sud et de l'est à l'ouest, en creusant sur son passage des vallées de plus en plus profondes...

Ce jour-là, elle paraissait plus nerveuse que d'habitude. Arrivée à la pointe septentrionale du pays, elle s'arrêta net au sommet d'une falaise qui dominait la mer, juste en face de l'île d'Anglesey.

La truie se coucha par terre, s'allongea sur le côté et poussa un grognement terrible qui fit souffrir les tympans du pauvre Coll. Le porcher s'aperçut alors que sa truie venait de mettre au monde un étrange animal, qui ne ressemblait guère à un porcelet. En regardant mieux, il vit qu'il s'agissait d'un chat, mais pas d'un chat ordinaire. Non, un chat gigantesque, de la taille d'un poney. Deux yeux jaunes, au regard cruel, et des poils ébouriffés, durs comme du crin, lui donnaient un aspect redoutable.

Impressionné, Coll eut d'abord envie de fuir ; puis il se ravisa : "Aucun doute, ma truie vient de donner naissance à un monstre. S'il grandit, il apportera le malheur dans ce pays. Il faut agir avant qu'il ne soit trop tard !"

Et, n'écoutant que son courage, le brave Coll saisit par surprise le chat et le jeta du haut de la falaise... L'animal disparut dans la mer, faisant jaillir une énorme gerbe d'eau qui vint éclabousser le porcher et sa truie...

Satisfait, Coll se frotta les mains. Pourtant, quelques instants plus tard, le chat surgissait des flots. Agitant ses grosses pattes avec vigueur, il se dirigea en nageant vers l'île d'Anglesey.

Coll fut déçu d'avoir manqué son coup. Comme sa truie commençait à s'impatienter, il ne put s'attarder. Il eut juste le temps de sauter sur son dos avant qu'elle ne s'élance vers d'autres horizons...

Pendant ce temps, le chat géant arrivait sur les côtes de l'île d'Anglesey. Il aborda dans un endroit désert aux rochers creusés de nombreuses grottes. C'est là qu'il trouva refuge et qu'il grandit. Au bout de quelques années, il était devenu plus gros qu'un cheval. Il s'aventura alors à l'intérieur de l'île où il fit régner la terreur. Ses griffes, plus meurtrières que l'épée, n'épargnaient ni les hommes ni les bêtes. Il n'hésitait pas non plus à attaquer les navires qui passaient trop près des côtes.

Or, un jour de tempête, une frêle embarcation vint, à l'insu du chat, jeter l'ancre sur les rivages d'Anglesey. L'équipage, des moines irlandais conduits par Brandan, voguait sur la mer à la recherche de nouvelles terres à évangéliser.

Ces religieux n'avaient pas sitôt mis pied à terre qu'un vieillard, sorti on ne sait d'où, s'avança vers eux en criant :

- Sauvez-vous, malheureux ! Si vous tenez à la vie, regagnez vite votre bateau !

Les moines pensèrent que l'homme avait perdu la raison.

- Le danger est plutôt sur la mer, répondit Brandan en montrant les vagues déchaînées. C'est déjà un miracle si nous n'avons pas fait naufrage !

Le vieillard insistait mais les moines, fatigués, ne l'écoutaient même plus.

Soudain, une sorte de miaulement diabolique couvrit le bruit de la tempête. Brandan et ses compagnons, saisis d'épouvante, se précipitèrent vers leur bateau et, avec l'énergie du désespoir, ramèrent de toutes leurs forces pour gagner le large.

Trop tard ! Surgissant de derrière une colline, le chat monstrueux les avait aperçus. Les yeux en feu, il bondit dans la mer et nagea vers le navire.

Les religieux ramaient, ramaient... Mais le chat continuait à se rapprocher d'eux. Au bord de l'épuisement, et comprenant qu'ils ne pourraient échapper à leur poursuivant, les moines, sur le conseil de Brandan, lâchèrent les avirons et se mirent à prier, remettant leur sort entre les mains de leur Dieu...

Tout à coup, un cri retentit, une sorte de longue plainte partie des falaises du Pays de Galles toutes proches. C'était la truie de Coll qui venait de mettre au monde un autre chat monstrueux. Sans perdre de temps, le porcher le lança dans la mer. Mais les monstres ont la vie dure et celui-là, lui aussi, survécut.

Le premier chat, surpris par le cri insolite de la truie, s'était arrêté de nager. De ses yeux perçants, il regardait ce qui se passait. Comprenant qu'il allait désormais avoir un rival dans les parages, il se dirigea vers lui, plein de hargne. Un combat acharné s'engagea entre les deux bêtes. L'eau, autour d'eux, s'agitait de vagues démesurées qui faisaient tanguer dangereusement le bateau des moines. Mais ceux-ci, imperturbables, ne cessaient de prier.

Longtemps après, la mer se calma, le vent s'apaisa. Les moines se risquèrent à jeter un œil par-dessus bord. Les deux chats géants avaient disparu. Sans doute s'étaient-ils noyés car on ne les revit jamais. Et l'île d'Anglesey retrouva sa tranquillité !

De l'histoire aux légendes

Des félins et des hommes

Les félins ont toujours hanté l'esprit des hommes. Ces animaux gracieux, redoutables et mystérieux n'ont jamais cessé de peupler leurs mythes et leurs légendes, de nourrir leurs peurs et leurs fantasmes, d'orner leurs temples et leurs palais...
Les images des différents félins ont fourni une multitude de symboles, que ce soit pour des raisons religieuses ou, plus récemment, à des fins publicitaires.
Du lion au chat, en passant par le tigre ou le jaguar, les félins ont, plus que toute autre espèce animale, marqué de leur empreinte bien des civilisations, quels que soient les lieux ou les époques.

Le lion, roi des animaux

À tout seigneur, tout honneur... Depuis la plus haute antiquité, en Europe comme en Afrique ou au Moyen-Orient, le lion est considéré comme le "roi" des animaux. Il le doit sans doute à sa puissance, à sa majestueuse beauté, à son air de grande dignité, à son étonnante crinière et à ses rugissements impressionnants.
Tout au long de l'histoire, le félin a incarné le pouvoir et la royauté. Il a orné le trône de maints souverains,

Un griffon. Manuscrit du XIV° siècle. Pérouse (Italie). Photo G. Dagli Orti.

Le sphinx de Gizeh vers 2500 avant J.-C. Illustration de Pierre Probst.

Lions et créatures fabuleuses

SPHINX, GRIFFONS, CHIMÈRE...

Avec son corps de lion et sa tête de pharaon, le Sphinx égyptien symbolisait le dieu soleil Râ. Sa plus célèbre représentation se dresse devant la grande pyramide de Gizeh. Haut de près de 20 mètres, ce Sphinx monumental fut édifié au troisième millénaire avant J.-C. sous le règne du pharaon Képhren.
Adopté par la mythologie grecque, le sphinx est devenu un monstre redoutable qui n'avait plus grand rapport avec un lion.
La mythologie grecque comptait deux autres animaux fantastiques qui tenaient plus ou moins du lion :
- Les griffons, généralement représentés avec le corps d'un lion ailé et une tête d'aigle. Gardiens d'un trésor, ils servaient occasionnellement de chiens de chasse à Zeus.
- La Chimère pourvue, selon Homère, d'un torse de lion, d'un corps de chèvre et d'une queue de serpent. Elle vivait au sommet d'une montagne et fut tuée par le héros Bellérophon monté sur le cheval ailé Pégase.

Sphinx à tête de bélier en ivoire. Vers 700 avant J.-C. Musée d'Alep (Syrie). Photo G. Dagli Orti.

DE L'HISTOIRE AUX LÉGENDES

que ce soit celui sur lequel prenait place le pharaon pour son couronnement ou celui de l'illustre Salomon à Jérusalem... À Babylone, la façade de la salle du trône de Nabuchodonosor s'ornait de magnifiques lions en briques vernissées. Des lions décoraient aussi le manteau des empereurs du Saint-Empire romain germanique.

En Europe, au Moyen Âge, on peut voir le lion, personnification du courage, sur le blason de nombreux seigneurs et rois. La bravoure du roi d'Angleterre, Richard Ier, ne lui valut-elle pas le surnom élogieux de Richard Cœur de Lion ? Dans le *Roman de Renart*, une satire de la société féodale dans laquelle les animaux jouent le rôle des hommes, le souverain est tout naturellement le lion. Son nom, "Noble", traduit déjà toute sa majesté. Plus tard, La Fontaine, a repris, dans ses fables, cette image du lion régnant sur le monde animal.

Plusieurs monarques africains ont tenu à associer le roi des animaux à leur pouvoir. Ainsi, le fondateur de l'empire du Mali se faisait appeler "le lion du Mali", tandis qu'au Dahomey, les rois prétendaient descendre d'un ancêtre lion. Quant au dernier empereur d'Éthiopie, Hailé Sélassié, il portait avec fierté le titre de "Lion de Juda". Dans son palais d'Addis-Abebba, il élevait quelques beaux spécimens de lions apprivoisés, imitant en cela certains pharaons tel Ramsès II qui partait

Le pharaon Sennedjem devant un prêtre revêtu d'une peau de panthère. Thèbes (Égypte). Photo G. Dagli Orti.

Les lions, gardiens des portes et des fontaines

L'image du lion gardien des cités, des portes ou des tombeaux est fort répandue. Est-ce parce qu'une légende voulait que les lions dorment les yeux ouverts ?

En tout cas, on retrouve cette tradition aussi bien chez les Hittites (en Anatolie centrale) qu'à Mycènes en Grèce, où la célèbre "Porte des lionnes" remonte à l'âge du bronze. En Chine, le lion monte la garde à l'entrée des édifices sacrés et des palais. Dans la Cité interdite de Pékin, nombre de portes sont surveillées par d'impressionnants lions de bronze ou de pierre.

Plus curieusement, apparaît en Grèce classique l'habitude de placer le lion comme le gardien des sources. De nombreuses fontaines s'ornent ainsi d'une tête de lion dont la gueule ouverte laisse couler l'eau... Cette coutume s'est répandue dans tout le bassin méditerranéen, y compris dans le monde musulman comme en témoigne, à l'Alhambra de Grenade, la "cour des lions" avec sa fontaine centrale ornée de douze félins.

La célèbre "Cour des lions" au palais de l'Alhambra de Grenade. XIVe siècle (Espagne). Photo G.Dagli Orti.

toujours à la guerre accompagné d'un lion dressé.

Un noble adversaire

Roi des animaux, le lion est un adversaire digne des rois et des princes. Bien des souverains se sont fait représenter en train de terrasser le fauve, expression de leur bravoure et justification de leur droit à gouverner.

La chasse aux grands félins était souvent un privilège réservé aux membres des familles régnantes. Le pharaon Aménophis III se glorifiait d'avoir tué une centaine de lions pendant les dix premières années de son règne. Alexandre le Grand, le fameux conquérant, apparaît sur les monnaies coiffé d'un casque à tête de lion.

Des personnages légendaires ou mythiques comme Samson ou le héros sumérien Gilgamesh prouvèrent leur force en tuant à mains nues des lions féroces.

Le premier des "douze travaux" d'Héraklès fut d'étouffer, au terme d'un pathétique corps à corps, le lion de Némée, une bête énorme qui terrorisait le Péloponèse. Après cet exploit, le

309

DE L'HISTOIRE AUX LÉGENDES

Le premier des "douze travaux" d'Héraklès fut de terrasser le lion de Némée. Ci-dessus, statue d'Héraklès au château de Fontainebleau.
Photo G. Ragache.

> *La part du lion*
> Un royaume de plus en plus réduit
>
> *En Europe, à l'époque préhistorique, vivait le "lion des cavernes", aujourd'hui disparu. De taille colossale, il possédait à la mâchoire supérieure des canines très longues, recourbées en forme de sabre, ce qui lui permettait de s'attaquer aux ours ou aux mammouths.*
> *Jusqu'au début de l'ère chrétienne, le lion était présent sur tout le continent africain, du Nord au Sud. On le trouvait aussi au Moyen-Orient, en Inde et même en Sibérie. On pouvait encore en rencontrer quelques spécimens en Europe, dans les montagnes du nord de la Grèce.*
> *Certains auteurs rendent les Romains responsables de la disparition des lions du pourtour méditerranéen. On prétend que Jules César, par exemple, pour l'inauguration d'un Forum à Rome, en fit tuer plus de quatre cents!*
> *Actuellement, on ne trouve plus les lions que dans les vastes réserves de l'Afrique centrale et de l'Afrique orientale, ainsi qu'au nord-ouest de l'Inde, dans la forêt du Gîr.*

héros grec porta toujours sur le dos la dépouille de son adversaire. C'était une façon de s'approprier la force du lion.
Adversaire digne des rois et des héros, le lion pouvait aussi devenir, dans certains cas, leur compagnon. Dans un roman médiéval du cycle d'Arthur, le chevalier Yvain sauve un lion des griffes d'un dragon. Par la suite, l'homme et le fauve deviennent d'inséparables compagnons et Yvain reçoit le surnom de "Chevalier au lion".

Le lion et les dieux

Placé au plus haut rang dans la hiérarchie animale, le lion a parfois été élevé au niveau des dieux par certains peuples.
Les Égyptiens de l'Antiquité représentaient la déesse Sekhmet avec une tête de lionne. Fille du dieu solaire Râ, les hiéroglyphes l'appellent encore la "Grande" ou "la Maîtresse du désert". Protectrice du monde, elle veillait sur les hommes qui l'invoquaient lorsqu'un fléau les menaçait. Ainsi, pour conjurer une épidémie de peste qui ravageait son pays, le pharaon Aménophis III fit-il réaliser 700 statues de la déesse!
Les temples de Sekhmet se dressaient aux portes du désert, là où venaient rôder les lions sauvages. La déesse était aussi vénérée dans le temple de Râ à Héliopolis où les prêtres élevaient des lions sacrés. Des cérémonies rituelles et un deuil accompagnaient la mort de l'un de ces félins.
On retrouve l'association lion-soleil dans la mythologie grecque qui prétendait que le lion avait été créé par le dieu solaire Apollon.
À Babylone, le lion était l'animal d'Ishtar, la redoutable déesse de la guerre.
Beaucoup de religions ont utilisé le symbolisme du lion. En Inde, par exemple, le lion sert de trône au Bouddha.
Au Japon, des "danses du lion" effectuées certains jours de l'année par des

La déesse Sekmet. Karnak (Égypte).
Musée égyptien de Turin. Photo G. Dagli Orti.

hommes déguisés en lion ont pour but d'éloigner des villages les démons malfaisants.
Dans la religion chrétienne, le lion symbolise parfois le Christ. Une légende prétendait que les lions mettent au monde des petits morts-nés et que c'est leur père qui vient, le troisième jour, leur insuffler la vie. L'Église n'a pas manqué de faire un rapprochement entre cette légende et la résurrection de Jésus, trois jours après sa mort.
L'évangéliste saint Marc est représenté par un lion, peut-être parce que son évangile commence par la tentation de Jésus dans le désert, domaine du lion. Le lion est d'ailleurs associé à d'autres saints, en particulier à saint Daniel et à saint Jérôme qui, tous deux, par la seule force de leur foi, réussirent à apprivoiser des lions. Mais c'est l'histoire de sainte Blandine qui reste la plus connue. Condamnée à être dévorée par les fauves, elle parvint par ses prières à faire des lions ses protecteurs!

Sa Majesté le tigre, maître de l'Asie

En Asie, le rôle tenu ailleurs par le lion revient au tigre, le plus grand félin encore vivant. Ici, c'est lui le "roi" incontesté des animaux, le symbole du pouvoir et de l'autorité. D'ailleurs, dans l'écriture chinoise, le mot "roi" est représenté par le dessin des rayures que le tigre porte sur le front. Et au Viêt-Nam, on l'appelle le "Van", ce qui signifie "le Maître".
Dans les jungles asiatiques, refuge de

DE L'HISTOIRE AUX LÉGENDES

prédilection du fauve, certaines tribus n'ont pas hésité à déifier le tigre, lui élevant temples et autels. Elles manifestent à son égard à la fois beaucoup de respect et de crainte : c'est le dieu justicier ou l'instrument de la vengeance divine. À Sumatra, où l'Islam a supplanté depuis plusieurs siècles des religions primitives, le tigre passe pour punir, au nom d'Allah, les mauvais musulmans. Le tigre est également lié à Shiva, le dieu principal de l'hindouisme, représenté parfois par un tigre ou revêtu de la peau du félin. Sa compagne, Durgâ, la "Terrible", chevauche également le noble animal.

Chasseur redoutable, le tigre a une sinistre réputation de "mangeur d'hommes". Certaines légendes malaises parlent de l'existence, au milieu de la jungle, d'une "cité des tigres", construite uniquement avec des ossements humains... Même si cette réputation est parfois exagérée, il n'en est pas moins vrai qu'aucun autre félin n'est responsable de la mort d'autant d'hommes. Et les attaques du fauve ne sont hélas pas toujours le fait, comme l'ont écrit ses défenseurs, de bêtes affaiblies ou âgées, tenaillées par la faim. Néanmoins, de nos jours, les tigres d'Asie sont partout menacés... par l'homme ! Et il est nécessaire de les protéger.

Animal redouté, le tigre peut aussi jouer, comme le lion, le rôle de gardien. En Chine, peint sur les murs des temples, il

Vase Yeou appelé la Tigresse, en bronze. Chine. XIIe siècle avant J.-C. Musée Cernuschi. Paris. Photo G. Dagli Orti.

En Afrique, les félins ont marqué de leur empreinte bien des civilisations. Ci-dessus, un léopard. Photo G. Lacz. Sunset.

fait fuir les mauvais esprits. Il veille aussi sur les sépultures. Des images de tigres, suspendues dans les maisons, protègent des maladies. Quant aux griffes, aux moustaches ou aux dents du tigre, elles font, partout en Asie, de précieux talismans !

Quand le jaguar était dieu en Amérique

Dans l'Amérique précolombienne, le jaguar fut, pendant des siècles, au centre des croyances religieuses de plusieurs civilisations. Il était même le principal dieu des Olmèques qui vivaient au premier millénaire avant notre ère en Amérique centrale. La représentation d'êtres mi-jaguars, mi-hommes signifie peut-être qu'ils considéraient le félin comme l'ancêtre de leur peuple.

Beaucoup plus tard, chez les Mayas, le trône des souverains avait la forme d'un jaguar. L'animal symbolisait également pour eux le "soleil nocturne", celui qui éclaire l'"autre" monde et le domaine des morts. Ainsi l'image du jaguar ornait-elle les vases funéraires.

Chez les Aztèques, qui s'installèrent vers le XIVe siècle sur les hauts plateaux du Mexique, le jaguar était l'incarnation d'un de leurs principaux dieux, Tezcatlipoca. C'était le dieu de la nuit, du froid, du nord, mais aussi "celui qui voit tout". Les yeux du jaguar, brillants dans le noir, faisaient croire aux Aztèques que le félin pouvait voir jusque dans le cœur des hommes.

Il existait dans la société aztèque deux ordres militaires prestigieux, celui des chevaliers-aigles, combattants du soleil, et celui des chevaliers-jaguars, soldats de la nuit et du ciel étoilé.

Le tigre, fleuve "sauvage" ?

Le dieu grec Dionysos était amoureux fou de la belle Alphésibée, une jeune nymphe originaire d'Asie mais, celle-ci ne prêtait guère attention à ses avances. Alors Dionysos imagina de se transformer en tigre. Affolée, la nymphe s'enfuit, et elle se trouva bientôt arrêtée par le fleuve Sollax qui roulait des eaux boueuses. Alors Alphésibée finit par se laisser séduire par l'impétueux félin...

De cette rencontre entre la nymphe et le dieu grec naquit un garçon, Médès. Plus tard, ce dernier décida de donner au fleuve Sollax le nom de "Tigre".

311

DE L'HISTOIRE AUX LÉGENDES

Lion en briques vernissées provenant de la façade de la salle du trône de Nabuchodonosor à Babylone (604-502 avant J.-C.) Musée archéologique d'Istanbul. Photo G. Dagli Orti.

Lors de son couronnement, l'Empereur, assis sur un trône recouvert de peaux de jaguar, devait faire couler un peu de son sang dans un os creux de jaguar. Par ce moyen, une certaine filiation s'établissait entre le nouveau souverain et le dieu-jaguar Tezcatlipoca.

Plus au sud, dans la cordillère des Andes, c'est le puma qui symbolisait la royauté inca et faisait l'objet d'un culte.

LA DOUBLE IMAGE DU CHAT
En Égypte, un animal sacré

C'est certainement sur les bords du Nil, voilà plusieurs millénaires, que le chat, qui jusque-là vivait à l'état sauvage, fut domestiqué pour la première fois.

Le petit félin devint vite l'animal familier des habitants de l'Égypte qui n'hésitaient pas à le parer de colliers, de boucles en or, de chaînes en argent... L'affection qu'ils portaient à ce fidèle compagnon ne cessa de croître, si bien que le chat finit par devenir un animal sacré.

La déesse Bastet, représentée sous la forme d'une femme à tête de chatte, était l'une des divinités les plus populaires du panthéon égyptien et fut adorée jusqu'au premier siècle de notre ère. Cette déesse-chatte était considérée comme l'une des filles du dieu soleil Râ. Réputée pour sa vue perçante, elle était "l'œil qui voit tout" et, pour cette raison, elle faisait office de gardienne vigilante du dieu solaire. Le nom égyptien du chat, "maou", signifiait également "voir".

Bastet était la déesse qui symbolisait le mieux les qualités féminines et maternelles : grâce, beauté, tendresse. C'était la déesse de la fécondité, la protectrice des moissons et des enfants. Toutes les maisons possédaient sa statuette qui éloignait le mauvais sort.

Chaque année, au printemps, une foule de pèlerins se pressait à Bubastis, à l'est du delta du Nil, ville sainte de la déesse. Là, s'élevait, en l'honneur de Bastet, selon l'historien grec Hérodote, le plus beau temple d'Égypte. Dans le sanctuaire principal se dressait la statue gigantesque de la divinité. Lors de la fête annuelle, cette statue sacrée était sortie du temple et promenée sur le Nil.

Dans toute l'Égypte, le chat était protégé par la loi. Malheur à l'individu convaincu d'avoir tué un chat : il risquait la peine de mort !

On dit même que, lorsqu'un incendie se déclarait dans une maison, les habitants tentaient de sauver en premier leur chat.

Si, malgré tout, celui-ci périssait dans les flammes, ses maîtres parcouraient les rues de la ville en se lamentant, le corps couvert de suie. La mort d'un chat donnait lieu à des cérémonies semblables à la disparition d'un être humain : son entourage se rasait les sourcils en signe de deuil et le corps de l'animal était embaumé. Puis la momie, placée dans un sac en toile ou dans un petit sarcophage, était menée dans une des multiples nécropoles réservées aux chats qui s'échelonnaient le long du Nil; la plus vaste et la plus vénérable étant bien sûr celle située à Bubastis, près du grand temple de Bastet.

À la fin du siècle dernier, plusieurs dizaines de milliers de momies de chats furent découvertes par hasard à Beni Hassan, un village de la Basse-Égypte.

Cette vénération dont les chats faisaient l'objet en Égypte était telle que, selon la tradition, elle aurait eu, en 525 avant J.-C., des conséquences désastreuses pour les Égyptiens. Cette année-là, le roi de Perse, Cambyse, avait décidé d'envahir la vallée du Nil. Mais son armée se trouvait bloquée devant la ville fortifiée de Péluse. Cambyse eut alors une idée : chaque soldat de son armée reçut un chat qu'il s'arrangea pour tenir bien en évidence sur sa poitrine. La troupe avança ainsi, lentement, protégée par ces boucliers

---

Le guépard : champion des sprinters

Le guépard est, de tous les animaux terrestres, le plus rapide à la course. Son anatomie, parfaitement adaptée au sprint, lui permet d'atteindre des pointes de vitesse de 110 km/h.

Facile à apprivoiser, ce félin peu agressif a été autrefois dressé pour la chasse, que ce soit dans l'Égypte antique, dans l'ancienne Perse ou dans l'Inde des grands Mogols.

Introduit en Europe par les croisés, il fut particulièrement apprécié par les cours italiennes à l'époque de la Renaissance.

vivants, vers Péluse. Les Égyptiens qui ne voulaient pas risquer de blesser ou de tuer l'un de leurs animaux sacrés, préférèrent capituler ! Cambyse conquit ainsi l'Égypte et fonda la 27e dynastie.

Au Moyen Âge, une bête diabolique

Adoré dans l'Antiquité, le chat, au Moyen Âge, va au contraire être diabolisé par l'Église chrétienne. Il n'apparaît qu'une fois dans la Bible qui le montre en train de rôder dans les temples des "faux dieux", attitude on ne peut plus suspecte !

Avec ses yeux brillants dans l'obscurité, son étrange ronronnement, son habitude de dormir le jour pour mieux se livrer à de mystérieuse activités nocturnes, le chat ne trouve aucune grâce devant les hommes d'Église qui le considèrent comme un auxiliaire de Satan. Le pape Grégoire IX au XIIIe siècle s'en prend particulièrement au chat noir "couleur du mal et de la honte", en opposition à la blancheur et à la pureté de l'agneau, symbole de Jésus-Christ !

Pour les chrétiens, le chat incarne donc le paganisme, le monde de l'ombre, le démon. Ne dit-on pas que les femmes qui pactisent avec le Diable portent sur le corps l'empreinte d'une patte de chat, "marque" indélébile prouvant l'accord passé avec Satan ! Dans l'imagination populaire médiévale, le chat fait partie de l'entourage direct des sorcières. Il arrive que ces dernières l'utilisent comme monture pour se rendre au sabbat. Pire, on prétend que certaines sorcières se transforment en chat noir pour mieux entrer dans les maisons accomplir leurs maléfices.

Au XVIe siècle, dans un ouvrage anglais intitulé "Méfiez-vous du chat", on trouve le cas d'une sorcière qui s'était métamorphosée neuf fois en chat. C'est sans doute l'origine de la légende selon laquelle les chats bénéficieraient de neuf vies successives.

Le chat persécuté

Avec une telle réputation, la pauvre bête fit souvent office de bouc émissaire et fut sacrifiée généralement par le feu, au cours de cérémonies rituelles qui se déroulaient en particulier au moment du Carnaval ou aux fêtes de la Saint-Jean.

Par exemple, à Ypres en Belgique, chaque année des chats vivants étaient jetés du haut de la Kattestoet (la "tour des chats") par le bouffon. Si les malheureuses victimes n'étaient pas tuées par leur chute, elles étaient sauvagement massacrées par les spectateurs. En 1344, à Metz, pour enrayer une épidémie, treize chats enfermés dans une cage de fer furent livrés aux flammes. Cela devint ensuite une coutume qui se perpétua jusqu'en 1777.

À Paris, pour la Saint-Jean, un bûcher était dressé place de Grève. En présence du roi de France, un tonneau rempli de chats était précipité dans le feu. C'est le roi Louis XIV qui supprima cette barbare tradition.

La revanche des chats

Peu à peu cependant, les chats vont perdre leur mauvaise réputation. On se mit d'abord à apprécier leur efficacité à capturer rats et souris. C'est pour cette raison que, chez les marins, la coutume s'instaura de toujours embarquer des chats à bord des navires. D'autre part, en période de peste, le petit animal devenait un allié précieux des hommes, attrapant les rongeurs, principaux vecteurs de la maladie.

Au début du XVIIIe siècle, en Angleterre, avoir un chat à la maison devint une véritable mode qui toucha toutes les couches de la société. Et au XIXe siècle, dans l'Europe entière, le chat fit partie de l'environnement quotidien des gens, aussi bien dans les campagnes où il protégeait les greniers, qu'en ville où il était l'animal de compagnie le plus apprécié.

Beaucoup de célébrités en firent leur compagnon préféré, d'Abraham Lincoln à la reine Victoria, en passant par Victor Hugo ou Charles Baudelaire… Mais c'est sans doute la romancière Colette qui sut le mieux nous parler des chats et de leur mystérieuse et troublante personnalité !

> ### Œil de lynx !
>
> *Facilement reconnaissable à ses oreilles terminées par de curieux pinceaux de poils noirs, le lynx est réputé pour sa vue perçante. Son nom vient de "Lyncée", un des héros de l'antique légende des Argonautes : son regard avait, disait-on, le pouvoir de traverser les murailles.*
>
> *Dans la mythologie scandinave, Freya, la déesse de l'amour et de la beauté, était souvent représentée à cheval sur un lynx !*

Tête de lion en bronze. Bien des portes anciennes sont ornées de motifs semblables à celui-ci. Photo G. Ragache.

Le chat, un des compagnons préférés des enfants. Photo STF/Sunset.

Texte :

Bernard Briais
Les ours, p.11-58 – Les félins, p.263-313

Danièle Küss
Les Incas, p.62-63

Gilles Ragache
Les dragons, p.161-212 – Les Vikings, p.112-113 – Europe, p.162-163
Terres de mystère, p.214-215

Claude-Catherine Ragache
Les animaux fantastiques, p.59-110 – Les loups, p.111-160 – La chevalerie, p.266-267

Alain Quesnel
La mer, p.213-262 – La Grèce, p.60-61, 164-165, 264-265

22.51.4253.01/5 – ISBN : 2.01.224253.7
Dépôt légal n° 13805 – octobre 2001
Loi n° 49-956 du 16 juillet 1949
sur les publications destinées à la jeunesse

Imprimé et relié en Espagne par Gráficas Estella

Illustrations :

François Davot
Les ours, p.11-58

Christian Heinrich
Europe, p.162-163

Marcel Laverdet
Les animaux fantastiques, p.59-110 – La mer, p.213-262 – Les Vikings, p.112-113

Francis Phillipps
Les loups, p.111-160 – Les dragons, p.161-212 – La chevalerie, p.266-267

Jean Torton
La Grèce, p.60-61, 164-165, 264-265 – Les Incas, p.62-63

Michael Welply
Les félins, p.263-313 – Terres de mystère, p.214-215